本书系国家社科基金项目
"道家哲学对日本近代思想文化的影响研究"（12XZX012）
最终成果

道家思想与日本近代知识人

张谷 著

上海三联书店

序 一

东京大学名誉教授　蜂屋邦夫

　　张谷君嘱我为他的新作写一篇序言,我应允了。随后他以电子邮件附件的形式发来了书稿。收信一阅,竟是皇皇巨著,甚为吃惊。稀稀拉拉地翻页浏览以抓住全书的整体面貌,细读一遍,其立论颇有缜密而深刻之处,再次为之惊讶。真可谓是一项非常精到的研究。仿佛是煞费苦心地纵横驰骋在有好几座顶峰的山脊上,要把这本书读完,需要相当长的时间。

　　我在东京大学任职的时候,1990 年代中期,张谷君在我这里留学了一年。那时,张谷君给我的印象,与其说是未来的学者,不如说是一位爱好哲学的青年。那段时间我异常繁忙,抽不出太多时间进行指导。作为指导教师,实在是做得不够。此事在我心中一直挥之不去。张谷君回国后,我还是时常挂念着他是如何继续进行研究的。

　　在那之后,虽然也有一些交流,但对张谷君的研究情况未必了解。真正阅读张谷君的著作,这还是第一次。能感觉到,书中行文立论的一词一句都反映着张谷君回国后长达四分之一世纪刻苦学习和深刻思考的历程。本书当然是一部学术专著,但又与往昔那个哲学青年的印象相符合,是一部作者乐游于思考活动本身的哲学著作。

　　如书名所示,本书论述老庄道家如何影响了日本近代知识人的著述和活动。当然,要有说服力地、既广且深地论述这个问题,首先要对中国的老庄道家思想有深刻而广博的理解,还要对作为考察对

1

象的日本近代知识人著作中包含的思想有准确的把握。仅研究和掌握中日两方中的一个方面都要付出很大的努力，但现在必须对两方面的问题都通晓。面对这个令人发昏的课题，张谷君在本书中经过详细的分析和解释，从老庄道家思想的观点出发，出色地做到了对日本近代知识人本质的把握。

本书所论六人是日本近现代具有代表性的知识人。我不能确定近来的日本年轻人是否知道这些人物，但恐怕没有人不知道漱石的名字，也很少有人不知道第一位获得诺贝尔奖的日本人是汤川秀树吧。在很久以前，只要是有教养的人，对他们的姓名和大概的事迹都是了解的。

我也曾在大学授课时将兆民和天心的著作当作教材。关于漱石，其全集的主要部分我读了两遍，有几本小说读了好多遍。至于西田，在盛气凌人的高中时期，人的存在是"绝对矛盾的自我同一"这样的话，我曾像咒语一样得很得意；上大学的时候，则埋头研读了《善的研究》等著作。大拙的书也读过几本。只是汤川秀树的著作还没有读过，这次通过本书得以入门。汤川的介子理论，是在抱病卧床的时候从老庄的著作中得到启发而构筑起来的，这是广为人知的。我随意地推测，启发他灵感的或许是老子关于阴阳气与冲气调和的思想。但是通过本书我了解到，汤川的理解并非那样肤浅。

这六人对日本人的思想的影响，恐怕在各个领域都比我理解的要深刻得多。但是，一般来说，不会选择此六人作为近现代日本知识人的代表。因为，汤川秀树作为物理学家虽属一流中的一流，但其活动领域与作为社会思想家的兆民、作为国民文学家的漱石等人相差太大。但是张谷君就像是本应如此一样，将汤川与其他五人并列加以评论。这一点充分地表现出张谷君的感受性是多么敏锐和灵活。这是再自然不过的事情了，与老庄道家有交涉的知识人并不局限于人文学科。我也被作者张谷君的这个选取思路搞了个猝不及防。

本书首先对老庄道家思想进行了阐述，接着勾勒了日本接受老庄道家思想的历史。关于江户时代和明治时代老庄道家思想的接受和研究情况，若非有相当水准的专家，是无法达到本书所表现的理解水平的。对六位知识人的考察就建立在这种理解水平之上。这样，关于中日两方面问题的初步的预备知识就成为一个助跑阶段，正论由此展开。非突然进入正题这一点，应该说是出于作者周密的构思。

正论部分基本上是按出生年代顺序来对六位知识人进行研述的。详细分析他们思想活动的意义和内容，以六人专业领域的独特性为基础，指出他们与老庄道家思想的关联。也就是说，通过用恰当的老庄词句进行对比和引用来揭示：在六人思想活动的深处，老庄道家思想无论在词句表述层面还是思想结构这一深度层面都是相通的。如果不能把老庄道家思想完全变为囊中之物而运用自如，这是做不到的。

老庄书中包含着思想上的发展过程，这在学界是常识。关于《老子》的成书还存在诸多问题。《庄子》的各篇之间或一篇之内，都有先后关系、承继关系。在本书中，这种对史料的考论很少，其特点是总括地把握老庄，整体上是关于六人的思想性评传。但是，所论述的六人并不是老庄思想的研究者，他们对老庄道家思想是总括性地理解的。因此，按本书的情况，作者对老庄道家思想作如此理解，可以说是恰当的把握方式。

本书如何从整体上抓住六位知识人思想的特质，从各个方面加以缜密的分析，作出准确的评价，考察其与老庄道家思想的关联，这只要浏览一下目录，就可以一定程度上推想到。但是，读者在沉浸于书中而专心阅读的过程中，能够具体地享受到一个个思想境域。走进六人的知识世界而体会其乐趣，将老庄道家思想与之相比较而领受其乐趣，品味作者细致的解释而获得乐趣。本书至少有上述三种乐趣。进一步说，通过了解六人的知性活动，能够把握日本近现代精神问题之一端，认识到老庄道家思想所具有的普遍性，充分理解作者所描绘的整体构想。在某种意义上，本书既是日本近现代思想史，也是老庄道家思想的研究专著，还是从两方面获取题材而致力于思想本身的哲学著作。真是罕有的大作！

2021 年 8 月 27 日于东京

（原文为日文，张谷译）

序　二

武汉大学教授　徐水生

2013 年，我曾收到张谷博士的专著《道家思想在日本的传播和影响》。近日，又读到他的新书《道家思想与日本近代知识人》。两本专著分别是教育部人文社会科学重点研究基地重大项目子课题和国家社科基金项目的最终研究成果，可谓"姊妹篇"，但贯穿一个中心：即道家思想在日本的深远影响。前书从博士论文到公开出版可谓"十年磨一剑"，它比较全面地阐述了道家思想在日本古代的知识阶层、佛教禅僧、神道教义、近世文学、哲学思想、政经思想、社会思想等方面的广泛影响。该书出版后在学术界得到了积极反响，曾被评为陕西省哲学社会科学优秀成果著作类二等奖。作者后来又经过八年的艰辛研究，最近完成了《道家思想与日本近代知识人》一书。后书研究难度更大，因为日本近代文化的形成是一个东方文化（含中国传统文化、日本传统文化及佛教文化）与西方文化碰撞和融合的过程，沉淀于日本历史文化之中的道家思想在这一复杂过程中产生了何种具体影响？作者以日本近代著名的政治思想家中江兆民、哲学家西田几多郎、文学家夏目漱石、艺术家冈仓天心、佛学家铃木大拙、物理学家汤川秀树为例，通过大量第一手资料特别是珍贵的日文资料，具体论述了他们与道家思想的密切联系，指出了道家思想在日本文化近代化过程中的重要思想资源作用。

《道家思想与日本近代知识人》阅后掩卷沉思，我认为该书有以下主要特点：

第一，突破了日本近代思想文化研究中的"脱亚入欧"陈旧框架。在学术界中有一种流行甚广的说法，即把明治维新到"二战"结束的日本近代文化的发展历程概括为"脱亚入欧"，即抛弃了东方传统文化，全盘采用了西方文化。这种观点常见于有关日本近代思想文化的论著中，甚至被网络百科全书平台"广而告之"，似成"定理"。①然而，我们如果认真阅读日本近代文化的原典，如果仔细地考察日本近代文化诸领域的史实，就不得不对此说存有许多疑问。应该承认，自明治维新以来在"文明开化"政策引导下，西方文化迅速而大量地传入日本诸岛，对日本近代的政治、经济、文学、科学、哲学诸领域产生了重大的影响，为日本近代文化的形成和发展创造了契机、增添了活力。但是，近代日本是否因此完全抛弃了东方传统文化？日本近代文化是否为西方文化的复制品？日本近代思想史的大量史实告诉我们：并非如此。学界不少人认为，"脱亚入欧"的口号是日本近代著名启蒙思想家福泽谕吉（1834—1901）提出的。然而，国际著名的日本思想史家和日本学术界公认的福泽谕吉研究专家、东京大学教授丸山真男②先生经过多年的实证研究后严肃指出："'入欧'一词以及'脱亚入欧'这个词组，福泽从来没有用过。"福泽在《时事新报》上曾以《脱亚论》为题展开了他关于"脱亚"的论点，这是福泽使用了"脱亚"之词的唯一事例，自那以后尽管他写过大量的书籍和论文，但再也没有使用这个词。"至少可以说，'脱亚'这个词，并不能与福泽的'自由'、'人权'、'文明'、'国权'、'独立精神'等福泽思想的关键用语相提并论。"③丸山先生还提醒人们注意，"在日本，'脱亚入欧'被作

---

① 通过"中国知网"搜索就可见，同意"脱亚入欧说"的文章，大多认为福泽谕吉是"脱亚入欧说"的首倡者，日本近代文化的历程基本上是一全盘西化的过程。有著名的网络平台百科全书甚至这样解释道："脱亚入欧，就是倡导'全面西化'"（《百度百科》）。

② 丸山真男（1914—1996）生前任东京大学法学部教授，并获得美国哈佛大学、普林斯顿大学分别授予的名誉法学博士和名誉文学博士称号。其重要著作有《日本政治思想史研究》《读〈文明论概略〉》（1986年）、《丸山真男集》（全16卷、别卷1）等。

③ 丸山真男著，区建英译：《日本近代思想家福泽谕吉》，世界知识出版社，1997年，第9页。

为福泽独创的词组受到大肆传播,甚至被作为福泽思想整体的关键用语流传于学界",①"战后日本流行的福泽谕吉解释,严重阻碍着人们对福泽思想的客观理解。"②对于丸山真男先生经过长期专门研究后的深刻提示,我们应该引起足够的重视。因而可以说,"脱亚入欧"的口号并非福泽谕吉所创,而是一些学者对日本近代文化历程的片面解释和简单化的概括。③

张谷的专著通过对日本近代最杰出的知识人的具体研究,论述了道家思想对日本近代的政治思想、哲学、艺术、文学、宗教、自然科学诸方面的积极影响,分析了产生这一文化现象的历史原因、个人因素和特殊意义。正如该书的结语所说:"道家思想与日本近代知识人的交涉,既体现于其所从事的思想文化活动中,又表现在知识人个体的精神生活中。从道家的思想文化功能的角度来看,前者体现了道家思想在日本近代文化中的作用,后者则显示出其对知识人个体的意义。"

第二,拓展了道家思想研究的新领域。近年来,关于以老庄为代表的原始道家的研究;关于道家在秦汉以后各历史时期的变化与发展的研究;关于道家的专人专书和出土简帛的研究;关于道家思想与道教、儒学、佛教、艺术、文学的研究等成果层出不穷,令人鼓舞。特别是随着中国改革开放的步伐,道家在海外的传播和影响研究也逐渐引起了人们的注意。但是,由于主客观的原因,展开这一研究有相当大的难度。对研究者来说,既要对道家本身有透彻的了解,也要对道家思想所产生影响之国的语言、文化、历史比较熟悉。故从整体上来说国内学术界现发表的研究成果属于起步阶段,特别是尚未见到

---

① 丸山真男著,区建英译:《日本近代思想家福泽谕吉》,世界知识出版社,1997年,第11页。
② 丸山真男著,区建英译:《日本近代思想家福泽谕吉》,世界知识出版社,1997年,第8页。
③ 详细论述请见徐水生:《日本近代文化"脱亚入欧说"质疑》,《湖北社会科学》2018年第8期。

系统论述道家与日本近代文化关系的专著出版。①可以说,该书的出版在一定程度上拓展了道家研究的新领域,加深了道家与日本近代文化的研究。如同作者在该书的"导言"中所说:"在对道家的研究中,揭示其在中国本土的思想形态和历史演变固然是首要的任务,对其在域外传播和影响的考察也是十分必要的。因为这种考察能为道家研究开辟一个更为广阔的、跨文化的视野,提供一个东亚思想史乃至世界思想史的背景。在这一视野和背景下观照和反思道家思想,既是拓展和提高道家研究水平的途径之一,也是一项饶有趣味的学术课题。"

第三,日文资料丰富,研究基础扎实,书中立论公允。要研究日本近代知识人的相关思想,必须以研究对象的第一手资料为基础。张谷博士从本科起学习日语,硕士生和博士生阶段又持续提高,终于形成了颇强的日语阅读和交流能力。他后来又曾两次赴日本东京大学学习和研究,在日期间充分利用了世界一流大学图书馆的条件,搜集了大量相关的资料。在国内的长期研究中,他又善于利用具有完整的日本岩波书店藏书的武汉大学图书馆等国内藏书单位,随时补充了课题研究的所需资料。如:在论述铃木大拙与道家思想时,张谷的著作广征博引,既引用了日本岩波书店版的《铃木大拙全集》,又利用了日本筑摩书房出版的《铃木大拙集》(近代日本思想大系12),从而使该书的论述建立在一个可靠的基础上,使各人各章的结论可信。如:中江兆民的唯物论虽是近代理论,但也吸收和改造了《庄子》的不少范畴、观念和思维方式;西田几多郎用《庄子》"道进乎技"的思想来阐发其"知的直观"概念;冈仓天心根据道家气论来理解"气韵生动"的美术观,把《庄子》遵循气化流行、顺应造化的哲学作为美术评论的根据;夏目漱石用《庄子》的"逍遥"来诠解作为文艺活动最高理想的"还原感化"境界。张著中的这些观点给人较大启发,有助于认识日

---

① 请见蜂屋邦夫:《夏目漱石与道家思想》,陈鼓应主编:《道家文化研究》第十五辑,生活·读书·新知三联书店,1999 年;徐水生:《论老庄哲学对汤川秀树的影响》,《哲学研究》1992 年第 12 期。

本近代思想文化的东方特点。

张谷博士淡泊宁静,不逐名利;好学多思,潜心学术;掘井及泉,终有所成;从而通过系列的成果形成了自己的学术研究特色。他在博士生阶段,求学于武汉大学哲学学院,受教于学术实力雄厚的珞珈中国哲学团队,专攻于道家哲学和中日哲学思想交流与比较研究方向。毕业后,在繁忙的高校教学中仍坚持不懈地进行"道家与日本思想文化关系"课题的研究,成果迭出,今又撰成新著《道家思想与日本近代知识人》,令人欣慰,乐为之序。

辛丑之夏于珞珈山麓

序 三

东京大学教授 横手裕

　　我想已经是十几年前的事了。我走在北京著名道观白云观院内，看到一幅宣传板报。其内容大概是通过道家道教对近现代科学家的影响，向白云观的参诣者宣传道教。板报中列举了李约瑟（Joseph T. M. Needham）、卡普拉（Fritjof Capra）等数位被认为是重视道家道教思想价值的欧美学者的名字。我注意到，与这些欧美学者并列，还有一位日本物理学家汤川秀树，也被附上照片加以介绍。介绍的内容大体是《庄子》的"混沌"寓言与汤川的学术思想的关系等，详细内容已经记不清楚了。当时，中日两国关系日趋恶化。在中国，对日本人和日本文化采取冷淡态度的人越来越多。在那种情况下，在可谓代表着中国传统文化的设施的道观中，日本的汤川作为理解中国文化者被郑重介绍，这令我感到惊讶而欣喜。当时的心情直到今天还记忆犹新。而我同时也回想起，自己作为从事道家道教研究的日本人，直至看到那个宣传板报之前都对汤川与老庄思想的关系不甚了解，内心抱着一丝惭愧。

　　我初次与张谷先生见面，大概是在 2010 年的夏天，在河南省登封市嵩山脚下的一家酒店里。此前数年，张先生就希望来日本在东京做研究，他询问我是否愿意担任接收教师。张先生曾经作为研修生在东京大学留学，蜂屋邦夫先生是他的指导教师。这次他提出申请，想再次来东京大学对道家思想与日本的关系做进一步的研究。

1

我答应了，但在资助经费等接纳机制的确保上是有些困难的。2010 年夏，由于有赴中国嵩山进行调研旅行的计划，就通过电子邮件与张先生联系说，如果可能的话就在嵩山见一面吧，并将行程和入住酒店的信息姑且予以告知。发出邮件大概是在出发去嵩山的前几日。我想，张先生毕竟居住在西安，日程的协调安排还是有相当难度的。但张先生竟然在我入住酒店的当天晚上就抵达了。我为他恳切而诚实的人品所感动，也加深了让他来东京的想法。

其后，张谷先生在申请赴日的手续等方面似乎也是多有不易，来日之旅迟迟不能成行，直到 2014 年终于万事俱备，来到了日本，我们在东京又重逢了。在东京停留的时间只有短短几个月，但他还是全力投入持续收集资料的工作。张先生回国前夕的初秋的一天，我邀请蜂屋先生和他在上野公园韵松亭的一个包间内小聚，三人畅谈的情景留下一段美好的回忆，至今难忘。

自从十几年前的北京白云观经历以来，我对汤川秀树与道家道教的关系仍然疏于查阅研究。张谷先生则在回国之后继续努力推进自己的研究，今撰成大作《道家思想与日本近代知识人》。拜读书稿，可知他仍然精进如故，这使我不禁心怀敬佩。关于汤川与道家道教关系的问题，我没有想到，是在张谷先生的这本著作中才获得了详尽而周全的相关知识。真是喜出望外！不仅是汤川，对西田几多郎、铃木大拙等近现代日本著名思想家与老庄道家的关系的认识也得到了深化。今后，我对他们思想言论的审视方式可能会有所不同，期待未来与他们的著作和文章相遇的机会。

在祝贺大著问世的同时，也想对张谷先生的学术恩惠以及一直以来的深厚之谊表示感谢！

2021 年 8 月 11 日于东京

（原文为日文，张谷译）

目　录

导　　言

　　道家(及道教)是中国传统文化的重要组成部分,道家思想则是中国传统思想的主要来源、基础和组成部分。道家思想不仅渗透到中国本土文化各个领域,而且流传海外,在世界范围内产生了影响。直到今天,古老的道家智慧仍然焕发出旺盛的生命力,依然能够为现代文明提供深刻的启迪。在中国传统学术史上,老学和庄学源远流长、经久不衰。近代以后,在中国思想和学术发生急剧变革的情势下,道家思想仍受重视。近几十年来,大陆道家研究逐渐复兴,且取得了显著进展。道家研究延续不绝和重获青睐的事实,说明道家思想蕴含着极为丰富的智慧资源,犹如"天府",取之不尽,用之不竭。道家思想超脱通达、深邃灵动,有着深远的形上关怀和极强的可诠释性,这些特点使道家在当代乃至未来仍然能够与现代文明良性融合,激发和推动中华文化和人类文明的变革和发展。

　　在对道家的研究中,揭示其在中国本土的思想形态和历史演变固然是首要的任务,对其在域外传播和影响的考察也是十分必要的。因为这种考察能为道家研究开辟一个更为广阔的、跨文化的视野,提供一个东亚思想史乃至世界思想史的背景。在这一视野和背景下观照和反思道家思想,既是拓展和提高道家研究水平的途径之一,也是一项饶有趣味的学术课题。东亚汉字文化圈是包括道家在内的中国传统文化的主要传播区域,其中日本是道家思想影响较为深广的地区。道家思想在日本的传播和影响历史悠久。至近代以前,日本对道家思想的接受已趋成熟,使其融入日本文化。近代是日本社会转型和文化更新的剧变时期,考察这一时期道家思想在日本文化中的存在样态,不仅能够对其进行跨文化的审视,而且可以进一步探讨其世界性和现代性。本书即是这方面的一个尝试。本书拟以日本近代知识人为中心,考察道家思想在日本近代知识、思想和文化领域的存续、流演和作用,试图展现一幅中国古老道家思想在日本近代知识人的理性思索和精神创造中与异文化交流融合的图景。在进入主题讨论前,有必要先对道家思想及其在日本近代之前的影响作一概述。

一、道家概说

道家学说历史悠久,博大精深,内容丰富,本书不能尽论。以下仅就道家历史演变和思想要点略述之,作为主题讨论的准备和导引。

(一)道家的历史演变

现代学术界用"道家"一词来称谓一个古老的思想传统,并公认它的代表是古代思想家老子、庄子等。《庄子·天下》有老聃、庄周、关尹、宋钘、尹文、彭蒙、田骈、慎到等人思想的记述和评论。老聃、庄周、关尹是典型的道家人物,彭蒙、田骈、慎到或亦与道家有关。[①]此外,《荀子·非十二子》《荀子·天论》《荀子·解蔽》《尸子·广泽》《吕氏春秋·不二》等先秦典籍亦有关于道家的记载。如《尸子·广泽》"列子贵虚",《吕氏春秋·不二》"老耽贵柔,……关尹贵清,子列子贵虚,陈骈贵齐,阳生贵己"等说法,都是对道家思想的较早记述,但这些文献中还没有出现"道家"之名。史料所见"道家"之称始于汉代。[②]然此时之"道家",似乎主要是指"务为治"的黄老学(或称黄老

---

① 陈鼓应认为,彭蒙、田骈、慎到等人属于道家的一支,称为"稷下道家"。见陈鼓应:《老庄新论》,商务印书馆,2008年,第182—186页。

② "道家"名称的由来不可确考,最早的记载出自汉初。《史记·陈丞相世家》记汉初丞相陈平的话:"我多阴谋,是道家之所禁。"陈平活动于秦末汉初,他使用"道家"一语,说明此语已相当流行,按当时交通和信息传播的速度看,或可推测"道家"一语出现更早。若从先秦称"子"不称"家"来看,"道家"一词的使用也未可太早。

道家),而与原始道家有别。《史记·陈丞相世家》载汉初丞相陈平言
及"道家之所禁",同时又说"陈丞相平少时,本好黄帝、老子之术"。
《史记·齐悼惠王世家》载汉初齐国相召平引用道家之言"当断不断,
反受其乱",此句见于黄老学著作马王堆帛书《黄帝四经·十六经》①的
《观》《兵容》两篇。可见,陈平、召平所谓"道家"乃是黄老道家。司马
谈评断六家,乃是从"务为治"出发的。他所谓道家(道德家)的特点
是:"使人精神专一,动合无形,赡足万物。其为术也,因阴阳之大顺,
采儒墨之善,撮名法之要,与时迁移,应物变化,立俗施事,无所不宜,
指约而易操,事少而功多。""道家无为,又曰无不为,其实易行,其辞
难知。其术以虚无为本,以因循为用。无成势,无常形,故能究万物
之情。不为物先,不为物后,故能为万物主。有法无法,因时为业;有
度无度,因物与合。"②《汉书·艺文志》也以"君人南面之术"定义道
家:"历记成败存亡祸福古今之道,然后知秉要执本,清虚以自守,卑
弱以自持,此君人南面之术也。"③司马谈和班固所概括的思想特征
显然更接近黄老道家。总之,汉代道家之名,盖指黄老道家。但同时
也应看到,此名称一定程度上也反映了当时学者对先秦以来道家思
想特质的认识。从现代学术的观点看,道家思想既有其相对稳定的
核心思想观念,如"道""自然""无为""逍遥""齐物"等,也是一个历史
演变和发展过程,出现过不同的历史形态。它既是具有独特观念和
逻辑的学说体系,也是具有历史脉络的思想传统。④

---

① 1973 年长沙马王堆出土汉墓的四种帛书《经法》《十六(一说作大)经》《称》《道原》,唐
兰定其名为《黄帝四经》,余明光袭之并加论证,学术界多从唐、余之说。即认为这四
篇古佚书,就是《汉书·艺文志》所录道家类"《黄帝四经》四篇"。

② 司马谈:《论六家要旨》,司马迁撰,裴骃集解,司马贞索隐,张守节正义:《史记》第十
册,中华书局,1959 年,第 3288—3289 页。

③ 班固撰,颜师古注:《汉书》第六册,中华书局,1962 年,第 1732 页。另外,《汉志》道家
类第一、二条著录的"《伊尹》五十一篇"和"《太公》二百三十七篇"等,似亦属黄老学
系统。

④ 有学者提出"道学"概念,主张用"道学"来总括道家与道教学术,并与西文 Taoism 相
对应。认为道学是以老子道的学说为理论支柱的整个文化系统,其中包括道家的哲
学文化、道教的宗教文化,以及丹道的生命科学文化。见胡浮琛:《道学通论》,社会科
学文献出版社,2009 年,第 3—7 页。

　　道家创始于春秋末期的老子(老聃),著有《老子》一书。①老子提出以"道"为核心的哲学体系。在老子那里,道是宇宙万物的始源、本根和法则,也是人生存和行动的法则。"道法自然",即"自然"是"道"的法则。所谓"自然",就是自己如此、自然而然,这是老子道家"自然"概念的基本内涵。老子认为,"道"是"自然"的,人也应当"自然"。以此为基础,他提出致虚守静、贵柔守雌、善利不争、无为而治等有关修养、伦理和政治的主张,建立了在中国历史上影响深远的思想体系。老子之后,又出现了关尹、庚桑楚、文子、杨朱、列子等一批道家代表人物,②他们活动于春秋末期至战国中期,主要区域大致在淮河流域和齐文化地区,可称为原始道家。

　　原始道家以后,战国中后期,道家形成了两个主要分支,一为黄老学派,一为庄子学派。两者都继承了老子的道论,但又朝着不同方向发展。黄老学从老子道论引出一套社会政治准则,庄学则将老子道论转化为一种人生哲学。黄老学的早期代表作是《黄帝四经》,后在稷下学中得到显著发展。稷下学者人数众多,学派林立,涵盖春秋战国时期所有学派。不同学术观点的交锋促进了学术融合,在道、儒、名、法、墨的基础上形成了新的道家学派,即所谓稷下道家。由于其具有黄老学说的特点,故又称稷下黄老学。稷下道家代表人物主要有宋钘、尹文、彭蒙、田骈、慎到、环渊、接子等。③《管子》一书是稷下学者著述的汇集,该书融合各家学说,其中也有不少黄老思想的篇

---

① 本书采《老子》早出说的传统观点,即老子为春秋末期人,《老子》为老子所著,但有战国时人增益。

② 《庄子·天下》将关尹、老子并称为"古之博大真人"。《汉书·艺文志》道家类著录《关尹子》九篇,已佚,今本为后人依托之作。《庄子·庚桑楚》:"老聃之役,有庚桑楚者,偏得老聃之道。"成玄英疏:"姓庚桑,名楚,老君之弟子,盖隐者也。"《新唐书·艺文志》著录王士元《亢仓子》二卷。"亢仓"即"庚桑"。《汉书·艺文志》著录《文子》九篇,并注云:"为老子弟子,与孔子并时。"《论衡·自然》:"老子、文子似天地者也。"《庄子》记杨朱问道于老子。今本《列子》有《杨朱》篇,有学者(如陈鼓应)认为保存了杨朱学派的史料,但仍存争论。《庄子·应帝王》言列子"亦虚而已",《尸子·广泽》《吕氏春秋·不二》亦皆有"列子贵虚"之说。

③ 据《史记·孟子荀卿列传》,慎到、田骈、接子、环渊"皆学黄老道德之术,因发明序其指意"。

章,如《心术上》《心术下》《内业》《白心》四篇,学术界称为"《管子》四篇"。①战国晚期黄老学的代表是鹖冠子,②其学继承和发展了老子学说,但又有所改造。战国中期的庄子是老子之后道家最重要的代表人物,他创立的庄子学派是道家的一个重要分支。《庄子》一书是庄子学派著作的汇集。一般认为,该书内篇为庄子所作,外篇和杂篇为其后学的作品。③庄学继承了老学,但又与老学有明显不同,它在老学的基础上进一步提出"无我""顺化"之学,创发了"坐忘""齐物""逍遥"等独特思想,形成道家思想史上的又一高峰。

　　秦汉时期,道家学说得到进一步发展。成书于秦初的《吕氏春秋》,如为其作注的汉代学者高诱所言,是"以道德为标的,以无为为纲纪,以忠义为品式,以公方为检格"④,主导思想是道家,并为先秦黄老学之总结。⑤西汉前期,黄老学在当时的政治和文化中发挥了重要作用。曹参、汉文帝等人皆好黄老之术,并将其运用到治国实践之中。一批学者如司马季主、郑当时、汲黯、杨王孙、安丘生等,皆好黄老之言,司马迁父子亦赞扬黄老之学,故《汉书·司马迁传》说司马迁"论大道则先黄老而后六经"。⑥这一时期出现的《淮南子》一书,"牢笼天地,博极古今"(刘知几语),同时又有精深的思想内涵,是一部百科全书式的学术巨著。此书的思想主旨承接《老子》,集几十年流行

---

① "四篇"之说,见郭沫若:《十批判书》,《中国古代社会研究》(外二种)下,河北教育出版社,第744—775页。陈鼓应认为,四篇之外另有《形势》《宙合》《枢言》《水地》等篇也是黄老作品。见氏著《管子四篇诠释——稷下道家代表作解析》,商务印书馆,2006年,第55—56页。

② 《汉书·艺文志》道家类著录《鹖冠子》一篇。

③ 张恒寿认为,内七篇基本为庄子早期作品,但《人间世》前三章和他篇少数章节非庄子作品,有羼杂。外杂篇中也有较古篇目。见氏著《庄子新探》,湖北人民出版社,1983年。

④ 陈奇猷校注:《吕氏春秋》,上海世纪出版股份有限公司、上海古籍出版社,2002年,第1页。

⑤ 孙以楷主编:《道家与中国哲学》(先秦卷),人民出版社,2004年,第474页。熊铁基提出"秦汉新道家"的概念,认为《吕氏春秋》和《淮南子》是其代表。见氏著《秦汉新道家略论稿》,上海人民出版社,1984年。

⑥ 班固撰,颜师古注:《汉书》第九册,中华书局,1962年,第2738页。

的黄老学之大成，并作出了系统发展，形成汉代道家理论的高峰。汉武帝罢黜百家、独尊儒术，黄老学从此在政治上失势，变成一支或隐或显的学术流派。黄老学的后期影响，以河上公《老子章句》、严遵《老子指归》、王充《论衡》为代表。《河上公老子章句》盖成书于东汉中后期，①是完整保存下来的较早的《老子》注本，对后世老学影响颇大。它以汉代黄老学无为治国、清静养生的观点解释《老子》，认为天道与人事相通，治国之道与治身之道一致，二者皆本于清静无为的自然之道。《老子指归》发展了《老子》的道论，是汉代道家向魏晋玄学转变的中间环节。东汉思想家王充宣称自己的自然学说"虽违儒家之说，合黄老之义也"，②盖亦有黄老学倾向。

东汉末年，黄老之学逐渐宗教化，形成黄老崇拜，又与自古流传的神仙方术和民间巫术相结合，孕育产生出道教。道教的思想文化来源极其复杂多样，但其教理教义主要还是以道家思想为依据。道教始终尊奉老子及《道德经》，其他道家学者如庄子、列子、文子等亦为道教所推崇。因此，道教离不开道家，道家也借助道教得到延续和发展，"道教在一定意义上是道家发展中的旁支"。③

魏晋时期形成的玄学，是先秦道家和汉初黄老学的进一步演变和发展，是道家的另一形态。玄学内部支派纷呈，但其底蕴或根基是道家的，特别是老庄之学。因此，有学者如冯友兰称其为新道家。④玄学之"玄"出自《老子》"玄之又玄"一语，玄学经典"三玄"（即《老子》《庄子》《周易》）中前两书为先秦道家著作。玄学的主要论题如有无之辩、言意之辩、名教自然之辩等，多依附于《老》《庄》文本，并

---

① 王明认为，《河上公老子章句》"盖当后汉中叶迄末造间，有奉黄老之教者，为敷陈养生之义，希幸久寿不死，托名于河上公而作。"见氏著《道家和道教思想研究》，中国社会科学出版社，1984 年，第 323 页。

② 黄晖撰《论衡校释》（三），中华书局，1990 年，第 785 页。

③ 牟钟鉴《道家和道教论稿》，宗教文化出版社，2014 年，第 65 页。

④ 冯友兰说："'新道家'是一个新名词，指的是公元三四世纪的'玄学'。'玄'是黑色，又有微妙、神秘等意思。《老子》第一章说：'玄之又玄，众妙之门'，所以'玄学'这个名称表明它是道家的继续。"见氏著《中国哲学简史》，涂又光译，北京大学出版社，1985 年，第 253 页。

通过注解《老》《庄》的形式表现出来。玄学的发展实际上经历了一个从解《老》到注《庄》的过程。玄学内部的争论,实为因人生实践和政治抱负而衍生的对老庄理解之分歧。魏正始年间,"浮华"人物清谈论辩,畅言老庄,醉心于"以无为本","玄学"之风兴起,史称正始玄学,此以何晏、王弼为代表。正始玄学末期,以阮籍、嵇康、山涛、刘伶、阮咸、向秀、王戎等"竹林七贤"为代表的一批玄学名士,批判名教和现实政治,追求退隐和超脱的人格境界,形成竹林玄学。西晋时期,玄学出现"贵无"和"崇有"两派,郭象则提出"独化"说,论名教即自然。东晋时期,玄学无重大理论建树,玄学家们或祖述郭象玄学,或玄佛互解。

隋唐以后,道家再未作为独立学派出现,而主要以道教为载体继续发展。道家思想一直是道教教理教义的主要来源和依据。道教的重要理论,如隋唐时期的重玄学、宋代以后形成的内丹性命学,都继承和吸收了道家思想。这一时期,道家思想渗透到社会文化的各领域,对社会政治和精神文化产生了更为广泛而深刻的影响,至今延绵不绝。道家思想以注解《老》《庄》的形式出现,形成道家章句之学。注家中有道教学者,也有包括佛教学者在内的教外学者。道家思想渗透到哲学、美学、艺术等中国古代文化的各个领域,如宋明理学吸收了道家哲学的因素,其宇宙论、本体论、道德哲学、修养论等都或来源于道家、或与道家相关、或以道家为观念背景。[①]中国佛教的净土宗、天台宗、华严宗和禅宗等重要宗派的思想中皆包含道家因素,禅宗尤其具有显著的老庄特性。佛学"从最初的概念、观念的引入,到进一步的思想观念的释义,再到最后的具有中国观念特色的佛学思想的创造,老庄思想特别是庄子思想都起了主要的作用。"[②]道家的美学思想和思维方式蕴含于历代文论和文艺作品之中;中国的美学

---

① 关于道家思想与宋明理学的关系,参见崔大华等:《道家与中国文化精神》,河南人民出版社,2003年,第160—181页。

② 崔大华等:《道家与中国文化精神》,河南人民出版社,2003年,第225页。关于道家思想与中国佛教的关系,参见同书第181—225页。

思想、绘画、小说、诗词,以及书法、雕塑、音乐等,都表现出一种强烈的道家精神和道家风格,其浸润的程度超过儒家的影响。"道家的美学、文学思想则对儒家的美学、文学思想体系起着冲击和解放的作用。可以设想,如果没有道家强调的精神自由、超功利、重审美的文艺思想的追求,那么,中国的文学观念始终被束缚在儒家的明道、征圣、宗经、美刺、教化这些范畴内,艺术和艺术美学就不会有如此重大的成就和发展。"①徐复观指出,中国绘画的精神境界都是庄学和玄学的,他说:"历史上的大画家、大画论家,他们所达到、所把握到的精神境界,常不期然而然地都是庄学、玄学的境界。宋以后所谓禅对画的影响,如实地说,乃是庄学、玄学的影响。"②

　　近代以来,西方学术和思想对中国传统思想文化形成巨大的冲击,迫使中国思想文化界作出回应,同时也为重建中国学术和文化带来历史性契机。在这一背景下,道家之学呈逐渐复兴之势。晚清嘉道年间,魏源、曾国藩等有识之士开始从经世角度审视道家思想。20世纪初叶,严复、章太炎等知识人以西方自由、平等、民主等观念诠释道家思想。新文化运动后,又有吴虞、胡适、金岳霖、冯友兰、方东美等现代学者从中国文化和世界文化的视野注目于道家思想。在现代中国和世界文化的语境下,随着其思想内涵得到全方位诠释,文化价值得到深入发掘,道家思想将成为现代文化的重要资源和要素。

　　(二) 道家思想述要

　　与其他诸子相比,道家的特点和优长在于其对超现象、超经验问题的探究和思辨,创发了中国最早的形上学,实现了一次思想的突破和跃升,在诸子中独树一帜。③形上学是道家思想的精华,而它又与道家关于宇宙、人生、知识、伦理、政治等的思想相涵互融、相

---

①　高起学:《道家哲学与古代文学理论》,中国社会科学出版社,2009年,第2页。

②　徐复观:《中国艺术精神》,广西师范大学出版社,2007年,第2页。

③　郑开认为,先秦诸子只不过是在阴阳、五行、六气等物理学(自然哲学)传统理论的范围内加以增益推进,而道家则是在此基础上实现了突破,创立了形上学。见氏著《道家形而上学研究》,宗教文化出版社,2003年,第2页。

映成趣,难以分割。但要阐明道家思想,又不能不分别论之。以下姑从形上学、人性论、修养论、知识论、伦理学、政治论等几方面述其大要。

1. 形上学

形上学是关于超现象、超经验问题的学问,在道家这里,相当于超越"物论"的"道论"。①道论作为道家的形上学,达到了理论的高度思辨和直观,但玄妙之道是从具体事物抽象、体悟而来,道家的形上学是从对天地万物的探索中提升出来的。万物产生和运行之理的问题在春秋战国时期已被广泛讨论,逐渐形成了阴阳、五行等理论。②战国诸子也多涉及万物之理的思考。天地万物的始源、本质和规律是道家关注的重要问题之一,其探索的深刻性亦颇胜于其他诸子。在这方面,道家主要提出"道生万物""有生于无""天下一气"之说。《老子》曰:"道生一,一生二,二生三,三生万物。万物负阴而抱阳,冲气以为和。"(《老子》四十二章。下引《老子》仅注章名)这里的"一""二""三",其具体所指虽仍存歧义,但从原文来看,一、二、三盖为由道产生万物的过程和环节。至于其具体涵义,后世多以气论说之。③"一"多被释为"元气","二"为阴阳二气,"三"为阴阳相合而成的均衡和谐的"和"气,而此和气构成了万物,因此万物都"负阴抱阳"。如《淮南子》解释此章说:"道始于一④,一而不生,故分而为阴阳,阴阳和合而万物生。故曰'一生二,二生三,三生万物。'"(《淮南

---

① 形上学(形而上学)原意为"物理学之后",即从万物之理的研究跃升到对超越万物的根本问题的探索。中国古代哲学的"道"与"器""道"与"物"等,应分别对应形而上与形而下。故道论是形上学,物论是形下学。郑开认为,道家从物论(物理学)突破而为道论,创立了自己的形上学理论。见氏著《道家形而上学研究》,宗教文化出版社,2003 年,第 1—3 页。

② 葛兆光指出,至春秋时代,"阴阳"观念似乎已经是不言而喻的真理,阴阳被看作是宇宙间两大基本因子。"五行"思想在春秋时期也已经非常系统和普遍。见氏著《中国思想史》(第一卷),复旦大学出版社,2001 年,第 74—77 页。

③ 将一、二、三解释为以数字来表示从少到多、由简至繁的过程,似亦可通。

④ 道始于一,据王念孙说改,原文作"道日规始于一"。《淮南子》云"道始于一",似与《老子》此章原义不同。原文既言"道生一",则"一"不是"道"明矣。但《老子》书中"一"也有指"道"的用法,如三十九章、十章、二十二章语句中的"一"。

子·天文①》)又说:"夫精神者所受于天,而形体者所禀地也。故曰
'一生二,二生三,三生万物。'"(《淮南子·精神》)高诱注:"一者元气
也,生二者乾坤也。二生三,三生万物,天地设位,阴阳流通,万物乃
生。"②道家又提出"有生于无"的命题。所谓"天下万物生于有,有生
于无"③(四十章),"有形产于无形,故无形者,有形之始也"(《文子·
道原》),"万物出乎无有"(《庄子·庚桑楚》。下引《庄子》仅注篇名),这
是"道→一→二→三→万物"的模式。还有"无→有→万物"的模式:"泰
初有无,无有无名。一之所起,有一而未形。物得以生,谓之德"(《天
地》)。这两种模式是一致的。在道家看来,道无形,万物有形,道创生
天地万物,其生成过程是由无形显化为有形,即从"无"到"有"。

　　道既是万物始源,在万物产生之后,又成为万物的本质和运行法
则。道是"万物之宗"(四章)、"万物之奥"(六十二章)、"万物之所由"
(《渔父》)。《老子》云:"天得一以清,地得一以宁,神得一以灵,谷得
一以盈,万物得一以生,侯王得一以为天下贞。"(三十九章)这里的
"一"是指"道",它是天、地、神、谷、万物、侯王等宇宙间一切事物的本
性和本质。这是万物本性和本质意义上的道。道家所谓"本""根"
"本根"等就与这一意义上的道接近。④如《老子》曰:"夫物芸芸,各复
归其根。归根曰静,是曰复命。"(十六章)"玄牝之门,是谓天地根。"
(六章)《庄子》曰:"以本为精,以物为粗。"(《天下》)"夫虚静恬淡寂寞
无为者,万物之本也。"(《天道》)"惛然若亡而存,油然不形而神,万物
畜而不知。此之谓本根,可以观于天矣。"(《知北游》)其中的本、根和
本根都是指道。

---

① 今本《淮南子》篇名,除"要略"外,后皆有"训"字。此从姚范、蒋礼鸿说,无"训"字。下
　同。见何宁撰:《淮南子集释》(上),中华书局,1998年,第1页。
② 何宁撰:《淮南子集释》(中),中华书局,1998年,第505页。
③ "有生于无"句,郭店楚简本无"有"字,作"生于无"。多数学者认为当有"有"字。见彭
　裕商、吴毅强:《郭店楚简老子集释》,巴蜀书社,2011年,第361—362页。又见刘笑
　敢:《老子古今》(上卷),中国社会科学出版社,2006年,第418—419页。
④ 张岱年认为,"道家所讲的'本'即是虚无、无形的道。道家所谓'根''本''本根'等,相
　当于本体论。见氏著《中国古典哲学概念范畴要论》,中国社会科学出版社,1987年,
　第62—63页。

　　道家还以"气"概念来解释万物的生成和基质。《老子》"万物负阴而抱阳,冲气以为和"(四十二章)之说开其端,《管子》四篇、《庄子》《吕氏春秋》则继承和发挥之。《管子》四篇创立"精气"说,推进了道家气论。《内业》篇曰:"凡物之精,此则为生,下生五谷,上为列星。流于天地之间,谓之鬼神;藏于胸中,谓之圣人。是故民(此)气,杲乎如登于天,杳乎如入于渊,淖乎如在于海,卒乎如在于己。""精也者,气之精者也。"就是说,精气是万物本原和基质,精气聚合产生五谷、列星、鬼神和人等万物。《庄子》在追溯万物(有形)根源时,把气作为一个重要环节和要素:"察其始而本无生;非徒无生也而本无形;非徒无形也而本无气。杂乎芒芴之间,变而有气,气变而有形,形变而有生,今又变而之死。"(《至乐》)《庄子》认为,宇宙最初是一片浑沌(即无),浑沌中之变化产生了气,此气乃是宇宙间一切事物的来源和基质,万物皆由气演化、构成。《庄子》所谓"气",虽有"六气"(阴阳风雨晦明)之说,但主要指阴阳,"阴阳者,气之大者也。"(《则阳》)万物产生于阴阳二气的交通融合,"至阴肃肃,至阳赫赫。肃肃出乎天,赫赫发乎地。两者交通成和而物生焉,或为之纪而莫见其形。"(《田子方》)万物"自以比形于天地而受气于阴阳"(《秋水》)。人亦如此,"吾身非吾有也……是天地之委形也;生非吾有,是天地之委和也;性命非吾有,是天地之委顺也;子孙[1]非吾有,是天地之委蜕也。"(《知北游》)人的身体、生命、本性和繁衍延续,分别是由天地(造化)赋予形貌、和气、自然和蜕变而成,其实质则是气。人的生死正取决于气的聚散,"聚则为生,散则为死。"(《知北游》)由此得出"通天下一气耳"的气一元论。[2]战国末期的《吕氏春秋》进一步深化了精气说。

　　上已述及,道家关于万物始源和基质问题的探讨已经涉及道的层面,而由此更进一步,就跨入对道的形上思索和领悟的领域。道家之道,微妙玄通,难知难言,大致可从以下诸方面勉强言之。

---

① 　子孙,郭庆藩《庄子集释》本作"孙子"。此从陈碧虚《庄子阙误》引张君房本。

② 　孙以楷等指出,《庄子》"通天下一气耳"的思想源于《管子》四篇。见《道家与中国哲学》(先秦卷),人民出版社,2004年,第287页。

道家所谓道,是超越于经验之外而不能通过感性和知性把握的,此可称为超验性。《老子》论道曰:"视之不见,名曰夷;听之不闻,名曰希;搏之不得,名曰微。此三者不可致诘,故混而为一。其上不皦,其下不昧。绳绳兮不可名,复归于无物。是谓无状之状,无物之象,是谓惚恍。"(十四章)道的"夷""希""微""惚恍"等特性,表明其不能为视、听、触等感官把握的超感性。道也不能为知性所把握。《老子》认为,道不能命名("不可名")、不可言说("不可道"),它是"无名"之"朴"(三十二章)。《文子》明确指出:"有名产于无名。"(《文子·道原》)《庄子》说:"泰初有无,无有无名。"(《天地》)指出"泰初"之"无"(即道)是"无名"的,"万物殊理,道不私,故无名。"(《则阳》)总之,因其"无形",道不能为感官所把握("视之不见""听之不闻");因其"无名",道不能为知性思维所把握,是"言之所不能论,意之所不能察致者"(《秋水》),也不能通过言辩表达。《庄子》强调,通过见闻言辩等感性和知性途径是不能体悟道的:"道不可闻,闻而非也;道不可见,见而非也;道不可言,言而非也"(《知北游》)。既然感性知性不能明道,就要追求超越形色名声的"不言"之知。"视而可见者,形与色也;听而可闻者,名与声也。悲夫,世人以形色名声为足以得彼之情!夫形色名声果不足以得彼之情,则知者不言,言者不知,而世岂识之哉!"(《天道》)超验性是"道"与"物"的根本区别,所谓"物物者非物"(《知北游》)。这里的"物物者"就是化生万物并成为其根据的道,它"非物",即是超越物的。正因为具有这种超越性,道才能化生万物并成为其根据,所谓"物而不物,故能物物"(《在宥》)。

道作为超验的存在,不依赖于任何物,是独立无对、自据自足的,此可称为绝对性。《老子》说道是"独立而不改"(二十五章),《庄子》肯定道"自本自根……自古以固存",并以体道为"见独"(《大宗师》),都指向道的这种绝对性。《庄子》的重要概念"无待",也包含无条件的涵义。《逍遥游》篇云:"若夫乘天地之正,而御六气之辩,以游无穷者,彼且恶乎待哉!故曰:至人无己,神人无功,圣人无名。"提示出一种不依赖于任何事物和条件的状态,这虽然是从体道(逍遥)境界的意义上说的,但也指示了道的无条件性即绝对性。《庄子》主张超越彼此、是非、物我的对立而进入"彼是莫得其偶"的"道枢"(《齐物论》),也就是说,道的枢机是超越彼此是非对立的,道不在万物的偶对之中,而是超绝独存的。

绝对的道也是永恒的,即无始无终、不生不灭。《老子》指出道"先天地生"(二十五章)、"象帝之先"(四章),这些说法似乎还未脱天地万物有开端的观念。《庄子》则消解了宇宙开端的问题,而主要从无始无终的意义上来理解道,其曰:道"自古以固存","先天地生而不为久,长于上古而不为老"(《大宗师》),指出道从来就有、永恒存在的性质。这也是道超绝于物的体现,因为"道无终始,物有死生"(《秋水》)。道体不生不灭,其用亦无穷无尽。道家认为,道的作用和功能永不会枯竭和中断。《老子》云:"道冲,而用之或不盈。"(四章)"玄牝之门,是谓天地根。绵绵若存,用之不勤。"(六章)《庄子》云:"孰知不言之辩,不道之道? 若有能知,此之谓天府。注焉而不满,酌焉而不竭,而不知其所由来,此之谓葆光。"(《齐物论》)这里的"用之或不盈""绵绵若存,用之不勤""注焉而不满,酌焉而不竭",即是说道之作用未有穷竭。当然,道的作用的无穷性是与其自身对于万物的根源性、本质性相联系的。道的作用是无限广大的,能够"神鬼神帝,生天生地",既成就自然事物,如"天清""地宁""神灵""谷盈""万物生"(三十九章)、"维斗终古不忒;日月终古不息"(《大宗师》)等;也成就社会人事,如"侯王之正"(三十九章)、"黄帝登云天""傅说相武丁有天下"(《大宗师》)等。

道家之道与"一"有密切关系。所谓"一",有同质性、统一性、贯通性、连续性等涵义。在道家文本中,"一"被看作是道的别名或重要性质。《老子》云:"天得一以清,地得一以宁,神得一以灵,谷得一以盈,万物得一以生,侯王得一以为天下正。"(三十九章)这里的"一"就是道。而"混而为一"(十四章)、"圣人抱一"(二十二章)、"天地与我并生,而万物与我为一"(《齐物论》)等说法中的"一",则是就道的重要性质而言的。《庄子》进一步提出"道通为一"(《齐物论》)的命题,意为道通万物而为一。道贯通万物而使万物连续为具有共同性的整体，故可称为通一性。正是在此意义上，《庄子》说："天地一指也，万物一马也。"(《齐物论》)道是通一的，因而是浑沌一团、没有任何区分的，即《老子》"有物混成"(二十五章)、"混而为一"(十四章)，《庄子》"道未始有封"(《齐物论》)之谓，"未始有封"就是无界限、无差别。这一点又与物不同，物是有分界、有区隔的。

道的超验、绝对、永恒、通一等性质突出了它超绝于物的一面。但道家之道并非一个超离于物的实体，而是与物不即不离的虚体。道无界域、差别，物有分界、区隔。那么如何理解道的通一性和物的分隔性的关系？其核心问题是道在物外还是在物中？道家的基本回答是：道非离物而在，而是即物而存。一方面即物即道，道在物中；另一方面即道即物，道外无物。《老子》"天得一以清，地得一以宁，神得一以灵，谷得一以盈，万物得一以生，侯王得一以为天下正"之说，包含万物皆得道、依道，而道遍在于万物的思想。《老子》把道视为"万物之宗"(四章)、"万物之奥"(六十二章)，并言"大道泛兮，其可左右"(三十四章)，其义亦近此。《庄子》进一步提出"道物无际"的思想。其曰："物物者与物无际，而物有际者，所谓物际者也。不际之际，际之者不际也。"(《知北游》)意思是说，使物成为物的(即道)与物没有分际，但物与物之间是有分际的，这是物之分际(而不是道与物的分际)。这样，道与物之间就既是没有分际的分际，也是分际中的没有分际。道散而为物，就是没有分际的分际；物全而归道，就是分际中的没有分际。道与物是即一即多的融合关系，换言之，道是内在于物的。道一方面"无所不在"(《知北游》)，另一方面又不固定于某物，而"行于万物"(《天地》)，体现为物化流行。此可称为道的运化性。

在道家看来，道乃是万物迁化流行的总体及过程，《庄子》称为"化""造化"等。道家对这一大化流行的状态、趋势和法则有不少论说，其中最重要的当属"自然"的观念。道家之"自然"，是指自己如此、自然而然的状态和趋势，这也是古代汉语中该词的一般意义。《老子》曰："人法地，地法天，天法道，道法自然。"(二十五章)"法"是效法、不违之义。人效法地,地效法天,天效法道,而道所效法的是自然。道效法自然的意思是说,道的本性、法则即是自然,换言之,道是自己如此、自然而然的,道不违背这种本性和法则。如王弼所说:"道不违自然,乃得其性,[法自然也]。法自然者,在方而法方,在圆而法圆,于自然无所违也。"①实际上,自然与道一样,是无形无相、不可言说的,"其端兆不可得而见也,其意趣不可得而睹也","不知其所以然"②,它与道合为一体。道是就万物之本根言,自然则是就万物之法则言。道即万物自然,万物自然即道。"万物莫不尊道而贵德",原因即在于道(与德)"莫之命而常自然"(五十一章)。《庄子》提出"天"与"人"的概念。"牛马四足,是谓天;落马首,穿牛鼻,是谓人。"(《秋水》)天即自然,人即人为。天既指物之法则意义上的自然,也指人之本性意义上的自然。前者如"依乎天理,因其固然"(《养生主》)、"去知与故,循天之理"(《刻意》)中的"天(理)",后者如"遁其天,离其性"(《则阳》)、"遁天倍情"(《养生主》)中的"天"。

　　"自然"与"无为"是道性的一体之两面。自然是从道的状态、趋势和法则角度说,无为则是从道的使动性、意志性、目的性、宰控性的角度说,二者不可分离。"以辅万物之自然而不敢为"(六十四章)、"无为而才自然"(《田子方》)、"莫之为而常自然"(《缮性》)等说法,就表明了这种关系。道的无为集中体现在不对万物施以主宰、支配、控制而辅助万物生长上。道"衣养万物而不为主""万物归焉而不为主"(三十四章),"生而不有,为而不恃,长而不宰"(五十一章)。"虋万物而不为义,泽及万世而不为仁,长于上古而不为老,覆载天地、刻雕众形而不为巧"(《大宗师》),即调和万物、惠泽万世、恒久不灭、造就众形,却不自以为义、仁、老、巧,毫无意志、目的和宰制性因素,完全是一个自然而然的过程,所谓"无为为之之谓天"(《天地》)。道家以"无为"为上善之"为":"无有入无间。吾是以知无为

---

① 王弼注,楼宇烈校释:《老子道德经注校释》,中华书局,2008年,第64页。
② 王弼注,楼宇烈校释:《老子道德经注校释》,中华书局,2008年,第41页。

之有益。……无为之益，天下稀及之。"（四十三章）道正是以这种"无为"的方式达到"无不为"的无限功效，"道常无为而无不为"（三十七章）是也。

2. 人性论

道家对自然世界的关注和探求较其他诸子更为广泛和深刻，但道家关注的重点无疑还是人类世界。人性问题似乎没有成为道家的显论题，但道家从其道的形上学出发对人性的深刻思考，无疑发展出了独特的人性观。道的形上学是从万物始源、本质和法则的自然哲学思维跃升出来的，其核心是一种超越内在的"自然"理念。这种自然理念也体现在道家人性观上。

《老子》提出"德"的概念。旧训"德"为"得"，如王弼说："德者，得也。常得而无丧，利而无害，故以德为名焉。何以得德？由乎道也。"[1]"道者，物之所由也；德者，物之所得也。"[2]就是说，德即物之所得于道者。《老子》说："天得一以清，地得一以宁，神得一以灵，谷得一以盈，侯王得一以为天下贞"（三十九章），"一"即是"道"，天、地、神、谷、万物、侯王等得于道，才具备清、宁、灵、盈、贞等特质，才成为其自身。在此意义上，这个所得于道者（即德）就是事物的本性。道性"自然"，故万物所得于道者亦如是，即万物之本性也是或应当是"自然"。万物自然，各成其本性，此谓"自得"。[3]就人而言，德则是近于人性的概念。《老子》曰："常德乃足，复归于朴。""常德不离，复归于婴儿。"（二十八章）"含德之厚，比于赤子。"（五十五章）《庄子》曰："同乎无知，其德不离；同乎无欲，是谓素朴。素朴而民性得矣。"（《马蹄》）"能体纯素，谓之真人。"（《刻意》）都是用"朴"（"素"）、"婴儿"（"赤子"）等来描述德，以隐喻人的原初、本然、自然状态，并指出这种状态具有"精""和"的特性，从而不为外物所伤："含德之厚，比于赤

---

① 王弼注，楼宇烈校释：《老子道德经注校释》，中华书局，2008 年，第 93 页。

② 王弼注，楼宇烈校释：《老子道德经注校释》，中华书局，2008 年，第 137 页。

③ 冯友兰说："庄子之意，则应云：道者物（兼人言）之所共由，德者物之所自得耳。"见氏著《三松堂全集》第一卷，河南人民出版社，1985 年，第 365 页。

子。蜂虿虺蛇不螫，猛兽不据，攫鸟不搏。骨弱筋柔而握固。未知牝牡之合而全作，精之至也。终日号而不嗄，和之至也。"（五十五章）这里的德无疑属于人性的范畴。《庄子》在德概念的基础上对"性"进行了探讨。《天地》篇说："泰初有无，无有无名，一之所起，有一而未形。物得以生，谓之德；未形者有分，且然无间，谓之命；留动而生物，物成生理，谓之形；形体保神，各有仪则，谓之性。"这是就一般的物之性而论，并提出一个"无——一——德—命—形—性"的模式，认为"性"以"德"（并最终以"无""一"亦即"道"）为来源和根据。并将性理解为物的本质及其法则（"形体保神，各有仪则，谓之性"）。《庚桑楚》篇说："道者，德之钦也；生者，德之光也；性者，生之质也。"这是专就人性而言的，并提出一个"道—德—生—性"的模式，把人性（性）理解为生命（生）的本质（"性者，生之质也"）。而生命本是德的显现（"生者，德之光也"），因此，人的本性就是德以及道在人的生命中的开显。《庄子》有时将性与德或道德等作为同义词使用。《庄子》明确提出一系列指称人性的概念，如"性""真性""情""性命之情""所以受于天""常然"①等，对人性问题作了深入的探讨。认为人性即是人"所以受于天"者，是"自然"的，也是人之"常然"。因而"遁天"必"倍情"，"遁其天"必"离其性"。这种天所赋予的本性是人的真性："真者，所以受于天也，自然不可易也。"（《渔父》）"马，蹄可以践霜雪，毛可以御风寒，龁草饮水，翘足而陆。此马之真性也。"（《马蹄》）可见，真性就是天性，天性就是真性。

3. 修养论

道家的形上之思既向往"独与天地精神往来"的超绝境界，同时又"不敖倪于万物""以与世俗处"（《天下》），要寻找面向世俗社会的立足点。而它由此出发所开辟的思想境域，首先是关于个体心灵安

---

① 如《养生主》篇有"遁天倍情"，《骈拇》篇有"擢德塞性""性命之情""削其性""侵其德""失其常然"，《马蹄》篇有"真性"，《在宥》篇有"淫其性""迁其德"，《则阳》有"遁其天，离其性"，《渔父》篇有"真者，所以受于天也，自然不可易也"等说法，其中"天""所以受于天""德""性""情""真性""真""常然"等，皆指本然、自然之人性。

顿和提升的修养之学,其次才涉及伦理和政治议题。《老子》曰:"修之于身,其德乃真;修之于家,其德乃余;修之于乡,其德乃长;修之于国,其德乃丰;修之于天下,其德乃普。"(五十四章)"修"指修道,修道的中心在于"身",而不是"天下国家",由"身"向外扩展至"家""乡""国""天下"。①《庄子》明言:"道之真以治身,其绪余以为国家,其土苴以治天下。由此观之,帝王之功,圣人之余事也,非所以完身养生也。"(《让王》)成玄英说:"用真道以持身者,必以国家为残余之事。"②此谓以道修身乃为主业,而治国平天下不过是余事。相对于身外之物(包括国家天下和仁义礼乐等),道家更重视一身之内的精神生命。关于内在精神生命的学问是道家知识系统的根干,而治国之术("主术")则只是其枝叶。

道家修养论的宗旨是全性保真、体道涵德,其基本方式和工夫是无心虚己、复命返性。《老子》曰:"夫物芸芸,各复归其根。归根曰静,是谓复命。复命曰常,知常曰明。"(十六章)"复"是返还、回归的意思,在《老子》看来,万物生长的归宿就是返回其根本即道,这种复归就是达到了"静",复归于根本的寂静就是复归于"命","复命"就是复归于本然之性,本然之性是恒久不变的,所以称为"常",也就是道。王弼注曰:"复命则得性命之常,故曰'常'也。"③就人而言,归根、复命也就是返回"常德",复归人的本然之性,即复性。《老子》以"婴儿""朴""素"等喻人的本然之性,曰:"常德不离,复归于婴儿。……常德乃足,复归于朴。"(二十八章)曰:"见素抱朴。"(十九章)《庄子》基于其性本于德的人性论,提出"性修反德"的命题,其实质也是复归本性。德属于天(自然),而与人(人为)相对,所谓"天在内,人在外,德在乎天"(《秋水》)。因此,"无以人灭天,无以故灭命",即不要用人为巧故破坏自然性分,不"遁天离性"(《则阳》)、"擢德塞性"而"失其常然"(《骈拇》),而应当"法天贵真"(《渔父》)。复性则进入一种本然而

---

① 《大学》所谓"修齐治平",归宿在"天下",似乎与此有别。
② 郭庆藩撰,王孝鱼点校:《庄子集释》(下),中华书局,2012年,第963页。
③ 王弼注,楼宇烈校释:《老子道德经注校释》,中华书局,2008年,第36页。

自然的心性状态,而达到"玄德""上德",与道合一。此即道家所谓圣人、至人、神人、真人、天人、大人、达者等的境界。

关于复性的方法,《老子》提出"少私寡欲"(十九章)、"致虚守静"(十六章)等原则。"虚""静"是心之私欲减损寡少的状态和特征,故《老子》说:"虚其心……常使民无知无欲"(三章),"无名之朴,夫亦将无欲""不欲以静"(三十七章)等。所谓"好静"就是"无欲"。若广而言之,此又与"无为""无事"等一致。《老子》说:"我无为,而民自化;我好静,而民自正;我无事,而民自富;我无欲,而民自朴。"(五十七章)"好静""无欲"与"无为""无事"并言,可见其义近。《庄子》更明确地说:"夫虚静恬淡寂漠无为者,天地之平而道德之至,故帝王圣人休焉。休则虚,虚则实,实者伦矣。虚则静,静则动,动则得矣。静则无为,无为也,则任事者责矣。"(《天道》)在道家看来,心的虚静状态也就是人之本然状态,即人的本性("道德之至""道德之质""道德之正")。因而致虚守静就是复性。与此相关,《庄子》又提出"无情"说,试图以"哀乐不能入"(《大宗师》)、"不以好恶内伤其身"(《德充符》)的方法保养本然之性。《庄子》认为,喜怒哀乐悲恐惊好恶等情感违背和损害本然之性(德),"容动色理气意六者,缪心也;恶欲喜怒哀乐六者,累德也"(《庚桑楚》),"悲乐者,德之邪;喜怒者,道之过;好恶者,德之失"(《刻意》)。复归和持守人的本性,须排除这些情感的牵累和损害,"心不忧乐,德之至也;一而不变,静之至也;无所于忤,虚之至也;不与物交,惔之至也;无所于逆,粹之至也"(《刻意》)。

4. 知识论

道家修养论的宗旨是体道得道,其知识论致力于知道闻道。知道闻道的根本和归趋仍是体道得道,或者说,只有体道得道才能实现知道闻道,体得的修养功夫先于和高于知闻的认识能力,所谓"有真人然后有真知"(《大宗师》)是也。因此,道家知识论是从属于修养论,为其修养论服务的。道家知识论的目标是使心灵烛照光明,洞悉和了悟自我和世界,即获得"真知"。这种知识论的入手处和关键是认识主体而不是认识对象。道家通过认识主体的复性工夫来修持、涵养、改造和提升其精神状态，从而使真知呈现于主体心灵中。这种复性工夫是从知识上的减损开始的，如《老子》说："为学日益，为道日损。损之又损，以至于无为。"（四十八章）因此，道家知识论就呈现为"无知""不知"的特征，即倡导"绝圣弃智""绝巧弃利""绝学无忧"（十九章）、"去知与故"（《刻意》），体悟"寥已吾志，无往焉而不知其所至，去而来而不知其所止，吾已往来焉而不知其所终；彷徨乎冯闳，大知入焉而不知其所穷"（《知北游》）的"无知"境界。这里似乎表现出反知（智）的倾向，但这只是表面现象，其实质是由"不知"见"真是"（《知北游》）。道家知识论的真正目标是追求"不知之知"即"真知"，其深层、核心的观念是道的体得。道家式的反智显然不是放弃智慧，而是一种特殊的、深邃的智慧。道家所反对的"知"，实为感性和知性之知。《庄子》曰："知者，接也；知者，谟也。"（《庚桑楚》）就是说，"知"包括"接知"和"谋知"两种，"接"是与外界接触，属感性知识；"谟"同"谋"，指谋虑，属知性知识。前一个"知"可训为感知之"知"，后一个"知"则可训为"智"。①真知即体道之知的认识方式既非感性亦非知性，而是直观。②道家认为，感性和知性有明显的局限性，它们不仅不能达到真知，而且可能成为获得真知的障碍，"知者之所不知，犹睨也"（《庚桑楚》），知性的障蔽，就如同斜视一样视野受限，不能体道。道的体得必须去除、超越感性知性，要"无听之以耳而听之以心，无听之以心而听之以气"（《人间世》），"以神遇而不以目视，官知止而神欲行"（《养生主》）而后可。"听之以气"即"虚而待物"，也就是"以神遇"

---

① "知者，接也；知者，谟也"两句，陈鼓应译为："知是（和外界）应接；智是（内心）谋虑"。体现了两种"知"的区分。见氏著《庄子今注今译》（下），中华书局，1983 年，第 619 页。

② 崔大华认为，《庄子》提出了三种认知方式，即感知、思辨和理性直觉，分别有三种不同的认识结果："作为对具体的、个别事物的感知的认识，具有鲜明的经验实在性，但又有极大的相对性；对一类事物共同的内在秩序的思辨认识，具有某种确定性，但在形态上是完全抽象的；直觉体认到的'道'，是一种对世界总体、整体的意念，它'可得而不可见'（《大宗师》），无任何一种认识的形式（感觉、语言、概念）可以显现，然而却能通过精神境界的实践形态（'体道''得道'）表现出来。"见氏著《庄学研究》，人民出版社，1992 年，第 269 页。

"听之以神",这意味着超越感性知性之知而追求真知。

在道家看来,感性知性之知的局限性不仅在于其阻碍通达真知,而且在于其社会性的弊害。《老子》说:"智慧出,有大伪。"(十八章)"人多伎巧,奇物滋起。"(五十七章)认为"民之难治,以其智多。故以智治国,国之贼;不以智治国,国之福。"因而主张"非以明民,将以愚之"(六十五章)。《庄子》说:"上诚好知而无道,则天下大乱矣。何以知其然邪?夫弓弩、毕弋、机变之知多,则鸟乱于上矣;钩饵、罔罟、罾笱之知多,则鱼乱于水矣;削格、罗落、罝罘之知多,则兽乱于泽矣;知诈渐毒、颉滑坚白、解垢同异之变多,则俗惑于辩矣。故天下每每大乱,罪在于好知。"(《胠箧》)"举贤则民相轧,任智则民相盗。"(《庚桑楚》)《庄子》更明确地把"知"和"名"相提并论,因为"德荡乎名,知出乎争。名也者,相轧也,知也者,争之器也。"(《人间世》)知和名是个人结合为社会的凝聚要素,人必须生活在社会中,因而知、名等也难以尽废。道家的批判或许有偏激和矫枉过正之嫌,但也不无深刻之处。老庄以独特的视角洞察到:生活在由仁义(伦理)和智慧(知识)组织和建构起来的社会中的人,由于社会角色的分配和胶固而被对象化甚至单面化为名分的符号,不仅本然之性受到压抑损害,而且面临不可避免的纠纷和争端。在这种境况下,人和社会逐渐疏离其自然而然的状态而走向扭曲。故《庄子》追求一种"同乎无知"的理想社会:"夫至德之世,同与禽兽居,族与万物并,恶乎知君子小人哉! 同乎无知,其德不离;同乎无欲,是谓素朴。素朴而民性得矣。"(《马蹄》)道家的知识论是与其社会文化批判理论相融合的。

5. 伦理学

道家文献中有大量伦理性言说,其中多数具有批判的特征。它批判当时的仁义等伦理观,如曰:"绝仁弃义,民复孝慈。"(十九章)"多方乎仁义而用之者,列于五藏哉! 而非道德之正也。"(《骈拇》)"夫礼者,忠信之薄而乱之首。"(三十八章)主张"绝仁弃义"(十九章)、"攘弃仁义"(《胠箧》)。从这个意义上说,道家具有反伦理的特征。但在道家这里,反伦理是一种特殊伦理观的表现,这就是以"道"

"德""性"为根据的伦理观。道家以道、德、性为人类伦理之根本,认为仁义礼等伦理观念是背离道、德、性的结果,"大道废,有仁义。"(十八章)"道德不废,安取仁义! 性情不离,安用礼乐!""毁道德以为仁义,圣人之过也。"(《马蹄》)指出,对仁义的标榜乃"非道德之正",是"擢德塞性""失其常然"(《骈拇》)。因此,道家主张"尊道贵德"(五十一章),"反其性情而复其初"(《缮性》)。这里包含一个价值判断,即道、德以及人的本然之性具有价值优先性,为至善。"吾所谓臧者,非仁义之谓也,臧于其德而已矣;吾所谓臧者,非所谓仁义之谓也,任其性命之情而已矣。"(《骈拇》)而道家的伦理批判(对既成伦理观念的反思和否弃)转化为正面的伦理主张(尊崇道、德、性)。就是说,道家激烈抨击仁义,是以其独特的方式揭示并强调了道、德、性对仁义的价值优先性和至善性。换言之,在伦理批判中,道家最终将伦理的依据追索至道、德、性等超验层面,并以此消解或相对化了仁义等经验性伦理观念,因而提出"上德不德""至仁无亲"等独特而吊诡的命题。

其实,对道家来说,问题的根本不在于仁义等既成伦理观是否正当,而在于作为仁义等既成伦理观内在结构的善恶二元对立思维是否合道。道家对以善恶二元对立思维为基础的伦理评判的相对性有高度的警觉。《老子》指出:"天下皆知美之为美,斯恶已。皆知善之为善,斯不善已。"(二章)就是说,善恶美丑的评价皆相依而生、相对而成,善恶观念的绝对化、固定化会导致偏颇固执,进而陷入善恶之争的无谓循环。因此,应从道、德的立场上加以化解,以"无为""不言"(二章)应之,与其落入"相濡以沫"的困境,不如共处"相忘于江湖"的自得,"与其誉尧而非桀也,不如两忘而化其道"(《大宗师》)。由这种道、德的立场出发,道家超越了以善恶二元对立为基础的偏私之爱,而抱有一种对他人乃至万物的一体共在的伦理情感,主要表现为无所偏私的接纳、宽容之心。这就是《庄子》所谓"兼怀万物"的伦理关怀,"其无私德"、"其无私福"、"无所畛域"(《秋水》)。《老子》说:"圣人无常心,以百姓心为心。善者,吾善之;不善者,吾亦善之,德善。信者,吾信之;不信者,吾亦信之,德信。"(四十九章)超越善与不善的分别而一视同仁地以善待之,就能达到全善。这种兼怀包容的伦理情感,导向"无弃"的态度和实践:"圣人常善救人,故无弃人;常善救物,故无弃物。"(二十七章)王弼就是用"无弃"来解释《老子》的"德善"的:"各因其用,则善不失也。无弃人也。"①道家是伦理规范、社会风尚和价值观念的反思和批判者,它拒绝把一种伦理观念或规范奉为绝对标准。道家伦理观是一种从超验之道和本然之性立场上观照人生世事的理想主义伦理观。②

6. 政治论

道家对政治的思考,亦从其"道法自然"的理念中生发而出。在道家看来,天地万物的至善状态是自然,人间亦应如此。《老子》和《庄子》中有一系列"自……"形式的词语,如"自均""自宾""自定""自化""自正""自富""自朴""自己""自取""自适""自喜""自得""自壮""自生""自为"等,③都不同程度地包含社会政治之"自然"的意义。如何达到这种社会政治之自然呢?道家提出的方法就是"无为"。《老子》无为之治的观念甚为明确:"道常无为而无不为。侯王若能守之,万物将自化。化而欲作,吾将镇之以无名之朴。无名之朴,夫亦将无欲。不欲以静,天下将自定。"(三十七章)"以正治国,以奇用兵,以无事取天下。……故圣人云:我无为,而民自化;我好静,而民自正;我无事,而民自富;我无欲,而民自朴。"(五十七章)其后的庄子学派和黄老道家都继承了《老子》所创的无为政治思想。《庄子》从人的本然之性的角度对无为而治思想加以发挥,提出"无为"以"全性"的政治观。如《在宥》篇所说:"无为也,而后安其性命之情。""闻在宥天下,不闻治天下也。在之也者,恐天下之淫其性也;宥之也者,恐天下之迁其德也。天下不淫其性,不迁其德,有治天下者哉!"《淮南子》对

---

① 王弼注,楼宇烈校释:《老子道德经注校释》,中华书局,2008年,第129页。
② 道家伦理学的相关问题,参见赖锡三:《当代新道家——多音复调与视域融合》,台湾大学出版中心,2011年,第213—218、283—288页。
③ 这些词语见于《老子》之三十二章、三十七章、五十七章,《庄子》之《齐物论》《大宗师》《应帝王》《骈拇》《在宥》《天地》等篇。

《老子》的无为概念做出了新的阐释,指出无为"非谓其感而不应,迫而不动",而是"不先物为"(《淮南子·原道》),是"私志不得入公道,嗜欲不得枉正术,循理而举事,因资而立功,推自然之势,而曲故不得容者;事成而身弗伐,功立而名弗有"(《淮南子·修务》),"无治"是"不易自然"。无为则能无不为,无治则能无不治。所谓"无不为"就是"因物之所为","无不治"就是"因物之相然"(《淮南子·原道》)。这是从去私欲以循公道、因顺物性、物理、物宜等意义上理解无为,丰富和深化了其内涵。无为的另一涵义是君无为而臣有为。如《庄子》中有:"无为而尊者,天道也;有为而累者,人道也。主者,天道也;臣者,人道也。"(《在宥》)"上必无为而用天下,下必有为为天下用,此不易之道也。"(《天道》)这种无为观主要是黄老道家所唱,也是道家无为思想的一个方面。从总体上看,道家无为政治就是追求"功成事遂,百姓皆谓我自然"的"太上"之治(十七章),"大圣之治天下也,摇荡民心,使之成教易俗,举灭其贼心而皆进其独志,若性之自为,而民不知其所由然。"(《天地》)人人皆能各适其性,各遂其能,自然而然而不知其所以然。

道家批评作为"无为"政治反面的"有为"政治,指出有为之治产生重重弊害,甚至是祸乱的根源:"天下多忌讳,而民弥贫;人多利器,国家滋昏;人多伎巧,奇物滋起;法令滋彰,盗贼多有。"(五十七章)"民之饥,以其上食税之多,是以饥。民之难治,以其上之有为,是以难治。"(七十五章)伯乐治马、陶者治埴、匠人治木,技术不可谓不高超,用心不可谓不良苦,但结果是马、埴、木之性遭到损害。原因是他们违逆物性而滥施人为,试图用人的标准裁剪、宰制物。"及至圣人,蹩躠为仁,踶跂为义,而天下始疑矣;澶漫为乐,摘僻为礼,而天下始分矣。……道德不废,安取仁义!性情不离,安用礼乐!……毁道德以为仁义,圣人之过也。"(《马蹄》)"自虞氏招仁义以挠天下也,天下莫不奔命于仁义,是非以仁义易其性与?""屈折礼乐,呴俞仁义,以慰天下之心者,此失其常然也。"(《骈拇》)有为本质上是违背自然的反常行为,"若夫以火熯井,以淮灌山,此用己而背自然,故谓之有为"

（《淮南子·修务》）。因此，统治者的有为必然导致民失其性、国失其序。统治者的有为主要体现于仁义礼乐的标榜、刑名法度的繁苛以及作为前两者之深层依据的知识智巧的滥用等方面。道家从道和本然之性的立场出发，对这些方面都加以批判，提出"绝圣弃智""绝仁弃义""绝巧弃利"（十九章）的主张，期望"攘弃仁义，而天下之德始玄同矣。""退仁义，宾礼乐"，以使"至人之心有所定矣。"（《天道》）"绝圣弃知，大盗乃止……殚残天下之圣法，而民始可与论议。"（《胠箧》）道家进一步洞察到，仁义礼乐和刑名法度的标榜造作除了导致大道遮蔽和本然之性的损害外，还会造成"为之仁义以矫之，则并与仁义而窃之""诸侯之门，而仁义存焉"（《胠箧》）这种圣智之法被盗取而沦为权力之工具的严重后果。

如果简要地概括道家思想的宗旨，或当以"自然无为"名之。道家思想"就是一种歌颂自然之性的哲学"，这种崇尚自然的观念衍生出道家向往返朴归真、追求脱俗超迈、提倡柔静之道的精神，[①]造就了其"被褐怀玉"的异端性格、"道法自然"的客观视角、物论可齐的包容精神这一"道家风骨"。[②]

二、近代以前道家思想在日本的流传和影响

中国道家思想在日本有漫长的传播史，且影响深广。近代以前，道家思想已在日本文化中形成深厚的积淀，这是其在近代以后新的历史条件下进一步发挥思想文化功能的前提和基础。道家思想初传日本的时间无从确考，根据相关文献和考古发现推定，必不晚于公元9世纪末，最早或可追溯到公元5世纪末。[③]圣德太子时代（6世纪

---

① 牟钟鉴：《道家和道教论稿》，宗教文化出版社，2014年，第57页。
② 萧萐父：《道家风骨略论》，《道家文化研究》第二辑，上海古籍出版社，1992年，第1—10页。
③ 公元891—897年间成书的《日本国见在书目录》有关于道家类汉籍的记载，由此可推定道家文献此前已传入日本。日本江田船山古坟铁刀铭文（5世纪末）、《宋书·倭国传》"倭国王武上表文"（478年）以及《古事记》《日本书纪》的相关记载，提供了一些道家思想于5世纪末传入日本的线索。见拙著《道家思想在日本的传播和影响》，人民出版社，2013年，第9—13页。

末—7世纪前期)颁布的《宪法十七条》中已有"国家之利器""彼是则我非,我是则彼非"等可能取自《老子》《庄子》的词句。奈良时代(710—784),道家思想渗透到日本贵族和知识阶层的精神生活之中。在作为奈良文化代表的《古事记》《日本书纪》《怀风藻》《万叶集》等古代典籍中,可见道家思想的印记。平安时代(794—1185)的《日本国见在书目录》中收录有《老子》《庄子》《列子》《文子》《鹖冠子》《淮南子》等道家典籍,以及《抱朴子》等道教典籍。道家思想还以道教文献、文学作品等为载体得以流传,如《本朝文粹》《浦岛子传》《续浦岛子传》《本朝神仙传》《徒然草》等日本文学作品中都包含着道家思想。遣唐留学僧空海是平安时代学习和吸收中国唐文化的代表性人物之一,其作品中也有道家思想的因素。镰仓—室町时代(12世纪末—16世纪70年代),禅宗界对老庄等道家典籍的注释和研究十分兴盛,其中不乏喜好老庄者。五山禅僧大多有很高的汉诗造诣,其所作汉诗中老庄思想的因素十分显著。同时期流行的日本神道的一支伊势神道,利用道家哲学为其教理作论证,这从其神学经典神道五部书(大致成书于镰仓中期)中可以看到。

江户时代(1603—1867),道家研究空前兴盛,老庄之学蔚为大观,注家注本大量问世,有169家之多,并出现了一批著名的老庄研究者和著作。若选取当时各学派中一人为例,则朱子学派有林罗山,著《老子抄解》《鳌头庄子口义》;徂徕学派有海保青陵,著《老子国字解》《庄子解》;古注学派有中井履轩,著《老子雕题》《庄子雕题》;古义学派有金兰斋,著《老子经国字解》;折衷学派有大田晴轩,著《老子全解》《庄子考》;国学派(即复古神道)有本居宣长,著《老子》(仅存校订注和标题)、《南华抄》;佛教僧人有山本洞云,著《老子经谚解大成》《庄子谚解》;无学派归属者有熊谷活水,著《老子口义头书》《庄子口义头书》,等等。还涌现了一批具有深厚道学修养的知识人,如三浦梅园、安藤昌益、荻生徂徕、服部南郭、太宰春台、海保青陵、贺茂真渊、吉田兼好、松尾芭蕉、佚斋樗山等。三浦梅园根据道家"玄""一""元气"的思想建立"一元气之玄"的宇宙论,利用庄子的"是非"观建立其"是非之以天地"的知识论；安藤昌益"自然真营道"的自然哲学吸收并综合了道家"自然""真"和"道"的观念；荻生徂徕及其弟子太宰春台将道家"无为而治"的思想作为其政治哲学的重要补充，同学派的海保青陵则从"必然之理"的角度诠释道家的"无为"；国学家贺茂真渊虽然声称排拒汉文化，但又特别推崇老子；松尾芭蕉则以庄子"顺应造化"的境界为人生和文艺的最高目标。如此等等，不一而足，都从不同侧面不同程度地接受和吸取了道家思想。

　　江户时期，经过上千年的输入、研究和吸收，日本对道家文化的学习达到史上最成熟的阶段，对道家思想的领悟更为透彻，也更日本化了，这为近代日本进一步融摄道家思想奠定了深厚的基础，提供了高水平的起点。日本近代学者对道家思想的认识和理解所达到的高度，是与他们所受汉学教育和当时道家文化的积淀分不开的。例如，明治时期著名知识人中江兆民，具有很深的庄学功底，而其学正是上承江户庄学而来，他师从江户末明治初的著名汉学家和庄学家冈松瓮谷，冈松瓮谷之师乃是江户末期的庄学家帆足万里。[①]帆足万里是江户时代著名的老庄研究者，撰有《老子》和《庄子解》等。另一位著名知识人和禅者铃木大拙，也具有深厚的老庄学养，而这与他在早年禅宗教育中接受的江户汉学和老庄学训练有密切关系。

　　总之，近代以前，道家思想在日本文化中具有重要功能，涉及哲学、宗教、文学、艺术、社会政治思想等各个方面，其作用主要体现在宇宙观、思维方式、心灵境界、审美理念等深层精神领域，这与其在中国传统文化中所表现出的功能相似。[②]当然，这只是一般性判断，道家思想在日本文化中产生影响的方式是丰富多样的。

---

① 见福永光司：『道教と日本文化』，人文書院，1982 年，134 頁。

② 以上关于道家思想在日本近代以前的传播和影响的论述，参见拙著《道家思想在日本的传播和影响》，人民出版社，2013 年，第 7—13、24—25、150—157、279—305、294 页，及其他相关章节。

三、本书的研究思路和主要内容

近代(1868—1945)①以后,道家思想在新的历史条件和文化语境下,继续在日本产生影响,本书试图以道家思想与知识人的关系为视角揭示这一影响。②道家思想对日本近代文化的影响是广泛和多层面的,这集中体现在知识阶层对道家思想的研究和受取上。因此,本书拟以日本近代知识界为中心进行考察。首先对日本近代知识界研究和受取道家思想的总体状况作一概览,然后以代表性人物为中心分别加以论析。具体地说,就是选取中江兆民、冈仓天心、夏目漱石、西田几多郎、铃木大拙和汤川秀树等六位知识人作为论述的切入点和中心。这六人都是在日本近代各文化领域具有代表性的人物。西田几多郎和中江兆民在日本哲学史上占有重要地位。冈仓天心作为艺术评论家和思想家活跃于日本近代思想文化界,并留下了历史性印记。夏目漱石是日本近代文学的巨擘,也是一位重要的思想者。铃木大拙可以说是日本近代佛教禅学的一个象征,其影响已越出日本而具有世界性。汤川秀树则是日本近代自然科学领域的一座高峰,是当时自然科学知识人的突出代表。总之,由此六人的思想文化创作活动,可以窥见日本近代思想文化之概貌。考察他们与道家思想的关系,一方面可以由个别见全体、以微观见宏观,揭示道家思想对日本近代文化的影响,另一方面也可以揭示道家思想与知识人个体的精神或思想联系。

全书分为九个部分。“导言”部分,对道家的历史演变和主要思想作扼要论述,并略述近代以前道家在日本的传播和影响,最后介绍本书的研究方法和主要内容。第一章“道家思想与日本近代知识

① 学界一般将明治维新(1868年)到第二次世界大战结束(1945年)的日本历史称为近代。这是一个大致的界限,其上限有时也追溯到明治之前的“幕末”时期,下限有时也包括“二战”后的一段时期。参见近代日本思想史研究会著,马采译:《近代日本思想史》第一卷,“译者前言”,商务印书馆,1983年。又参见坂本太郎著,王向荣等译:《日本史概说》,商务印书馆,1992年。
② 本书是在拙著《道家思想在日本的传播和影响》基础上的延伸研究。

界",先从日本近代中国学的视角,考察日本近代道家研究的基本状况,进而围绕几位有代表性的知识人,对道家思想在日本近代的影响状况作一概观。第二章"道家思想与中江兆民",论析中江兆民的人格和哲学与道家思想的关系。中江兆民的人生态度和人格中明显可见庄子气象,道家思想融入中江兆民的思想体系——"中江主义"之中,体现于其政治思想、唯物论和生死观等方面。第三章"道家道教思想与冈仓天心",着重探讨冈仓天心艺术和文化思想中的道家因素和他的道家道教情怀。冈仓天心的美术、艺术论,及作为其艺术论延伸的文化、文明论,多与老庄哲学一致。冈仓天心是道家道教思想的爱好者甚至信奉者,道家道教可以说是他精神世界中的主调之一。第四章"道家思想与夏目漱石",从文明批判、"自然"观念、"无我"思想、文艺理论、精神世界等方面,揭示夏目漱石文学对道家思想的受取。"则天去私"是夏目漱石思想之道家特性的集中体现。第五章"道家思想与西田几多郎",从认识论、本体论、美学、伦理学等方面论析西田几多郎哲学中的道家因素。西田几多郎的重要哲学概念如"纯粹经验""实在""知的直观""善"等,与老庄的"混沌通一"之道、"道进乎技""安其性命之情"等思想有密切关系。第六章"道家思想与铃木大拙",围绕作为其学术思想中心的禅学,从"自然"观念、禅悟思想、慈悲观念、崇母观念、东方文化论及文明反思等多方面,考察铃木大拙思想的道家特征。铃木大拙思想具有鲜明的自然主义特征,其禅悟思想的核心是道家式的"自然",其东方文化论和文明反思论皆以这种自然主义为基础。第七章"道家思想与汤川秀树",围绕汤川秀树的重要物理学概念或理论,如基本粒子概念、"基本实在"概念、"基元域"概念、创造力理论等,论析汤川秀树物理学与道家思想的关系,并探讨汤川秀树精神世界中的道家因素。"结语"部分,简要论述道家思想在日本近代思想文化中的流演和作用及对知识人个体的精神意义。道家思想在哲学、美学和文艺理论、自然科学和社会文化批判领域发挥了作用,对知识人的精神追求和心灵依归提供了观念资源。

第一章 道家思想与日本近代知识界

近代是日本社会变革和文化转型的剧变时期,在社会情势的推动下,在西方文化的冲击下,日本传统文化只有进行重新诠释和改造创新,才能跟上日本现代化的步伐,融入现代文化而获得现代性。反思和重建传统文化是近代日本知识人普遍面临的课题。历史上,日本长期学习和输入中国传统文化,中国传统文化是日本文化形成和发展的重要资源,已成为日本传统文化的重要组成部分。因此,对中国传统文化采取何种态度,是日本近代文化建设中一个无法回避的问题。文化现代化的实行者和推动者主要是知识界和文化界,近代日本知识人和文化人对中国传统文化的研究、评价和受取,代表着日本近代学习和接受中国传统文化的最高水平和主要趋势,故知识界是考察中国传统文化在日本近代存在样态的最重要的视角。要考察作为中国传统文化重要组成部分的道家思想对日本近代思想文化的影响,当然也应将视点聚焦在知识界,集中研讨日本近代知识人对道家思想的研究、评价和受取过程。而对这一过程的研讨也延伸出或包含着道家思想与知识人个体精神世界关系的论题。

一、日本近代的道家研究

"明治维新"(1868 年)以前,日本研究中国文化的学术部门称为"汉学"。汉学在日本传统社会和文化中扮演着极重要的角色,"'日本汉学'不仅表现为日本人从学术上试图研究中国文化,而且更表现为研究者在立场上具有把研究对象充作自我意识形态抑或社会意识形态——即作为哲学观念、价值尺度、道德标准等的强烈趋向。"①
"明治维新"以后,在脱亚入欧思潮的引导下,日本学术全面向西学看
齐,传统的"汉学"也为"中国学"②所代替。中国学虽然也是以中国
文化为研究对象,但与汉学不同,它"是在日本以'明治维新'为标识
的近代化思潮中形成的一种'国别文化研究'。它的显著的特点,在
于摆脱了传统的'经学主义'文化观念,而以'近代主义'和'理性主
义'作为其学术的导向。"③作为中国传统文化重要组成部分的道家,
曾经是日本汉学的研究对象,后来也是中国学的研究对象。在近代,
日本的道家研究也经历了从汉学到中国学的转变,日本近代的道家
研究在学术部门上属于日本中国学范畴。这一领域出现了一批研究
者和研究成果。根据町田三郎的综述,④可将日本近代主要道家研
究者及其研究成果的大致情况列为下表:

研究者	著作、论文	出版、发表时间(年)
佐藤牧山(楚材)	老子讲义	1884(序文)
夏目漱石	老子的哲学	1892
森鸥外	淮南子的道应训	1893⑤
高山樗牛	老子的哲学	1894⑥
远藤隆吉	老子研究	
猪狩史山	老庄漫笔、续老庄漫笔	
伊福部隆彦	老子眼藏	
安冈正笃	老庄思想	
井上哲次郎	老子之学的渊源	1897 以后

① 严绍璗:《我和日本中国学》,《日本中国学史》,江西人民出版社,1991年,第2页。
② 日本在"二战"前曾使用"支那学"一语,"二战"后改用"中国学"的名称。
③ 严绍璗:《我和日本中国学》,《日本中国学史》,江西人民出版社,1991年,第2页。
④ 町田三郎:「明治以降における道家思想研究史」,『哲学年報』(47),1988-02,九州大
学文学部,1—23頁。
⑤ 清田文武:《森鸥外的〈混沌〉与庄子》,《日本学论坛》,2000年第3期,第51页。
⑥ 三浦叶:『明治漢文学史』,汲古書院,1998年,239頁。

研究者	著作、论文	出版、发表时间（年）
桑原骘藏	关于老子之学	1897 以后
服部宇之吉	列子学说一斑	1897 以后
松本文三郎	论老庄学的极致	1897 以后
林泰辅	关于老子的学统	1903
冈田岭云	老子、庄子、列子	1910
高濑武次郎	杨墨哲学、老庄哲学	
小柳司气太	道教概说	1923
	老庄哲学	1928
	老庄思想与道教	1936
武内义雄	老子原始	1926
	老子的研究	1927
	老子和庄子	1930
津田左右吉	道家思想及其展开	1927
坂井唤三	庄子新释	
前田利镰①	庄子	1929
长谷川如是闲	老子 孔子和老子	1935②

　　在日本近代道家研究领域，狩野直喜（1868—1947）、小柳司气太（1870—1940）、津田左右吉（1873—1961）、武内义雄（1886—1966）等人的研究最具代表性。狩野直喜对老子其人其书的问题进行了考证，并从"道""伦理说""政治论"等方面对老子思想作了论述。小柳司气太著有《道教概说》《老庄哲学》以及作为此二书合编的《老庄思

---

① 前田利镰，町田三郎原文作前田利谦，恐误。
② 曹峰：「近代日本における老子像」，『人文科学』（16），2011-03，大东文化大学人文科学研究所，82頁。

想与道教》。小柳司气太从分析春秋战国时期中国古代思想文化的趋势和特点开始,进入对老庄思想的研究。首先,围绕《史记·老子传》考证老子其人其书的问题。其次,通过对照《史记·老子传》与《老子》一、二章分析老子思想的特点,再从道论、人论、政论三方面考察老子思想的内容。最后,还讨论了老与庄、黄老与老庄的异同,《老子》与《周易》、老子与史官的关系,魏晋时期的老庄等问题。武内义雄在道家研究方面的代表作是《老子原始》《老子的研究》和《老子和庄子》。其中《老子的研究》一书对老子其人、道家思想的推移及汉以前道家思想的变迁、《老子》其书及其研究方针等问题进行了论述,并对《老子》进行了解析。①武内义雄的道家研究包括四个部分,一是对老子其人其书的考证;二是对老子后学的考证;三是对老子思想的产生和内容的分析;四是对日本老庄研究的回顾。津田左右吉著有《道家思想及其展开》。书中"老子研究法"部分专门探讨了老子研究的方法论,这是津田左右吉道家研究的一个特点。②

　　道家思想方面的学术研究成果以各种形式向民众普及。明治时代出版了为数可观的与汉学有关的讲义、丛书和全书,其中也包含道家类的读物。这些读物能使民众了解有关道家的知识。不少读物是学校教师使用的教科书。根据三浦叶对明治时期汉学类讲义、丛书和全书的统计,③可通过下表呈现当时汉学类出版物的传播状况:

---

① 该书的构成如下:上卷:(一)老子传的变迁和道家思想的推移;(二)老子及其后学的年代;(三)汉以前道家思想的变迁;(四)道德经的考察;(五)道德经的研究方针;(六)余论;(七)道德经的注释书解说。下卷:道德经析义。町田三郎「明治以降における道家思想研究史」,『哲学年报』(47),1988-02,九州大学文学部,7、9页。

② 该书分为五篇:第一篇"道家的典籍",涉及《老子》《庄子》《吕氏春秋》《淮南子》《列子》等;第二篇"老子思想及其渊源";第三篇"老子之后的思想界";第四篇"道家的思想的展开";第五篇"道家对汉代思想的影响"。以上关于狩野直喜、小柳司气太、武内义雄和津田左右吉等人的道家研究,见刘韶军《日本现代老子研究》第二、三、四章,福建人民出版社,2006年。

③ 三浦叶『明治の漢学』,汲古书院,1998年,451—453页。

出版物	出版机构	出版时间(年)
斯文学会讲义笔记	斯文学会	1881
经史诗文讲义笔记	凤文馆	1883
支那文学全书	博文馆	1890
支那文学	同文社	1891
汉文学		1891
汉文学讲义录、汉文学独习书	益友社	1891、1894
(少年丛书)汉文学讲义	兴文社	1891
早稻田文学	东京专门学校	1891
(学生必读)汉文学全书	兴文社	1892
汉文全书	伟业馆	1893
中等教育和汉文讲录	诚之堂	1893
斯文学会讲义录		1893
支那学	汉文书院	1894
邦语文学讲义	东京专门学校	1895
东亚学院讲义录	东亚学院	1895
汉学专修科讲义录	哲学馆	1897
汉文讲义全书		1897
(支那)稗史评释	行余文社	1897
汉学讲义录	东海义塾	1898
评释丛书	新声社	1899
国语汉文讲义	国语汉文学会	1900
汉学(普通)科讲义录	哲学馆	1900
(教科适用)汉文丛书	兴文社	1901
汉史汉文	汉史汉文学会	1902
支那文学评释丛书	隆文馆	1908
汉文大系	富山房	1909
(先哲遗书)汉籍国字解全书	早大出版部	1909

（续表）

出版物	出版机构	出版时间（年）
和译汉文丛书	玄黄社	1910
袖珍（选注）诗集	崇文馆	1910
袖珍详解讲义	金刺芳流堂	1910
新译英汉丛书	至诚堂	1911
校注汉文丛书	博文馆	1912

这些汉学类出版物中有很多都包含道家相关内容。例如，1890 年出版的《支那文学全书》第四编老子、吴子、孙子、列子讲义（小宫山绥介），第七、八编庄子讲义（太田淳轩），是《老子》《庄子》和《列子》三部道家典籍的解说类书籍。①又如，分别于 1891 年和1894 年出版的《汉文学讲义录》和《汉文学独习书》，实际上也是汉学学校二松学舍教师授课的讲义，科目后注明了任课教师姓名。其中有"老子"（大野云潭）、"庄子"（大野云潭）、"管子"（藤泽南岳）、"支那古代哲学"（井上哲次郎）等。②"老子""庄子""管子""中国古代哲学"

---

① 该书由以下部分构成：第一、二编：四书讲义（内藤耻叟）全二册。第三编：小学、孝经、忠经讲义（内藤耻叟）全一册。第四编：老子、吴子、孙子、列子讲义（小宫山绥介）全一册。第五、六编：韩非子讲义（小宫山绥介）全二册。第七、八编：庄子讲义（太田淳轩）全二册。第九、十三编：正续文章轨范讲义（石川鸿斋）全二册。第十、十四编：荀子讲义（城井悔庵）全二册。第十一编：靖献遗言讲义（内藤耻叟）全一册。第十二编：唐诗选、三体诗讲义（太田淳轩）全一册。第十五、十七编：十八史略讲义（太田淳轩）全二册。第十六编：近思录讲义（内藤耻叟）全一册。第十八、十九编：战国策讲义（平井鲁堂）全二册。第二十编：墨子、文中子讲义（内藤耻叟）全一册。第二十一编：诗经讲义（小宫山绥介）全一册。第二十二、二十三、二十四编：史记列传讲义（城井悔庵）全三册。见三浦叶：『明治の漢学』，汲古書院，1998 年，462—463 頁。
② 该讲义包括："大学"（三岛中洲）、"孙子"（内藤耻叟）、"文话"（冈三庆）、"日本外史论文"（池田芦州）、"文章轨范"（土屋凤洲）、"诗经"（宫内鹿川、山田济斋）、"十八史略"（山田济斋）、"春秋左氏传"（近藤南洲）、"管子"（藤泽南岳）、"庄子"（大野云潭）、"诗法摘要"（石桥云来）、"政记论文"（生驹胆山）、"史记列传"（石川鸿斋）、"论语"（荻原西畴、本城鹰峰）、"中庸"（三岛中洲）、"孟子"（四屋穗峰）、"唐宋八家文"（五十川刃堂）、"名家文解"（久保桧谷）、"诗话"（石桥云来、山田新川）、"支那历史溯源"（久米邦武）、"三体诗"（山田新川）、"文话"（冈三庆、三岛中洲）、"史话"（川田瓮江）、"支那古代哲学"（井上哲次郎）、"汉学大意"（本城鹰峰）、"老子"（大野云潭）、"小学"（土屋凤洲）。见三浦叶：『明治の漢学』，汲古書院，1998 年，457—459 頁。

等科目与道家思想有关。大野云潭既讲授《老子》，也讲授《庄子》，可见是一位道家研究者。

二、道家思想与日本近代文人学者

上面对日本近代道家研究状况作了粗略考察，这些研究为道家思想在民众中的传播奠定了基础。相关学者的教学活动和研究成果，是日本民众获得道家知识的主要途径之一，是道家思想在日本产生影响的重要条件。总体上看，知识人是研究和接受道家思想的推动者和代表，道家的思想观念通过各领域知识人多种方式的解说和传播，进一步深入民众的精神生活。当然，由于道家思想在近代以前的日本文化中已经有了深厚的积淀，因而它在民众中的传播是有基础的。例如，日本近代著名画家横山大观（1868—1958）特以"游刃有余地"为题作画，就反映出当时《庄子》思想为文人所喜爱和为民众所熟悉的情况，说明道家思想的传播是有其文化土壤的。"游刃有余地"出自《庄子·养生主》篇著名的"庖丁解牛"寓言，文中描述庖丁运刀解牛的微妙之处说："彼节者有间，而刀刃者无厚，以无厚入有间，恢恢乎其于游刃必有余地矣。"这种对刀的运用，实际上已经超出"技"的层次而达到"道"的境界。横山大观盖欲通过绘画表现此"道"的境界。一个有影响力的画家以"游刃有余地"为绘画题材，由此大致可以推测，相关的观念和庄子的思想在民众中亦有一定认知度。正如神田秀夫所说："这幅画本身并不是具有很高价值的作品，但是，看到'游刃有余地'这个画题，人们一定会心领神会地说：'啊，是那个呀'，这是值得注意的。由此可以了解，当时汉文被广泛阅读、庄子也十分普及的情况。"①日语中有"包丁"一词，指厨用刀、厨师、厨事、厨艺等，该词显然来自《庄子》"庖丁解牛"一文。

纵观近代日本，喜爱和接受道家思想的知识人不在少数。这些知识人包括文学家、艺术家、思想家、科学家等。其中大部分是人文

① 神田秀夫：『荘子の蘇生──今なぜ荘子か』，明治書院，1988 年，178 頁。

知识分子,也就是文人学者。文人学者对道家的亲近,首先可从其雅号中略见一斑。明治时期许多文人学者用带有道家义涵的词句为自己取雅号或笔名。文坛中这种现象十分常见,其中作家、诗人、文艺评论家等尤多。现将学者文人雅号与道家思想的关系列表如下①:

文人学者	雅号、笔名	出　　典
坪内雄藏	逍　遥	"彷徨乎无为其侧,逍遥乎寝卧其下。"(《逍遥游》) "芒然彷徨乎尘垢之外,逍遥乎无为之业。"(《大宗师》) "以游逍遥之虚。"(《天运》) "芒然彷徨乎尘垢之外,逍遥乎无事之业。"(《达生》) "逍遥于天地之间而心意自得。"(《让王》)
长谷川诚也	天　溪	"知其雄,守其雌,为天下溪。"(二十八章)
	天　池	"南冥者,天池也。"(《逍遥游》)
相马昌治	御　风	"夫列子御风而行,泠然善也。"(《逍遥游》) "浩浩乎如冯虚御风,而不知其所止;飘飘乎如遗世独立,羽化而登仙。"(苏轼《赤壁赋》)
岛村泷太郎	抱　月	"挟飞仙以遨游,抱明月而长终。"(苏轼《赤壁赋》)
后藤寅之助	宙　外	"芒然彷徨乎尘垢之外,逍遥乎无为之业。"(《逍遥游》) "乘云气,御飞龙,而游乎四海之外。"(《逍遥游》) "游于六合之外。"(《徐无鬼》)
会津八一	浑　斋	"混兮其若浊。"(十五章) "浑沌"寓言。(《应帝王》) "浑浑沌沌,终身不离。"(《在宥》) "浑沌氏之术。"(《天地》)
	秋草道人	"道人不闻,至德不得,大人无己,约分之至也。"(《秋水》) "古之道人,至于莫之是,莫之非而已矣。"(《天下》)
马场孤蝶	孤　蝶	"庄周梦蝶"寓言。(《齐物论》)
久保得二	天　随	"神动而天随。"(《在宥》)

————————

① 此表主要依据三浦叶关于日本近代文人与老庄思想关系的论述,并加以整理、补充。见三浦叶:『明治漢文学史』,汲古書院,1998 年,235—238 頁。

（续表）

文人学者	雅号、笔名	出　典
高山林次郎	樗　牛	"吾有大树，人谓之樗。其大……匠者不顾。今子之言，大而无用，众所同去也。……今夫斄牛，其大若垂天之云。此能为大矣，而不能执鼠。今子有大树，患其无用，何不树之于无何有之乡，广莫之野，彷徨乎无为其侧，逍遥乎寝卧其下？不夭斤斧，物无害者，无所可用，安所困苦哉。"（《逍遥游》）
中江兆民	南海渔长 南海仙渔 南海生	"北冥有鱼，其名为鲲。……化而为鸟，其名为鹏。……是鸟也，海运则将徙于南冥。南冥者，天池也。"（《逍遥游》） "今子蓬蓬然起于北海，蓬蓬然入于南海，而似无有。……予蓬蓬然起于北海而入南海也，然而指我则胜我，鳅我亦胜我。虽然，夫折大木，蜚大屋者，唯我能也，故以众小不胜为大胜也。"（《秋水》）
	秋　水	《庄子》有《秋水》篇。
	逍遥老人①	"逍遥"见《逍遥游》《大宗师》《天运》《达生》《让王》等篇。
幸德传次郎	秋　水	《庄子》有《秋水》篇。
铃木大拙	大　拙	"大巧若拙。"（四十五章）
冈仓天心	天　心	"天"是《庄子》的重要概念。
	混沌子	"有物混成，先天地生。"（二十五章） "此三者不可致诘，故混而为一。"（十四章） "浑沌"寓言。（《应帝王》） "浑浑沌沌，终身不离。"（《在宥》） "浑沌氏之术"。（《天地》）
	春风道人 鹤氅道人	"道人不闻，至德不得，大人无己，约分之至也。"（《秋水》） "古之道人，至于莫之是、莫之非而已矣。"（《天下》）

　　从这些带有道家色彩的雅号中可以窥见当时文人学士的道家情结。文学评论家长谷川天溪（1876—1940）甚至说自己曾"沉迷于老

① 「兆民の筆名一覧」，松永昌三、井田進也編集：『中江兆民全集』別巻，岩波書店，1986年，561頁。

庄思想而达到愚蠢的程度"。①近代日本文人学者对道家思想或化用或接受，而其化用和接受的方式和程度是不同的。明治时代著名的俳句诗人正冈子规（1867—1902）是一位典型的《庄子》爱好者。他年轻时，在听了有关《庄子》的课程后，异常兴奋，感叹世上再没有比《庄子》更有趣的书了。大学期间，他还曾写过《读老子》和《读庄子》两篇论文。正冈子规的俳句、和歌、汉诗等作品，浸润着王维、陶渊明的精神，而归于老庄思想，他"咏唱着陶渊明的诗境，即出世的、老庄式的世界"。②

日本近代文豪森鸥外（1862—1922）"系统地掌握了《老子》《列子》《庄子》《淮南子》等著作"。他读过老庄二书的多种版本，其中最爱读的是《庄子》，自认"《庄子》是小生的座右书"。森鸥外的文字中出现了不少与《庄子》相关的词句，如诗作《辽阳》中的"北冥的大鱼"（《逍遥游》篇有"北冥有鱼，其名为鲲"句），日记《委蛇录》中的"委蛇"（《应地王》篇有"吾与之虚而委蛇"句），演讲《混沌》中的"混沌"（《应帝王》篇有"浑沌凿窍而死"的故事），以及小说《灰烬》中的"虚舟"（《山木》篇有"方舟而济于河，有虚船来触舟，虽有惼心之人不怒"句）等等。③这些与《庄子》相关词句的使用，有的是单纯地用作修辞手段，有的则包含着《庄子》的思想，如"虚舟"即是如此。他在《鸥外渔史何许人》（1958年）一文中写道：

> 庄子有虚舟的寓言。现在，因为我不在文坛争名位，所以我无论说什么，也不会激怒任何人。④

"虚舟"之说出自《山木》篇：

> 方舟而济于河，有虚船来触舟，虽有惼心之人不怒。有一人

---

① 转引自三浦叶：『明治漢文学史』，汲古書院，1998年，237頁。
② 三浦叶：『明治漢文学史』，汲古書院，1998年，239、243—246頁。
③ 清田文武：《森鸥外的〈混沌〉与庄子》，《日本学论坛》，2000年第3期，第51—52页。
④ 转引自三浦叶：『明治漢文学史』，汲古書院，1998年，246頁。

在其上，则呼张歙之。一呼而不闻，再呼而不闻，于是三呼邪，则
必以恶声随之。向也不怒而今也怒，向也虚而今也实。人能虚
己以游世，其孰能害之！

这是以"虚舟"晓喻人的虚心无我，以"不怒"晓喻不为世俗所害，
认为人若能"虚己以游世"，也就是无心无为、顺任自然，则能避害全
生。森鸥外也正是这样来理解《庄子》的"虚舟"思想的："人生处世也
是如此，若能使心灵处于虚的状态，无拘无束地生活，那么任何人都
不会加害于他。"①那种"不在文坛争名位，所以我无论说什么，也不
会激怒任何人"的人生态度和状态，正是如一叶"虚舟"般"虚己以游
世，其孰能害之"的道家境界，并与《庄子》所谓"巧者劳而知者忧，无
能者无所求，饱食而敖游，泛若不系之舟，虚而敖游者也"（《列御
寇》）的境界相通。

自号"浑斋"的诗人、书法家和美术史家会津八一（1881—1956），
在其著《浑斋随笔》自序中说：

我从年轻时起就喜欢《道德经》，还请求上海的吴昌硕老人将
其中"浑兮其若浊"一句写成横幅，长久悬挂于屋壁，于是有了此号
（按指"浑斋"）。后来为贫困所迫，卖掉了手头的很多物品，这幅字
也让给了越后的一位有钱人家，总算付了房钱等。现在我已经没
有这幅字了。有友人感到可惜并在出售时劝告过我，但我淡然地
回答说，只是卖了横幅，斋号并未出售，这就是所谓若浊之处吧。②

会津八一所喜爱的"浑兮其若浊"一句出自《老子》十五章，其中
"浑"字，帛书本、王弼本作"混"，河上公本作"浑"，但字义相通。他卖
了"浑斋"的横幅，却认为并没有卖掉"浑斋"的斋号，作为斋号的"浑

---

① 转引自三浦叶：『明治漢文学史』，汲古書院，1998 年，247 頁。
② 转引自三浦叶：『明治漢文学史』，汲古書院，1998 年，238 頁。

斋"依然为他所有,这种境界就是所谓"若浊"。可见,他对此句所包含的老子思想有独特而深刻的体悟。

诗人蒲原有明(1876—1952)将其所作组诗命名为"独弦哀歌"。"独弦哀歌"一语出自《庄子·天地》"汉阴丈人为圃畦"的故事。描写孔子的学生子贡见到一老者打理菜园,用瓮盛水灌溉菜地,费力多而功效低,于是教他用桔槔之机械取水浇地,反被老者驳斥:"机械者必有机事,有机事者必有机心。机心存于胸中,则纯白不备;纯白不备,则神生不定;神生不定者,道之所不载也",他深感惭愧而无言以对。老者又批评子贡及其师孔丘曰:

> 子非夫博学以拟圣,於于以盖众,独弦哀歌以卖名声于天下者乎? 汝方将忘汝神气,堕汝形骸,而庶几乎! 而身之不能治,而何暇治天下乎!

老者指责说,孔丘师徒广博其学而以圣人自比,自我夸耀而超出众人,独自弹弦,唱着悲哀的歌调,就是为了沽名钓誉("博学以拟圣,於于以盖众,独弦哀歌以卖名声于天下"),根本达不到"纯白"的体道境界。蒲原有明题为"独弦哀歌"的组诗中的作品,"所追求的就是这种'纯白',即将作诗的动机复归于原始并加以净化",而自称"独弦哀歌",是蒲原有明的一种自嘲。①

前田利镰(1898—1931)创作《临济·庄子》,是日本近代知识人追求精神自由的体现。他试图在古人那里寻找精神自由,"追溯到临济,最终达到对庄子的再发现"。②他也是一位道家研究者,著有《庄子》一书。他"运用高度的逻辑解释齐物论篇,是独特的,展示出与武内义雄、津田左右吉不同的庄子理解,即提出了进一步深入庄子内在精神的解释"。③前田利镰不仅把道家当作学术研究对象来看,而且

---

① 神田秀夫:『荘子の蘇生——今なぜ荘子か』,明治書院,1988 年,178—181 頁。
② 神田秀夫:『荘子の蘇生——今なぜ荘子か』,明治書院,1988 年,184 頁。
③ 町田三郎:「明治以降における道家思想研究史」,『哲学年報』(47),1988-02,九州大学文学部,23—24 頁。

认同和接受道家的某些思想,将其融入自己的思想。

明治早期的启蒙学者、明六社成员西村茂树(1828—1902),曾于1896 年引用《老子》三十一章"兵者不祥之器,非君子之器,不得已而用之"之语,向首相伊藤博文提出书面建议,批评日本政府对中国的侵略行为。评论家和思想家田冈岭云(1870—1912)是一位积极宣扬社会主义的知识人。他在道家研究上造诣颇高,而且对道家思想有所吸收。他称自己"思想之根底是老庄哲学",并把老庄哲学看作是社会主义的一部分。作家和学者幸田露伴(1867—1947)运用道家、道教进行文学创作,并使之成为一种社会批判。评论家长谷川如是闲(1875—1969)试图"通过对老子的全面总括的研究来寻求东方社会的理想形态","他的社会批判思想与其老子研究有密切关系"。著名小说家、近代文学流派白桦派的代表人物武者小路实笃(1885—1976),是一位"托尔斯泰主义"的信奉者,并将这种信仰付诸实践,追求一种自给自足、摆脱资本主义种种社会弊端的隐士生活。托尔斯泰钟情于老子,其思想与老子有共通之处。武者小路实笃的实践活动,"可以看作是将托尔斯泰及老子的理想付诸实行"。①

在日本近代史上,中江兆民、冈仓天心、夏目漱石、西田几多郎、铃木大拙、汤川秀树等人,无疑是对日本文化有重要贡献和深远影响的知识人,可看作是近代日本的哲学、政治、艺术、文学、宗教、科学等领域的代表,而他们的文化活动和精神世界也都以不同方式与道家思想相联系。下面着重考察这六人与道家的思想因缘和精神交游。

---

① 曹峰:「近代日本における老子像」,『人文科学』(16),2011-03,大東文化大学人文科学研究所,81、82、83、85 頁。

第二章　道家思想与中江兆民

中江兆民作为明治时代的知识人,具备深厚的汉学素养。在中国古代思想家中,他喜爱老庄,尤其对庄子情有独钟,且对庄学颇有造诣。他将老庄道家思想吸收到自己的哲学之中。他用《老子》"无为"思想论证"制胜于全局"的治国策略,用老庄"混而为一""万物一齐"和"物无贵贱"的思想论证"新民世界""君子小人各有价值"的平等观;从独特的角度诠释《庄子》"薪尽火传"说,以论证肉体为本灵魂为用的唯物论观点,并从《庄子》"气化""物化"和"万化未始有极"的思想中寻找到了物质变化无穷、永存不灭和宇宙无限的唯物主义观点的理论支撑;他以无"识虑""无言"为关于世界的最高认识的思想,与老庄"不知之知""大辩不言"的知识语言观一致;他接受了《庄子》寿夭相对性和"生死一条"的生死观。《庄子》思想对中江兆民的影响十分深刻,甚至成为其人格的一部分。

一、中江兆民及其道家观

(一)中江兆民的生平和思想

中江兆民(1847—1901),原名笃介,中江为其号(又曾号青陵、秋水),土佐国高知(今高知县)人,是日本近代著名的思想家、哲学家,自由民权运动的理论家和活动家。早年曾入藩校文武馆学习"汉学""英学"和"兰学",又到长崎、江户等地学习

"法学"。①后进入大学教授法语。1871 年，被政府任命为司法省九等出仕赴法国留学。虽为司法省派遣的留学生，但在法国期间，他主要学习的不是法学，而是哲学、史学、文学等，而且对卢梭的社会契约论感兴趣。1874 年回国后，中江兆民在东京开办法学私塾法兰西学舍（后改称法学塾）。1875 年，就任东京外国语学校校长，不久辞去该职，转任元老院书记官。1881 年，参与创办《东洋自由新闻》，并担任主笔，宣扬自由民权思想。后又创办《政理丛谈》《自由新闻》（自由党机关报）、《东云新闻》《立宪自由新闻》《自由平等经纶》《百零一》（国民党机关报）等多种出版物，倡导民主和启蒙思想，评论时政，抨击当时的明治政府，鼓吹革命。中江兆民用汉文译出卢梭的《社会契约论》，名为《民约译解》。此书的出版对日本社会产生了巨大影响，推动了自由民权运动。中江兆民因此被誉为"东洋卢梭"。中江兆民不仅致力于自由民权的理论宣传，还积极投身于实际政治活动。他先后参与组建自由党、国民党。1890 年，中江兆民当选为众议院议员，但因不满于国民党的软弱妥协，后愤然辞去议员之职。由于政府镇压，自由民权运动遭到挫折。但中江兆民的政治活动没有停止，直到 1901 年被诊断为喉头癌（后经遗体解剖判明为食道癌）。他还加入了普通选举以促成同盟会。在从事自由民权理论和实践活动的过程中，中江兆民撰写了大量时评和政论文章。同时，他在学术上也有很高成就，成为"民权论最出色的哲学思想家"。②其研究主要涉及哲学和政治思想方面。译著《民约译解》（1882 年）、著作《一年有半》（1901 年）、《续一年有半》（1901 年）等是其代表作。③

---

① "兰学"是江户中后期对以荷兰语为媒介研究西方学术文化的学问的总称。它是日本从幕府实行锁国政策到开放国门与西方交流前引进西学的唯一途径。包括医学、数学、兵学、天文学、历学等。"英学""法学"，与"兰学"相对而言，分别是以英语、法语为媒介的西方学术。

② 永田广志著，版本图书馆编译室译：《日本哲学思想史》，商务印书馆，1978 年，第 284 页。

③ 中江兆民的代表作，此外还有译著《维氏美学》（1883 年）、《理学沿革史》（1886 年）、《道德学大原论》（1894 年）、著作《理学钩玄》（理学指哲学。中江兆民用"理学"一语来翻译 philosophy）（1886 年）、《三醉人经论问答》（1887 年）等。

中江兆民自由民权理论的核心是民权和自由平等。他说："民权是个至理；自由平等是个大义。违反了这些理义的人，终究不能不受到这些理义的惩罚。即使有许多帝国主义国家，也终究不能够消灭这些理义。帝王虽说是尊贵的，只有尊重这些理义，才能因此而保持他们的尊贵。"[1]中江兆民认为，自由民权理论由四部分构成，即"自由说""君民共治说""地方分权说""和平外交说"，又可具体分为教育、经济、法律、贸易和军事等各个方面。[2]其中"自由说"和"君民共治说"是其理论核心和基本纲领，"地方分权说"和"和平外交说"是其在地方政权建设和外交上的基本方针。

中江兆民的这种自由民权理论，又与其历史观相一致。他信奉进化论的历史观，认为"世界之大势，有进无退，此乃事物之常理"，"凡世界万汇之藩庶，如日月星辰、河海山岳、动植昆虫、社会、人事、制度、文艺等，尽皆在此进化之理支配下渐渐徐徐地前进不止"。所谓进化之理，就是一切事物皆"从不确定的状态趋向完全确定的状态，从不纯粹的状态转变为纯粹的状态。泛而言之，就是从最初丑的东西到最后变成完美的东西，从过去恶的东西最后变成善的或正义的东西。"[3]根据这种进化之理，中江兆民认为人类历史上不外乎存在过三种制度或必经的三个阶段，即专擅制（即君主制）、立宪制和民主制。此三种制度，一个比一个更赋予个人自由，代表更高的社会进化阶段。他认为，社会进化是依循这三阶段发展的，不能跨越。因此，日本也必须先实行立宪制，然后才能过渡到民主制。

中江兆民不仅是政治理论家，还是哲学家。他认为自己的哲学思想自成一体，并对其充满信心和希望："如果将来有幸而得到合适的人，从这里开始，建立一个有系统的中江兆民主义，那就是著者的

---

① 中江兆民著，吴藻溪译：《一年有半·续一年有半》，商务印书馆，2007年，第32页。

② 中江兆民：「東洋自由新聞」社説（第一号），松永昌三编集：近代日本思想大系3『中江兆民集』，筑摩书房，1974年，181页。

③ 中江兆民：「三酔人経綸問答」，松永昌三编集：近代日本思想大系3『中江兆民集』，筑摩书房，1974年，10、11页。

最大心愿。"①他把自己的学说称为"中江兆民主义"。他最亲密、最忠实的弟子幸德秋水(1871—1911)评价其师之学时也说:"先生的哲学,实际上超出了古今东西的学说,超出了宗教,独自成为一个体系,可以叫做中江主义。"②这个"中江主义"的核心精神就是《一年有半》和《续一年有半》中所论述的唯物主义和无神论。中江兆民下面这段话可看作是对这种唯物主义立场的集中表述:

> 我认为,哲学家的义务,不,哲学家的根本资格,就是在哲学上抱着极端冷静,极端直率,极端不妥协的态度。所以我坚决主张无佛,无神,无灵魂,即纯粹的物质学说。不局限于五尺身躯,人类,十八里的大气层,太阳系,天体,直接把自身放在时间和空间的中心(如果无始无终、无边无限之物,也有中心的话),而不把宗教教义放在眼里,不理会前人的学说,在这里提出自己独特的观点,主张这种理论。③

中江兆民的唯物主义哲学包括三个层面的内容。④一是物质本体论。他肯定物质对于精神的根源性,即本体是物质而非精神,精神依赖于身躯而存在。"身躯是本体,精神是身躯的活动,即作用";⑤二是无神论。他立场鲜明地否定灵魂和神的存在,主张"无神、无灵魂"(《续一年有半》又名《无神无灵魂》)。"身躯要是死亡,灵魂就要同时灭亡",而"身躯即物质,即元素,是不朽不灭的"。⑥他站在这一唯物主义的立场上批驳了一神论、多神论、神物同体论、神主宰论和神造物说等;三是时空无限论。他认为时空和万物是无限的,

---

① 中江兆民著,吴藻溪译:《一年有半·续一年有半》,商务印书馆,2007年,第113页。
② 幸德秋水:《续一年有半》引言,中江兆民著,吴藻溪译:《一年有半·续一年有半》,商务印书馆,2007年,第69页。
③ 中江兆民著,吴藻溪译:《一年有半·续一年有半》,商务印书馆,2007年,第74页。
④ 参见朱谦之:《日本哲学史》,人民出版社,2002年,第246—256页。
⑤ 中江兆民著,吴藻溪译:《一年有半·续一年有半》,商务印书馆,2007年,第75页。
⑥ 中江兆民著,吴藻溪译:《一年有半·续一年有半》,商务印书馆,2007年,第75、78页。

即空间上无边际,时间上无始终,万物由元素构成,元素的分解和化合导致事物的无穷转变。"这个世界上的万物,都是无始无终的。虽说不能够知道形成现在这样一个世界以前,曾经表现为什么形态;但是无论如何,一定是由于曾经表现为某种状态的事物,发生氤氲、浸化而形成了现在的状态。即使受到所谓神这一类不可思议的事物的干扰,也还是由于元素的分解和化合的作用,而从甲变为乙,再变为丙、丁,变化无穷,借以形成这个世界的悠久历史的。"①

作为日本近代自由民权运动的三位代表人物之一,②中江兆民在日本近代史上占有重要地位。他的自由民权主张和政治外交思想的进步意义是不言而喻的。值得指出的是,中江兆民在日本哲学史上也占有独特地位。他以自由民权思想为母胎,创立了日本第一个真正意义上的唯物主义哲学。自由民权思想"从人道主义的现实主义出发,在确信社会进步的乐天主义的基础上,向着无神论的唯物主义发展。这个方向,……由于有了自由民权思想的化身、'东洋的卢梭'中江兆民,才被更加系统地贯彻了"。中江兆民"利用当时的自然科学成果,建立机械唯物论,以攻击有神论和神秘主义——这种彻底的思考,在马克思主义唯物论哲学尚未传入日本之前,是没有能够和它比拟的。固然这种唯物论,因为具有机械论的性质,不能真正指出社会发展的方向,……但仍可以算是近代日本思想史上最优秀最光辉的遗产之一"。③中江兆民的唯物主义哲学是马克思主义传入之前日本唯物论和无神论的代表,在日本哲学史上发挥了重要作用。中江兆民的哲学成就——"中江主义"是西方和东方文化结合的产物。他一方面受到 18 世纪法国启蒙时期的唯物论、无神论思想的深刻影响,同时又吸收中国传统哲学的思想。而吸取中国传统哲学的资源,

---

① 中江兆民著,吴藻溪译:《一年有半·续一年有半》,商务印书馆,2007 年,第 90 页。
② 另外两个代表人物是大井宪太郎(马城)和植木枝盛。见近代日本思想史研究会著,马采译:《近代日本思想史》(第一卷),商务印书馆,1992 年,第 100 页。
③ 近代日本思想史研究会著,马采译:《近代日本思想史》(第一卷),商务印书馆,1992 年,第 97 页。

是以他深厚的中国传统文化素养为基础的。

（二）中江兆民的汉学素养和老庄观

明治维新（1868 年）以前的江户时期，中国传统文化是日本文化的重要组成部分，汉学十分流行，汉学教育十分普及。明治维新以后的近代，日本大规模输入西学，并建立以西学为主要内容的新式教育，中国传统文化和传统的汉学教育逐渐衰落。但是，汉学的影响并未消失。中江兆民的青少年时代，虽值汉学式微，却还是接受了相当程度的汉学教育。在日本近代西学盛行的背景下，作为追求进步思想的知识人，中江兆民一方面如饥似渴地吸收西方思想，同时又深受中国传统思想文化的熏陶，具有深厚的汉学素养。中江兆民早年就接受了汉学教育。他 16 岁进入藩校文武馆学习，所学内容包括"小学"《近思录》"四书五经""蒙求""十八史略""唐宋八家文"《史记》《左传》《传习录》等中国传统典籍。①中江兆民回顾当时文武馆汉学学习的过程说："按照馆中的常规，第一，小学；第二，近思录；第三，四书五经。读完之后，接着读蒙求、十八史略、八家文。然后读史记、左传等。"起初只是单纯的诵读，不理解意思，读完上述这些典籍后，才开始领会其中的意义。修习完规定的课业后毕业，如果对汉诗文有兴趣，则阅读以诸子为代表的典籍，如《文选》等。②根据更详细的文武馆经学科目内容，规定书目为"四书""五经"《家语》《说苑》《管子》《孙武》《淮南子》《近思录》《传习录》《大学衍义》《老子》《庄子》《韩非子》《贾谊新书》《名臣言行录》等，③另外还有《碧岩录》。以中江兆民对汉学的热爱，很可能读过这些典籍。他还自幼学作汉诗："余幼时，资诗语碎金、幼学诗韵诸书，学作诗。……但好读古人篇什，日夕不释卷。"④由此看来，中江兆民从小就积累了相当程度的汉学教养。因此弟子幸德秋

---

① 「年譜」，松永昌三、井田進也編集：『中江兆民全集』别卷，岩波書店，1986 年，533 頁。

② 中江兆民：「兆民居士の文学談」，松永昌三編集：『中江兆民全集』17，岩波書店，1986 年，205—206 頁。

③ 唐永亮：《中江兆民》，云南出版集团云南教育出版社，2012 年，第 10 页。"孙武"原作"孙吴"，疑误。

④ 中江兆民：「少歳曽経慕渭浜」，松永昌三編集：『中江兆民全集』11，岩波書店，1984 年，284 頁。

水说他"夙通经史,善作诗文"。虽然后来致力于法兰西学的研究,但中江兆民的汉学修习始终没有停止。据幸德秋水的记述,他一生"作汉诗数百首"。①留学归国后,中江兆民又跟从当时著名的汉学家冈松瓮谷(1820—1895)学习汉学数年。这些学习经历使中江兆民积累了极厚实的汉学功底。

在中江兆民的中国传统文化学养中,老庄占据着显著位置。中江兆民喜爱老庄,②尤其对《庄子》情有所钟。他将《庄子》列为最爱读的三部典籍之一。在博览群书、学贯古今东西的中江兆民的爱读书目中三居其一,可见《庄子》对他的吸引力。他说:

> 我所嗜读的书是史记、庄子、碧岩录。史记我反复阅读到可以背诵的程度,想达到能记住哪个成语在哪一传的程度;至于庄子,奇思妙句如泉涌,不解其所言何物者不可读,其气势宏大,使人绝不会灰心丧气。所以我将其中的佳作妙品抄录下来,常带在怀中,每到拜访等候之时,便取出来诵读。碧岩录也是不离案头的爱读之书。③

他读《庄子》是随身携带、随时阅读,这是非同寻常的。他对冈松瓮谷推崇备至:"日本近来的汉文,没有一篇是值得读的。……唯有冈松瓮谷先生,却的确是近代的大作家。他所翻译的《常山纪谈》《东瀛通鉴》《纪事本末》《庄子注释》等书的水平,是其他汉学先生们做梦也想象不到的。"④而冈松瓮谷在庄学研究方面有很高成就,冈松瓮谷之师、江户汉学家帆足万里也是著名的庄学家,著有《老子》(米子

---

① 幸德秋水:「兆民先生」,松永昌三、井田進也编集『中江兆民全集』别卷,岩波书店,1986 年,447、462—463 頁。
② 中江兆民曾言及自己喜爱伯阳氏(即老子)。见中江兆民:「小大遠近之説」,松永昌三编集:近代日本思想大系 3『中江兆民集』,筑摩书房,1974 年,191 頁。
③ 中江兆民:「兆民居士の文学談」,松永昌三编集:『中江兆民全集』17,岩波书店,1986 年,206 頁。
④ 中江兆民著,吴藻溪译:《一年有半·续一年有半》,商务印书馆,2007 年,第 50 页。

仓增注)、《庄子解》等。①中江兆民师承日本庄学名家,据此可以推想他的庄学造诣也非同一般。他说《庄子》"奇思妙句如泉涌,不解其所言何物者不可读,其气势宏大,使人绝不会灰心丧气",这种理解和评价也符合庄子文风和思想的特点。

对于《老子》,中江兆民也相当熟悉。在他的毛笔题词中,有一幅写着:"谷神不死",落款"录聃语"。②"聃"即指老子(老聃),此句录自《老子》六章:"谷神不死,是谓玄牝。玄牝之门,是谓天地根。"可想而知,中江兆民对老子的这几句话是有所领悟的。中江兆民认为,老子哲学的中心概念是"玄"。如他在以汉文撰成的《疑学辨》中说:"老子疑于玄,孔子疑于仁,孟轲荀卿疑于性。"③在他看来,老子学说的根本在于对"玄"的思考,因此"玄"成为其思想的核心,就如同孔子思想以"仁"为核心、孟荀思想以"性"为核心。对老子哲学的这一把握应该说是基本准确的。另外,他还曾使用"木强生"的笔名,"木强"一语或取自《老子》。《老子》七十六章有"兵强则灭,木强则折"之语。总之,中江兆民有深厚的汉学底蕴,对老庄谙熟于心,造诣颇高。

二、道家思想与中江兆民的政治哲学

中江兆民的政治哲学深受 18 世纪法国启蒙思想家的影响。特别是卢梭的自由民权思想,成为他政治理论的主要来源。但中江兆民这个"卢梭"毕竟是"东洋的",其政治哲学中也包含着东方文化的因素。在其中,也可以发现道家思想的印迹。

(一)《老子》思想与"制胜于全局"的治国策略

作为政治思想家兼活动家,中江兆民自然特别关心国家民族的走向和未来发展问题,国强民富也是他的重要议题。《三醉人经纶问

---

① 参见福永光司:「中江兆民と荘子と禅」,『中国の哲学・宗教・芸術』,人文书院,1988 年,226 页。关于帆足万里的著作,参见拙著《道家思想在日本的传播和影响》,人民出版社,2013 年,第 151 页。

② 中江兆民:「题辞・挥毫」(二八),松永昌三编集:『中江兆民全集』16,岩波书店,1986 年,270 页。

③ 中江兆民:「疑学弁」,松永昌三编集:『中江兆民全集』11,岩波书店,1984 年,13 页。

答》所探讨的就是这类问题。书中认为,政治制度的进化要经历"无制度的社会""君相专擅制""立宪制"和"民主制"的过程,据此指明日本应当走民主制之路。同时,他对日本当时即将实行的君主立宪制也不强烈反对。这是他关于政治制度建设的基本观点。他还探讨了国家发展和富强应采取何种治理态度和策略的问题。为此,他曾撰写一篇短文《小大远近之说》论述自己的观点。其主旨是:实现国家的富强,在治理上,要放眼于"远大",而不要拘泥于"小近"。在论述这一观点时,他说:

> 对于天下国家之事,无论谈论它还是处理它,皆应注目于远大,不能不一方面以耳目观察事情,而又计算数十数百年后的利害。我所喜爱的伯阳氏(老子)之言曰:"治大国如烹小鲜。"……应当制胜于全局,不可拘泥于一部分。……抱远大之识者,固不可忽小事,然大小不得两全之时,宁取其大而不取其小。[1]

这里引用了《老子》六十章"治大国若烹小鲜"一句,来说明治国要着眼"远大""全局"而不拘限于"小近""部分"的道理。《老子》此句,一般解释为:治理大国,要像烹饪小鱼一样,谨慎从事,不能过多扰动,即实行"无为而治"。中江兆民的解释则是从重"远大"、顾"全局"的角度展开。表面看来,两种解释似乎毫不相干,但仔细分析,还是可以发现其中的联系。所谓谨慎从事而不过多搅扰,其实也包含着保全整体的涵义。"无为"就是为了保全事物的本然的整全状态,使其免遭破坏。相反,"有为"则会破坏这种本然整全状态。本然的整全状态就是道家所谓的"自然"。因此,中江兆民对"治大国,若烹小鲜"一句的诠释从另一个角度揭示了老子"无为而治"的治理哲学,

---

[1] 中江兆民:「小大遠近之説」,松永昌三编集:近代日本思想大系 3『中江兆民集』,筑摩书房,1974 年,191—192 頁。

即要"修忍耐之德""养远大之略、深远之识",①并以此态度和策略来治国。这一诠释在老学史上应该说有一定新意。进一步看,强调"远大""全局",也符合《老子》思想。《老子》贵"大"、尚"久"。以大名道,"字之曰道,强为之名曰大"(二十五章),且以大来表示事物的理想状态,如曰:

> 大成若缺,其用不弊。大盈若冲,其用不穷。大直若屈,大巧若拙,大辩若讷。(四十五章)

认为"大"和"久"都是"道"的主要性质。如曰:

> 大道泛兮,其可左右。……万物归焉,而不为主,可名为大。(三十四章)
> 知常容,容乃公,公乃王,王乃天,天乃道,道乃久,没身不殆。(十六章)

通过对"治大国若烹小鲜"句的诠释,中江兆民从《老子》"无为""大""全""长久"等思想中引申出了全体重于局部、长远利益重于短期利益的思想。

在讨论爱国心与政治的关系时,他指出,当爱国者向政府提出政治请愿时,他们不计个人得失,不怕自我牺牲,满腔热忱地忠诚于国家,但政府却往往因此而陷入进退两难之境,从而发生爱国者和为政者之间的较量,最终导致分裂的恶果:

> 意见书、建议书接连不断地、大肆宣传地写出来,向主管当局提出,向官衙质询,但不管怎样,主管当局和官衙都不愿意看

---

① 中江兆民:「小大遠近之説」,松永昌三编集:近代日本思想大系 3『中江兆民集』,筑摩書房,1974 年,192 頁。

这个作为爱国心的典范的意见书，反而觉得它令人厌烦。这样的话，……在双方相互较量的过程中，就必将产生裂痕，爱国热情越高，分裂得就越快。我不知道，"国家昏乱忠臣乃见"这句话是不祥之语还是吉祥之辞！①

这里所引用的"国家昏乱忠臣乃见"一句，出自《老子》十八章：

大道废，有仁义；六亲不和，有孝慈；国家昏乱，有忠臣。

《老子》认为，对仁义、孝慈、忠臣等的标榜表面上看是一种世俗的善，实际上已经偏离至善而包含着恶，因为其出现本身就是大道废弛、人伦分裂和国家昏乱的结果。越是固执于这种世俗之善，就越是陷入恶。中江兆民由《老子》的这一思想出发，得以从一个独特而深刻的角度来观察政治现象，即强烈的爱国心不一定是国家之福，反而可能导致国家的动荡，给国家引来灾祸。他分析说，爱国心的执着表达必然引起其与当政者的裂痕，爱国热情越高，分裂就越快，其结果必然是国家的动乱。那么，忠诚的爱国者即所谓"忠臣"的出现，究竟是好事还是坏事呢？这是引发中江兆民思考的问题。这种思考实际上隐含着对爱国行为的"有为"性的反思，并倾向于采取"无为"的方式。

从上面这两条对《老子》文本的诠释来看，中江兆民政治思想中还是包含着一些道家"无为之治"的因素的。

（二）道家思想与"君子小人各有价值"的平等观

自由平等是中江兆民的至高理念，他一生论说之、倡导之而不遗余力。1887 年，明治政府颁布"公安条例"以镇压自由民权运动。包括中江兆民在内的 500 多名自由民权人士被驱逐出首都东京。中江兆民随后前往大阪，继续鼓吹自由民权思想，并致力于为受歧视的部

---

① 中江兆民：「政治的の意見書は愛国心の見本」，松永昌三編集『中江兆民全集』12，岩波書店，1984 年，8 頁。

落民争取平等权利的活动。他曾发表《新民世界》一文,用"新民世界"的概念论说自由平等社会,声言在"新民世界"中,"没有对人的歧视和支配,不被这种社会性的妄念所束缚,是任何人都不侵犯他人,也不被侵犯的社会。这个'新民世界'才是真正的人类自由和平等的母胎"。①他说:

> 新民是与旧民相对的词语,是与卑卑屈屈被剥夺自由、褫夺权利,被同为人类的士族打压轻蔑而不知奋发争取权利的旧时代之民相对的词语。无始无终、无边无际,悬日月星辰、载河海山岳,上下无限岁,纵横无限里,混混沌沌一大圆块,这才是我们新民的世界。②

中江兆民心目中的"新民世界",是一个无穷无尽("无始无终、无边无际")、包罗万物("悬日月星辰、载河海山岳")、超越时空("上下无限岁,纵横无限里")、没有分别("混混沌沌一大圆块")的世界。这种描述,与道家对道即宇宙始源和本体的认识十分相近。老庄之道的基本特征就是"混""浑"或"浑沌",如《老子》言"混成"(二十五章)、"混而为一"(十四章),《庄子》有"浑沌"(《应帝王》)、"混芒"(《缮性》)、"混冥"(《天地》)之说。这些说法都包含浑然一体、没有分别的意思。老庄的最高的境界就是"浑其心"(四十九章),就是"未始有物""未始有封""未始有是非"(《齐物论》)的无分别状态。这是一个齐同万物、无贵无贱的平等境界,如《老子》主张"玄同"(五十六章),《庄子》认为"举莛与楹,厉与西施,恢恑憰怪,道通为一"(《齐物论》),主张"万物一齐,孰短孰长""以道观之,何贵何贱"(《秋水》)。中江兆民利用近代自然科学阐发了《庄子》的这一思想,他说:

---

① 松永昌三:「解説」,松永昌三编集:近代日本思想大系 3『中江兆民集』,筑摩书房,1974 年,439 頁。
② 中江兆民:「新民世界」,松永昌三编集:近代日本思想大系 3『中江兆民集』,筑摩书房,1974 年,246 頁。

　　试从物理学和化学的观点来看吧！血也好,脓也好,屎也好,尿也好,和七色灿烂的宝石和锦绣相比,哪里有美丽和丑恶的区别？小野小町和狒狒猿猴相比,哪里有美貌和丑陋的差异？[①]

　　这些说法与老庄思想的一致自不待言,老庄都有善恶美丑相对性的思想。《老子》曰：

　　天下皆知美之为美,斯恶已。皆知善之为善,斯不善已。（二章）

《庄子》曰：

　　举莛与楹,厉与西施,恢恑憰怪,道通为一。（《齐物论》）

　　并指出,道"无所不在",甚至"在蝼蚁""在稊稗""在瓦甓""在屎溺"（《知北游》）,这是在道的立场消解善恶美丑贵贱高低的差别。在表述方式上,这段文字其实也颇有些《庄子》文章的风格。可以推断,中江兆民写下这些文字时,谙熟于心的《庄子》文句和思想自然地被化用其中了。

　　中江兆民还进一步指出,世俗所谓君子和小人、智者和愚者具有同等的价值和权利：

　　在专擅制中,以君子为贵、小人为贱,以智者为贵、愚者为贱;在代议制中,君子、小人、智者、愚者均等地各有一副口舌的价值。……君子、小人、智者、愚者已经顺利地投入了国会的大

──────────

① 小野小町(生卒年不详)传说是一位美貌的女子,事迹不详。另一个同名的女子,是平安前期著名的女歌人。也有人认为两者即是一人——中译本注。中江兆民著,吴藻溪译：《一年有半·续一年有半》,商务印书馆,2007年,第103页。

锅里，今后，愿君子愈益不为君子，智者不为智者，小人和愚者则
珍重他们的一副口舌，殷勤地使用它而做君子和智者的掌灯人，
如此则天下无事。①

与专擅制（即君主专制）不同，在民主的议会制中，小人、愚者也
有与君子、智者同等的价值，同等的发言、议政的权利。在"国会的大
锅里"，旧有的君子与小人、智者与愚者之差别被溶解、消弭，不分贵
贱，一律平等，相互协作。只有在这样的制度下，才能达到政治清平、
"天下无事"。这种看法与《庄子》思想类似。《庄子》主张包括人在内
的万物皆有其价值，"物固有所然，物固有所可。无物不然，无物不
可。"（《齐物论》）《庄子》不认同世俗的君子小人观念，提出"天之小
人，人之君子；人之君子，天之小人②"（《大宗师》）的观点。其理想社
会也具有鲜明的平等色彩，如《马蹄》篇说：

> 夫至德之世，同与禽兽居，族与万物并，恶乎知君子小人哉？
> 同乎无知，其德不离。同乎无欲，是谓素朴。素朴而民性得矣。

中江兆民上述君子小人无贵贱之别的平等观，当然主要来源于
西方近代平等思想，但从他具备深厚的庄学素养和他的文字表述来
推测，这些思想很可能是与《庄子》思想发生共鸣或受到其启发的
结果。

三、《庄子》思想与中江兆民的唯物论

中江兆民哲学的根本旨趣是唯物主义和无神论，这一方面是他

---

① 中江兆民：「君子小人」，松永昌三编集『中江兆民全集』12，岩波书店，1984 年，87—
88 页。

② "人之君子，天之小人"句疑当作"天之君子，人之小人"。见王先谦、刘武撰，沈啸寰点
校《庄子集解·庄子集解内篇补正》，中华书局，1987 年，第 66 页。王叔岷《庄子校
诠》(上)，中华书局，2007 年，第 255—256 页。

接受近代欧洲唯物主义哲学并加以阐发而形成的，另一方面，在他对这一理论的阐释中，又不难发现中国传统思想的因素，而《庄子》是其中一个极为显著的因素。朱谦之说，中江兆民的"唯物主义世界观，可以说是以庄子的思想为根据，吸收了法国 18 世纪唯物主义哲学而成的'兆民主义'。"①明确指出中江兆民唯物主义有《庄子》思想和 18 世纪法国唯物主义两个重要来源，且《庄子》思想是其"根据"。中江兆民唯物主义的核心问题是精神（神和灵魂）与物质（身体）的关系问题，在论述这个问题时，中江兆民提到了庄子：

> 所谓精神，不是本体，而是从本体发生的作用，是活动。本体是五尺身躯。这五尺身躯的活动，就是精神这种神妙的作用。例如，象炭和焰，薪和火的关系一样。漆园吏庄周已经看穿了这个道理。……身体死亡……这身体所起的作用即精神，按理也就不得不同时消灭。恰象如果炭成灰，薪烧尽，那末，焰和灰就同时熄灭一样。②

中江兆民指出，物质（身体）是本体，精神（灵魂）不过是本体的活动、作用而已，身体与灵魂就如同炭薪与火焰的关系。身体由物质元素构成，物质元素结合成为身体，从而有精神的活动。物质元素分解则身体死亡，精神活动也就随即消失，就像炭薪烧尽则火焰熄灭一样。而他认为庄子"已经看穿了这个道理"。庄子何以看穿了这个道理？从中江兆民的论述来看，此当与《庄子》的"薪尽火传"说相关。《养生主》篇曰：

> 指穷于为薪，火传也，不知其尽也。

---

① 朱谦之：《日本哲学史》，人民出版社，2002 年，第 246 页。
② 中江兆民著，吴藻溪译：《一年有半·续一年有半》，商务印书馆，2007 年，第 75 页。"焰和灰就同时熄灭"的"灰"，疑当为"火"。

按照一般的解释，此句意为烛薪的燃烧是有穷尽的，火则可以传续，此薪燃尽，又传于彼薪，以至无穷。[1]如果认为《庄子》这里是用"薪"比喻形体，用"火"比喻精神，那么"薪尽火传"就是形体枯萎消亡而精神存续之意。[2]中江兆民也认为，薪与火分别比喻形体和精神。而他对此句理解的重点是：薪续火存，薪尽火灭。同理，有身体（物质）则有灵魂（精神），身体消亡则灵魂不存。这是将《庄子》文本的意义引向他的唯物论观点，即薪是火的本体，火不过是薪的活动和作用。同理，身体是灵魂的本体，灵魂不过是身体的活动和作用：

> 身躯是本体，精神是身躯的活动即作用。正是因为这样，所以身躯一旦停止了呼吸，它的作用即视觉、听觉、言语、行动就要立即停止。也就是，一般来说身躯如果死亡，精神就要消灭，恰象薪已经烧尽，火就要熄灭一样。[3]

这种理解显然与上述形体消亡而精神存续的解释不同甚至相反。薪火之喻中虽蕴含着火赖于薪、薪尽火灭这一意义，但并不是其重点，它所强调的反而是火传而不灭这一意义。中江兆民的诠释是在火赖于薪、薪尽火灭这个方向上对原文进行引申，使其与他的唯物论思想相衔接。这是仅就原文中隐含的意义进行引申解释，这种诠释不得不说是偏离了原文的主要意义脉络的。但由于原文亦并未明

[1] 指穷于为薪，谓手指穷于取薪。指，手指。俞樾曰："《广雅·释诂》：取，为也。然则为亦犹取也。指穷于为薪者，指穷于取薪也。以指取薪而然之，则有所不给矣，若听火之自传，则忽然而不知其薪之尽也。"转引自郭庆藩撰，王孝鱼点校：《庄子集释》（上），中华书局，2014 年，第 136 页。一说，谓脂膏作为烛薪有燃尽之时。指，通"脂"。如方勇等曰："谓用脂膏作为烛薪燃烧，脂膏是有烧完之时的。"见《庄子诠评》（增订新版）（上册），四川出版集团巴蜀书社，2007 年，第 117 页。

[2] 王叔岷曰："薪喻形，火喻心或神。'指穷于为薪'，喻养形有尽。'火传也不知其尽'，喻心或神则永存。"见《庄子校诠》（上），中华书局，2007 年，第 114 页。方勇等曰："以薪喻形，以火喻神，认为人的形体是有枯萎穷尽之时的，但善养生者却视生为'时'，死为'顺'，故其自谓形死之时，其神犹存，正无异于薪尽之时，其火犹传。"见《庄子诠评》（增订新版）（上册），四川出版集团巴蜀书社，2007 年，第 117—118 页。

[3] 中江兆民著，吴藻溪译：《一年有半·续一年有半》，商务印书馆，2007 年，第 78 页。

确肯定火(神)的永存不灭,中江兆民薪尽火灭的解释也就不与文本原意相抵牾。

中江兆民进一步将对原文的诠释引向身体(物质)无穷转变而不朽不灭的观点。这实际上是把《庄子》原文薪尽火传的意义转化为薪(及其所属的火)无穷更代的意义,即把身体消亡而精神存续的意义,转化为身体(及其所属的精神)无穷更代的意义,即身体(物质)无穷转变而不朽不灭:

> 所谓不朽或不灭,并不是精神所具有的属性,反而是身躯所具有的属性。……不仅是不朽不灭,而且一定发生某种作用而循环无穷。[1]

他还以生物繁衍现象对此加以说明:"凡属胎生的动物,自身死亡以后,大都是留有儿孙。并且作为父母把自己的身体及其所可能发生的精神分给了它的儿孙;也就是说,儿女是父母的分身,父母死亡而儿女留下。这是符合得失消长的数学原理的。""凡属有生命的东西,也即虽为草木,也与人兽无异。凡属父祖辈,都是因为有儿孙,才得以不朽的。"[2]关于这一点,其师冈松瓮谷的解释似乎已经有所暗示:"指薪之为薪,视其焚烧而穷,固为薪尽矣,然火则借此而传,天下之火未尝有尽也。以喻吾虽死,世自有继我而生者,未尝有穷竭。"[3]这里蕴含人的生命通过身体而延续的意思。中江兆民关于身体(物质)无穷转变而不朽不灭的思想,可能也受此启发。

中江兆民还进一步提出世界(间和时空间)无限的思想。他论述说,既然世界由若干种元素构成,这些元素不断进行着化合与分解,循环无穷,不增不减,不生不灭,那么某一事物的出现(开始)不过是由另

---

[1]　中江兆民著,吴藻溪译:《一年有半·续一年有半》,商务印书馆,2007年,第78页。

[2]　中江兆民著,吴藻溪译:《一年有半·续一年有半》,商务印书馆,2007年,第77页。

[3]　冈松瓮谷:《庄子考》卷一。转引自朱谦之:《日本哲学史》,人民出版社,2002年,第251页。

一事物转变而来,"像蚕蛾生卵,卵生出蚕一样,从一种形态变成为另一种形态"。因此,从时间上看,就"谈不到有所谓创造",即没有所谓开始。认为有"开始",是由于"知识浅薄,没有注意到这种发展过程,觉得好象是出现了没有存在过的物体"。①同样,存在的事物也不会变成非存在,即世界不可能有终结;从空间上看,"这个世界是无所不包的",物体有极限,"世界不可能有极限","因为真空也是世界的领域的缘故,照理是终究没有边缘和极限的"。②总之,中江兆民构筑了一个基于元素化合分解而变化无穷,且无始无终、无边无际的物质世界图景。

中江兆民的上述思想与《庄子》万物变化无穷和宇宙无限的思想是一致的。《庄子》认为,万物皆处在永不停息的转化之中(所谓"物化"),"物之生也若骤若驰,无动而不变,无时而不移。……夫固将自化"(《秋水》),"万物皆种也,以不同形相禅,始卒若环,莫得其伦,是谓天均"(《寓言》)。万物在这种"造化"之中生灭变化,彼此转换,这就是天然运行("天均")的过程。这种变化终而复始,没有穷尽,"万化而未始有极"(《大宗师》)。人当然也是如此,"人生天地之间,若白驹之过郤,忽然而已。注然勃然,莫不出焉;油然漻然,莫不入焉。已化而生,又化而死。"(《知北游》)《庄子》认为,万物一方面是变化的,另方面又是贯通为一的,这个通一者就是"气":

> 人之生,气之聚也;聚则为生,散则为死。……故万物一也,是其所美者为神奇,其所恶者为臭腐;臭腐复化为神奇,神奇复化为臭腐。故曰:"通天下一气耳"。(《知北游》)

薪尽火传之说也与这种气化论相通。郭嵩焘解释说:"薪尽而火传,有不尽者存也。太虚往来之气,人得之以生,犹薪之传火也,其来也无与拒,其去也无与留,极乎薪而止矣。而薪自火也,火自传也,取

---

① 中江兆民著,吴藻溪译:《一年有半·续一年有半》,商务印书馆,2007年,第94页。
② 中江兆民著,吴藻溪译:《一年有半·续一年有半》,商务印书馆,2007年,第95页。

以为无尽也。"①揭示了《庄子》思想中薪火之说与气化论之间的相通和一致,即薪尽火传的过程就是气的变化过程。气是"不尽者",虽然"极乎薪而止",但此薪熄灭而彼薪燃烧,火于是得以传递,气于是变化无穷。由于这个变化是气的变化,而气是"不尽者",无所谓增减,故虽有变化而实无生灭,只是物物之间的流转而已。如陈启天所说:"谓以脂膏为薪火而烧尽,乃一转化,非消灭也。此喻人由生而死,亦不过一种转化,不必悲也。"②

在中江兆民身体(物质)无穷转变而不朽不灭的理论中,能够看到《庄子》这种气化(物化)思想的影子。不过,他将《庄子》的"气"代换为近代自然科学意义上的"元素","气"的"聚散"代换为"元素"的"化合分解":

> 身躯是由若干种元素结合而成的。所谓死亡,就是这些元素的开始分解。但是元素即使发生分解,并不消灭。它们一经发生分解,也即身体发生腐烂的时候,其中的气体元素,就混入空气中;其液体或固体元素,就混入土地中。总而言之,各种元素即使相互离散,仍然分别存在于这个世界的某个地方。有的随着空气一起被呼吸,有的被草木的叶根所吸收。③
>
> 它(按指世界)的本质,是若干种元素,这些元素永久游离、化合、分解,再游离、化合、分解,这样循环,一丝不增,一毫不减,即不生不灭。草木人兽都是由于这些元素的化合而产生,分解而死亡的。④

"气"与"元素"都是构成宇宙万物的精微基质,而气的聚散过程与元素的化合分解过程也具有相似性。但《庄子》的气与近代自然科

---

① 郭庆藩撰,王孝鱼点校:《庄子集释》(上),中华书局,2014 年,第 136 页。
② 转引自陈鼓应:《庄子今注今译》(上),中华书局,2006 年,第 104 页。
③ 中江兆民著,吴藻溪译:《一年有半·续一年有半》,商务印书馆,2007 年,第 78 页。
④ 中江兆民著,吴藻溪译:《一年有半·续一年有半》,商务印书馆,2007 年,第 96 页。

学意义上的元素相比也有不同。《庄子》的气是一个朴素而模糊的概念,不具有元素概念那样的明晰性。而且,气不仅具有就一般物而言的客观性,还具有就人而言的主观性,是主客统一、物我一体的通一者,因而也具有精神境界的意义。如《庄子》说:"听之以气","气也者,虚而待物者也。唯道集虚,虚者,心斋也。"(《人间世》)这里的"气",就是超越主客、物我的通一者,"气听"就是"心斋"的境界。《庄子》之气的这一层意义,中江兆民似乎未直接涉及到。但总的来说,他从《庄子》"气化"和"物化"思想中寻找到了重要的理论支撑。

四、道家思想与中江兆民的知识和语言观

从唯物主义的立场出发,中江兆民还引出一个"至理无言"的知识观和语言观:

> 吾谓人之有识虑有言论,可以应物,而不可以究物之至理。故天地之所以覆载,日星之所以旋躔,飞潜动植之所以生死荣悴,我言之得莫所益,言之失莫所损,所谓亘古今通远迩,无有乎或变者,复何以嗷嗷为也。独怪世之治儒佛耶稣之言者,互相觝排。曰彼云有主宰是异端也,曰彼云无主宰是非正教也,此岂传教者之言然邪? 吾观孔子欲无言,瞿昙默然拈花,基督弗答犹太之问,然后知其高才达识,皆能探颐(按当为"赜"之误)极微。假令得聚首乎一堂之上,所谓相视而莫逆于心者,呜呼是所以其为圣人也。向之相相觝排者,特不达者之言耳。①

中江兆民认为,知性和语言("识虑""言论")不能认识和表达宇宙万物的根本规律("物之至理"),而只能是对外物的反应("应物")。囿于知性和语言而形成的意见是片面的,它们互相排斥抨击,皆非全

---

① 中江兆民:「哲学新論序」,松永昌三编集:『中江兆民全集』17,岩波書店,1986年,53—54頁。

面通达的言论（"不达者之言"）。终极之理不因人的知性和语言而有所损益，它本来如此、永恒不变（"亘古今通远迩，无有乎或变者"）。因此，人运用自己的知性和语言对其进行认识、表达和辩论是多余的（"复何以嗷嗷为也"）。真正能把握终极之理而"探赜极微"的，是"无言""默然""不答"，只有这种境界才是"高才达识"的"圣人"之境。

中江兆民的上述知识和语言观，颇有道家思想之特征。对知性和语言能否认识本体的怀疑和反省是道家的一大特色。老庄有一套系统的真知无知、至言无言的哲学。《老子》提出"道可道，非常道；名可名，非常名"（一章）的命题，认为作为天地万物本根的"道"是不可用知性和语言把握的（不可道、不可名）。还说："言者不知，知者不言。"（五十六章）认为要"明白四达"，就应做到"无知"（十章）。《庄子》的相关论说更为丰富深刻。《人间世》篇云："闻以有翼飞者也矣，未闻以无翼飞者也；闻以有知知者矣，未闻以无知知者也。"明确提出"以无知知"的认识方法和"不知之知"的认识境界。由于"道不可闻，闻而非也；道不可见，见而非也；道不可言，言而非也。知形形之不形乎！道不可名"，因此，"不知深矣，知之浅矣；弗知内矣，知之外矣"，"不知"比"知"更进一层，有问有答（即语言所表达）的知识不是最高知识，最高的知识（即体道的知识）是无可问答（即超语言）的：

> 有问道而应之者，不知道也；虽问道者，亦未闻道。道无问，问无应。无问问之，是问穷也；无应应之，是无内也。以无内待问穷，若是者，外不观乎宇宙，内不知乎大初，是以不过乎昆仑，不游乎太虚。（《知北游》）

要之，"道"不能用闻、见、言、名等感性知性方式把握，要认识"道"只能通过非感性知性或超感性知性的认识方法（"不知之知"）。同样，与知性密切相关的语言也不能呈现大道，故"大辩不言"（《齐物论》），应当"得意忘言"（《寓言》）。因此，《庄子》批评各执成见的意见之争，认为这是对大道的遮蔽，即"道隐于小成"，试图超越是非、消解争辩,达到"以明"(《齐物论》)。中江兆民的上述"识虑""言论"不能穷究"至理",以"无言""默然""不答"为关于世界的最高认识的思想,与道家的上述知识和语言哲学如出一辙。若用《庄子》中的一句话总结中江兆民的这一思想,就是:

> 天地有大美而不言,四时有明法而不议,万物有成理而不说。(《知北游》)

中江兆民描述这种认识境界是"相视而莫逆于心",这句话也出自《庄子》对体道者之间超越知性和语言的心领神会的描写:

> 子祀、子舆、子犁、子来四人相与语曰:"孰能以无为首,以生为脊,以死为尻,孰知死生存亡之一体者,吾与之友矣。"四人相视而笑,莫逆于心,遂相与为友。(《大宗师》)
>
> 子桑户、孟子反、子琴张三人相与友,曰:"孰能相与于无相与,相为于无相为?孰能登天游雾,挠挑无极;相忘以生,无所终穷?"三人相视而笑,莫逆于心,遂相与为友。(《大宗师》)

中江兆民的理论与道家如此相近,无怪乎当时有人在评论上述《哲学新论序》一文时,以他比道家老子:

> 把古今来哲学者之所嗷嗷聚讼者,一句抹杀。曰:人之识虑、言论,可以应物,而不可以究物之至理,断得直绝截绝。冀先生铺张此理,以作一篇大著述。乃不肯哲学上树一旗帜,其补益于后世,亦应不鲜少矣。末段宛然是一幅三圣尝醋图,唯换老子以耶稣。是为异耳。若以先生清瘦之姿,充老子空位则何如?①

---

① 明治 22 年 1 月 18 日「経世評論」4 号「哲学新論序」記者妄言,松永昌三編集:『中江兆民全集』17,岩波書店,1986 年,54 頁。

评论者极为重视中江兆民"至理无言"之说,且认为其与道家思想接近,从侧面反映出中江兆民知识和语言观的道家特性。

五、道家思想与中江兆民的生死观

中江兆民对生死问题有过许多思索。这一方面是因为他乐于探索哲学问题,而人的生死又是其中必然要涉及者。另一方面,身患绝症而被医生宣告只能活一年半的经历,或许是更重要的原因。这种经历和体验使他因直面生死问题而有了对其进行思考探究的强烈愿望。中江兆民对生死的态度是泰然处之、乐观积极的。他得知自己罹患绝症后,不但没有消沉,反而冷静、理性地安排自己的余生,以使其更加充实、有意义。接受治疗期间,他忍受着病痛的折磨,在简陋的条件下,撰写了名著《一年有半》和《续一年有半》。如果没有某种对生死的深刻领悟,这些都是难以做到的。中江兆民对生死的态度,具体来说就是:活着就要活得愉快而有价值,死亡来临,那就接受这个事实。他说:"我当然不乐意早死,并且知道,只要有一口气,就一定有事情可做,也可过得愉快。"他甚至与妻子开玩笑说:"同我一起投水,马上到平安无事的地方去。"[1]这种视死如归的态度,与他对生死的深层理解是密切联系在一起的。在被告知生命还有一年半后,他说:

> 一年半,各位也许要说是短促的;然而我却说是漫长的。如果要说短,那末,十年也短,五十年也短,一百年也短。因为生时是有限的,死后是无限的。拿有限和无限相比,这不是短,而是根本无。假使有事情可做,并且过得愉快,那末,这一年半岂不是足以充分利用的吗?啊! 所谓一年半也是无,五十年、一百年也是无。就是说,我是虚无海上一虚舟。[2]

---

① 中江兆民著,吴藻溪译:《一年有半·续一年有半》,商务印书馆,2007 年,第 5—6、22 页。
② 中江兆民著,吴藻溪译:《一年有半·续一年有半》,商务印书馆,2007 年,第 6 页。

一个人假使七、八十岁后才死，可以说是长寿。然而死亡以后，却是永远无限的劫数。假使以七八十年去和无限作比较，那是多么短促啊！于是乎不能不把彭祖看作夭折，把武内宿祢看作短命。[①]

中江兆民从寿命长短的相对性出发来论证生命的价值。他认为生命的价值不在于其时间的长短，因为无论长短，都是有限的，而死后是无限的。有限与无限相比较，岂止是短，甚至是"无"。因此，人生就是"虚无海上一虚舟"。生命的意义在于"有事可做，并且过得愉快"。这种思想和语句显然来自《庄子》。《庄子》有云：

天下莫大于秋豪之末，而太山为小；莫寿于殇子，而彭祖为夭。（《齐物论》）

楚之南有冥灵者，以五百岁为春，五百岁为秋；上古有大椿者，以八千岁为春，八千岁为秋。而彭祖乃今以久特闻，众人匹之，不亦悲乎！（《逍遥游》）

以上引文无疑是中江兆民"不能不把彭祖看作夭折"一说的出处。为什么将"大"看作"小"、"寿"看作"夭"，又将"小"视为"大"、"夭"视为"寿"？其中的内在逻辑就是：将"大""小""寿""夭"与"无限"（无限大、无限寿、无限小、无限夭）相比较。按此逻辑，则"计四海之在天地之间也，不似礨空之在大泽乎？计中国之在海内，不似稊米之在大仓乎？号物之数谓之万，人处一焉；人卒九州，谷食之所生，舟车之所通，人处一焉，此其比万物也，不似豪末之在于马体乎？"（《秋水》）相对于"无限"来说，"大"与"小"、"寿"与"夭"之间的差别被消解，甚至可以相互转化。《秋水》篇分析说：

---

① 武内宿祢，日本古代的传说人物，传说他是大和朝廷初期的人物，担任过四代天皇的大臣，活了二百四十多岁——中译本注。中江兆民著，吴藻溪译：《一年有半·续一年有半》，商务印书馆，2007年，第22页。

　　夫物量无穷,时无止,分无常,终始无故。是故大知观于远近,故小而不寡,大而不多,知量无穷;证向今故,故遥而不闷,掇而不跂,知时无止;察乎盈虚,故得而不喜,失而不忧,知分之无常也;明乎坦涂,故生而不说,死而不祸,知终始之不可故也。计人之所知,不若其所不知;其生之时,不若未生之时;以其至小,求穷其至大之域,是故迷乱而不能自得也。由此观之,又何以知豪末之足以定至细之倪?又何以知天地之足以穷至大之域?

　　上文中"其生之时,不若未生之时"一句,当是中江兆民"生时是有限的,死后是无限的""然而死亡以后,却是永远无限的劫数"等说法的来源。所谓"量无穷,时无止,分无常,终始无故",是说空间、时间、得失、生死等方面都是无限的。从这种无限的观点观察事物,就是"观于远近",也就是"以道观之",是为"大知"。从这种观点观察万物,则大小、长短、得失、生死等都是相对的,因而就没有必要执着。不执着就能抱有"死生无变于己"的态度:

　　古之真人,不知说生,不知恶死;其出不訢,其入不距;翛然而往,翛然而来而已矣。不忘其所始,不求其所终;受而喜之,忘而复之,是之谓不以心捐道,不以人助天。(《大宗师》)

这种"观于远近"的"道观"哲学,构成中江兆民对生死泰然处之态度的理论依据之一。

　　中江兆民泰然处之的生死观还有一个根据,就是生死相互依存、包含的观点。他说:

　　孩子出生,从他刚刚出生下的那一瞬间起,就是慢慢地在死去。为什么呢?因为如果是朝着最长的七八十岁的寿命前进,而没有片刻停止,这就可以说是慢慢地在死去。这样说有什么不可以呢?①

生伴随着死,包含着死,从生命的终点就是死亡这个意义上说,生也就意味着死。这种思想亦来自《庄子》。《庄子》提出"以死生为一条"(《德充符》)、"死生存亡一体"(《大宗师》)的观点,认为生与死是贯通为一的:"生也死之徒,死也生之始,孰知其纪! 人之生,气之聚也;聚则为生,散则为死。若死生为徒,吾又何患!"(《知北游》)试图从对生死通一的领悟中获得内心的安宁。中江兆民泰然处之的生死观也包含《庄子》哲学的这一理路。不过,中江兆民思想与《庄子》也不完全相同,主要是因为其有近代思想的背景。或许正因此,幸德秋水说中江兆民的这些观点"庄周也还未能说出"。②

六、《庄子》思想与中江兆民的人格气象

中江兆民酷爱《庄子》,意味着他对《庄子》思想不仅在理智上有深入的研究和高度的认同,而且在情感上有强烈的共鸣。与《庄子》的这种心心相印自然使他将《庄子》思想融入自己的精神世界,转化为自身人格的一部分。中江兆民一生"飘逸放纵""冷嘲热骂",但又"有操守、有血性、有慷慨之节",③这种人格特征近于《庄子》思想。中江兆民人格气象的庄子特征,首先可以从他的名号或笔名中看出。他一生用过如"南海渔长"(留法时期使用)、"秋水"(1878 年起用)、"逍遥老人"(1881 年起用)、"南海仙渔"(1887 年起用)、"南海生"等号或笔名。④"秋水"之号,来自《庄子·秋水》。该篇论述了大小、是非、贵贱、荣辱等的相对性,旨在让人顺任自然、不为名利所累而保养本真之性。以《秋水》篇名为号,可见他对此篇的喜爱。后来他还将

---

① 中江兆民著,吴藻溪译:《一年有半·续一年有半》,商务印书馆,2007 年,第 22 页。
② 中江兆民著,吴藻溪译:《一年有半·续一年有半》,商务印书馆,2007 年,第 22 页。
③ 幸德秋水:「兆民先生」,松永昌三、井田進也编集:『中江兆民全集』别卷,岩波书店,1986 年,469 頁。
④ 「兆民の筆名一覧」,松永昌三、井田進也编集:『中江兆民全集』别卷,岩波书店,1986 年,561 頁。

此雅号赠与最器重和亲密的弟子幸德传次郎,后者从此更名为幸德秋水。"逍遥"一语,是《庄子》的核心概念,《庄子》首篇即为《逍遥游》。"逍遥"代表了《庄子》思想的至高境界,以此为号,表现出中江兆民对这一境界的向往。"南海仙渔""南海生"中的"南海",亦当取自《庄子》。《秋水》篇中有一则意蕴隽永的寓言:

> 蛇谓风曰:"予动吾脊胁而行,则有似也。今子蓬蓬然起于北海,蓬蓬然入于南海,而似无有,何也?"风曰:"然。予蓬蓬然起于北海而入南海也,然而指我则胜我,鰌我亦胜我。虽然,夫折大木,蜚大屋者,唯我能也,故以众小不胜为大胜也。为大胜者,唯圣人能之。"

"风"起于北海,入于南海,这是一个隐喻,象征着《庄子》的境界提升,最终达到"以众小不胜为大胜",也就是自然无为的逍遥境界(以"风"为喻)。《庄子》中还有一个与"南海"同义的词,即"南冥"。《逍遥游》篇中有"北冥之鲲化而为鹏徙于南冥"的寓言:

> 北冥有鱼,其名为鲲。……化而为鸟,其名为鹏。……是鸟也,海运则将徙于南冥。南冥者,天池也。

其中的隐喻与上述"风起于北海入于南海"相同。中江兆民熟读《庄子》,尤爱《秋水》,取"南海"为号,当缘于对庄子哲学的这种境界("南冥""天池")的理解和向往。在其名著《三醉人经论问答》中,中江兆民正是以"南海先生"自比,与"洋学绅士"代表的民主派和"豪杰君"代表的侵略家进行论辩,阐发自己的政治思想。这位"南海先生"也颇有些庄子式的飘逸洒脱之风:

> 南海先生本性酷嗜酒,又好议论政治。每次饮酒只要喝上一、二小瓶,便醺然欲醉,神态飘飘然如遨游太虚,心旷神怡,全

不知世界上有忧苦之事。

　　如再喝二、三瓶，精神顿时激昂，思绪频涌，身虽居斗室，而眼通观世界，瞬息之间，回顾千年前之往事，瞻望千年后之未来，为世界指出航向，替社会讲授方针……

　　然而，先生虽身在这个世界，但他的心常登藐姑射之山，游无何有之乡。因此，他所说的地理和历史，与现实世界的地理和历史，仅只是名称相同，而事实则往往不一致。

　　如果再喝二、三瓶，就会耳热目眩，手舞足蹈，兴奋达到顶点，以致最后晕倒，不省人事。既而熟睡二、三小时，酒醒梦退，凡醉时所言所行，一扫而光，荡然无存，宛如俗话所说从狐仙附体中解脱出来一样。①

中江兆民用来描述"南海先生"心境的"遨游太虚""登藐姑射之山，游无何有之乡"等词句，出自《庄子》。《知北游》篇有：

　　道无问，问无应。无问问之，是问穷也；无应应之，是无内也。以无内待问穷，若是者，外不观乎宇宙，内不知乎太初，是以不过乎昆仑，不游乎太虚。

由于道不可见闻、不可言辩，因而以"无问""无应"的方式才能体道。这里的"观宇宙""知太初""过昆仑""游太虚"等，都是对体道境界的描述。《逍遥游》篇有：

　　尧治天下之民，平海内之政，往见四子藐姑射之山、汾水之阳，窅然丧其天下焉。

　　何不树之于无何有之乡，广莫之野，彷徨乎无为其侧，逍遥乎寝卧其下，不夭斤斧，物无害者，无所可用，安所困苦哉？

---

① 中江兆民著，滕颖译：《三醉人经论问答》，商务印书馆，1990年，第1—2页。

中江兆民上文中"登藐姑射之山，游无何有之乡"一句当出于此。表达的也是这种逍遥境界。

另外，"南海先生"的其他特征，如"全不知世界上有忧苦之事"，"眼通观世界，瞬息之间，回顾千年前之往事，瞻望千年后之未来"，"所说的地理和历史，与现实世界的地理和历史，仅只是名称相同，而事实则往往不一致"，"酒醒梦退，凡醉时所言所行，一扫而光，荡然无存，宛如俗话所说从狐仙附体中解脱出来一样"，以及"酒""梦"等意象，也与《庄子》思想和表述有不同程度的关系。

从"南海先生"的气象来看，《庄子》思想超脱现实的逍遥境界似乎融入了中江兆民观察政治的立场之中。此境界亦影响到中江兆民的人格，使其带有超脱世俗、回归本真的特征。中江兆民被称为"明治的畸人"。[①]"畸人"是《庄子》中理想人格的一种体现。《大宗师》篇云："畸人者，畸于人而侔于天。故曰，天之小人，人之君子；人之君子，天之小人也。"中江兆民正是这样一个与世俗（"人"）相异，而依照自己本然之性（"天"）行动的"畸人"。当时刊载于《朝野新闻》的一篇短文这样评论中江兆民：

> 这个飘然、超然、奇奇怪怪的人，究竟是真仙还是真狂？抑或是佯狂而愚人弄世？究其原因，在于平等齐物之说深入其骨髓，他心目之中，再没有所谓阶级差别，没有所谓社会修饰，他放浪纵横、天真烂漫。[②]

"狂"、"仙"、"放浪纵横、天真烂漫"，这些描述都接近庄子式的"畸人"人格。文中甚至说中江兆民服膺"平等齐物"学说，没有阶级歧视和虚礼伪饰，更显示出其内在精神的庄学内涵。无独有偶，宫崎晴澜在汉诗《兆民先生》中也称中江兆民为"神仙"：

---

① 朱谦之：《日本哲学史》，人民出版社，2002 年，第 230 页。
② 「中江篤介氏」，明治 23 年 3 月 16 日「朝野新聞」，松永昌三、井田進也编集：『中江兆民全集』別卷，岩波书店，1986 年，87 頁。

已典琴兮仍典巾，先生未到典其身。又应难得非余子，一岂可无如此人。是蝶是周皆是梦，于山于水不于尘。神仙忽被长安谪，醉魄千年眠帝埋。①

"是蝶是周皆是梦"一句，源自《庄子·齐物论》"庄周梦蝶"寓言。山本宪在为中江兆民《放言集》所作的序中说：

夫兆民以酒为命，终日酣饮莫日不醉，而坦荡宏放不拘礼节。酷似阮嗣宗之为人。虽然世人多知其人之与言之放，而不知其人之与言之不大放。……呜呼世浊时污，欲使君若兆民其人空以放而掩，悲夫。②

作者认为，中江兆民的"放"和"坦荡宏放不拘礼节"，"酷似阮嗣宗之为人"。阮嗣宗即阮籍，是中国魏晋时期"竹林七贤"之首。他崇奉老庄道家之学，轻视功名利禄，不拘礼法，崇尚自然，逍遥自适，颇具庄子风范。而中江兆民的"言之放"，与《庄子》"谬悠之说，荒唐之言，无端崖之辞"（《天下》）的"卮言"相类；其"人之放"，则与《庄子》"时恣纵而不傥，不以觭见之也"（《天下》）的"畸行"近似；中江兆民的"世浊时污"和"空以放而掩"，又似有《庄子》"以天下为沉浊，不可与庄语"（《天下》）的味道。要之，从中江兆民的人生态度和人格中，明显可见庄子学风范，这是研读和体悟《庄子》的结果。

综上所述，中江兆民凭借其深厚的汉学和道家素养，吸取道家特别是《庄子》的思想，并将其融入自己的哲学理论之中。值得注意的是，中江兆民吸收道家思想，并非简单的照搬借用，而是在相当程度上根据近代思想语境和自己思想体系的需要加以改造

---

① 宫崎晴澜：「兆民先生」，明治 23 年 2 月 26 日「東雲新聞」，松永昌三、井田進也編集：『中江兆民全集』別卷，岩波書店，1986 年，76 頁。
② 山本憲：「放言集序」，松永昌三、井田進也編集：『中江兆民全集』別卷，岩波書店，1986 年，171 頁。原文为汉文。

和扬弃。[①]如他从唯物主义角度诠释《庄子》哲学,并注入近代自然科学思想,使古老的《庄子》思想近代化,进而将改造后的《庄子》思想与西方哲学特别是 18 世纪法国唯物主义相融合,建立起自己的哲学——"中江主义"。

---

① 参见徐水生:《中江兆民与中国古代哲学》,《武汉大学学报》(哲学社会科学版),1998 年第 4 期,第 25—29 页。

第三章　道家道教思想与冈仓天心

　　作为美术评论家，冈仓天心在中国美术、艺术方面有所专长，而其学术视野则扩展到文化领域。在中国传统思想中，冈仓天心对道家道教抱有浓厚兴趣，并进行了专门的研究，甚至被推为道教研究的开拓者。冈仓天心根据道家道教的思想来解释和评价艺术。如以《庄子》的"气"和"造化"论艺术的最高境界，以"无用之用"论艺术的本质特征，以"道进乎技"论理想的艺术家，以"天籁"之境论艺术鉴赏等，他还用《庄子》"丧己失性"之说论文明的异化。对冈仓天心来说，道家道教不只是研究和吸取的对象，而且是心灵的寄托。

一、冈仓天心及其道家道教观

（一）冈仓天心的生平和思想

　　冈仓天心（1862—1913），本名觉三，天心为其号（又自号混沌子、春风道人、鹤氅道人等），日本近代著名的美术行政家、美术教育家、美术评论家和思想家，也是一位"具有广博的知识和超俗的识见"[1]的、颇具代表性的日本近代知识人，对日本美术和日本文化的现代化做出了重要贡献。冈仓天心出生于横滨市一个藩士兼商人家庭。12 岁入东京外国语学校学习，16 岁进入东京大学文学部学习，

---

[1]　木下顺二：「わが岡倉天心」，安田靫彦等监修：『岡倉天心全集』第一卷，平凡社，1980 年，454 页。

专攻政治学、理财学,但提交的毕业论文是《美术论》,体现了他的兴趣和志向。1880 年毕业后,冈仓天心任职于文部省,先后担任音乐和美术方面的行政管理工作。1887 年奉命参与创建东京美术学校,1890 年被任命为代理校长并兼任该校教授。1889 年任帝国博物馆(原东京博物馆)理事、美术部部长。1899 年,冈仓天心被免去东京美术学校校长和帝国博物馆理事、美术部部长等职,但他旋即又创办日本美术院。1905 年起,又任美国波士顿美术馆中国日本部顾问。从事美术行政活动的同时,冈仓天心还直接参与美术教育,曾在多所大学讲授日本美术史、东方美术史等课程。还创办了《国华》《日本美术》等美术刊物。此外,他还曾赴印度、中国进行实地调查。其中到中国旅行有 4 次,到达北京、开封、洛阳、西安、成都、重庆、襄阳、汉口、南京、上海等多地,收购了大量文物,也搜集了许多中国艺术的资料。冈仓天心并非专职学者,故其著作不多。代表性著作是《东洋的理想》(1903)、《日本的觉醒》(1904)、《茶之书》(1906)等三部,另有去世后发表的《东洋的觉醒》(以上著作原文皆为英文)。冈仓天心在美术史、东方美术、中国美术等领域有很深的造诣。①

　　冈仓天心的思想是围绕着美术展开的。在对美术的理解上,他认为,美术不单纯是技艺,而是与宗教和文学相伴而生。他说:"美学上所谓'为美术而美术'是在西方各国广为流行的说法。如果说,美术只要使人心灵快乐美好即可,而不应追求实用,那么美术终究不过是一门技艺而已。对于此论,我不能苟同。美术自身是精美的,但如果它不是与当时最高的宗教、最高的文学相伴而生的东西,那么它就不能称为真正的美术。"②在冈仓天心看来,美术是有其内在精神的。

---

① 冈仓天心在美术史方面有《日本美术史》《泰西美术史》《泰东巧艺史》等著述,在东方美术、中国美术方面著有《东洋艺术鉴赏的性质与价值》(1911)、《东洋美术里的宗教》(1911)、《东洋美术里的自然》(1911)(以上原文均为英文)、《中国古代的美术》(1890)、《中国南北的区别》(1894)、《中国的美术》(1894)、《探究中国美术的端绪》(1894)等文章。还发表了相当数量的美术评论、艺术评论以及思想和文化方面的文章。
② 岡倉天心:「日本美術史」,梅原猛編集:近代日本思想大系 7『岡倉天心集』,筑摩書房,1976 年,267 頁。

这种内在精神来自宗教和文学,美术如果割断与宗教和文学的联系,变得"单纯化",它就会失去它的内在精神,而不成其为真正的美术。①美术的内在精神就是其品格。绘画的本质,不是阴影和色彩,而是"品格"。②他赞同中国南齐画家和绘画理论家谢赫的绘画"六法",即:"气韵生动""骨法用笔""应物象形""随类赋彩""经营位置""传移模写",并以此作为美术评价的原则。他解释其中第一法"气韵生动"是"高尚的思想流露","将此法置于第一位,是说绘画的真意要在气韵"。③可见,"气韵"也就是冈仓天心所谓美术的内在精神或品格。美术的内在精神得以呈现的关键因素,当然是作为美术活动主体的美术家。美术家的品格对于美术的性质起决定作用。他强调艺术家的自主性,强调艺术家要探求和发现自己的道,并在艺术中体现出来。④所谓美术的内在精神和品格、艺术家的道等,已经超出美术和艺术本身,而延伸和提升到艺术哲学、精神信仰和价值观念的层面,美术不仅仅是一种自娱的技艺,它"代表时代精神,表达时代思想的能力极为卓越",甚至优于宗教和文学。"唯独美术是面对世界代表日本的东西,其势力之广大可谓超绝,为文学、宗教所不能比拟"。⑤可见,冈仓天心的美术论、艺术论实际上已上升为精神文化论,甚至带有宗教的意味。他是一位具有浓厚宗教感的知识人。⑥与日本近代其他知识人一样,冈仓天心也面临着如何处理东西方文化关系的课题,他的解决方案是东西融合而以东方为根本。他从自己

---

① 参见梅原猛:「解説」,梅原猛编集:近代日本思想大系 7『冈倉天心集』,筑摩書房,1976 年,403 頁。
② 参见竹内好:「冈倉天心——アジア観に立つ文明批判」,梅原猛编集:近代日本思想大系 7『冈倉天心集』,筑摩書房,1976 年,373 頁。
③ 冈倉天心:「日本美術史」,梅原猛编集:近代日本思想大系 7『冈倉天心集』,筑摩書房,1976 年,212 頁。
④ 参见梅原猛:「解説」,梅原猛编集:近代日本思想大系 7『冈倉天心集』,筑摩書房,1976 年,404 頁。
⑤ 冈倉天心:「日本美術史」,梅原猛编集:近代日本思想大系 7『冈倉天心集』,筑摩書房,1976 年,315 頁。
⑥ 木下順二:「わが冈倉天心」,安田靫彦等監修:『冈倉天心全集』第一卷,平凡社,1980 年,455 頁。

的美术理念和谢赫"六法"出发来评判东西方绘画，认为东方绘画重内在精神和品格，其本质是"气韵生动"；而西方绘画则不重气韵而重写生，这是两者的根本区别。在此意义上，东方绘画比西方绘画意蕴更深。这种美术上的东西方比较，进一步上升到整个文化层面。他试图通过美术来彰显东方文化的精神，与西方文化相抗衡。"东方与西方在冈仓天心这里相遇"，[①]他"是通晓东方艺术秘密的高手，具有适宜于接受西方外来事物的宽容之心，且将日本固有的精神作为至高的遗产毫不动摇地保守"。[②]在其美术和艺术思想中，贯穿着弘扬亚洲艺术文化精神和日本艺术文化精神的宗旨。也正是由此出发，他提出"亚洲一体"的口号。提出这种宏阔的文化观，必须以对东西方文化特质的把握和对人类文化的识见为基础。冈仓天心即是这样一个"具有广博的知识和超俗的识见"的知识人，他既喜爱东方文化并具有深厚的日中印文化知识和素养，又十分了解西方文化，凭借其精湛的英语水平向西方世界介绍东方文化，并从事东、西方文化交流活动。中国传统艺术、宗教、文学和哲学，是冈仓天心学识和修养的重要组成部分。

（二）冈仓天心的道家道教观

冈仓天心 10 岁时就师从神奈川县长延寺住持玄导学习汉文，在东京大学文学部学习期间（16—19 岁），修习了中村正直[③]的汉文学课程，还跟随森春涛学习汉诗，并进行创作，18 岁就自著汉诗集《三匝堂诗草》，署名"一狂生"。[④]后来又创作了大量汉诗作品。冈仓天心在中国美术领域造诣颇深，并进而扩展到文化领域，从宏阔的视野

---

① 波士顿美术馆馆报 *Museum of Fine Arts Bulletin*（1913 年 12 月号），转引自大冈信：「憂愁の滋味——岡倉天心の思想の特質」，安田靫彦等监修：『岡倉天心全集』第七卷，平凡社，1981 年，407 頁。

② 哈佛大学校长推荐授予冈仓天心学位的推荐词，转引自大冈信：「憂愁の滋味——岡倉天心の思想の特質」，安田靫彦等监修：『岡倉天心全集』第七卷，平凡社，1981 年，405 頁。

③ 中村正直（1832—1891）是明治时期著名的教育家和启蒙思想家，曾参加启蒙思想团体"明六社"的创办活动。

④ 「年譜」，安田靫彦等监修：『岡倉天心全集』别卷，平凡社，1981 年，380 頁。

来审视中国文化。他还曾 4 次来中国旅行,加深了对中国社会和文化的认识。在中国传统文化中,除艺术之外,冈仓天心最感兴趣、也用功最多者,是道家道教。他留下了不少有关道家道教的论文、日志和笔记。主要有《东洋的理想》中的"老庄思想与道教——南方中国"章、《茶之书》中的"道教与禅"章,以及《东亚美术里的宗教》中论述道教的部分,另有中国旅行日志和一些相关笔记。冈仓天心在中国旅行期间,对道教做了实地考察。从他的旅行日志中,可以看出他研究道教的基本情况。如他在日志中记录了很多准备向道士请教的问题,主要包括:1.道家炼丹的实质;2.道家修养的顺序;3.道家的经统、血脉、沿革、宗派、组织;4.在家修道;5.道家经书的种类;6.道藏目录;7.全国著名道观。①冈仓天心先后访问北京白云观和西安八仙宫,会见白云观方丈高云溪(寿山山人)、八仙宫方丈李宗阳(李至然、守朴山人、含三练师)。他在日志中记录了与李宗阳交谈的内容,如李宗阳说道家有三派,一曰大居道(龙虎山),二曰全真道,三曰应付道(四百年前从全真道分出);又说道书的历史,提到宋代薛道光《还源篇》(《还丹复命篇》)、《白玉蟾全集》、元代陈上阳《道言内外》五种、《张三丰全集》《吕纯阳全集》等。冈仓天心在他关于道教的笔记中,也记有一些道书,如:《阴符书》、王弼《老子注》二卷、苏辙《道德经解》《道德宝章》《关尹子》《列子》《冲虚子》《文子》《列仙传》、魏伯阳《周易参同契》、葛洪《神仙传》、葛洪《抱朴子》、陶弘景《真诰》《抗仓子》等。冈仓天心的道教笔记,分为道教、道家、道学、道书等几部分,表明冈仓天心对道家道教的研究达到了相当高的程度。②通过上述资料能一窥冈仓天心对道家道教的基本认识和评价。

1."唯物式"道教和"哲学式"道教的区分

冈仓天心认为,道教是东亚三大宗教体系之一。道教分为两派,

---

① 岡倉天心:「支那旅行日誌」,安田靫彦等監修:『岡倉天心全集』第五卷,平凡社,1979 年,177 頁。

② 岡倉天心:「道教ノート」,安田靫彦等監修:『岡倉天心全集』第八卷,平凡社,1981 年,369—372 頁。

一为"唯物式",一为"哲学式"。"唯物式道教徒是寻求长生不老仙药
的炼金术士的子孙,尽力维持现世生命的永恒是这一教派的目的"。
"哲学式道教徒因为是大哲学家老子的正统后继者,所以称他们为老
子派更合适。他们与礼拜、仪式无关。他们按照生命的本来状态来
接受生命,使生命达到纯粹和圆满"。①可见,冈仓天心所谓"唯物式"
的道教,基本相当于以追求不死成仙为宗旨的道教,而"哲学式"的道
教,则对应着由老子开创的道家学派(冈仓天心所谓"老子派"),包括
庄子等其他道家人物的思想。如福永光司所指出的,冈仓天心"所谓
老子教中庄子的哲学占有非常大的比重,在此意义上,与其称为老子
教,不如称作老庄思想较为适当"。②或许可以简单地说,"唯物式"道
教是作为宗教的道教,"哲学式"道教是作为哲学的道家。冈仓天心
似乎更重视后者。

　　2. 道家的"道"

　　道家所信奉的"道"指什么? 冈仓天心对此作了较为详细的解
释。他说:

　　　　"道"按字义指的是"路径",被译为"行路""绝对""法则""自
　　然""至理""样式"等等。这些翻译也都不错,因为道教徒对这一
　　词语的用法,是因当时话题的不同而不同的。关于"道",老子自
　　己说:"有物混成,先天地生,寂兮寥兮,独立而③不改,周行而不
　　殆,可以为天下母。吾不知其名,字之曰道,强为之名曰大。大
　　曰逝,逝曰远,远曰反。"(老子有物混成章第二十五)"道"与其说
　　是"路径",不如说是"往来"。这是宇宙变迁的精神,即回归本原
　　而又不断产生新形态的永恒的成长。所谓"道",就如同道教徒
　　们喜爱的象征物龙和云,龙在自身中腾跃回转,云或卷或舒。
　　"道"也许也可以称为大变易。用带有主观色彩的话说,它是宇

----

① 　岡倉天心:「東アジア美術における宗教」,安田靫彦等監修:『岡倉天心全集』第二卷,
　　平凡社,1980 年,157、158 頁。
② 　福永光司:「岡倉天心と道教」,『道教と日本文化』,人文書院,1982 年,180 頁。
③ 　王弼本无"而"字。

宙的风格,其绝对性在于它是相对的。①

这里把"道"解释为"往来""宇宙变迁""大变易"等,基本符合道家之道的本义且具有启发性。亦可见冈仓天心对道家思想有较深的研读和思考。

他还阐释了《老子》"无"的思想:

> 道教徒认为,如果每个人都保持统一,那么人生戏剧就会更加有趣。保持均衡,让予他人而不失自己的地位,是人生戏剧成功的秘诀。为了演好自己的角色,就必须了解这场戏剧的全局。在个人的构想中决不会丧失全体的构想。对此,老子用他所擅长的"虚"的隐喻来说明,他认为本质只存在于"虚"之中。例如,房屋的实在性就在于屋顶和墙壁所围成的空虚之处,而不在于屋顶和墙壁本身。花瓶的有用性在于能够装水的空间,而不在于其形状和原料。"虚"包含一切,因而是万能的。只有在"虚"之中,运动才成为可能。一个人大概只有达到无我而让他人自由进入,才能自由地活动于所有地位。因为全体常常能主宰部分。②

这里所说的"虚",是指《老子》的"无"。而在《老子》那里,"无"是接近"道"的概念。冈仓天心认为,《老子》的"虚"是事物的本质所在,它包含一切,是"全体""全局"。"全体常常能主宰部分",因而是万能的。这里把《老子》的"无"诠释为"全",是万物之本。还从均衡、让人而不失己等角度进行解释。他所举的房屋和花瓶的例子来自《老子》

---

① 岡倉天心:「茶の本」,梅原猛編集:近代日本思想大系 7『岡倉天心集』,筑摩書房,1976 年,167 頁。中译参考了冈仓天心著,谷意译:《茶之书》,山东画报出版社,2010 年,第 47 页。
② 岡倉天心:「茶の本」,梅原猛編集:近代日本思想大系 7『岡倉天心集』,筑摩書房,1976 年,169—170 頁。

十一章：

> 三十辐共一毂，当其无，有车之用。埏埴以为器，当其无，有器之用。凿户牖以为室，当其无，有室之用。故有之以为利，无之以为用。

冈仓天心认为，这里的"无"与上述"道"的意义上的"无"同义，也是指事物的本质（"实在性"），因而决定事物的"有用性"，使事物的运动成为可能。从人来说，达到"虚"，即能够按照个人的想法行动而又不丧失全体的视野，能让予他人而不失自己的地位，能够"无我"而让他人自由进入，从而把握全体，主宰一切。这是圆满的境界。一般认为，《老子》十一章的"无"是指空处、空虚的空间等，是形下概念，涵义与作为"道"的形上的"无"不同。但前者很大程度上是隐喻，它所指向的最终还是形上的"无"，故冈仓天心上述解释亦能成立，且具有启发性。

冈仓天心还讨论了《老子》中的体道者。他指出，《老子》所推崇的"士"即是体道者，他们达到了"穷尽生活艺术之极致"的境界：

> 士一出生即进入梦想的天国，仅在临死之际返回现实。士为了在世俗中无名隐身，尽量弱化自身的光芒。士"豫兮若冬涉川，犹兮若畏四邻，俨兮其若客，涣兮其若释，敦兮其若朴，旷兮其若谷，浑兮其若浊"。对士而言，人生的三宝即"慈、俭、不敢为天下先"。[1]

这里引用了《老子》原文：

---

[1]　冈仓天心：「茶の本」，安田靫彦等监修：『冈仓天心全集』第一卷，平凡社，1980年，286页。原文参照 Kakuzou Okakura：*The Book of Tea*，Dreamsmyth edition. 1906. pp.27—28。

古之善为士者，微妙玄通，深不可识。夫唯不可识，故强为之容：豫兮若冬涉川，犹兮若畏四邻，俨兮其若客，涣兮其若释，敦兮其若朴，旷兮其若谷，浑兮其若浊。（十五章）

我有三宝，持而保之。一曰慈，二曰俭，三曰不敢为天下先。（六十七章）

这都是《老子》对体道者人格和德性的重要描述。应该说，冈仓天心抓住了《老子》体道者（"士"）的主要特征。

3. 道家的个人主义和自由思想

冈仓天心认为，老庄道家具有个人主义的倾向。他说：

对自我的张扬这一点，可以从与孔子相对立的伟大人物老子的《道德经》中找到显著的例证。在这部五千字的著述里，我们可以体味到那种返回自身、从习俗的束缚中解放出自我的伟大。[1]

所谓"对自我的张扬"、"回归自身、从习俗束缚中解放出自我"，应当是指《老子》注重自我生命和真朴本性的思想，冈仓天心称之为个人主义。他还指出，这种个人主义与集体主义相对立，"道教代表着南方中国精神的个人主义倾向，与体现于儒教中的北方中国的集体主义是水火不相容的。"[2]并举《庄子》加以说明：

据说庄子被邀请出任官职时，他指着装扮隆重的作为牺牲的公牛说："这头牛虽然有宝石装饰，但是当斧头悬在它头上时，它还会觉得幸福吗？"这种个人主义的精神从根本上动摇了儒教

---

[1] 冈仓天心：「東洋の理想」，梅原猛編集：近代日本思想大系 7『岡倉天心集』，筑摩書房，1976 年，22 頁。

[2] 冈仓天心：「茶の本」，梅原猛編集：近代日本思想大系 7『岡倉天心集』，筑摩書房，1976 年，167 頁。中译参照冈仓天心著，蔡春华译：《中国的美术及其他》，中华书局，2009 年，第 115 页。

的集体主义。①

冈仓天心所述庄子拒绝应聘做官的故事，出自《庄子·列御寇》：

> 或聘于庄子，庄子应其使曰："子见夫牺牛乎？衣以文绣，食以刍叔，及其牵而入于大庙，虽欲为孤犊，其可得乎！"

这段话表达了《庄子》的一贯思想，即追求保身全性而不为外在名利和规范所牵累损害，冈仓天心称之为个人主义。可见，冈仓天心所理解的个人主义是与集体主义相对立的以个人为本的观念，"以道家为代表的南方中国的个人主义，与以儒家为代表的北方中国的集体主义是水火不相容的"，它看重个人的生命、本性、尊严等。这种个人主义"依据的不是治国理论"，而是"思想上的、带有想象性的理论"②。他似乎意识到这种个人主义不是政治性的，而是精神性的。这种个人主义必然向往逍遥自适的精神，冈仓天心将这种精神称为自由。他说：

> 自由被庄子认定为第一要义。他讲述过一个大贵族征招高水平的画工来完成一幅绘画的故事。应招者接踵而来，恭敬地向大贵族施礼，轻声询问对画的主题和技法的要求。对此，大贵族毫不满意。最后一个画工出现了，他无所顾忌地闯入房间，脱去衣服扔到一旁，粗鲁地坐下，然后就索要画笔和画具。大贵族当即说："就是他。这就是我要的人。"③

---

① 岡倉天心:「東洋の理想」,梅原猛编集:近代日本思想大系 7『岡倉天心集』,筑摩书房,1976 年,23 页。中译参照冈仓天心著,蔡春华译:《中国的美术及其他》,中华书局,2009 年,第 30 页。

② 岡倉天心:「東洋の理想」,梅原猛编集:近代日本思想大系 7『岡倉天心集』,筑摩书房,1976 年,23 页。中译参照冈仓天心著,蔡春华译:《中国的美术及其他》,中华书局,2009 年,第 30 页。

③ 岡倉天心:「東洋の理想」,梅原猛编集:近代日本思想大系 7『岡倉天心集』,筑摩书房,1976 年,24 页。

上述画工的故事来自《庄子·田子方》：

> 宋元君将画图，众史皆至，受揖而立；舐笔和墨，在外者半。有一史后至者，僵僵然不趋，受揖不立，因之舍。公使人视之，则解衣般礴臝。君曰："可矣，是真画者也。"

这则寓言正表现了不拘形式、自得自适的艺术和人生境界，这是《庄子》逍遥思想的体现之一。冈仓天心还从不拘限于社会规范而追求独立、个性，企望与自然一体共游的意义上来阐释自由：

> 儒教为社会制定规范。老子教则以独立和个性为目标，希望与宇宙共游，而不想屈从于社会规范。由此产生了一个伟大理念，即自然在人类之上，人类不过是自然极小的一部分。看看人类是多么衰弱、多么受限、多么可笑的存在！看看自由而目标宏大的自然吧！①

这些解释应当说是基本符合老庄道家的精神的，其诠释是成立的。

综上所述，冈仓天心所理解的个人主义大致有三层含义，一是超脱名利等外在牵累，解放自我；二是超脱外在规范的拘系，重视个性；三是超越世俗社会，尊重自然。自我、个性和自然是一致的，名利、规范和世俗社会是一致的。因此，其个人主义就是主张本真重于世俗、个性重于规范、个人重于集体。这种个人主义与近代以来在西方兴起的个人主义是接近的。冈仓天心将老庄道家思想解释为此种个人主义，具有一定合理性。老庄道家思想中确实包含着个人主义的成分，但若用西方近代的个人主义来解释老庄道家，还需要辨析。

4. 道家思想的历史发展和影响

冈仓天心对道家思想的起源、发展和影响有所论述。他认为，早

---

① 岡倉天心：「東アジア美術における宗教」，安田靫彦等監修：『岡倉天心全集』第二巻，平凡社，1980 年，158—159 頁。

在老子之前就已经产生了道家思想，并指出，在中国古代文献特别是《易》中，已经出现了老子哲学的萌芽。这是符合中国哲学史的事实的。《老子》书中有些思想与《易》一致，很可能来源于《易》。冈仓天心分析说，随着周代的建立，中国文化重视法律和礼俗，个人主义思想长期受到阻碍而未能发展。直至周朝开始解体，诸侯国纷纷兴起，形成了自由的思想氛围，个人主义思想才最终开花结果，这就是以老子和庄子为代表的道家学派。[①]这是对老庄式个人主义思想兴起原因的分析。关于道家思想在此后的发展，冈仓天心指出，秦代和汉代分别奉行帝国主义和儒教主义，老庄学派因此衰落了，但其思想的活力仍然潜行不绝。到了汉代末期，道家又变身为"自由和奇矫的清谈派"，这就是魏晋南北朝时期的何晏、王弼、竹林七贤、陶渊明、顾恺之、谢赫等人。冈仓天心认为，这一时期的玄学、诗歌、绘画和书法等，都是老庄精神孕育的成果。"思想家们虽未公然攻击儒教，但是他们的生活方式却自觉地向反对传统的示威行动发展"。在这个时代，"贤人们隐退于竹林谈论哲学"，"哲人们为消遣而去铁屋打铁，即使显贵的宾客为解决重大问题前来求教并表示敬意时，他们也不屑一顾"（按当指"嵇康锻铁"故事而言）。这一时期的诗"表现了这种自由，并以其回归对自然的爱的朴素和优雅，而与汉代诗人的华丽想象、精致韵律形成鲜明的对照"。魏晋南北朝时期诗歌的这种灵感"在唐代这个伟大的自由主义化的时代，与佛教的理想达到融和，其后又在宋代诗人的作品中再度涌现"。[②]绘画方面，顾恺之是老庄派画家的代表，老庄精神还在此时孕育了中国最早成体系的绘画评论和画家传记，出现了谢赫的绘画六法。这些理论"为中国和日本之后的美学的综合奠定了基础"。随着绘画艺术的突飞猛进，与其密切相

① 岡倉天心:「茶の本」，梅原猛編集:近代日本思想大系 7『岡倉天心集』，筑摩書房，1976 年，168 頁。

② 参见岡倉天心:「東洋の理想」，梅原猛編集:近代日本思想大系 7『岡倉天心集』，筑摩書房，1976 年，23—24 頁。

关的书法艺术也在这一"老庄时代"首次达到最高境界。①另外,道家思想还"极大地影响了所有与动作相关的理论",如柔道、剑道、相扑等理论。②在讨论道家思想的影响时,冈仓天心特别提到茶道。在他看来,道家哲学塑造了茶道的精神,甚至可以说"茶道是道教的化身"。他认为,茶道虽然是从禅的仪式中发展而来,但禅学本身就是道教的后继者,"强调的是道教的教义","道教奠定了审美理想的基础,禅则将其付诸实践"。③冈仓天心在总结道家道教的历史作用时说,"道教对亚洲生活的主要贡献在美学领域","道教力图在悲哀和烦恼的尘世中发现美",这与儒教和佛教是不同的。④

关于道家和禅学的关系,冈仓天心提出了禅学是道家"正统后继者"⑤的观点。他认为,由慧能开创、马祖道一和百丈怀海继承的南宗禅,是中国禅宗的典型代表,而南宗禅已经明显改变了禅学原有的印度理想主义,在中国长江流域活跃思想的影响下,融入了中国固有的思维方式,而这主要是老庄道家的思想:

> 无论持有怎样的宗派自负而试图反对,也不能不承认,南宗禅与老子、道教清谈家的教义相似。我们已经看到,《道德经》中论述了凝聚精神的重要性和适当调节呼吸的必要性,而这些正是禅宗所谓禅定的要谛。《道德经》注释本的上乘之作中,亦有出自禅学家之笔者。⑥

---

① 参见冈倉天心:「東洋の理想」,梅原猛编集:近代日本思想大系 7『冈倉天心集』,筑摩書房,1976 年,24—25 頁。
② 冈倉天心:「茶の本」,梅原猛编集:近代日本思想大系 7『冈倉天心集』,筑摩書房,1976 年,170 頁。
③ 冈倉天心:「茶の本」,梅原猛编集:近代日本思想大系 7『冈倉天心集』,筑摩書房,1976 年,166、170、173 頁。
④ 冈倉天心:「茶の本」,梅原猛编集:近代日本思想大系 7『冈倉天心集』,筑摩書房,1976 年,169 頁。
⑤ 冈倉天心:「茶の本」,梅原猛编集:近代日本思想大系 7『冈倉天心集』,筑摩書房,1976 年,167 頁。
⑥ 冈倉天心:「茶の本」,梅原猛编集:近代日本思想大系 7『冈倉天心集』,筑摩書房,1976 年,171 頁。

冈仓天心指出,禅学与道家都"崇拜相对性",都是"个人主义的热心倡导者"。他还举禅宗的问答和《庄子》中的故事来说明禅道精神的一致。①他虽然对禅学与道家关系的问题远未提供系统的论证,且其观点还有需加辨析之处,但对研究中国思想史上道家与禅学的关系,还是有一定启发思路的作用的。另外,他还论及道家与佛教的关系:"在哲学的层面上,佛教受到老庄派的热烈欢迎。他们在佛教中发现了促进自己哲学发展的东西。而早期在中国宣扬这种印度教义的传教士,大多是老子、庄子的学者。"并以东晋学僧慧远(334—416)为例加以说明。②这些观点是符合思想史事实的。

5. 道教的教义和历史

关于道教(大致相当于冈仓天心所谓"唯物式"道教),冈仓天心也有所论述。关于道教的教义,冈仓天心认为,道教的核心教义是追求长生不死和修炼成仙,并指出了中国历史上道教成仙的两条途径:"最初他们为求得长生不死而实际地尝试制作仙药,后来,他们认识到,仙药不是唯一必须获取的最重要的东西,唯有进行精神——人自身最接近神的东西——的修炼才能实现长生不老。"③这里,通过制作和服食仙药而成仙的信仰和学说,是指道教的外丹学;通过身心修炼而成仙的信仰和学说,则是指道教的内丹学。冈仓天心的上述观点应该说抓住了道教教义和思想的主要脉络。关于道教的产生和形成,冈仓天心认为,道教产生于古代人对永生成仙的追求,此类观念的产生可以上溯到周代:"远在周朝末期的文献中,就能看到不少'仙人'的记载"。他解释说,仙人是"山神的有法术的使者。他们或拥有神奇的法术,或发现了带魔法的仙药,因而获得了永生的力量。他们白天驾鹤遨游于太空,参加仙人同伴的秘密聚会,以此度过时日。"并

① 岡倉天心:「茶の本」,梅原猛編集:近代日本思想大系 7『岡倉天心集』,筑摩書房,1976 年,171—172 頁。

② 岡倉天心:「東洋の理想」,梅原猛編集:近代日本思想大系 7『岡倉天心集』,筑摩書房,1976 年,27 頁。

③ 岡倉天心:「東アジア美術における宗教」,安田靫彦等監修:『岡倉天心全集』第二巻,平凡社,1980 年,157 頁。

认为有系统教派的道教，最终形成于南北朝时期，是在寇谦之和陆修静两人的推动下完成的。[①]上述观点是基本成立的。一般认为，道教创始于东汉后期的太平道和五斗米道，成熟于南北朝时期。寇谦之(365—448)对北方五斗米道进行了改革（即"清整道教"），使道教与政权结合，成为统一的社会现实力量。陆修静(406—477)则改革南方道教，对道教的壮大和正规化起了推进作用。[②]神仙传说可追溯到战国时期。神仙说虽不是道教的唯一来源，但确为一个重要的思想文化渊源。对神仙幻境的追求，是探索不死之方的直接诱因。冈仓天心还论及道教与佛教的关系。他认为，道教采纳了佛教的仪式，与老子的哲学相结合，"道教徒从佛教那里学到了很多方法。他们组织针对佛教的反对运动，建立了与佛教寺院极为相似的道观，佛陀作为地位低下的神被列于其中。通过这种方式，他们基本吸收了印度宗教信仰的密教形式的组织"。[③]早期道教与佛教之间并非敌对关系，唐代以后，儒道佛三教宽容并存。这些认识也是基本符合史实的。在当时道教研究领域还尚待开垦的情况下，冈仓天心能够掌握如此可靠和系统的道教知识，可谓研究的先驱。据坂出祥伸推测，冈仓天心可能是日本道教研究领域的开创者，"在完全未开拓的道教领域凭自己一人之力从事研究"。[④]

6. 道家道教思想的特质

冈仓天心特别强调道家道教思想的地域文化特征。他认为，中国文化因南北地域差异而有所区别，北方（以黄河流域为中心的地区）的文化特征是儒教，南方（以长江流域为中心的地区）的文化特征则是道家道教。在其所著《东洋的理想》中，就有以"儒教——北方中国"和"老庄思想和道教——南方中国"为标题的内容。"南方中国在

① 岡倉天心：「東洋の理想」，梅原猛編集：近代日本思想大系 7『岡倉天心集』，筑摩書房，1976 年，26—27 頁。
② 参见李养正：《道教概说》，中华书局，1989 年，第 84—95 页。
③ 岡倉天心：「東アジア美術における宗教」，安田靫彦等監修：『岡倉天心全集』第二巻，平凡社，1980 年，157 頁。
④ 坂出祥伸：「岡倉天心と道教（覚書）」，宮沢正順博士古稀記念論文集刊行会編：宮沢正順博士古稀記念『東洋——比較文化論集』，青史出版社，2004 年，85 頁。

思想和信仰上与北方同胞的差异，犹如拉丁民族与日耳曼民族之间的差距，"道教代表着南方中国精神的个人主义倾向，与体现于儒教中的北方中国的集体主义是水火不相容的"。①

冈仓天心对道家道教的考察，侧重于美术、艺术和美学的角度。上已述及，他认为道家道教的贡献主要在美学领域。这也可以从他对儒道佛社会文化功能的比较概括中看出，他说："伦理有孔子，美学有老子，宗教有佛陀。日常生活遵从儒教，审美生活接受道教指导，死亡埋葬时就依循佛教。"②冈仓天心一生从事美术方面的活动，他更熟悉和关心这个领域，更能从这个领域提炼思想。可能是由于这个原因，他对道家道教有浓厚的兴趣，重视道家道教在东亚文化中的作用，看重道家道教在东亚文化精神中的地位。他积极从事对道教的研究，就是这种识见和态度的体现。实际上，对于道家道教，冈仓天心不仅是一个研究者，而且是一个爱好者甚至信奉者。

二、道家道教思想与冈仓天心的艺术和文化论

冈仓天心对道家道教思想的接受和吸收，体现在他的美术、艺术论中。如上所述，他认为美术不单纯是技艺，而是某种内在精神（品格）的体现。他十分推崇谢赫以"气韵生动"为最高境界的美术观（这种美术观实际上也是中国传统画学的第一美学原则③），并以此来说明美术的内在精神。

（一）"气""造化"与艺术的最高境界

冈仓天心把谢赫、陶渊明、顾恺之等人看作继承老庄思想的艺术家和诗人，认为其作品都是"老庄精神"的成果、"老庄时代"的产物，④而

① 岡倉天心：「茶の本」，梅原猛編集：近代日本思想大系 7『岡倉天心集』，筑摩書房，1976 年，167 頁。
② 岡倉天心：「東アジア美術における宗教」，安田靫彦等監修：『岡倉天心全集』第二卷，平凡社，1980 年，161 頁。
③ 参见邵金峰：《"气韵生动"的生态审美精神》，《哈尔滨学院学报》2012 年第 6 期，第 23—29 页。
④ 岡倉天心：「東洋の理想」，梅原猛編集：近代日本思想大系 7『岡倉天心集』，筑摩書房，1976 年，21—27 頁。

这一南方传统代表着中国艺术的最高境界。与此相对,冈仓天心认为,北方的儒教传统则不能达到这一艺术水平。这主要是因为儒教包含种种限制艺术的因素,使其不能成为真正的艺术而变成工艺性、装饰性的东西。相反,道教以及佛教则具有激发和提升艺术的功能。他分析说:"由于儒教的理想具有从二元论中产生的均衡和因本能地使部分隶属于整体而造成的沉寂,必然会限制艺术的自由。艺术因服务于伦理而被束缚,很自然地就变成了工艺性的东西。实际上,如果没有道教精神中悠游自适的个人主义的参与,没有后来佛教传入并将其提升到对庄严的理想的表达,中国艺术精神的发展方向,如在使绸缎或陶器异常发达的现象中所看到的,一定会走向装饰性。"①"道教精神中悠游自适的个人主义"之所以能激发和提升艺术,就在于它为艺术提供了深厚的内在精神。实际上,在中国思想史和艺术史上,"气韵生动"这一美术和艺术理论本身也是承老庄哲学而来。在中国哲学史上,老庄最早提出哲学层面上的"气"的范畴,《庄子》哲学更有较为系统的气论,其以气为宇宙之基质,认为"通天下一气耳"(《知北游》),万物的生灭变化是气的聚散,形成一种气化流行的宇宙观。进而以此为依据,提出"游乎天地之一气"(《大宗师》)的逍遥境界说。这种与天地一气同游,或曰"乘天地之正,御六气之辨,以游无穷"(《逍遥游》)的境界,正是"气韵生动"的艺术理论的思想源头。"气韵生动"的理论前提是中国生命哲学和气本根论,②而在中国生命哲学和气本根论这两个思想传统中,道家都占有重要地位,甚至构成其主干。冈仓天心也是按照气论来理解"气韵生动"说的,他认为谢赫所谓的艺术"就是穿流于韵律这一事物和谐性法则之中的伟大的宇宙之气"。③上面论及,冈仓天心把道家之"道"

---

① 冈仓天心:「東洋の理想」,梅原猛编集:近代日本思想大系 7『冈倉天心集』,筑摩书房,1976 年,21 頁。

② 邵金峰:《"气韵生动"的生态审美精神》,《哈尔滨学院学报》,2012 年第 6 期,第 23—29 页。

③ 冈仓天心:「東洋の理想」,梅原猛编集:近代日本思想大系 7『冈倉天心集』,筑摩书房,1976 年,25 頁。参见冈仓天心:「東洋の理想」,安田靫彦等监修:『冈倉天心全集』第一卷,平凡社,1980 年,35 頁。

解释为"宇宙变迁的精神""大变易"等，也就是大化流行。他又形象地将其描述为"如同道教徒们喜爱的象征物龙和云，龙在自身中腾跃回转，云或卷或舒"，这不就是"气"的聚散变化吗？《庄子》正是这样描述气的变化的：

> 人之生，气之聚也；聚则为生，散则为死。若死生之徒，吾又何患！故万物一也，是其所美者为神奇，其所恶者为臭腐；臭腐复化为神奇，神奇复化为臭腐。故曰：通天下一气耳。（《知北游》）

生与死、臭腐与神奇，都是"一气"聚散变化的结果，宇宙是一个气化流行的过程。这种以气为基质的大化流行的宇宙观，正是冈仓天心所推崇的"气韵生动"的艺术境界的哲学基础。对此，他还作过更明确的阐述。在评价当时的日本画家桥本雅邦的绘画时，他指出，桥本雅邦的绘画风格属于晚唐至宋代兴起的"以精神的发挥为主旨"的中国绘画第三期：

> 主张捕捉活泼泼地发动出来的天地生生之一气。在行云流水、无一息间断的宇宙运行中，运用者生，停滞者死。美丑即生死之分，美术的本领就是表现万象的活气。……七百年来，我国绘画的妙处就是从这一旨趣中产生。①

桥本雅邦的画作继承此风而具有"无我""高洁""含蓄"的特点。冈仓天心对这种以表现"天地生生之一气"为宗旨的绘画传统给予最高的评价，可见他"气韵生动"美术观的哲学基础止是气本论。所谓"美术的本领就是表现万象的活气"，颇有《庄子》"游乎天地之一气"的意味。

---

① 岡倉天心：「雅邦先生招待会の席にて」，安田靫彦等監修：『岡倉天心全集』第三卷，平凡社，1979 年，253 頁。

《庄子》气化流行思想的另一重要表述是"造化"或"造物者"。《大宗师》篇有"与造物者为人，而游乎天地之一气"的说法，可见"一气"与"造物者"意义接近。在《庄子》那里，"造物者"或"造化"就是气化流行的自然趋势，万物就是在这一大化流行过程中生生灭灭，懂得顺应和安于"造化"的人才是"真人"：

> 伟哉造化！又将奚以汝为？将奚以汝适？以汝为鼠肝乎？以汝为虫臂乎？……夫大块载我以形，劳我以生，佚我以老，息我以死。故善吾生者，乃所以善吾死也。……今一以天地为大炉，以造化为大冶，恶乎往而不可哉！（《大宗师》）

冈仓天心也以《庄子》这种顺应造化的思想为依据，来阐发他的美术和艺术观。如他在评论日本江户时代画家圆山应举时说：

> 先生（按指圆山应举）以造化为师，用意致密，铭记于心；其观实物，细心澄目，流连不能去。其驻心神之深，如自有法度默契于我，得之于心而应于手，一笔不苟，寸墨惜之。当凝意匠之时，常经营惨澹，而后始下笔。是以不唯得形象真似，亦富温雅沉着之幽韵。①

这里"以造化为师"的说法，出自《庄子·大宗师》。该篇提出顺应造化、以道为师的思想，主张顺化安命，与天为一，坐忘逍遥。在对圆山应举画风的赞赏之词中，可以看到冈仓天心正是把《庄子》遵循气化流行、顺应造化的哲学作为美术评论的根据的。冈仓天心还称赞圆山应举为人"胸襟洒脱"，说他"尝作庄周梦蝶图，赠与吴月溪，题诗于上曰：'贫人多梦神，富人多梦禄。余非贫富人，书画入梦足。'可想其胸襟之洒脱。"②可

---

① 岡倉天心：「円山応挙」，安田靫彦等監修：『岡倉天心全集』第三卷，平凡社，1979年，53頁。

② 岡倉天心：「円山応挙」，安田靫彦等監修：『岡倉天心全集』第三卷，平凡社，1979年，55頁。

见，为冈仓天心所认同的圆山应举本人，就具有庄子学风范。

（二）"无用之用"与艺术的本质特征

冈仓天心从超欲望、超功利的角度对艺术的解释，也体现出与《庄子》思想的关系。如他说：

> 当史前时代的男子第一次向恋人奉送花环之际，他就因此而超越了兽性。这样，原始人就超越于本能需求之上，而成为人类。而领会这种无用之物的微妙作用，则使人踏入艺术的殿堂。①

在冈仓天心看来，艺术的本质和根本特征就在于对"无用之物的微妙作用"的领悟。也就是说，艺术是超出人的欲望、利益、目的、意志等之上，它不是其他目的的手段，它自身就是目的。这一表述和思想与《庄子》的"无用之用"如出一辙。《庄子》中多篇论及"无用之用"。《外物》篇有一则关于"无用之用"故事：

> 惠子谓庄子曰："子言无用。"庄子曰："知无用而始可与言用矣。天地非不广且大也，人之所用容足耳。然则厕足而垫之，致黄泉，人尚有用乎？"惠子曰："无用。"庄子曰："然则无用之为用也亦明矣。"

在惠子看来，庄子的言论没有实际价值。但庄子巧妙地证明了，在世俗眼光看来没有价值的事物（"无用"），实际上却有它的价值（"无用之用"），而且正是"无用之用"这种无形的价值，使"有用"这种有形的价值成为可能。只是人们常常局限于狭隘的世俗眼光，囿于私欲、功利的成见（如《逍遥游》篇所谓"有蓬之心"），因而看不到无形的价值罢了。这里的"无用之用"与超功利的精神价值（如艺术）是相

---

① 岡倉天心：「茶の本」，梅原猛编集：近代日本思想大系 7『岡倉天心集』，筑摩書房，1976 年，185 頁。

通的。这实际上就是《庄子》的最高境界——逍遥。《逍遥游》篇中也有两则庄惠问答,批评那种封闭狭隘的价值观,不懂得事物的无形价值("拙于用大"、不知"无用之用"),并提示出"逍遥"的价值境域:

> 今子有五石之瓠,何不虑以为大樽而浮乎江湖,而忧其瓠落无所容? 则夫子犹有蓬之心也夫!
>
> 今子有大树,患其无用,何不树之于无何有之乡,广莫之野,彷徨乎无为其侧,逍遥乎寝卧其下;不夭斤斧,物无害者,无所可用,安所困苦哉!

当然,《庄子》的"无用之用",除超功利的精神价值涵义外,也包含全身避害的意义。如上文说"不夭斤斧,物无害者,无所可用,安所困苦哉",即是此意。《庄子》又说:"山木自寇也,膏火自煎也。桂可食,故伐之;漆可用,故割之。人皆知有用之用,而莫知无用之用也。"(《人间世》)这里"无用之用"的直接涵义就是全身避害,但它又可以引申出超功利价值的意义。总之,在冈仓天心关于艺术特征的理解中,《庄子》"无用之用"的思想占有重要的地位。

(三)"道进乎技"与理想的艺术家

艺术家是艺术活动的主体,其品质对于艺术的性质和美的表现具有决定性。既然艺术不仅是技艺,而是一种精神,那么艺术家就不应局限于技艺,而要上升为精神,应当领悟和表现艺术的内在精神。因此,冈仓天心强调,艺术家要有自主性,要探求和发现自己的道,并在艺术创作中体现出来。[①]他说:

> 请各位记住,我所希望的,是画匠不要停留于做个画匠,就是说要做一个超出画匠的人。……画匠并非执笔展纸即可,还

---

① 参见梅原猛:「解説」,梅原猛编集:近代日本思想大系 7『岡倉天心集』,筑摩书房,1976 年,404 页。

应当触及世道人心的机微所在。……无论到何时,人必然是人,必然是完全的人。这个完全的人必须具有洞悉精神之眼,具有观察过去之眼,具有观照自己性情之眼。只有完全的人才能把握全体。我非常希望各位能培养成这样的眼睛。①

冈仓天心所谓理想的艺术家,不是局限于、固定于某一技艺的匠人,而是"完全的人",即能毫无遗漏地观照和领悟人的全面本性的人。

　　冈仓天心从区分技艺和精神的角度理解艺术活动的观点,与《庄子》"道进乎技"的思想颇为接近。在《养生主》篇著名的"庖丁解牛"故事中,庖丁宰牛的技艺神乎其神,已经超出"技"而达于"道","道"的境界高于"技"的境界,此所谓"道进乎技"。《庄子》的"道"就是一种万物通一、物我两忘的境界,它是整全的、没有遗漏的"一",当然不会局限、固定于某一技艺。在《庄子》看来,将一门技艺奉为至上,恰恰是对道的遮蔽和亏损。《齐物论》篇中所说的"昭文鼓琴""师旷枝策""惠子据梧",各逞其技,但最终都是"道隐于小成"。实际上,老庄对拘泥于技艺持批评态度。冈仓天心所谓"完全的人",还让我们想起《庄子》中的那些理想人格,如"真人""至人""神人""全人""德者""达者"等。冈仓天心"只有完全的人才能把握全体"之说,与《庄子》"有真人而后有真知"(《大宗师》)之语,颇有异曲同工之妙。且冈仓天心"完全的人"与《庄子》的"全人",用语又极为相似。《庚桑楚》篇中有:

　　　　羿工乎中微而拙乎使人无己誉,圣人工乎天而拙乎人。夫工乎天而倁乎人者,唯全人能之。唯虫能虫,唯虫能天。全人恶天? 恶人之天? 而况吾天乎人乎!

　　文中的"全人",既善于契合天然,又善于迎合人为,达到了天人

---

① 岡倉天心:「玉成会発会席上に於て」,安田靫彦等監修:『岡倉天心全集』第三卷,平凡社,1979 年,295、297 頁。

两合的圆满境界。此义虽与冈仓天心"完全的人"有不同之处,但也是有联系的。冈仓天心的理想艺术家与《庄子》的体道者是相似的。

(四)"闻天籁"与艺术欣赏

对艺术欣赏的本质的探索是艺术理论的重要内容。冈仓天心认为,艺术欣赏的最高意义是欣赏者对作品产生共鸣,即欣赏者的心灵被唤起,而与作品和作者的精神相通相融。他将这种"同质的精神的融合"看作是艺术上最神圣之事。冈仓天心用"驯琴"的故事来说明这种艺术欣赏的最高境界。故事描写一张用龙门峡谷中生长的古桐树制作的神奇的琴,没有人能用它弹出美妙的乐曲,唯独琴师伯牙能够做到。伯牙就像驯服烈马一样,轻抚琴身,轻拨琴弦,随着他弹奏自然与四季,弹奏高山流水,古桐的记忆被唤醒了,琴奏出的音乐美妙至极。故事中的伯牙代表真正的艺术,而欣赏者则相当于那张龙门之琴,当欣赏者接触到作品中的美时,心中隐藏的琴弦被启动,应和着这种美而振颤,并为之感动,欣赏者的心灵因而得到解放。此时,欣赏者因杰作而获得精神升华;杰作的意义也因欣赏者而得以显现。伯牙成功地让琴奏出美妙乐曲的秘诀,是演奏者"听由琴去选择它要演奏的主题",而不是"只演奏自己",甚至难以区分是伯牙弹琴还是琴弹伯牙。[①]同样的道理,在艺术欣赏活动中,如果作者及其作品是任其自然的,让欣赏者展现其本真之性,那么,欣赏者就能获得心灵的开放,超越有限自我而通达无限:

> 在与作品产生共鸣的瞬间,艺术爱好者便超越了自己。他存在,却如同不存在。他窥见了无限,但由于眼睛无法言说,所以不能用语言表达自己的喜悦。他的精神摆脱了物质的束缚,在物质的韵律中跃动。[②]

---

① 冈仓天心:「茶の本」,梅原猛编集:近代日本思想大系 7『冈仓天心集』,筑摩书房,1976 年,179—180 页。
② 冈仓天心:「茶の本」,梅原猛编集:近代日本思想大系 7『冈仓天心集』,筑摩书房,1976 年,182 页。

由此出发,冈仓天心批评现代人难以超越自我的限度,就像那些不能唤醒龙门之琴灵魂的乐师,不懂得顺任琴之自然,只知道按自我的意志去演奏。因此,平庸的现代艺术作品"或许更加接近科学,却离人性更远"。[①]

冈仓天心说"驯琴"是"道教徒的故事",不知何据。这里重要的不是伯牙驯琴故事是否出自道教,而是冈仓天心试图从道家道教思想的背景中解释它。从故事的寓意来看,也的确与道家思想和精神相合。伯牙"听由琴去选择它要演奏的主题"而不是"只演奏自己",使龙门之琴奏出美妙乐曲。这是在隐喻:艺术欣赏的终极意义,是艺术作品使欣赏者心灵开放,进入自然敞开的状态,超越自身局限而得到升华。"唤起我们所未能意识到的曲调。丧失久已的记忆带着全新的意义苏醒过来。被恐怖压抑的希望和没有勇气承认的憧憬等,都经过精心打扮后重新登场"。[②]这与老庄不固执己意,任物自然而得其本真的思想一致。要"听由琴去选择它要演奏的主题",就不能对其有任何干扰,这正是所谓"辅万物之自然而不敢为"(六十四章)、"我无为而民自化"(五十七章)的思想。要让"被恐怖压抑的希望和没有勇气承认的憧憬,都经过精心打扮后重新登场",就要驱除内心的障蔽,这正是"夫为天下者,亦奚以异乎牧马者哉? 亦去其害马者而已矣"(《徐无鬼》)所表达的意趣。艺术作品"使久已丧失的记忆以全新的意义苏醒过来"的说法,则具有道家闻道而返真的意味。《庄子》"徐无鬼悦魏武侯"的故事的寓意亦与此相通。徐无鬼以相狗马之言使魏武侯大悦,人问其故,徐无鬼答曰:

> 子不闻夫越之流人乎? 去国数日,见其所知而喜;去国旬月,见所尝见于国中者喜;及期年也,见似人者而喜矣。不亦去

---

① 岡倉天心:「茶の本」,梅原猛編集:近代日本思想大系 7『岡倉天心集』,筑摩書房,1976 年,182 頁。

② 岡倉天心:「茶の本」,梅原猛編集:近代日本思想大系 7『岡倉天心集』,筑摩書房,1976 年,180 頁。

人滋久，思人滋深乎！夫逃虚空者，藜藋柱乎鼪鼬之迳，踉位其空，闻人足音跫然而喜矣，又况乎昆弟亲戚之謦欬其侧者乎！久矣夫莫以真人之言謦欬吾君之侧乎！（《徐无鬼》）

流落之人，居处偏僻，久不见人，闻人声则喜，何况亲戚。"去人滋久，思人滋深"，去真既久，思真则深。故听闻"真人之言"，则真性复现，岂不悦乎？闻道而能返真，关键在于聆听者突破和解除了心灵的拘限牵累而敞开自己，也就是处于"无我"的状态，从而与道相通。这又与《庄子》的"闻天籁"有异曲同工之妙。当体道者进入"丧我"（即"无我"）状态时，就会聆听到"天籁"之音。风吹众窍之声，"吹万不同，而使其自己也，咸其自取，怒者其谁邪？"（《齐物论》）万窍怒号，声响各异，但并没有一个主使者，声响都是由自己发出，即并非有意造作使然，而是各任其自然，此之谓"天籁"。不能任其自然，而是有意为之，即不能"无我"，也就无缘"闻天籁"之境。"天籁"乃万物自然之隐喻，"闻天籁"乃体悟万物自然即体道之隐喻。龙门之琴通过伯牙"无我"的演奏被唤醒，而发出美妙的乐曲。体道者进入"丧我"状态，"天籁"便向他显现，他的心灵得以开放，从而超越有限自我而达于无限。这就是冈仓天心所说的："艺术爱好者便超越了自己。他存在，却如同不存在。他窥见了无限。"所谓"无限"，也是"由于眼睛无法言说，所以不能用语言表达自己的喜悦"，因而"惊异才是至福的秘密，伴随着理性而来的是美的死亡"。[1]道境只有通过直觉才能体悟。这正是老庄之道的典型特征，即不能通过感性和知性认识，也不能通过语言表达。"道可道，非常道"（第一章），"道常无名"（三十二章），"道不可闻，闻而非也；道不可见，见而非也；道不可言，言而非也。知形形之不形乎！道不可名"（《知北游》）。体道的境界就是"乘物以游心"的逍遥境界，而冈仓天心的描述——"精神摆脱了物质的束缚，在

---

① 冈仓天心：「ガードナー夫人宛書簡」(1911 年 10 月 4 日)，安田靫彦等監修：『岡倉天心全集』第七卷，平凡社，1981 年，87 頁。

物质的韵律中跃动",不正是这种境界吗？可见,道家思想深刻地渗透到了冈仓天心的艺术欣赏理论之中。《庄子》虽然没有直接论述艺术和美学的问题,但其关于"气""造化""逍遥""无用之用"的哲思,却直达艺术和美的深层意涵,展现出一个美的世界。徐复观指出:"当庄子从观念上去描述他之所谓道,而我们也只从观念上去加以把握时,这道便是思辨的、形而上的性格;但当庄子把它当作人生的体验而加以陈述,我们应对于这种人生体验而得到了悟时,这便是彻头彻尾的艺术精神。"①应当说,冈仓天心着重从艺术和美学的角度领会《庄子》思想,吸收和接受了其"艺术精神"。

（五）"丧己失性"与文明异化

上已指出,冈仓天心所谓美术的内在精神、艺术家的"道"等,已经超出美术和艺术本身,而延伸和提升到艺术哲学、精神信仰和价值观念的层面。美术不仅是自娱的技艺,更体现着一种文化精神。因此,冈仓天心的美术、艺术论就延伸扩展为文化、文明论。而他对文化问题的探讨,是围绕着对东西方文化的比较和评价而展开的。他对西方文化多有批评,对东方文化则多所肯定。在其关于东西方文化的论说中,也包含着对西方文化所代表的近代文明的批评。换言之,其文化论既是文化比较和文化辩护,也是文明批判。冈仓天心的文化论十分激进,有其局限性,但也包含合理的内容。他指出,西方近代以来表面上取得了巨大的进步,急速的机器化催生了各种商业活动,并伴随着习惯和语言的西欧化。交通的便捷使创造一个国际性的大文化成为可能;医术和卫生知识得到了迅猛的普及;知识与经济联系起来并达到系统化,使整个社会的行动和意识的统一化成为可能。②但是,在这表面的进步背后,却隐藏着深刻的问题:

参与到近代文明巨大机构的个人,变成了机器习性的奴隶,

---

① 徐复观:《中国艺术精神》,广西师范大学出版社,2007 年,第 37 页。
② 冈仓天心:「日本の目覚め」,梅原猛编集:近代日本思想大系 7『冈仓天心集』,筑摩书房,1976 年,122 頁。

被自己造出的怪物所控制。处在西欧所夸耀的自由中,真正的个性却在追求财富的竞争中被摧残,自足的幸福感沦为贪婪物欲的牺牲品。①

冈仓天心认为,近代日益深刻的机器化,追逐名利的贪欲和竞争,使人被机器和其他外物所奴役,人的个性被损害,本真之性被异化。他把人的本真之性看作是其自由的核心。由此出发,他认为,西方的自由观念不过是相互约定的、保护自己人身安全的个人权利的原始的想法,"像狗面对眼前的骨头吼叫那样,经常唠唠叨叨地说个不停的那种原始权利的想法",而东方的自由观念则远为高明:

> 我们所理解的自由,在于实现个人内在理想的力量。真正的无限是圆周,而不是不断延伸的直线。一切有机体都意味着服从全体的部分。真正的平等在于发挥各自相应的职能。②

"实现个人内在理想"也就是实现"真正的个性",同时意味着发挥与自己本性相适应的职能。要之,这是一种以本真之性为中心的自由观。

冈仓天心文明批判的逻辑与老庄思想一致。他站在守护和涵养人的本真之性的立场上,批评贪欲、智巧、技术等对人的异化。他对贪欲和机器化、技术化的批评及对自由的强调尤为突出。他意识到,人被机器化、技术化的社会所控制,无休止地追逐外物,越来越疏离本真之性,丧失了自由,这是近代文明的深刻危机。对因追逐外物、为技术所奴役而丧己失性的反思和对精神自由的向往,是《庄子》思想的重要特征。《庄子》极力抨击政治、道德、技术等各方面对人的"性命之情"

---

① 岡倉天心:「日本の目覚め」,梅原猛編集:近代日本思想大系7『岡倉天心集』,筑摩書房,1976 年,122 頁。
② 岡倉天心:「東洋の覚醒」,安田靫彦等監修:『岡倉天心全集』第一卷,平凡社,1980 年,151 頁。

的背离和损害,指责其使人处于"倒悬""倒置"的异化状态:

> 轩冕在身,非性命也,物之傥来,寄者也。寄之,其来不可圉,其去不可止。故不为轩冕肆志,不为穷约趋俗,其乐彼与此同,故无忧而已矣。……故曰:丧己于物,失性于俗者,谓之倒置之民。(《缮性》)

《天地》篇中有一则"丈人为圃畦"的寓言,深刻地批判了"机械""机事""机心"对人的"纯白"的破坏:

> 有机械者必有机事,有机事者必有机心。机心存于胸中,则纯白不备;纯白不备,则神生不定;神生不定者,道之所不载也。

只有"功利、机巧,必忘夫人之心。……天下之非誉,无益损焉",才是"全德"之人。(《天地》)"性命之情""纯白"都指人的本真之性,是《庄子》所极力守护的。实际上,冈仓天心所谓自由的主要涵义,与这种"性命之情""纯白"是相通的。

冈仓天心的文明批判与道家思想的一致,是与其东方文化观中对道家道教的定位和推重相关联的。在东方文化受到西方文化冲击的背景下,他极力肯定东方文化,这种肯定主要是从艺术和美学的角度进行的,但又具有文化全体的意义。冈仓天心所说的东方,实际上主要是东亚和南亚,其文化主要包括儒教、道教和佛教。对于这三者的文化职能,他认为:"伦理有孔子,美学有老子,宗教有佛陀。日常生活遵从儒教,审美生活接受道教指导,死亡埋葬时就依循佛教。"①就是说,道家道教的职能主要体现在美学领域,它奠定了亚洲(东亚)审美理想的基础,是东亚艺术的灵魂。在冈仓天心看来,茶道

---

① 岡倉天心:「東アジア美術における宗教」,安田靫彦等監修:『岡倉天心全集』第二巻,平凡社,1980 年,161 頁。

是东亚艺术和文化精神的典型代表,而茶道精神(所谓"茶之心")是由道家道教哲学塑造的。茶道"强调的是道教的教义",甚至就是"道教的化身"。①如有学者指出的,在冈仓天心那里,茶道就是以禅学和老庄思想为核心的东方文化的具象化。他选择茶道作为亚洲文化的象征和代表,表述了作为其思想底色的道教的宇宙论,并以此为轴心阐发了自己的艺术观。②他是把老子哲学作为东方思想的一大要素来介绍的。③可见,冈仓天心所认同的东方(东亚)艺术精神,主要是道家道教精神。这种对道家道教思想和风格的认同乃至陶醉,从其精神世界和人格气象中明显地流露出来。

三、道家道教思想与冈仓天心的精神世界

冈仓天心不仅是道家道教的热心研究者,而且是其爱好者甚至信奉者。道家道教可以说是他精神世界的主调之一。冈仓天心在青少年时代就显露出脱俗的情怀,而在这种超越红尘的思想情怀中,能窥见道家思想的痕迹。他在一首作于东京大学就学期间的汉诗中这样写道:

> 书生意在红尘外,云作衣裳天作家。夜半洒洒跨鹏背,七星低处瞰银河。④

诗中表达了年轻的冈仓天心希望游心尘世之外、逍遥自然之中的超俗的精神企望。"云""天""银河"等就是这个尘外世界的象征。而抵达这个世界的方式,冈仓天心描写为"跨鹏背"。这个描写无疑来自《庄子》"鹏飞"的意境。《逍遥游》篇云:

---

① 岡倉天心:「茶の本」,梅原猛编集:近代日本思想大系 7『岡倉天心集』,筑摩書房,1976 年,170、166 頁。
② 東郷登志子:『岡倉天心「茶の本」の思想と文体——The Book of Tea の象徴技法』,慧文社,2006 年,238、192 頁。
③ 川原澄子:『「茶の本」を味わう』,文芸社,2006 年,55 頁。
④ 岡倉天心:「無題」,安田靫彦等監修:『岡倉天心全集』第七卷,平凡社,1981 年,307 頁。"洒洒",原作"酒酒",据竹内实注释改。见同书第 469—470 頁。

北冥有鱼,其名为鲲。鲲之大,不知其几千里也。化而为鸟,其名为鹏。鹏之背,不知其几千里也。怒而飞,其翼若垂天之云。是鸟也,海运则将徙于南冥。南冥者,天池也。……背若太山,翼若垂天之云,抟扶摇羊角而上者九万里,绝云气,负青天,然后图南,且适南冥也。

这里,有对鹏背"不知其几千里"、"若太山"的描写,鹏将从北冥飞往南冥,高飞"九万里","绝云气,负青天",这一意境包含着冲出世外的寓意。冈仓天心"洒洒跨鹏背"一句,正是以《庄子》的这一意境和思想为依据,来表达"意在尘外"的情怀。此类诗句还有:

懒求欢乐懒悲愁,天地知吾有许由。东海三千三百里,时时洗耳又风流。勿道风光不待时,圣人与世善推移。明年别有明年乐,今夜相逢酒满邑。

风流怀肉东方朔,醉死荷锄刘伯伦。满眼青山满天月,哑然一笑傍无人。[1]

这些诗句都表现了冈仓天心超越世俗的欢乐与悲愁,像许由那样不为世俗功名之心所浸染,与世推移,向往风流洒脱的生命状态的精神风貌。这种气象与道家道教的精神是一致的。诗中提到的许由、东方朔、刘伯伦(刘伶)等也都是带有道家色彩的人物。青年时代的冈仓天心对道家道教的认同虽然还不是自觉的,但其在精神气质上与道家道教的投合是不可否认的。他虽然自称"非孔非庄非道释",但又"豪然跨鹤上青空"。[2]这种境界显然带有道家道教的色彩。

冈仓天心在精神气质上与道家道教的契合,可以说贯穿其一生,

---

[1] 岡倉天心:「無題」,安田靫彦等監修:『岡倉天心全集』第七卷,平凡社,1981年,308—309頁。

[2] 岡倉天心:「無題」,安田靫彦等監修:『岡倉天心全集』第七卷,平凡社,1981年,309頁。

而在中年以后则越发明显和自觉,转变成对道家道教的倾心、热爱乃至信奉。40 岁左右时,他在给友人的信中说:"尘世之事务,唯有厌倦而已。只想逐行云流水,看世外之月。"①晚年诗作中则有:

> 云山惹我赴奇愁,白雁黄庐泽国秋。天下无花空有泪,人间把酒始识忧。
>
> To be a Taoist of Loyankan/That I wish/No man can.②

这首汉诗同样表达了对超脱人间忧愁的愿望。值得注意的是,汉诗下记有"To be a Taoist"(意为"成为一名道者"),可以窥见冈仓天心对道家道教的向往甚至信奉之意。冈仓天心晚年还作有一首题为《道者》(The Taoist)的英文诗,汉语大意如下:

> 她独自立于大地上,作为来自天上的彷徨者。在诸神之中,她才是精华。
>
> 时间恭敬地为她的前行而倒退,空间为她的胜利让开道路。
>
> 风将自己无拘无束的美带给她,大气将自己夏季的芳香赋予她的声音,蓝色的电光掠过她的眼神,云缭绕于在她女王般步履中摆动的裙裾下。
>
> 无限问惊异:"你时下时上地游荡于星际,可曾听闻'无惧'之神的名字?她嘲笑雷电而与狂风嬉戏;火焰不能燃烧她,因为她就是火焰本身;大水不能淹没她,因为她就是大洋本身。"
>
> 惊异回答:"我不知道。"
>
> 生命问变化:"在'超绝'所居住的形内和形外,你可曾听闻'无比'之神的名字?她轻视你的忧郁,嘲笑你的束缚,她的悲伤

---

① 岡倉天心:「橋本雅邦あて書簡」,安田靫彦等監修:『岡倉天心全集』第六巻,平凡社,1980 年,139 頁。
② 岡倉天心:「無題」,安田靫彦等監修:『岡倉天心全集』第七巻,平凡社,1981 年,308—309 頁。

就是欢喜,她的阴影就是阳光,她的孤独正是愉悦。"

变化回答:"我不知道。"

赞美这无名之物! 森林中的松树摇身歌唱。

赞美这无名之物! 大海的巨浪应和而歌。①

　　该诗是冈仓天心在其好友加德纳夫人生日时赠予她的,其意当在表达他对加德纳夫人的赞美。但从中也可看出他对道家道教境界的领悟和向往。细读诗句,有几点值得注意。首先,以"道者"为题,说明冈仓天心描述的是道家道教的体道的境界,应当从道家道教哲学的角度来把握全诗的意境和思想。其二,"在诸神之中,她才是精华"一句,这个"她",即"诸神之精华",亦即下文的"无惧"之神和"无比"之神,应是指道家道教的"道"或比喻体道者的境界。其三,"她独自立于大地上,作为来自天上的彷徨者"一句,把体道者描述成"彷徨者",含徘徊悠游之意,暗指道家"逍遥"之境。《庄子》中有"彷徨乎无为其侧,逍遥乎寝卧其下"(《逍遥游》)的说法,"彷徨"正是"逍遥"之意。而"独自立于……"的用语,也与老子"独立而不改,周行而不殆"(二十五章)之说相合。其四,"时间恭敬地为她的前行而倒退……云缭绕于在她女王般步履中摆动的裙裾下"几句,把体道者描写成穿行于时间、空间、风、大气、电光、云之中,时空为她开路,她具有风的"无拘无束之美"、大气的"芬芳"、电光的"眼神"和云的"缭绕"等特性,可谓为万物之主、集万象之美。这与道家道教对道的描述颇为接近。道家之道是产生万物并普遍存在于万物之中。《老子》指出,道"先天地生"(二十五章),道不仅产生万物,还蓄养、成就和辅助万物。《庄子》认为,道"神鬼神帝,生天生地。在太极之先而不为高,在六极之下而不为深,先天地生而不为久,长于上古而不为老"(《大宗师》),即道具有超时空性,同时,道在物中,道无所不在,"恢诡谲怪,道通为

①　岡倉天心:*The Taoist*,安田靫彦等監修:『岡倉天心全集』第七卷,平凡社,1981 年,381—382 頁。并参照同书第 516—517 页大冈信日译。

一"(《齐物论》)。其五，在"她嘲笑雷电而与狂风嬉戏……因为她就是大洋本身"几句中，雷电狂风不能惊、火不能烧、水不能淹的描写，显然来自《庄子》。《庄子》中此类描写不少，主要是展现神人、至人、真人等高妙的体道境界。如：

> 之人也，之德也，将旁礴万物以为一，世蕲乎乱，孰弊弊焉以天下为事！之人也，物莫之伤，大浸稽天而不溺，大旱金石流、土山焦而不热。(《逍遥游》)
>
> 至人神矣！大泽焚而不能热，河汉沍而不能寒，疾雷破山，风振海而不能惊。若然者，乘云气，骑日月，而游乎四海之外，死生无变于己，而况利害之端乎！(《齐物论》)
>
> 古之真人，不逆寡，不雄成，不谟士。若然者，过而弗悔，当而不自得也；若然者，登高不栗，入水不濡，入火不热。是知之能登假于道者也若此。(《大宗师》)

冈仓天心诗中还说，火不能烧、水不能淹的原因，是"无惧"之神本身就是火、就是水，实际上更进一步揭示出：不为水火所伤的体道状态是一种与物融为一体的境界，这就与《庄子》"天地与我并生，万物与我为一"的思想联系起来了。因此，冈仓天心的描写起到了发明《庄子》新意的作用。其六，"她轻视你的忧郁……她的孤独正是愉悦"几句，表达了从忧郁、束缚中解脱的意思，也表达了对悲伤与欢喜、阴影与阳光、孤独与愉悦等之间区分和对立的超越。此类问题是《庄子》所频繁讨论的。《庄子》提出逍遥境界，就是针对为物所累、身陷倒悬的精神困境。他试图通过齐物、安命等方式得到解脱("悬解")，从而达到精神自由("逍遥")。这种逍遥之境的重要特点，就是不为喜怒哀乐等情感所支配，即达到"哀乐不能入"(《养生主》《大宗师》)的心灵状态。同时，也就意味着超越是非好恶，超越事物的区别对立和高低贵贱，强调其相对性，即采取"以道观之，物无贵贱""万物一齐，孰短孰长"(《秋水》)的立场。《庄子》的这些思想在冈仓天心诗

中都有所表现。与此相关,对于生死问题,冈仓天心也持这种超越的态度,即视生死为一体。他说:

> 无论我们望向何处,前后左右,上下四方,皆可见到万事万物的崩坏毁灭。变化无常,是唯一的永恒——为何不像欢迎生命一样拥抱死亡? 死与生,其实是一体的两面,梵天的昼夜。[①]

在讲这番话时,冈仓天心还引用了《老子》"天地不仁"的话。而上述生死观的直接来源是《庄子》。"知死生存亡之一体"、"不知悦生恶死"(《大宗师》)、"死生为昼夜"(《至乐》)等,是《庄子》人生哲学的重要观点。其七,所谓"无名之物",显然是对道和体道者的典型描述。老庄之道的一个重要特征就是"无名"。如《老子》所谓"道常无名"(三十二章)、"道隐无名"(四十一章),《庄子》所谓"道不私故无名"(《则阳》)、"圣人无名"(《逍遥游》)等。

此外,冈仓天心此诗的风格还颇有些《庄子》寓言的味道。如诗中设计了"无限"与"惊异"、"生命"与"变化"的问答,而"惊异"和"变化"的回答皆为"我不知道"。《庄子》中虚构的神话人物的对话极为多见,如"啮缺"与"王倪"问答(《齐物论》)、"天根"与"无名人"问答(《养生主》)、"谆芒"与"苑风"问答(《天地》)、"河伯"与"北海若"问答(《秋水》)、"知"与"无为谓"问答、"泰清"与"无穷""无为""无始"问答、"光曜"与"无有"问答(《知北游》)等等。这些寓言式问答中,也颇有"问而不答(知)"者。如《齐物论》篇"啮缺"与"王倪"问答即是如此:

> 啮缺问乎王倪曰:"子知物之所同是乎?"曰:"吾恶乎知之!""子知子之所不知邪?"曰:"吾恶乎知之!""然则物无知邪?"曰:"吾恶乎知之!"

---

① 冈仓天心:「茶の本」,梅原猛编集:近代日本思想大系 7『岡倉天心集』,筑摩书房,1976 年,188 頁。

又如《知北游》篇"知"与"无为谓"问答：

> 知北游于玄水之上，登隐弅之丘，而适遭无为谓焉。知谓无为谓曰："予欲有问乎若：何思何虑则知道？何处何服则安道？何从何道则得道？"三问而无为谓不答也，非不答，不知答也。

可见，冈仓天心诗中有仿效《庄子》寓言的痕迹。由此推测，冈仓天心不仅认同《庄子》的思想，对其文章亦十分喜爱。从以上对冈仓天心英文诗《道者》的分析可知，冈仓天心的心灵被道家道教思想所吸引，他向往道家道教的境界，因而用诗歌去表现它。

在中国旅行期间，冈仓天心会见了北京白云观方丈高云溪和西安八仙宫方丈李宗阳。他怀着浓厚的兴趣和喜爱之情，向两位道长请教道教的知识。这种田野调查，进一步加深了他对道家道教的热爱乃至信奉。他还与李宗阳讨论《老子》中的哲学问题，并作汉诗《与道士李含三论道德经有感次韵》：

> 最分明处最模糊，难写神龙腾跃图。云爪雾鳞看未尽，金光玉电捉来无。百年未拔袖中剑，千岁谁探颔下珠。是夜中原风雨恶，人间甘作小懦夫。[1]

诗中主要描写"神龙"（即"道"）难以认识和把握（"难写""看未尽""捉来无"）。他把"道"形容为"神龙腾跃"，其变化如同"云爪雾鳞""金光玉电"，因而无人能够体悟这个"道"（"千岁谁探颔下珠"）。最后一句"人间甘作小懦夫"，似乎表达了顺从于道的意思。李含三赠答诗一首《用前韵赠天心先生一首》：

---

[1] 岡倉天心：「与道士李含三論道徳経有感次韻」，安田靫彦等監修：『岡倉天心全集』第七卷，平凡社，1981 年，341 頁。

> 大地河山一气糊,斡旋造化是良图。胸中道德君常有,腹内
> 文章我独无。月到天心寻妙药,风来水面养玄珠。这般情味能
> 知得,方是人间一丈夫。①

诗中指出,只要懂得"寻妙药""养玄珠"的机微妙理("这般情味
能知得"),就不是"懦夫",而是"丈夫",暗示"寻妙药""养玄珠"即是
体道。冈仓天心作有一首自己非常喜欢的汉诗,可看作他领悟道家
道教境界的缩影:

> 仰天自有初,观物竟无吾。星气摇秋剑,冰心裂玉壶。②

"仰天自有初",表现了道家道教哲学关于宇宙初始的思考。"观
物竟无吾"中的"观物",则来自《老子》。《老子》云:"万物并作,吾以
观复"(十六章),"涤除玄鉴"(十章)。"无吾"则来自《庄子》的"无
己"。《庄子》云:"至人无己,神人无功,圣人无名"(《逍遥游》),"大人
无己"(《秋水》),"大同而无己"(《在宥》)等。《庄子》试图通过"丧我"
"无己"而达到与物一体、万物自化的道境。总之,"仰天自有初,观物
竟无吾"两句,集中体现了道家道教的境界,而冈仓天心对这两句尤
为喜爱,特意将其用毛笔书写并装裱悬挂。

冈仓天心对道家道教的醉心,已经到了按照其哲学、教义践行的
程度。他穿着道士的服装,③模仿道士的生活方式,晚年在五浦隐
居,自称"五浦钓徒"。他先后自号为"浑沌童子""混沌子""遂初居
士""春风道人""鹤氅道人""五浦钓徒"等,这些雅号可算得上是道士
的道号了,反映了冈仓天心精神气象中的仙风道骨。

---

① 李含三:「用前韻贈天心先生一首」,安田靫彦等監修:『岡倉天心全集』第五卷,平凡
社,1979 年,205 頁。
② 岡倉天心:「無題」,安田靫彦等監修:『岡倉天心全集』第七卷,平凡社,1981 年,345—
346 頁。参见同书第 508 页注解。
③ 美国波士顿美术馆藏有冈仓天心道士风格装束的雕像 5 件。《冈仓天心全集》第一、
二、七卷收有冈仓天心着鹤氅服、道士风格装束的照片。

第四章　道家思想与夏目漱石

夏目漱石在汉学方面具备深厚素养,他对道家也相当熟悉并有所研究。在思想上,夏目漱石与道家有较深的联系。夏目漱石思想的一个重心是文明批判,他对日本近代"文明开化"的反思依托了道家的"自然"概念;对过度知性化的反思援用了道家的知识批判思想;对自我意识膨胀的反思与道家的"忘我"思想相通;对世俗社会追名逐利的反思与道家超越名利思想一致。在文艺理论上,夏目漱石的"低徊趣味"说颇有《庄子》"游刃有余"的意味,他的"自我表现"的艺术则有取于《庄子》的"道进乎技"等。"自然"和"无我"是连接夏目漱石与道家思想的两个重要概念。他从平等无私、天性命运等方面阐释"自然",从诗意自然、物我两忘、守拙持顽、超越生死等方面阐释"无我",都是对道家思想的继承、发挥和改造。道家道教思想甚至成为夏目漱石精神世界的一个重要特征。

一、夏目漱石及其道家观

(一)夏目漱石的生平和文学主题

夏目漱石(1867—1916)本名金之助,笔名漱石,是日本近代著名的小说家、评论家和英国文学学者,在俳句、汉诗上亦有较高成就。夏目漱石与森鸥外并称日本近代文学巨匠,还被冠以"国民作家"的称号,在日本近代文学史上享有崇高声誉,占有极为重要的地位。同时,他也是对日本近代思想文化产生重要影响的知识人。夏目漱石出生于江户(今东京)一个小官吏的家庭,时值明治维新的动荡时期。

1890 年,他进入帝国大学(后更名为东京帝国大学,即今东京大学)英文科学习。毕业后升入研究生院深造,同时就职于东京高等师范学校,后又在爱媛县寻常中学和熊本市第五高等学校供职,皆任英语教师。1900 年,受日本文部省派遣,以英语教育法为专攻赴英国留学,两年后回国。1903 年,同时在第一高等学校和东京帝国大学文科大学担任教职。他在东帝大讲授过"英国文学形式论""文学论""十八世纪英国文学"等课程。后又兼任明治大学讲师。1907 年,夏目漱石辞去一切教职,转入朝日新闻社任职,由此走上了职业作家的道路,直至离世。夏目漱石一生笔耕不辍,成就斐然。著作包括小说、文学理论、文学评论、随笔、演讲、游记、俳句、汉诗、新体诗等多种形式。①

　　夏目漱石的文学成就当然主要不在于其作品的数量,而在于它所体现出的思想、情感和风格。他的作品善于描写人物心理,特别是知识人的心理活动。其刻画细致深刻,并以语言机智幽默、讽刺辛辣犀利见长。这与中国作家鲁迅的风格相近。鲁迅就曾说过,当时他爱看的日本作者,就是夏目漱石和森鸥外,②而他"那种寓讽刺与嘲笑于轻妙笔致之中的风格,实际受有漱石相当的影响"③。关于夏目漱石的文学主张和创作特征,叶渭渠等学者曾作了概括:在文学理论上,包括三方面的观点:一是文学内容与形式统一。夏目漱石认为,

---

① 夏目漱石的作品,中、长篇小说有《我是猫》(1905 年)、《哥儿》《草枕》《二百十日》(1906 年)、《野分》《虞美人草》(1907 年)、《坑夫》《三四郎》(1908 年)、《后来的事》(1909 年)、《门》(1910 年)、《春分之后》《使者》(1912 年)、《心》(1914 年)、《路边草》(1915 年)、《明暗》(1916 年)等。短篇小说集有《漾虚集》(1906 年)、《四篇》(1908 年)。文学理论、评论方面有《文学论》(1907 年)、《文学评论》(1909 年)。随笔有《杂忆录》(1910 年)、《玻璃门内》(1915 年)等。著名演讲有《现代日本的开化》(1911 年)、《我的个人主义》(1914 年)等。诗歌方面有《漱石俳句集》(1917 年)和《漱石诗集》(1919 年)行世。另有游记《卡莱尔博物馆》(1905 年)等。享年不足五十,而能有如此著述,可谓多产。
② 鲁迅:《我怎么做起小说来》,转引自叶渭渠、唐月梅:《日本文学史》(近代卷),季羡林主编:《东方文化集成》(日本文化编),经济日报出版社,2000 年,第 394 页。
③ 周作人:《关于鲁迅之二》,转引自叶渭渠、唐月梅:《日本文学史》(近代卷),季羡林主编:《东方文化集成》(日本文化编),经济日报出版社,2000 年,第 394 页。

文学的目的在于"为自己、为日本、为社会"，这是文学的生命所在，一切文学形式都要适应这一内容，内容要通过适当的形式来表现；二是日本文学与西方文学、传统文学与近代文学相协调。他认为，近代文学应当扎根于日本传统文化的土壤，对本民族的传统文化要有自觉的认识和自信心。同时，又要在此基础上吸收西方文学的长处，最终扩张近代文学的日本特色，实现日本文学的再创造；三是强调文学的社会功能。他主张从哲学、美学、心理学、社会学等角度审视文学的价值，认为文学具有心理、审美和社会功能。具体地说，文学首先具有解释人生的功能，即探索人生的目的、意义，以起到教化的作用；其次具有能够带来作为心理上的"幻感"的美感。夏目漱石将上述文学理论运用于创作实践上，运用东方的文学思想和日本文体，借鉴西方文学的理念和技法，创作出了不少脍炙人口的经典佳作。[1]总之，对人生的解释是夏目漱石文学的主题。那么，他在作品中要表达的是什么样的人生观呢？杉山和雄指出，夏目漱石文学的主题是解脱的人生观，"他的人生观直接成为其文学观，从而构成他的文学。因此，他的文学就是探求解脱之道的文字"，"可以将他的文学称为解脱的文学"。[2]解脱境界既是夏目漱石文学探索的中心课题，也是他的人生追求，其文学作品皆以不同方式贯穿着这一主题。江藤淳把夏目漱石的这种人生追求称为寻求"隐身之所"、"逃脱现实的倾向"，这种倾向"构成作家夏目漱石整个生涯的低音部。这种倾向在初期的作品中以浪漫主义的形式表现出来，后渐渐从作品的表面隐匿，但这个低音部并未中断，而是延续到晚年的小品文和汉诗的世界"，这个世界与浪漫的世界共存，并与之保持着微妙的平衡。[3]夏目漱石通过文学来探寻人生解脱，其文学主题与人生祈求是合而为一的。夏目漱石文学的另一个重要课题是对近代文明的省思。江藤淳指出，夏

---

① 叶渭渠、唐月梅：《日本文学史》（近代卷），季羡林主编：《东方文化集成》（日本文化编），经济日报出版社，2000年，第372—379页。

② 杉山和雄：『漱石の文学——解脱の人生観』，雄渾社，1970年，4、ii頁。

③ 江藤淳：『夏目漱石』，日本図書センター，1993年，19頁。

目漱石(以及二叶亭四迷、森鸥外、永井荷风)等近代作家"在作为作家之前,在某种意义上,必须是一个文明批评家。于是,为了从事文学,就不能无视文学之前的问题。""漱石的苦恼,是在'文明开化'时代不能陶醉于外来思想,是非凝视并穿透自己周围的现实不可的人所具有的孤立无援的苦恼。"①具体地说,这个苦恼就是对日本现代化的所谓"外发性"的苦恼。夏目漱石在《现代日本的开化》(1911 年)一文中指出:"西方的开化(即一般意义上的开化)是内发的,日本现代的开化是外发的。这里的所谓内发,是指由自身内部自然地出现和发展,这就如同花朵的开放,自然地破蕾而出、花瓣向外张开。而所谓外发,是指在外部强制力量的压力下不得不采取某种形式的开化。就是说,西方的开化如行云流水般自然地运行,明治维新后与外国建立关系的日本的开化则大为不同,……一直都内发性地发展,但现在却变成了这种状态:急速地丧失自我本位的能力,被外来强制的力量所压迫,不管愿意不愿意都必须这样,不这样就不能维持下去。""受到这种开化影响的日本国民,必然会有某种空虚感,必然怀有不满和不安之念",甚至"罹患神经衰弱"。②由于现代化的这种外发性,日本"与传统的断绝愈加深化,精神的迷惘和颓落愈加严重,夏目漱石终其一生为这种伴随外发性现代化而起的精神的深刻动摇所苦恼,他试图探索将外发性现代化转化为内发性现代化的途径,使现代化彻底成为主体性的。同时,在走向现代化的过程中,面临着必然产生的主体毁灭的危机。对此,夏目漱石则是在艰难的向传统的回归中找出解决之道。"③总之,对解脱、超绝的人生的追寻和对近代文明的批评,是夏目漱石文学的内在精神。

---

① 江藤淳:『夏目漱石』,日本図書センター,1993 年,29、31 頁。
② 夏目漱石:「現代日本の開化」,岩波書店漱石全集編集部:『漱石全集』第十六巻,岩波書店,1995 年,430、436、438 頁。
③ 久山康:「夏目漱石における近代化と伝統」,『近代日本の文学と宗教』,創文社,1966 年,47 頁。

（二）夏目漱石的汉学素养和道家观

夏目漱石幼年就接受了汉学教育。他小学时期的主要课程就是汉文学，12 岁时在朋友父亲的汉学私塾学习，并作汉文《正成论》。14 岁进入汉学私塾二松学舍（今二松学舍大学前身），其间学习了《唐诗选》《皇朝史略》《古文真宝》《复文》《孟子》《史记》《文章轨范》《三体诗》《论语》等内容，并取得了优秀的成绩。16 岁时，他热心于到汤岛圣堂的东京图书馆抄写日本江户时期著名汉学家和思想家获生徂徕的汉文名著《萱园十笔》。①夏目漱石从少年时代起就喜爱汉学，"诵读唐宋数千言，喜作为文章。或极意雕琢，经句而始成；或咄嗟衡口而发，自觉澹然有机气。窃谓，古作者岂难臻哉。遂有意于以文立身"，②自此有志于从事汉学和文学。虽然后来出于生计考虑选择英文为专业，但真正倾心的还是汉文。他在《文学论》序文中回顾自己修习汉学的情况说："我少时喜欢学汉诗。虽然学的时间很短，但冥冥中从左国史汉中模糊地体会到了文学的定义。我暗自想，英语文学也应该是如此。果真这样的话，举一生之力学之也不会后悔。我只身选择并不流行的英语文学专业，完全是受这种幼稚而单纯的理由的支配。……毕业后，我的脑海里总是有种被英文欺骗的不安的念头。……相反，我在汉籍方面虽不具有太强的学力，但是却有鉴赏它的足够自信。我在英语方面的知识不能说深厚，我并不认为在汉籍方面就弱于英语。"③文中的"左国史汉"即中国古代典籍《春秋左氏传》《国语》《史记》《汉书》。可见夏目漱石青少年时代不仅喜欢汉诗，还读了中国传统经典。他表白了自己喜爱汉学而非英语的初衷，并认为自己在汉学方面的学力与英语相当。总之，夏目漱石早年就积累了不少汉学知识，这为他以后在汉学方面具备深厚素养及在

---

① 高继芬：「漱石作品が漢文学から受けた影響」，『九州看護福祉大学紀要』14（1），2014-03，5頁。
② 夏目漱石：「木屑録」，岩波書店漱石全集編集部：『漱石全集』第十八卷，岩波書店，1995 年，511頁。
③ 夏目漱石：『文学論』，大倉書店，1907 年，7—8頁。

汉诗上取得成就打下了基础。夏目漱石17岁时已创作出第一首汉诗:"鸿台冒晓访禅扉,孤磐沈沈断续微。一扣一推人不答,惊鸦撩乱掠门飞。"①对于一个年仅17岁的非母语国的青少年来说,此诗之作无疑显示出非凡的汉文学才能。20岁之前的作品还有七首。②大学预科时期,夏目漱石与诗人正冈子规(1867—1902)相识,两人都热衷于汉诗文,在汉诗文的研习和创作上相互切磋激励,进一步提高了夏目漱石的汉学和汉诗文功力。③这一时期开始使用的笔名"漱石",也取自中国晋代孙楚"漱石枕流"的典故。夏目漱石对中国传统文化的了解,由此亦可见一斑。据《晋书·孙楚传》记载,孙楚"才藻卓绝,爽迈不群"且"少欲隐居",孙楚的这种人生态度和人格,或许使夏目漱石产生了共鸣。此后各个时期,夏目漱石都有汉诗新作,晚年时期更达到其汉诗创作的高峰。④这些汉诗是他文学作品的重要组成部分,是研究其思想,特别是晚年思想的重要资料。夏目漱石留下的藏书中,有大量汉籍⑤。有学者认为,其所藏汉籍虽然还不属于专门的汉学家和汉诗诗人的藏书,但大大超越了一般知识人教养的范畴,由其书目可大致推测夏目漱石对汉学的用心和造诣。⑥

　　具有深厚中国传统文化学养的夏目漱石,对于作为中国传统文化重要代表的道家思想有所了解是自然的。这从夏目漱石作品中对老庄语句的引用就可见一斑。尤其是他的汉诗作品,对老庄的引用

---

① 夏目漱石:「鴻台」二首(其一),岩波書店漱石全集編集部:『漱石全集』第十八卷,岩波書店,1995年,97頁。

② 一海知義:「鴻台」二首(其一)注,岩波書店漱石全集編集部:『漱石全集』第十八卷,岩波書店,1995年,97頁。

③ 在此期间,夏目漱石创作了《观菊花偶记》(1886年)、《〈七草集〉评》(1890年)、《居移气说》(1890年)、《东海道与津纪行》(1890年)和《木屑录》(1890年)等汉文。

④ 根据统计,夏目漱石一生创作汉诗共计208首,另有未定稿8首。其中1910年(去世前6年)之后作134首。见岩波書店漱石全集編集部:『漱石全集』第十八卷,岩波書店,1995年,5—90頁。参见高继芬:「漱石作品が漢文学から受けた影響」,『九州看護福祉大学紀要』14(1),2014-03,7頁。

⑤ 夏目漱石所藏汉籍现收藏于日本东北大学附属图书馆"漱石文库"。

⑥ 伊東貴之:「中国——漱石の漢籍蔵書を見てわかること」,『国文学·解釈と教材の研究』53(9),2008-06,55—63頁。

频繁且直接。下面将夏目漱石日文作品和汉诗中对《老子》和《庄子》原文的引用简要列于下表：①

夏目漱石作品原文	相关《老子》《庄子》原文
白驹过隙倏忽之间。（《中学改良策》）	人生天地之间，若白驹之过隙，忽然而已。（《知北游》）
辙下喣喁之鲋。（《文学论》）	周昨来，有中道而呼者。周顾视车辙中有鲋鱼焉。……鲋鱼忿然作色曰："吾失我常与，我无所处。吾得斗升之水然活耳，君乃言此，曾不如早索我于枯鱼之肆！"（《外物》）
尽游碧水白云间。（《木屑录》所收十四首，其六，1889 年） 古意寄白云。（《失题》，1899 年） 白云自悠悠。（《无题》，1899 年） 白云往也还。（《题画》，1915 年） 空中独唱白云吟。（《无题》，1916 年）	乘彼白云，至于帝乡。（《天地》） "白云"亦多见于道教文献。
大鹏嗤其卑。（《无题》，1890 年）	化而为鸟，其名为鹏。鹏之背，不知其几千里也。怒而飞，其翼若垂天之云。（《逍遥游》）
役役欲何为。（《无题》，1890 年）	众人役役，圣人芚芚。（《齐物论》）
才子群中只守拙，小人围里独持顽。（《无题》五首，其二，1895 年）	大巧若拙。（四十五章） 众人皆有以，而我独顽似鄙。（二十章）
缥缈忘是非。（《春兴》，1898 年） 眼耳双忘身亦失。（《无题》，1916 年）	知忘是非，心之适也。（《达生》） 德人者，居无思，行无虑，不藏是非美恶。（《天地》） 不谴是非，以与世俗处。（《天下》） "忘"多见于《庄子》。

① 此表在松本伦枝所作统计的基础上进行了增补，并加入汉诗部分。松本伦枝原文共列出夏目漱石全集中所见《庄子》语句 13 项。在所引原文后注明出处，汉诗作品并注明创作年。松本倫枝：「漱石と『荘子』——則天去私への一考察」，『実践女子大学文学部紀要』12/1970，号 13，112—113 頁。

夏目漱石作品原文	相关《老子》《庄子》原文
言者不知，知者不言。（《愚见数则》） 不言之言。（《不言之言》）	知者不言，言者不知。（五十六章） 不言之辩。（《齐物论》） "不言"多见于《老子》《庄子》。
宋人资章甫适诸越。（《不言之言》）	宋人资章甫适诸越，越人断发文身，无所用之。（《逍遥游》）
大声不入于里耳。（《我是猫》）	大声不入于里耳。（《天地》）
吞舟之鱼。（《我是猫》）	吞舟之鱼，砀而失水，则蚁能苦之。（《庚桑楚》）
不止于五车。（《我是猫》） 五车反古。（《虞美人草》）	惠施多方，其书五车。（《惠施》）
燕雀焉知大鹏之志。（《我是猫》）	化而为鸟，其名为鹏。鹏之背，不知其几千里也。怒而飞，其翼若垂天之云。是鸟也，海运则将徙于南冥。……蜩与学鸠笑之曰："我决起而飞，抢榆枋，时则不至而控于地而已矣，奚以之九万里而南为？"（《逍遥游》） 《史记·陈涉世家》"燕雀安知鸿鹄之志"，本《庄子》。
无何有乡。（《我是猫》）	今子有大树，患其无用，何不树之于无何有之乡，广莫之野，彷徨乎无为其侧，逍遥乎寝卧其下。（《逍遥游》）
无为而化。（《我是猫》）	我无为而民自化。（五十七章） "无为""化"等多见于《老子》《庄子》。
入于火而不燃，入于水而不溺。（《我是猫》）	登高不栗，入水不濡，入火不热。（《大宗师》） 至德者，火弗能热，水弗能溺，寒暑弗能害，禽兽弗能贼。（《秋水》） 入乎渊泉而不濡。（《田子方》）
刻意。（《草枕》） 刻意。（《趣味的遗传》）	刻意尚行。（《刻意》）
灵台。（《草枕》）	工倕旋而盖规矩，指与物化而不以心稽，故其灵台一而不桎。（《达生》） 不足以滑成，不可内于灵台。灵台者有持，而不知其所持，而不可持者也。（《庚桑楚》）

（续表）

夏目漱石作品原文	相关《老子》《庄子》原文
须臾间逍遥于非人情的世界。（《草枕》） 进入无我之境，逍遥于恍惚之域。（《文艺的哲学基础》） 逍遥随物化。（《春兴》，1898 年） 往来暂逍遥。（《失题》，1899 年）	逍遥于天地之间而心意自得。（《让王》） "逍遥"多见于《庄子》。 不知周之梦为胡蝶与，胡蝶之梦为周与？周与胡蝶，则必有分矣。此之谓物化。（《齐物论》） 方且与物化。（《天地》） "物化"多见于《庄子》。
天下之至乐。（《草枕》） 人间至乐江湖老。（《无题》，1911 年）	天下有至乐无有哉……至乐无乐……至乐活身。（《至乐》） "至乐"又见于《天运》《田子方》。 何不虑以为大樽而浮乎江湖。（《逍遥游》） 泉涸，鱼相与处于陆，相呴以湿，相濡以沫，不如相忘于江湖。（《大宗师》） "江湖"又见于《天运》《至乐》《达生》。
倏然。（《虞美人草》）	倏然而往，倏然而来而已矣。（《大宗师》）
不知端倪。（《后来的事》）	反复终始，不知端倪。（《大宗师》）
人间固无事。（《无题》，1899 年） 幽人无一事。（《偶成》，1912 年） 南窗无一事。（《题自画》，1912 年）	事无事。（六十三章） 逍遥乎无事之业。（《达生》） "无事"多见于《老子》《庄子》。
效颦。（《门》）	故西施病心而颦其里。其里之丑人见而美之，归亦捧心而颦其里。（《天运》）
住在自然乡。（《酬横山画伯惠画》，1912 年） 圆觉自然情。（《酬横山画伯惠画》，1912 年） 《老子》中有"道法自然"。（《致松尾宽信》，1914 年） 天然景物自然观。（《无题》，1916 年）	道法自然。（二十五章） 顺物自然而无容私焉。（《应帝王》） "自然"多见于《老子》《庄子》。
嗒然隔牖对遥林。（《无题》，1911 年） 好句嗒然成。（《偶成》，1912 年）	嗒焉似丧其耦。（《齐物论》）

夏目漱石作品原文	相关《老子》《庄子》原文
蝴蝶梦中寄此生。（《无题》，1916 年）	"庄周梦蝶"寓言。（《齐物论》）
淡月微云鱼乐道。（《无题》，1916 年）	鱼之乐。（《秋水》）
虚白山庄。《庄子》中有"虚室生白"。（《致加贺正太郎信》，1915 年） 独坐窈窕虚白里。（《无题》，1916 年） 暖怜虚室一分灰。（《无题》，1916 年） 忽见闲窗虚白上。（《无题》，1916 年）	虚室生白。（《人间世》） 而心固可使如死灰乎。（《齐物论》）
籁籁风中落叶声。（《无题》，1916 年）	天籁。（《齐物论》）
大愚难到志难成。（《无题》，1916 年）	我愚人之心也哉！（二十章） 知其愚者，非大愚。（《天地》）

从以上所列夏目漱石作品中引用《老子》《庄子》语句的情况可以看出，夏目漱石对老庄原文相当熟悉，且深谙其意。对于《老子》，夏目漱石不只是引用，而且有所研究。1893 年他在东京帝国大学文科大学求学期间，作为东方哲学课程的报告，夏目漱石提交了题为《老子的哲学》的论文。该文专门讨论《老子》的哲学思想，全文包括"总论""老子的修身""老子的治民""老子的道"等四篇。篇幅不小，论述甚详，明确提出自己的观点并加以论证。可见，大学时代的夏目漱石就受到《老子》思想的吸引而进行了认真的研究。关于《老子》思想的总体特征和主旨，夏目漱石写道：

　　老子欲脱离相对而确立绝对的见识，以不可把捉、不可见的恍惚幽玄的道为其哲学的基础。其论出于世间，因而不可实行；其文怪谲放纵，因而不可理解。……道的根本，不在于仁义这些琐细之物，它是无状之状、无物之象而如同虚无，似存而若无，盖不能以言语形容。用"玄"之一字来命名它，亦犹恐拘泥，姑且以

"玄之又玄"称之。"玄之又玄,众妙之门"是老子开卷首先道出之语,乃是贯穿《道德经》上下二篇八十章之大主旨。……此"玄"可从两方面观之,一为静,二为动。"玄"固为绝对,本无所谓善恶、长短、前后,无所谓难易相成、高下相倾。无论从感情上还是理智上来说,它都不具有任何性质,故作为天地之始、万物之母而混混荡荡,不知如何命名,故曰无名。①

在谈到老子哲学中的"玄"与"道"的关系时,夏目漱石说:

"道"这个词在《老子》中处处可见,是其哲学的主旨。……其范围至大至广,没有穷极,包含天地而有余。宇宙中之存在者皆因道而成立,如此则这样解之亦无妨:道即是玄,玄即是道。②

从"道"和"玄"来把握老子哲学,无疑抓住了其核心概念,相关阐述也有合理之处。他称老子之学是"唯道论"(Taouism),这在某种意义上反映了老学的特质。夏目漱石进而认为,老子生在周代的乱世,试图复归于玄之本。首先自身要复归于玄,然后使他人复归于玄。前者形成老子的修身之学,后者则为其治国之论。文章接着分别论述了老子的"修身"和"治民"思想,并将要点归纳成图表(见本节末所附老子"修身""政治"与"道"示意表)。

对于《老子》的修身理论,夏目漱石基本将其理解为消极的。他说:"其在修身上,尚静、喜柔、重知足,故其所说常为退步主义的,而无进取的气象;是消极的,而缺少积极之处"。③并批评《老子》的治国理论,认为:其一,它违反了动物进化的法则。人类身心、性情皆适应

---

① 夏目漱石:「老子の哲学」,岩波書店漱石全集編集部:『漱石全集』第二十二卷,岩波書店,1957 年,62—63 頁。
② 夏目漱石:「老子の哲学」,岩波書店漱石全集編集部:『漱石全集』第二十二卷,岩波書店,1957 年,73、74 頁。
③ 夏目漱石:「老子の哲学」,岩波書店漱石全集編集部:『漱石全集』第二十二卷,岩波書店,1957 年,67 頁。

外界进化而来,是一代代经验积累遗传的结果,因而人类不可能随意地返回太古结绳时代,不可能那样独立于外界而自由地变化。其二,它脱离相对世界(如善恶、美丑等)而空谈绝对(理想),只不过是根源于现实世界的刺激,而《老子》对此没有自觉。其三,它试图用"无限"的尺度来衡量"相对",这是不可能的。若是学理上的议论尚且无妨,但如果试图将其应用于政治上则非常荒唐。[1]尽管似乎对《老子》的修身和治国理论不以为然,但夏目漱石对《老子》"道"的思想还是表现出浓厚的兴趣,专设一篇详加探讨(见前引《老子的哲学》中关于老子"修身""政治"与"道"的示意表)。他先讨论了道的"范围",认为道"为万物的原因,故寻其始则无始,寻其终则无终,问其界限则为无限。吾人之相对世界即包容于此道中。此为道之范围"。[2]他接着从"道之体"和"道之用"两方面阐释了《老子》的道。他认为,道是万物的实体,且是"不能通过五官感知"的"无形"。[3]至于道的作用,夏目漱石从三方面加以论述。一是道不借助他力而自我变化、自我分离(differentiate),其变化分离的过程也就是产生万物的过程。他引《老子》四十二章"道生一,一生二,二生三,三生万物"一句对此加以说明,并解释说:"此一、二、三等数字……与毕达哥拉斯的数论相似。根据毕达哥拉斯的观点,无限的空间一度感应到一即变成二,从而产生线;此空间感应到二即变为三,从而产生面;空间最后感应到三即变为四,从而产生体。"将《老子》"一、二、三"的宇宙生成论与毕达哥拉斯的数论相比较,对于理解《老子》哲学还是有一定启发性的。二是道对自身的发展、分离过程是无意识的。"其无意识是以一己的 blind will 自然天然地运行,在此过程中,有其自身一定的规律,遵循无法之法、理外之理,故有'道法自然'、'无为而无不为'之说"。这就是说,道并非有

① 夏目漱石:「老子の哲学」,岩波書店漱石全集编集部:『漱石全集』第二十二卷,岩波書店,1957年,70—73頁。
② 夏目漱石:「老子の哲学」,岩波書店漱石全集编集部:『漱石全集』第二十二卷,岩波書店,1957年,74頁。
③ 夏目漱石:「老子の哲学」,岩波書店漱石全集编集部:『漱石全集』第二十二卷,岩波書店,1957年,74—75頁。

意识、有意志地运行,但其运行自有其法则,即自然。三是《老子》最高之道为"天道",体天道者为"圣人之道",此为"绝对之道"。圣人之道之次为"人道",其下为"不道",最低是"非道",此三者为"相对之道"。夏目漱石最后说,遵循道之体则须"无为",而否弃事物的相对性,即混同善恶美丑等;遵循道之用又须"有为",而接受事物的相对性,即承认善恶美丑等的差别。因此,遵循道之体,与遵循道之用不可兼得,这是《老子》不可回避的矛盾。①总之,《老子》是"比迂远的儒教更加迂远的主张的倡导者",其主张"比儒教更加高远、更加迂阔",是一种"退步主义"。②这是夏目漱石在青年时代对《老子》道家的基本看法。

《老子》古奥难解,没有对原书强烈的求知愿望,没有相当高的汉学功底和思想水平,不经过仔细研读和深入思考,理解其思想都是困难的,更遑论提出自己的见解了。因此,撰写和提交《老子的哲学》一文,足以说明夏目漱石曾重视并专注地研究了《老子》。从论文的整体水平看,应该说,作为一个青年学生,其思考和论证能力是出类拔萃的。按现代老学研究的观点看,夏目漱石对《老子》思想的理解还存在不少问题,甚至有所偏颇和疏漏。清水孝纯已指出了夏目漱石《老子》解释的多方面问题。其中有两点值得注意,其一,夏目漱石用西方哲学的思想和方法来解读和整合《老子》,而忽略了东西方哲学的本质差异,这就使得他的解释偏离原文思想。如在用西方式的三段论方法、实体范畴等来说明《老子》的"道"时,就产生了这种情况。其二,他没有认识到《老子》哲学以反论形式表达正论的语言形式和思维性质。这使他不能真正理解和把握《老子》哲学的实质。③也正因此,他看不到"迂远"的《老子》哲学实际上能转化成激烈的文明批判,而文明批判恰恰是他自己思想的一个重要出发点。总之,青年时

---

① 夏目漱石:「老子の哲学」,岩波書店漱石全集編集部:『漱石全集』第二十二卷,岩波書店,1957年,75—77頁。

② 夏目漱石:「老子の哲学」,岩波書店漱石全集編集部:『漱石全集』第二十二卷,岩波書店,1957年,61、62、67頁。

③ 参见清水孝纯:「漱石と老子——『老子の哲学』をめぐって」,『文学論輯』(33),九州大学教養学部文学研究会,1987-12,1—33頁。

代的夏目漱石,解释和评价《老子》思想的基调是否定性、批评性的,但同时又表现出对高深玄妙的《老子》哲学的浓厚兴趣。这种研究上的极度关注和浓厚兴趣与解释和评价上的否定和批评并存的事实背后,隐藏着夏目漱石与《老子》思想的深层关系。

夏目漱石没有留下专门讨论《庄子》的文字,但从上述引用老庄原文的情况可知,在他的文学作品、评论、书信等资料中,可以看到不少《庄子》的痕迹。据此,首先可以肯定,夏目漱石对《庄子》原文是熟悉的。至于他对《庄子》的态度和观点,从其汉诗中对《庄子》的引用来看,显然是有所认同的。总之,夏目漱石的文学和思想与道家思想之间,存在着某种重要关系有待揭示。

附:老子"修身""政治"与"道"示意表①:

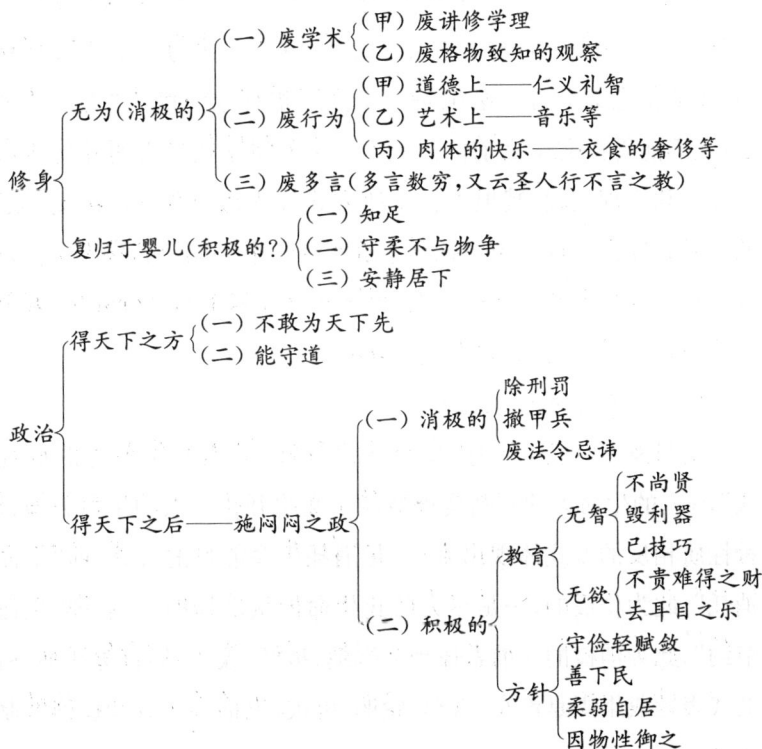

修身
　无为(消极的)
　　(一)废学术
　　　(甲)废讲修学理
　　　(乙)废格物致知的观察
　　(二)废行为
　　　(甲)道德上——仁义礼智
　　　(乙)艺术上——音乐等
　　　(丙)肉体的快乐——衣食的奢侈等
　　(三)废多言(多言数穷,又云圣人行不言之教)
　复归于婴儿(积极的?)
　　(一)知足
　　(二)守柔不与物争
　　(三)安静居下

政治
　得天下之方
　　(一)不敢为天下先
　　(二)能守道
　得天下之后——施闷闷之政
　　(一)消极的
　　　除刑罚
　　　撤甲兵
　　　废法令忌讳
　　(二)积极的
　　　教育
　　　　无智
　　　　　不尚贤
　　　　　毁利器
　　　　　已技巧
　　　　无欲
　　　　　不贵难得之财
　　　　　去耳目之乐
　　　方针
　　　　守俭轻赋敛
　　　　善下民
　　　　柔弱自居
　　　　因物性御之

① 表见夏目漱石:「老子の哲学」,岩波书店漱石全集编集部:『漱石全集』第二十二卷,岩波书店,1957年,67、70、77页。为排版方便,格式稍有改动。

```
                              ┌ 无限
              ┌(一)范围    ┤ 无始
              │              └ 无终
              │                  ┌ 无形
    ┌绝对的道─┤(二)体(无为)┤ 无声
    │         │                  └ 无臭
    │         │                  ┌ 生万物
道 ┤         └(三)用(有为)┤ 无意识而有法
    │                            └ 柔而不能屈
    │              ┌ 人之道(损不足奉有余)
    └相对的道──────┤ 不道(壮者必老)
                   └ 非道(盗夸)
```

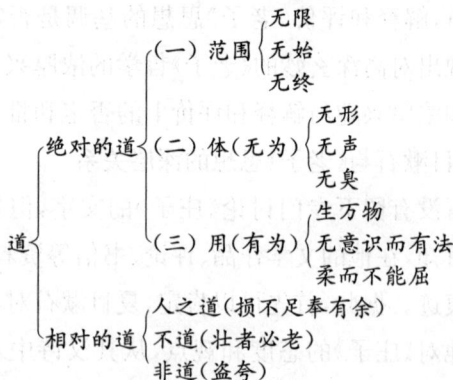

二、道家思想与夏目漱石的文明批判

如上所述,文明的反思批判和人生意义的寻索构成了夏目漱石文学的中心课题。江藤淳指出,夏目漱石"在作为一个作家存在之前,在某种意义上首先必须是一个文明批评家",因为"为了从事文学,就不能无视文学之前的问题",①这个问题就是文明开化所造成的社会和心理问题,其根本在于西方式现代化与日本传统文化之间的失调和冲突。这一矛盾在日本现实社会中尖锐地表现出来。夏目漱石与这种社会现实格格不入,揭露和批评其中的种种弊病,并分析其原因,进而探索社会和人生的真理。

(一)"文明开化"的焦虑

夏目漱石认为,所谓"文明开化",就是"人的生命力的展现方式",②人的生命力的不断展现造就了文明开化。人的生命力通过两种性质相反的方式体现出来,一是消耗生命能量的方式,即"生命力消耗",此为积极的;一是尽力防止生命能量消耗的方式,即"生命力节约",此为消极的。前者体现为兴趣、嗜好、娱乐、体育等活动,后者的代表性成果则是汽车、火车、轮船、电报、电话等工具和设施的制造

---

① 江藤淳:『夏目漱石』,日本図書センター,1993 年,29 頁。
② 夏目漱石:「現代日本の開化」,岩波書店漱石全集編集部:『漱石全集』第十六巻,岩波书店,1995 年,420 頁。

和使用。这两个方面是背反、矛盾的，两者相互交织在一起，错综复杂且千变万化，构成了文明开化混乱而奇妙的景象。因此，文明开化可以说是一个不可思议的悖论：如果"生命力消耗"和"生命力节约"是人类生来具有的倾向，那么这两种活动的长期发展，应当使人类的现代生活比古代更加幸福。但是，事实却并非如此。"今天，即使能够大幅减轻劳力的器械十分完备，能自由享受娱乐的途径多种多样，人们生存的苦痛之感还是出乎意外的痛切，其严重程度甚或是应当再冠之以'非常'才能形容的。生活在能如此减轻劳力的时代，内心却毫无感激之情；生活于娱乐的种类和范围如此多样化的时代，却全然不觉有感恩之意。这样的话，也许应在苦痛之上再加上'非常'二字"，"人们都自觉到，他们生活在毫不逊于古代人的苦痛之中。何止于此！文明开化越是进展，竞争就越是变得激烈，生活就越是陷入艰难"，"这是文明开化制造的一大悖论"。①

夏目漱石认为，现代文明的发展异常迅猛，使人们产生了不安："人类的不安来自科学的发展。前进而不知停顿的科学，不曾允许我们裹足不前。从徒步到人力车，从人力车到马车，从马车到火车，从火车到汽车，后来是飞艇，再后来是飞机，到什么地方也不停顿，还不知要带我们到哪里去，实在可怕！"②对于现代文明的危险性，夏目漱石还更具体地从发展个性而又轻视个性的角度加以审视。他以火车载人的情景为现代文明的缩影和象征，对其进行反省和批判：

> 我把能看到火车的地方称作现实世界。再没有比火车更能代表二十世纪文明的了。把几百个人圈在一个箱子里，轰轰隆隆拉着走。它毫不讲情面，闷在箱子里的人们都必须以同样速度前进，停在同一个车站，同样沐浴在蒸汽的恩泽里。人们说乘

① 夏目漱石：「現代日本の開化」，岩波書店漱石全集编集部：『漱石全集』第十六卷，岩波書店，1995 年，420—427、429 页。
② 夏目漱石著，张正立译：《使者》，上海世纪出版股份有限公司译文出版社，2013 年，第349 页。

火车,我说是装进火车;人们说乘火车走,我说是用火车搬运。再没有比火车更加轻视个性的了。文明就是采取一切手段最大限度地发展个性,然后再采取一切手段最大限度地践踏个性。给予每人几平方的地面,让你自由地在这块地方起卧,这就是现今的文明。同时将这几平方的地面围上铁栅栏,威吓你不准越出一步,这也是现今的文明。在几平方的地面希望擅自行动的人,也希望能在铁栅栏外边擅自行动,这是很自然的道理。可怜的文明国民们日日夜夜只能啃咬着铁栅栏而咆哮。文明给个人以自由,使之势如猛虎,而又将你投入铁槛,以继续维持天下的和平。这和平不是真正的和平,就像动物园的老虎瞅着游客而随地躺卧的那种和平。铁槛的铁棒要是拔出一根——世界就不堪收拾。……我每当看到火车猛烈地、不分彼此地把所有的人像货物一般载着奔跑,再把封闭在客车里的个人同毫不顾及个人的个性的铁车加以比较,就觉得危险,危险。一不留意就要发生危险!现在的文明,时时处处都充满这样的危险。顶着黑暗贸然前进的火车便是这种危险的一个标本。①

对于日本当时的现代化,夏目漱石更是感到焦虑,并进行了深入分析。他认为,日本的现代化是一种"外发的"的现代化,不同于西方"内发的"的现代化。所谓"内发",就是"从内部自然地出现并发展之意,正如鲜花开放一般,自然而然地花蕾破开、花瓣外张","如行云流水般自然地活动";而"外发"则是"因受到外部强加的力量而不得不采取某种形式","我们因这种压力而不得不走上不自然的发展道路,因此,日本的文明开化并非踏踏实实、慢慢悠悠的过程,而是运着气纵身跳起来进行的。因为没有顺次经历文明开化的全部阶段的余地,所以尽量用大针稀稀落落地缝补而过"。②夏目漱石认为,真正的

---

① 夏目漱石著,陈德文译:《草枕》,上海世纪出版股份有限公司译文出版社,2014年,第137—138页。
② 夏目漱石:「現代日本の開化」,岩波書店漱石全集編集部:『漱石全集』第十六巻,岩波書店,1995年,430—431頁。

现代化必须是内发的,"文明开化的推动若不是内发的,则无论如何都是一个错误"。①因此,日本的外发式现代化是不真实的和扭曲的,是"肤浅轻浮的文明开化",②它给日本人造成了极大的心理影响。日本受到西方现代化潮流的外在推动,强迫性地做出反应而进行现代化,于是陷入疲于奔命的境地,丧失自身的自然节奏,这就如同"面对餐桌,摆上的菜肴还未映入眼帘之前,就已经撤走而换上了新菜,哪里还谈得上去享用多少美味。受到这种外发式文明开化影响的国民,必然产生某种空虚之感,并且必然抱有某种不满和不安之念。如果有人表现出一副得意的面孔,就好像这种文明开化简直是内发式的,则甚为不妥,那就是追求时髦,是不适当的,是虚伪的,是轻薄的"。③现代化(包括西方现代化)原本就会导致人类精神的不安和焦虑,使得现代文明人并不比野蛮人更幸福,而日本的现代化则因其外发性而导致人的更为严重的精神症状,这就是神经衰弱:"由于现代日本所处的特殊状况,我们的文明开化无奈地成为一种机械性的变化,因此只是考虑着在表面上滑行还是不滑行而挣扎着,于是患上了神经衰弱,这样,是说日本人可悲呢,还是可怜呢,实在是无以名状。"④

(二)道家思想与夏目漱石对过度知性化的反思

夏目漱石还从知性过度使用的角度反思日本现代化,探讨了知识智巧无限扩张带来负面影响的问题。他敏锐而深刻地觉察到,日本的现代化导致了知性过度运用从而带来知识消化不良的现象,并对此现象予以揭露和批判。在成名作《我是猫》中,他借主人公苦沙弥之口,告诫人们对知识的追逐应适可而止,表达出对近代文明无限

---

① 夏目漱石:「現代日本の開化」,岩波書店漱石全集編集部:『漱石全集』第十六巻,岩波書店,1995年,434頁。
② 夏目漱石:「現代日本の開化」,岩波書店漱石全集編集部:『漱石全集』第十六巻,岩波書店,1995年,437頁。
③ 夏目漱石:「現代日本の開化」,岩波書店漱石全集編集部:『漱石全集』第十六巻,岩波書店,1995年,436頁。
④ 夏目漱石:「現代日本の開化」,岩波書店漱石全集編集部:『漱石全集』第十六巻,岩波書店,1995年,438—439頁。

追求知识增长的反思：

> 你只知道担心落伍于时代，可是根据时间、条件的不同，有
> 时落伍于时代反倒真了不起哩。甭说别的，现在的所谓学问，只
> 知道往前赶，不管怎样前进，还是没完没了。永远不会得到
> 满足。①

在小说《使者》中，夏目漱石刻画了一个因为智虑过度而患上严
重神经衰弱症的知识人形象。而他自己作为知识人，一生也为严重
的神经衰弱所困扰，对此有着痛切的体会。他在 1905 年的笔记中
写道：

> 在人类智识、学问、各种事物进步的同时，发起这些进步的
> 人类自身却一步一步地颓废、衰落。这种情况达到极致后，最终
> 会领悟"无为而化"一语所绝妙地道出的事情。然而当其领悟之
> 时，已经患上神经过敏，无论什么方法都不能救治了。②

这一思想在其小说作品中也有所表述：

> 请大家看看，个性发展的结果是大家都得了神经衰弱症，当
> 大家苦于不知如何是好的时候，才开始发现"王者之道荡荡"这
> 句话的价值，从而领悟了"无为而化"这句绝不能小看的话。虽
> 然领悟了，但为时已晚。这和得了酒精中毒症以后才想到不那
> 样狂饮就好了是极其相似的。③

---

① 夏目漱石著，刘振瀛译：《我是猫》，上海世纪出版股份有限公司译文出版社，2011 年，
第 283 页。
② 夏目漱石：「明治 38，39 年片断」，岩波书店漱石全集编集部：『漱石全集』第十九卷，岩
波书店，1995 年，204 页。
③ 夏目漱石著，刘振瀛译：《我是猫》，上海世纪出版股份有限公司译文出版社，2011 年，
第 396 页。

　　这里指出,近代文明在知识、技术等各方面快速增长、进步的同时,人本身却不断衰颓,其表现就是神经衰弱。就是说,这种人类自身的衰颓,主要是精神上的,或者说心性上的。夏目漱石将其视为近代文明进程下人的典型病症,并试图加以治疗。

　　上述夏目漱石对知识的无限增长、知性过度运用所造成的知识消化不良和人的精神衰颓等问题的揭露和反思,是沿着道家的理路和思想展开的。《老子》贬低一般知识(见闻之知、思虑之知等)的积累,而认为对道的体悟才是真正的知识。"为学日益,为道日损,损之又损,以至于无为"(四十八章),意思是说,一般知识与体道之知的认识方式相反,前者是增长和累积,后者是减少和剥离。因而一般知识的增长无助于体道之知的获得,"其出弥远,其知弥少"(四十七章)。《庄子》也认为,对知识的无限追求会导致生命意义的丧失和生命价值的贬低:"吾生也有涯,而知也无涯。以有涯随无涯,殆已!已而为知者,殆而已矣!"(《养生主》)因而追求"离形去知,同于大通"(《大宗师》)的境界。夏目漱石说,知识学问的进步其所以会导致人的精神衰颓,是因为不懂得"无为而化"的道理。这里的"无为而化"思想来自《老子》。《老子》强调"无为",反对智巧,主张"我无为而民自化,我好静而民自正,我无事而民自富,我无欲而民自朴"(五十七章),"道常无为而无不为……万物将自化"(三十七章)。夏目漱石所谓"无为而化",也就是《老子》的"自化",亦即"自然"。道家深刻省思了感性和知性的过度运用对人的自然之性的疏离和戕害:

　　且夫失性有五:一曰五色乱目,使目不明;二曰五声乱耳,使耳不聪;三曰五臭薰鼻,困惾中颡;四曰五味浊口,使口厉爽。五曰趣舍滑心,使性飞扬。此五者,皆生之害也。(《天地》)

　　浇淳散朴,离道以善,险德以行,然后去性而从于心。心与心识知而不足以定天下,然后附之以文,益之以博。文灭质,博溺心,然后民始惑乱,无以反其性情而复其初。(《缮性》)

声色臭味的过度刺激导致天赋感官能力的损伤和退化,取舍之欲使心灵奔竞不止,轻浮躁动。如果"去性从心",既运用心识,又增益文博,就会"灭质溺心"、"民始惑乱"。正如成玄英所说:"前既使心运知,不足以定天下,故后依附文书以匡时,代增博学而济世。不知质是文之本,文华则隐灭于素质;博是心之末,博学则没溺于心灵。唯当绝学而去文,方会无为之美也。"①因此,老庄倡导"绝圣弃智"(十九章)、"去知与故"(《刻意》),试图复归人性之本然和社会之自然。夏目漱石告诫,对知识的追求应适可而止,从而矫正过度知性化的弊病。而他认为东洋的学问(主要指东亚汉字文化圈的学术和思想)有此功效:

> 说到我们东洋的式的学问,则是消极的,有的地方非常值得仔细玩味。因为它提倡心本身的修炼嘛。②

这里所谓"提倡心本身的修炼"的"消极的""东洋式式学问",当主要指老庄道家思想而言。

(三) 道家思想与夏目漱石对过度自我意识的反思

夏目漱石进一步思索了知识智巧的负面性产生的原因。小说《春分之后》的主人公须永的自省,表达出这种忧虑和疑惑:

> 坦白地说,我受过高等教育,作为其证据,我迄今一直为自己的头脑比别人复杂而感到骄傲。可是,不知何时,却因这样复杂的思维而感到疲惫不堪了。是怎样一种原因使我不得不把事物精雕细刻到如此细腻的地步,以求得生存的呢? 想到这里,感到十分可悲。③

---

① 郭庆藩撰,王孝鱼点校:《庄子集释》(中),中华书局,2012 年,第 554 页。
② 夏目漱石著,刘振瀛译:《我是猫》,上海世纪出版股份有限公司译文出版社,2011 年,第 283 页。
③ 夏目漱石著,赵德远译:《春分之后》,上海世纪出版股份有限公司译文出版社,2013 年,第 311 页。

夏目漱石认为,现代人对知性知识的穷追不舍,导致精神疲惫和生命本真的异化,其深层原因在于高度膨胀的自我意识,或说是自我的固执化。他分析说:

> 现代人的密探倾向,原因全在于个人的自觉心过分的强烈。我所说的自觉心,不同于……什么见性成佛啦、自己与天地同体啦那种悟道一类的东西。……现今人所谓的自觉心,可以说是过分懂得自己与他人之间有一条截然的利害鸿沟。而这种自觉心,随着文明的进展,一天比一天变得敏锐,从而到了最后,连举手投足都变得不能按自然行事。……现今的人,睡觉也好醒来也好,总在盘算怎样对自己有利,怎样对自己不利,自觉心和密探、窃贼一样强烈。在二十四小时中总是心神不宁,总在偷偷摸摸地行动,在走向坟墓之前一刻也不得安宁,这就是现代人的心态。这是对文明的诅咒,真可笑极啦。①

此处所谓"个人的自觉心",就是自我意识。自我意识将自我与他人、自我与环境断然区分开来,一切以自我利益为中心,用尽机巧和聪明去追逐和维护自己的利益,经过长期累积而达到高度的敏锐。夏目漱石将其描述为"密探"和"窃贼"的心态,可谓生动且入木三分。这的确是对现代文明的莫大讽刺。他对文明社会陷于"密探"和"窃贼"的扭曲心态而"不能按自然行事"的可悲境况的描述,其意蕴颇类于《庄子》对自我意识活动的种种情态的生动刻画:

> 大知闲闲,小知间间;大言炎炎,小言詹詹。其寐也魂交,其觉也形开。与接为构,日以心斗。缦者,窖者,密者。小恐惴惴,大恐缦缦。其发若机栝,其司是非之谓也;其留如诅盟,其守胜

---

① 夏目漱石著,刘振瀛译:《我是猫》,上海世纪出版股份有限公司译文出版社,2011年,第380、381—382页。

之谓也；其杀若秋冬，以言其日消也；其溺之所为之，不可使复之也；其厌也如缄，以言其老洫也；近死之心，莫使复阳也。喜怒哀乐，虑叹变慹，姚佚启态；乐出虚，蒸成菌。日夜相代乎前，而莫知其所萌。已乎，已乎！旦暮得此，其所由以生乎！（《齐物论》）

文明社会中自我意识（自觉心）的无所不在造成了人的心理紧张，甚至对"亲切"的意识也不例外：

> 对亲切所抱的自觉心，当然不坏，不过正因为在自觉心的前提下对人表示亲切，所以总得劳神嘛。反而令人可怜。一般人认为随着文明的发达，杀伐之气没有了，人与人的交际也稳当得多了，其实这是大错特错的。自觉心这样强烈怎么会稳当呢。不错，乍看起来，似乎像是平稳、相安无事，其实彼此都非常苦恼呀。这和相扑的力士，在比赛场地当中互相揪住对手摆出不动的架势没什么两样嘛。在旁人看来以为这是极平稳的，而角力双方的本人不正是暗中使用极大的力气的吗?①

在这种由自我意识过度强化而形成的角力状态下，人受到各种束缚而陷于烦恼痛苦之中，而丧失了生命的本真价值，"所以贫时就要受贫的束缚，富时受富的束缚，愁时受愁的束缚，喜时受喜的束缚。才人要死在才上，智者要失败在智上"。②既然这种可悲的精神状态是因过度自我意识而起，那么治疗它的根本方法就是弱化和消除过度自我意识，也就是"忘我""无我"。在1905—1906年的笔记中，夏目漱石写道：

> 以往的人教人忘我，现在的人教人不要忘我，二十四小时中

---

① 夏目漱石著，刘振瀛译：《我是猫》，上海世纪出版股份有限公司译文出版社，2011年，第383页。

② 夏目漱石著，刘振瀛译：《我是猫》，上海世纪出版股份有限公司译文出版社，2011年，第383页。

充满了意识。因此,二十四小时中没有一刻是太平的。①

这一思想在其小说作品中则表达为:

> 以往的人教人们忘掉自己,现在的人教人不要忘了自己,这完全不同。二十四小时中充满了自我意识。正因为如此,二十四小时中没有一刻是太平的。永远处在焦热的地狱里。说到普天下什么是良药,再没有比忘掉自己是更好的药啦。"三更月下入无我"就是咏这种至境的嘛。②

在夏目漱石看来,只有达到"忘我""无我"的境地,才能从"密探"和"窃贼"的心态和"不能按自然行事"的困境中解脱出来,才能够"按自然行事"。这里,"无我"与"自然"是一体之两面。相对地看,"自然"可以说具有文明批判依据和理想的意义,"无我"则是其文明批判在主体精神上的体现。一方面,夏目漱石以"自然"的眼光来审视近代文明,批判其不符合"自然"(即"不自然")的方面,希望通过"无我"来消解过度的自我意识;另一方面,他揭露文明的种种弊端,其结果就是走向"自然",而"无我"则是这种"自然"在主体精神上的体现。

这种思想正合于老庄哲学。《老子》所提倡的"无为"的核心内涵就是消解过度的人为和意志,让事物按照其本来的进程和趋势自然而然地发展,即"辅万物之自然"。这也就是要去除人的过度欲望、意志和目的,弱化人的自我意识。"无知""无欲""无私""无名"等都是这种意义上的"无为"的体现。《庄子》更是揭示出人的心灵因受知性作用的侵蚀而本真日丧、生命力衰退的病态,洞察到人陷入了一种根本性的精神困境,并提出从这种精神困境中解脱的独特方法,这就是

---

① 夏目漱石:「明治38,39年片断」,岩波书店漱石全集编集部:『漱石全集』第十九卷,岩波书店,1995年,203页。

② 夏目漱石著,刘振瀛译:《我是猫》,上海世纪出版股份有限公司译文出版社,2011年,第382页。

"忘己"(《天地》)、"丧我"(《齐物论》)、"无己"(《逍遥游》)、"坐忘"（《大宗师》)之法。"忘"是《庄子》极为重要的概念,在《庄子》看来,"功利机巧忘夫人之心"(《天地》)是脱离"苶然疲役而不知其所归"(《齐物论》)的可悲境况而达到"逍遥"的主要途径。可见,夏目漱石提出以"忘我""无我"来治疗现代人的精神焦虑,正是遵循了老庄道家特别是《庄子》的思路。

（四）道家思想与夏目漱石对追名逐利的反思

与其对知识智巧的批判相联系,夏目漱石对现实社会中追名逐利的现象进行了批判。明治维新以后,随着资本主义的迅速发展,日本社会中实利主义、拜金主义、庸俗主义盛行,费尽心机巧智以求名利者比比皆是。夏目漱石极端蔑视这种社会现象。在他的主要文学作品,如《我是猫》《哥儿》《虞美人草》《明暗》中,都有对名利之徒的揭露和鞭挞。他的批判,不是单纯从道德上指责其自私自利、损人利己,而是从其玩弄人为智巧而丧失自然真性的角度加以评判和讥刺。如大星光史所指出的:"对漱石来说,聪明伶俐者、小人、愚鲁之人、富人、有权势者,这些人都是与他不相容的人。因为漱石认为,他们根本上都是脱离无为的不自然、顽固、充满贪欲、玩弄小聪明的。""透彻的漱石洞见到,名誉、金钱、地位无论怎样浮现于眼前,也是毫无意义的。对于人为、作为和人造物,他是极端厌恶的。这些都是不自然的,而他想尽力返回自然"。[①]夏目漱石的一生也是遵循这个原则行事的。如他毫不留恋大学教授稳定、优厚的待遇,毅然辞去明治大学教职而进入朝日新闻社工作,拒绝了首相西园寺公望的邀请(这在当时看来是很高的荣誉)。特别是 1911 年他拒绝接受日本文部省授予的文学博士称号,并这样说明拒绝的理由:"从政府的立场来看,博士制度作为学术奖励的手段无疑是有效的。但如果养成一种举国的学者皆为当博士而做学问的风气,又具有被这样认为的极端倾向,显然,在这种情况下,即使在国家看来也弊端甚多。……如果学术成了

---

① 大星光史:『日本文学と老荘神仙思想の研究』,桜楓社,1990 年,352、354 頁。

少数博士的专有物,少数学者贵族完全掌握学术权,……这是我所忧虑的。"①这一方面反映出夏目漱石对官方制度化名誉之弊端的警惕,另一方面也体现出他轻视权威和名位,不愿为其所束缚,努力追求独立人格的思想。夏目漱石对世俗社会有着强烈的超脱意识。《我是猫》的主人公"猫"这样说道:

> 总之,主人也好,寒月也好,迷亭也好,都是太平盛世的逸民,他们像藤上的丝瓜一般随风摇曳,似乎自以为超然世外,其实他们仍然未能忘怀尘世,而是充满俗情。竞争之念,争强斗胜之心,就连在他们平素的谈笑之中,也时有流露。他们再陷下去,就会和他们平素唾骂的俗物成为一丘之貉。②

文中的"主人"暗指夏目漱石自己,"寒月""迷亭"等则暗指他的朋友。夏目漱石意识到,自己试图脱俗但又未能完全做到脱俗。从这种深刻的自省可以看出,他是多么向往"忘怀尘世"名利之争而做一个"超然世外"的"太平盛世的逸民"!

老庄皆反对追求名声、争夺名利。《老子》谓"道常无名"(三十二章),体道的圣人则是"功成不名有"(三十四章)。又主张"绝巧弃利"(十九章)、"不贵难得之货"(六十四章),提倡"不争",如曰"夫唯不争故无尤"(八章)、"天之道不争而善胜"(七十三章)等。《庄子》更尖锐地把名利和智巧看作是使人竞逐争夺,从而遭受残生伤性之祸的共谋,因此常将二者联系起来加以批判:

> 德荡乎名,知出乎争。名也者,相轧也;知也者,争之器也。二者凶器,非所以尽行也。(《人间世》)

---

① 夏目漱石:「博士問題の成行」,岩波書店漱石全集編集部:『漱石全集』第十六卷,岩波書店,1995 年,362 頁。
② 夏目漱石著,刘振瀛译:《我是猫》,上海世纪出版股份有限公司译文出版社,2011 年,第 59 页。

而追名与求利在残害本真之性上亦无实质区别："伯夷死名于首阳之下，盗跖死利于东陵之上。二人者，所死不同，其于残生伤性均也"（《骈拇》）。夏目漱石批判名利智巧的思路与老庄的上述思想一致。老庄让人们忘怀于名利智巧，超越是非、仁义乃至生死，超脱"方之内"而游于"方之外"，与道同体，从而走向"坐忘""无己"的"逍遥"，这也正是夏目漱石所始终追求的人生境界。

文明批判是老庄道家思想的重要议题，也是其根本特征之一。老庄道家的文明批判，既有社会文化批判，也有知识技术批判。《老子》批判"有为"之政，提出"无为"的主张；批判道德规范和知识——技术系统的工具化和异化，提出绝弃"圣智""仁义""巧利"的主张和"绝学"的观点。《庄子》更从守护人的本真之性的角度，强化了《老子》的文明批判思想，对道德规范和知识——技术系统进行了更为激烈、犀利的剖析和抨击。他尖锐地指出，所谓仁义道德、知识智巧等，不过是人们利益之争的手段和工具，"二者凶器，非所以尽行也"（《人间世》）。《庄子》痛感知识智巧对人和社会的危害：

> 上诚好知而无道，则天下大乱矣。何以知其然邪？夫弓弩、毕弋、机变之知多，则鸟乱于上矣；钩饵、罔罟、罾笱之知多，则鱼乱于水矣；削格、罗落、罝罘之知多，则兽乱于泽矣；知诈渐毒、颉滑坚白、解垢同异之变多，则俗惑于辩矣。故天下每每大乱，罪在于好知。（《胠箧》）

而且，种种道德说教和知识智巧往往沦为盗取天下大利的工具：

> 为之斗斛以量之，则并与斗斛而窃之；为之权衡以称之，则并与权衡而窃之；为之符玺以信之，则并与符玺而窃之；为之仁义以矫之，则并与仁义而窃之。何以知其然邪？彼窃钩者诛，窃国者为诸侯，诸侯之门而仁义存焉。则是非窃仁义圣知邪？（《胠箧》）

因而喊出"绝圣弃知,大盗乃止"(《胠箧》)的激烈言辞。置身于日本急速迈向现代化的明治时代,夏目漱石切身体会到伴随现代化进程而来的精神痛苦,痛感现代文明对人的本然之性和自然生存状态的扭曲和毁坏。因此,他具有对这种逼迫性现代化进行反思和批判的深沉而强烈的动机。夏目漱石的文明批判是有其思想外援的,而他主要不是到作为现代化策源地的西方文化中去寻找思想资源,东方文化传统对他具有更大的吸引力。他自然地回到以中国和日本文化为主的东方传统中寻求精神慰藉和思想支持,而其中最合乎夏目漱石这种文明批判理路的古代思想,可以说非道家莫属。

三、道家思想与夏目漱石的文艺理论

(一)"游刃有余"与"低徊趣味"

夏目漱石曾提出,文艺活动的最高理想是"还原感化"境界,即文艺家的意识流与读者的意识流完全一致的状态,而这就是一种庄子式的"无我"而"逍遥于恍惚之域"的境界。[①]可见,庄子哲学在夏目漱石的文艺理论中占据十分重要的地位。在创作态度上,夏目漱石提出"低徊趣味"的观点,并贯彻于其创作活动之中。所谓"低徊趣味"[②],就是一种避开世俗的烦恼,以从容之心来审视世间和人生的创作态度和旨趣。由于采取这种从容宽裕的态度,夏目漱石等奉行这种创作态度的作家被称为余裕派。"低徊趣味"的创作宗旨体现在文体类型上,就是肯定和重视写生文,[③]即按事物的原貌进行客观描写。夏目漱石分析说:

在写生文家的作品中,总包含着从容。不紧迫,不担心。因

---

① 夏目漱石:「文芸の哲学的基礎」,岩波書店漱石全集編集部:『漱石全集』第十六卷,岩波書店,1995 年,132 頁。
② 低徊,日语写作:低回[ていかい],原意是流连徘徊、左思右想。趣味,日语为趣味[しゅみ],指审美的感觉。
③ 写生文,是日本明治中期诗人正冈子规借取绘画的方法所提倡的一种散文类型,后为高滨虚子等人所发展。

此阅读起来有悠然自得之感。这是因为,写生文家的态度是:在描写人事的过程中,作者的精神不能完全被夺去。写生文家将自己精神的一部分加以区分,来审视人事。常游于充裕之处。就是说,有了游的空间,描写的此方和被描写的彼方,在相互一致的同时,也存在局部的分离。①

按照夏目漱石的论述,他所谓"从容",实为一种宽裕超越的态度。由于与描写的对象保持一定距离,超越于世间价值观念之外,不陷入其中,不受其牵累,因而获得了悠游的空间,达到精神上的从容。"常游于充裕之处",与《庄子》"庖丁解牛"故事中的"游刃有余"之境如出一辙:

> 彼节者有间,而刀刃者无厚,以无厚入有间,恢恢乎其于游刃必有余地矣。(《养生主》)

这里的"游刃有余",可从养生的意义上理解,但也实际上超出了养生的范围,成为《庄子》"逍遥"境界的另一种表述。只有超越于世俗价值观念之外,才能获得这种宽裕和从容。夏目漱石也正是遵循了这一思路。他对善恶等观念持有相对化的看法,如说:

> 如果如实地讲出自然的事实的话,那就是:无论何等的忠臣、孝子、贞女,从某种意义上说,无疑具备相当的美德;但同时,从另一意义上说,又有非常可疑的缺点。即在忠、孝、贞的同时,又是不忠、不孝、不贞。无论有何等至德之人,都会有坏的地方。②

---

① 夏目漱石:「写生文」,岩波书店漱石全集编集部:『漱石全集』第十六卷,岩波书店,1995年,52—53页。
② 夏目漱石:「文芸と道徳」,岩波书店漱石全集编集部:『漱石全集』第十六卷,岩波书店,1995年,469页。

超越善恶等世俗价值观念，也就超越了以这种价值观念为基础的情感，从而达到夏目漱石所谓"非人情"的境地。小说《草枕》中画匠的"非人情的旅行"，实际上也是一种文艺创作态度，即跳出世俗的人情而不纠缠其中，把人世当成一幅画来看。画匠说："我的这次旅行，决意摆脱世俗之情，做一个地道的画家。因此，对于一切眼中之物都必须看成画图，都必须当成能乐、戏剧和诗中的人物加以观察。"①超越人间利害好恶而达于"非人情"，也就回归于真朴，有真朴而后能"游刃有余"，只有这样才能发现真正的美。夏目漱石认为，这是文艺创作的条件："旷达和天真显现出余裕，而余裕之于画，之于诗，乃至于文章，皆为必备的条件。"②因而，在夏目漱石看来，表面上大讲道义的浪漫派作品，却存在非道义的成分；而毫不关注道义的自然派的作品，反而具有伦理上的优点。作品的道义性决定于其艺术性。③这些观点，与道家颇为相近。老庄都强调世俗价值的相对性，如《老子》云："天下皆知美之为美，斯恶已；皆知善之为善，斯不善已。"（二章）又云："善之与恶，相去若何？"（二十章）《庄子》更提出系统的价值相对论，认为"仁义之端，是非之涂"不能分辨（《齐物论》），故主张以万物为齐，通万物为一。这种价值的相对化，必然导向一种从容超脱的姿态。这就是《庄子》所谓"游刃有余"和"逍遥"，即"道"的境界。从以上分析可知，《庄子》式的"游刃有余"之道，构成了夏目漱石文学创作理论的一个重要依据。

（二）"道进乎技"与"自我表现"的艺术

关于艺术，夏目漱石有很多论述。他有一个重要观点，即"艺术乃始于自我表现，终于自我表现"，就是说，艺术的根本在于"自我表现"。艺术家之为艺术家，一般都具备这种素质，即能够忠实于自己，

①　夏目漱石著，陈德文译：《草枕》，上海世纪出版股份有限公司译文出版社，2014年，第122页。

②　夏目漱石著，陈德文译：《草枕》，上海世纪出版股份有限公司译文出版社，2014年，第74页。

③　夏目漱石：「文芸と道徳」，岩波书店漱石全集编集部：『漱石全集』第十六卷，岩波书店，1995年，478頁。

全身心地彻底表现自我。这种自我得到充分表现的状态,是"胸怀纯洁,无我无欲"的境界。这类似于艺术创作上的高峰体验,达到此境的艺术家,有一种"不存念家国,不拘是非得失,不知毁誉、褒贬……佛来杀佛,祖来杀祖"的气概。[1]这正是夏目漱石作为文艺最高理想的"还原感化"之境,其实质是庄子式的"齐物"、"无我"的境界。在散文《十夜梦·第六夜》中,夏目漱石讲述了艺术家运庆[2]雕刻佛像的故事。文中这样描写运庆在雕凿佛像时的神态:

> 运庆专注于雕刻,根本没有表现出感到稀奇古怪的神情。……眼中没有旁人。他这副神情不啻是在表示:"天下英雄,唯仁王与我耳。"……凿子用得如此得心应手,眉毛和鼻子也就当然能随心所欲地刻出来啦。……那不是在用凿子凿刻眉毛和鼻子。这眉毛和鼻子本是埋藏在木料中的,他无非是借着凿子和锤子的力量,把眉毛和鼻子挖出来罢了。这就如同由土中挖出石头一样,因此绝对不会出错的。[3]

这个故事及其对雕刻技艺的描述,很自然地让人想起《庄子·达生》中"梓庆为鐻"的故事:

> 梓庆削木为鐻,鐻成,见者惊犹鬼神。鲁侯见而问焉,曰:"子何术以为焉?"对曰:"臣,工人,何术之有!虽然,有一焉。臣将为鐻,未尝敢以耗气也,必齐[4]以静心。齐三日,而不敢怀庆赏爵禄;齐五日,不敢怀非誉巧拙;齐七日,辄然忘吾有四枝[5]形

---

[1] 夏目漱石:「文展と芸術」,岩波書店漱石全集編集部:『漱石全集』第十六卷,岩波書店,1995 年,510、514 頁。

[2] 运庆(?—1223),日本平安末期、镰仓初期的佛像雕刻家。作品有圆成寺大日如来像、东大寺南大门仁王像(与快庆合作)等。

[3] 夏目漱石著,吴树文译:《十夜梦·第六夜》,《玻璃门内:夏目漱石小品四种》,上海世纪出版股份有限公司译文出版社,2012 年,第 72 页。

[4] 齐(齊),通"斋(齋)"。下三"齐"字同。

[5] 枝,借为"肢"。

体也。当是时也,无公朝,其巧专而外骨消。然后入山林,观天性。形躯至矣,然后成见鐻,然后加手焉。不然则已。则以天合天,器之所以疑神者,其是与!"

运庆与梓庆的故事,思路和情节极为相似,都是用雕刻的例子说明艺术的至高境界。而两个故事中包含的寓意更是神蕴相通。运庆精神专一,旁若无人,这正如梓庆的"巧专而外骨消",即忘怀"庆赏爵禄"、"非誉巧拙"、"四枝形体"和"公朝"的境界。也正如《达生》篇另一寓言"痀偻承蜩"所描述的"用志不分,乃凝于神"的技艺至境:

> 吾处身也,若厥株拘;吾执臂也,若槁木之枝。虽天地之大,万物之多,而唯蜩翼之知。吾不反不侧,不以万物易蜩之翼,何为而不得!

运庆的精神专一,不正是这里"痀偻丈人"忘怀万物,眼中只有技艺活动对象(蜩翼)的"用志不分,乃凝于神"之境吗?而夏目漱石所追求的超越家国观念、是非得失和毁誉褒贬,"胸怀纯洁,无我无欲"的艺术至境,也正与此相合。梓庆好像在树木之中看到完整的鐻("成见鐻");运庆则将佛像看作"本是埋藏在木料中的",雕刻的过程"无非是借着凿子和锤子的力量,把眉毛和鼻子挖出来罢了",二者意蕴相通。运庆的"凿子用得如此得心应手",又与《庄子》中轮扁"得之于手而应于心"的斫轮技艺相合:

> 斫轮,徐则甘而不固,疾则苦而不入。不徐不疾,得之于手而应于心,口不能言,有数存焉于其间。(《天道》)

《达生》篇"工倕旋矩"的寓言将这种技艺至境概括为:"指与物化而不以心稽,故其灵台一而不桎。"意思是说,工倕用手画圆时,手指的变化就如同物之变化,完全出于自然,而丝毫不依赖心思的指使。因此,他的心灵凝一而不窒塞。心灵摆脱外物和心智的牵累("忘"),从而达到适宜的状态("适"):"忘足,屦之适也;忘要,带之适也;忘是非,心之适也;不内变,不外从,事会之适也;始乎适而未尝不适者,忘适之适也。"(《达生》)当一种技艺不依赖心思智巧而完全出于自然的时候,这种技艺也就是无技之技、无艺之艺。夏目漱石的理想艺术亦包含此义。如他在评论津田清枫的绘画时说,他的画作中没有技巧,也没有迎合世俗的态度,而只是忠实于自己的艺术良心。其创作活动"伴随着无伪的真实,丝毫不夹杂利害之念啦、野心啦、毁誉褒贬的痛苦啦等一切尘劳俗累"。"精巧""聪明""机灵"等"小手段"会破坏画家的美好品质,只有作为"超越小智小慧的巨大能力"的"高度理智力""能给予那种强烈的艺术本能以洗练、统一、净化和浑成"。[①]在此意义上,夏目漱石甚至认为,艺术上的外行比内行更能达成真正的艺术。因为外行"没有藏拙的技巧",能够忠实地表现自己,而这是"构成艺术本质的首要条件";内行则往往"由于技能而破坏了艺术,使其堕落,成为其提升的障碍"。如果内行只要发挥他们的技能就可以成就艺术的话,这就如同说,作为人,只要学会权谋术数就足够了。仅学会权谋术数当然不足以成为一个人,人是高于权谋术数的。同理,真正的艺术也是高于技能的。[②]这种艺术高于智巧技能的思想正源于老庄超越智巧和技能而通达道境的哲学。

《老子》严厉批判"智""巧",揭露"人多伎巧"(五十七章)对于社会的负面作用,主张"绝圣弃智""绝巧弃利"(十九章),提出"大巧若拙"(四十五章),倡导复归于"无名之朴"(三十七章)的状态。"大巧若拙"和"朴"等,虽也包含艺术哲学(美学)的意义,但《老子》之反对智巧技能,总体上还是从社会政治的角度出发的。相较而言,《庄子》

---

① 夏目漱石:「津田清楓氏」,岩波书店漱石全集編集部:『漱石全集』第十六卷,岩波书店,1995 年,619—620 頁。
② 夏目漱石:「素人と黒人」,岩波书店漱石全集編集部:『漱石全集』第十六卷,岩波书店,1995 年,559 頁。

对智巧技能的批判更为系统、深入，认为"胥易技系，劳形怵心者也"（《应帝王》），主张摆脱"巧者劳而知者忧"，进入一种"无能者无所求"的"虚而敖游"（《列御寇》）的境界。此种境界包含更多的艺术哲学意涵，与"庖丁解牛"的技艺相类。"庖丁解牛"的技艺是"官知止而神欲行"（《养生主》），即超越感觉和智巧的"神欲"活动，实质上是一种艺术境界。《庄子》中这种关于技艺最高境界的寓言还有很多，如"津人操舟""丈夫游水"等。《庄子》认为，这种技艺的极致，已超出技艺的层次而进入"道"的境界，是谓"道进乎技"（《养生主》）。夏目漱石的艺术至境正是《庄子》的这种"进乎技"的"道"境。可见，道家特别是庄子哲学已成为夏目漱石艺术哲学的一个重要依据。《十夜梦·第六夜》以《庄子》梓庆、工倕等寓言为基础，表达了夏目漱石关于理想的艺术家的基本看法，当然也表达了他的艺术观和艺术精神，这就是：为创作出巧夺天工的艺术作品，艺术家应像梓庆那样，不断进行洁斋、精进等精神修炼，从而去除杂念，甚至忘却自我的存在，获得与自然一体的体验，然后才能着手选取合适的创作材料，并在心中想象出创作完成后的作品形态，据此进行加工。在加工过程中要顺随自然，最终创作出鬼斧神工般的作品。①

四、夏目漱石"自然"观念的道家内涵

夏目漱石使用"自然"一词的频率极高。在他的作品中，"自然"有多种用法，其中具有哲学意义的用例约占近一半。②另外，他作品

① 西槙偉：「『夢十夜　第六夜』と『荘子』：漱石における東洋と西洋の揺らぎ」，『熊本大学文学部論叢』94（文学篇），2007 年，46—47 頁。
② 据相原和邦统计，夏目漱石作品中"自然"一词出现共 440 次。其中"直接呈现作者的价值观，包含绝对性概念"的用法 203 例（"自然"181 例，"不自然"11 例，"天然"4 例，"自然天然"1 例，"天然自然"5 例，"自然不自然"1 例）。此外，还有指代外界自然物的用法 60 例（"自然"一词出现 46 次，"不自然"1 次，"天然"2 次，"大自然""自然界""超自然"等 11 次）和修饰性的用法 177 例。统计的范围包括夏目漱石的 16 部作品，即《我是猫》《漾虚集》《哥儿》《草枕》《疾风》《二百一十天》《虞美人草》《矿工》《三四郎》《后来的事》《门》《春分之后》《使者》《心》《路边草》《明暗》，几乎覆盖了其所有作品。相原和邦：『漱石文学の研究——表現を軸として』，明治書院，1988 年，168、170—171 頁。

中与"自然"同义的"天"的出现频率也很高。①"自然"("天")的观念在夏目漱石的文学和思想中占有极为重要甚至根本性的地位。②它不仅是夏目漱石文明批判的依据和理想，也是其整个文学的主线。夏目漱石就像蔑视和厌恶名誉、金钱、地位那样蔑视和厌恶"人为、作为和人造物"，认为"这些都是不自然的，而他想尽力返回自然。他以此为终身课题"，在现实生活和作品中进行探索，希望实现这一理想。③因此，这个"自然"("天")就构成夏目漱石文学和思想的永不消失的"低音部"。我们知道，"自然"("天")是道家的核心概念之一，指事物自己如此、本来如此、自然而然的状态，与被强制的、刻意的和人为的状态相对。那么，夏目漱石是否也在此意义上使用"自然"一词？他是否继承了道家的"自然"概念？下面依据其文本作一考释。

(一)夏目漱石"自然"概念的道家性

夏目漱石在批判近代文明时指出："随着文明的进展，……连举手投足都变得不能按自然行事。只能把自己束缚得紧紧的，只能感觉人世是痛苦的。……所谓悠悠然、从容不迫，都不过是纸上的字眼儿，成了毫无内容意义的词语。"④就是说，近代文明的根本弊端在于"不能按自然行事"，而导致人和社会的病态。要摆脱这一困境，就必须复归于"自然"的状态。"文明带有'进化'和'退化'的相对性，自然则是归于'纯一无杂'"。⑤夏目漱石是从"自然"出发来审视近代文

---

① 据相原和邦统计，"天"系列的用语作为绝对词的用法有"天""天意""天道""天命""天惠""天爵""天佑""天机""天赋""天性""天禀""天才""天分""天职""天来""天巧""天真""天寿""天网""天诛""天罚""天然居士"等，共计 163 例。相原和邦:『漱石文学の研究——表現を軸として』，明治書院，1988 年，172—173 頁。顺便指出，上引"天网""天机""天性"等语，皆出自老庄。《老子》有"天网恢恢，疏而不失"(七十三章)之语，《庄子》中，"天机"凡 4 见，"天性"1 见。如曰"其嗜欲深者，其天机浅"(《大宗师》)，"观天性"(《达生》)等。而"天道""天""命"等词在老庄书中也极为多见。

② 据相原和邦统计，具有哲学意义的"自然"和"天"两词在夏目漱石作品中共计出现366 次。

③ 大星光史:『日本文学と老荘神仙思想の研究』，桜楓社，1990 年，352、354 頁。

④ 夏目漱石著，刘振瀛译:《我是猫》，上海世纪出版股份有限公司译文出版社，2011 年，第 380、381—382 页。

⑤ 熊坂敦子:『夏目漱石の世界』，翰林書房，1995 年，260 頁。

明,揭露和批判其"不自然"而希望其走向"自然","自然"成为夏目漱石思想的一个重要基点和根据。而按他的表述,"自然"就是"悠悠然、从容不迫",就是人不"把自己束缚得紧紧的",而处于不被外物所牵累和宰制的自得自适状态。具体来说,就是如他所分析的,人不被过度的知识智巧和自我意识所束缚。相反,如果人陷入这种"把自己束缚得紧紧的"的状态而"不能按自然行事",因而心神不宁,感到痛苦,也就是"不自然"。要摆脱这一困境,就必须复归于"自然"的状态。与此类似,他又把作为现代化理想形态的"内发"现代化描述为"从内部自然地出现并发展之意,正如鲜花开放一般,自然而然地花蕾破开、花瓣外张","如行云流水般自然地活动";而"外发"现代化则是"不得不走上不自然的发展道路"。①显然,夏目漱石的上述"自然",不是指自然物或自然界(不作名词),而是指一种"自然"的状态(作状词)。而所谓"自然"状态就是自己如此、自然而然的意思。实际上,引文中夏目漱石也是用"自然而然地花蕾破开、花瓣外张"来描述和解释"自然"的。从夏目漱石关于"无我"与"自然"关系的理解中,也可推出其"自然"概念的上述含义。他认为,人们被过度的知识智巧和自我意识所束缚而"不能按自然行事",而摆脱这一困境而顺应"自然"的方法是"无我"。显然,这里的"自然"与"无我"意义想通。既然如此,这个"自然"就不可能是指自然物或自然界,而是指人的某种状态,而作为人的状态的"自然",其意义只能是自己如此、自然而然。

如果联系"天"来考释夏目漱石的"自然"概念,那么这种涵义就更为明确了。上已述及,夏目漱石的具有哲学意义的"天"和"自然"(以及"天然""造化"等)是同义词,与"人为""人巧""人"等相对。②如他在晚年的笔记中说:

---

① 夏目漱石:「現代日本の開化」,岩波書店漱石全集編集部:『漱石全集』第十六卷,岩波書店,1995 年,430—431 頁。
② 参见夏目漱石:「英国詩人の天地山川に対する観念」,岩波書店漱石全集編集部:『漱石全集』第十三卷,岩波書店,1995 年,21—30 頁。

> 不自然劣于自然，技巧输给天……因此，顺任自然为上善之策。①

这里的"自然"和"天"显然是在同一意义上使用的，且与"不自然""技巧"相对，即与"人为"相对。这样，"自然"的涵义就只能指向自己如此、自然而然。夏目漱石晚年常用"则天去私"四字来概括他的思想，其中的"天"也是"自然"。在1916年11月20日出版的新潮社的《大正六年文章日记》中，作为"十二名家文章座右铭"，记有夏目漱石的"则天去私"一语。并附有如下解释：

> 训为则天、去私。天即自然。意为顺从自然，去除私，即小主观、小技巧，让文章彻底达到自然，达到天真流露。

这段话大概是编辑者根据夏目漱石的解释编写的。②这里明确将"天"训释为"自然"，将"则天"训释为"顺从自然"。聆听过夏目漱石关于"则天去私"谈话的学生松冈让也认为，夏目漱石的"则天去私"是一种"自然随顺、自然法尔"的思想。③冈崎义惠指出，夏目漱石的"天"的观念最早出现于其汉文《观菊花偶记》（1886年）中，而具有清晰哲学意义的"天"可能始于《老子的哲学》。此后，"天"的观念一直延续和贯穿其一生的重要作品和思想。④而晚年提出的"则天去私"是这一"天"的思想的凝结。

从以上考释可以看到，夏目漱石"自然"的涵义是自己如此、自然

---

① 夏目漱石：「大正4年片斷」，岩波書店漱石全集編集部：『漱石全集』第二十卷，岩波書店，1996年，482頁。

② 转引自伊狩章：『鴎外・漱石と近代の文苑』，翰林書房，2001年，211頁。

③ 参见松岡讓：「宗教的問答」，『漱石先生』，岩波書店，1934年。转引自伊狩章：『鴎外・漱石と近代の文苑』，翰林書房，2001年，216頁。松岡讓：「『明暗』の頃」，岩波書店漱石全集編集部：『漱石全集』別卷，岩波書店，1996年，344頁。

④ 冈崎义惠详细梳理了夏目漱石的"天"，并以此为基础来解释其"则天去私"的思想。参见岡崎義惠：『漱石と則天去私』，宝文館出版，1980年，55—421頁。

而然，这正是道家"自然"概念的精要所在。①他的"天"也与道家特别是《庄子》的"天"的涵义一致，即指与"人为"相对立的"自然"。《庄子》的"天"是本来如此、自己如此的状态，即"自然"；"人"是从人的目的、意志出发的造作，即"人为"。"牛马四足，是谓天；落马首、穿牛鼻，是谓人"(《秋水》)即是此意。"人"在《庄子》中也有自我、一己之私等涵义。《庄子》追求一种"丧我"的"逍遥"之境，即"自然"之境，并主张"无以人灭天"(《秋水》)。夏目漱石"则天去私"中的"私"，按照上述《大正六年文章日记》的解释，即"小主观、小技巧"，也就是"小我"和"人为"。所谓"去私"，正是《庄子》的"丧我"(《齐物论》)、"无己"(《逍遥游》)、"无容私"(《应帝王》)等。所谓"则天"，正是效法自然、自得逍遥。因此，"则天去私"的根本涵义就是《庄子》的"顺物自然而无容私"，正合于其"无以人灭天"的"法天贵真"(《渔父》)之旨。冈崎义惠指出，夏目漱石《老子的哲学》中"效法老子道之体"的说法，可能与晚年"则天去私"的思想有联系，而这一思想源于《老子》"天道无亲，常与善人"(七十九章)、"天网恢恢，疏而不失"(七十三章)等观念。夏目漱石试图通过"则天去私"的方法进入"无"的状态，这是一种"虚怀""尤心""忘失"的状态，是"寂寞""平静"的状态，"这与老子道体乃自然无为之说有相通之处，又可说是进入了禅定状态"。但夏目漱石的"天"，与其说是禅学的、宗教的，不如说是老庄的、儒教的。②大星光史在分析了夏目漱石"天"的主要内涵后指出，夏目漱石的"天""显然不是禅学性的东西，其以中国老庄思想为根源的方面更为突出"。③庄、禅本是相通的，故夏目漱石的思想带有禅学特征不足为奇，但他的"天"("自然")的思想应该说更接近道家尤其是《庄子》。

以自己如此、自然而然为中心意涵的"自然"，作为道家的核心概

---

① 这一意义上的"自然"在日语中对应于自ずから一词，意为不借外力而自己如此、自然而然，是去除人为后的本然的存在方式。这是日语"自然"一词的原意，是形容词或副词，而不是名词。这一语义显然与道家的"自然"相通。

② 冈崎义惠：『漱石と则天去私』，宝文館出版，1980年，59、488—489、90页。

③ 大星光史：『日本文学と老荘神仙思想の研究』，桜楓社，1990年，347页。

念,体现于人性观、时命观、伦理观、政治观、技艺观和境界观等多个层面。夏目漱石运用道家式的"自然"概念来构筑和表述他的最高理念。他承续了道家"自然"思想的主要意义并加以发明,其"自然"观念主要表现在人性观、命运观、伦理观、境界观等方面。夏目漱石对"自然"观念的多层意义有所自觉。他曾对"自然"做过区分:

> 可以区分以下两者:遵从人的天性和回归山川的自然。抛弃虚礼虚饰而遵从天赋的本性,此为自然主义;抛弃功利巧名之念而在丘壑之间度过一生,此亦为自然主义。[①]

就是说,有两种意义上的自然主义:一是"遵从人的天性",一是"回归山川"。"遵从人的天性"就是顺应和保持人性之天然,也就是使人处于一种"自然"的状态,可称之为人的(或主体)的自然。这是人自身的"自然",是内在的"自然"。为此就要去除压抑和损害人的天性的社会和文化的伪饰和拘系,包括人为的礼法规范和知识智巧等("抛弃虚礼虚饰")。从其否定"功利巧名之念"和"虚礼虚饰"来看,夏目漱石所谓人的天性,显然不是指人的本能欲望。他曾明确批评当时在日本盛行的以本能欲望的满足为内涵的自然主义,可见他将自己的"自然"概念与以本能欲望为内涵的"自然"观念严格区分开来。他所谓的"天性"是超越了本能欲望的本真之性,也就是人性之本来如此、自己如此、自然而然的状态,即人的"自然"。"回归山川"就是回归自然世界,通过观察和体验自然物而领悟其中包含的"自然"性,并与这种"自然"性合为一体,进入"自然"的超脱境界。为此就要摒除世俗世界追名逐利的价值观念("抛弃功利巧名之念")。上述两种对"自然"的理解中,天性的"自然"是人性意义上的理解,回归自然环境而体悟"自然"则可以说是境界意义上的理解。夏目漱石这

① 夏目漱石:「英国詩人の天地山川に対する観念」,岩波書店漱石全集編集部:『漱石全集』第十三卷,岩波書店,1995 年,23 頁。

里只提到"自然"的两种形态,实际上,他的"自然"概念还涉及更多的方面,如含有理则的、命运的、伦理的等意义。"自然"可以表现为多种样态或方式,或为人性的本然本真,或为自然而然的理则,或为大化流行的命运,或为齐同兼怀的伦理,或为超越世俗价值的无我之境等。这些"自然"都聚焦于人(及其社会),都是与人(及其社会)相关的"自然",而自然物的"自然"则是达到人的"自然"的媒介和途径。与人相关的"自然"实质上是一种价值观念,意味着"人的绝对价值准则"。①夏目漱石的"自然"概念有一定的复杂性,要而言之,有天赋本性、理则命运、平等伦理、诗意审美、无我境界等几方面的意义。

(二)天性和命运的"自然"

夏目漱石明确提出了人的天性意义上的"自然","天性"成为夏目漱石"自然"概念的一个重要内涵。但是在夏目漱石这里,讨论"天性"的"自然"就不能离开"命运"的"自然"。"命运"作为夏目漱石作品中的常用语,②也是其"自然"概念的要义之一。天性和命运构成夏目漱石"自然"概念的两个重要方面。天性是人的天赋本性,命运是人的必然际遇。命运是天性(内在的)与环境(外在的)相互交错汇合的结果,在此意义上说,命运就是天性的实现方式。夏目漱石皆称之为"自然",一为本性的"自然"(天性),一为际遇的"自然"(命运)。两者虽分属于不同层面,但又是一致而互显的。

夏目漱石的"自然"包含着理则的意义,如他在笔记中写道:"节律论。自然。个性的。"③他强调事物运动变化的节律,也就是规律、理则。在他看来,这种理则是"自然"的,而且是带有个性特点的。可

---

① 今西顺吉指出,"自然"在夏目漱石那里意味着"人的绝对价值准则"。参见今西顺吉:『漱石文学の思想』第一部,筑摩書房,1988年,541頁。
② "命运"是夏目漱石作品中常见的用语。据相原和邦统计,"命运"及其相关词如"宿命""因缘""因果""运气"等在夏目漱石作品中凡320见。相原和邦:『漱石文学の研究——表現を軸として』,明治書院,1988年,174—175頁。
③ 夏目漱石:「明治39年片断」,岩波書店漱石全集編集部:『漱石全集』第十九巻,岩波書店,1995年,272頁。

见,"自然"被理解为理则。如熊坂墩子所指出的,这是根据一种"不可思议的因果律"来理解"自然的活生生的本质"。①这种理则性的"自然"体现为人生的必然,同时也体现为绝对价值。夏目漱石在小说《后来的事》中也探讨了这种意义上的"自然"。主人公代助蔑视父亲的"计划"而要追求"自然"的人生:

> 代助同父亲不一样,不是那种一开始定下某种计划后就强使"自然"也按此计划行事的旧式人物。因为代助相信"自然"是比人为的一切计划伟大得多的东西。所以代助认为,父亲要触犯我代助的"自然"而强行贯彻父亲的计划的话,这就好比一个被休弃了的妻子竟想以休书为后盾,来证实她的妻子身份一样。②

这里的"自然",显然是人的"自然",而且是与"人为"相对的,因而是自己如此、自然而然意义上的"自然",即人生过程的"自然",人生价值的"自然"。"人为"的"计划"只是这种"自然"的弃物,因而不可能与这种"自然"抗衡。代助虽然曾为"是当'自然'的孺子还是做有意志的人"而疑惑,③但最终选择了做"'自然'的孺子"。他要追回因屈从于世俗道德(人为)而丧失了的对三千代的"'自然'的爱"。回归"自然"就意味着人生的幸福和美好:

> 代助在心里喊道:"我今天才算回到'自然'的过去了阿。"今天能说出这话,代助觉得全身都沉浸在多年不曾有过的慰藉中了。代助又想:自己为什么不能早点儿回到这"自然"中去呢?

---

① 熊坂敦子:『夏目漱石の世界』,翰林書房,1995 年,260 頁。

② 夏目漱石著,吴树文译:《后来的事》,上海世纪出版股份有限公司译文出版社,2010年,第 172 页。

③ 夏目漱石著,吴树文译:《后来的事》,上海世纪出版股份有限公司译文出版社,2010年,第 192 页。

为什么一开始就同这"自然"相对抗呢？代助在雨中、在百合花香中、在重现的昔日情景中，找到了纯真无邪的和平的生命。这生命的里里外外不存在欲念、不存在得失、不存在压抑自身的道德成见，这生命像行云流水那样自由自在。一切都是幸福的，所以一切都是美好的。①

此处，"自然"是"纯真无邪的和平的生命"，它"不存在欲念、不存在得失、不存在压抑自身的道德成见……像行云流水那样自由自在"。这个"自然"是就生命状态和人生境况而言的，而这种"自然"的生命状态和人生境况当然也是符合天性的，故"自然"亦包含本然之性即天性的意义。就是说，"自然"既意味着"遵从内在生命的真实"，又意味着"尊重自然的因果"。②在夏目漱石看来，这种生命状态和人生境况是最美好的，它是令人满意和欣喜的。在小说《明暗》中，夏目漱石这样描写主人公津田和阿延夫妻之间各种裂隙和危机得到解决的状态：

> （津田）既没有意识到费力，也没有动什么脑筋，他便被自然的力量推到如此境地的。这等于暗暗地高抬他这个谨小慎微的人，并且是为了阿延才将他推到了这种境遇。阿延对此非常高兴。不想改变却已改变了的丈夫，态度里还藏着天真哩。③

一切都是在没有刻意而为的情况下自然而然地变化而成，"没有意识到费力，也没有动什么脑筋"，就"被自然的力量推到如此境地"，"不想改变却已改变了"。这就是无为而成的"自然"状态，正因为是"自然"的，所以是幸福、美好的。

---

① 夏目漱石著，吴树文译：《后来的事》，上海世纪出版股份有限公司译文出版社，2010年，第207页。
② 熊坂敦子：『夏目漱石の世界』，翰林书房，1995年，259页。
③ 夏目漱石著，于雷译：《明暗》，上海译文出版社，1987年，第243页。

夏目漱石生命状态和人生境况意义上的"自然",既"遵从自然的因果",就带有命运的意味。小说《后来的事》的主人公代助与三千代的关系被设定为是出自"天意"的。①这里的"天意"显然包含着命运的因素。"天"是指"自然","天意"也就是不可思议的"自然"的因果律。这种"自然"具有某种必然性和支配性,甚至还以三千代自然死亡的方式"报复"了代助蔑视"自然"的行为。在小说《门》中,夏目漱石把主人公宗助和阿米夫妇的生活描写为受到命运"自然"的支配:

> 宗助每次忆及当时的景象,总是不胜感慨:要是自然的进程到此戛然而止,让自己和阿米顿时变成化石,那就不至于受苦了。……飓风采取突然袭击的手段,将两人刮倒。……但是两人都不知道自己何时被飓风刮倒的。……他们只好认命:是残酷的命运之神一时心血来潮,向他们这两个无辜者发起了突然袭击,还半带开玩笑地把两人推入了陷阱。②

"自然的进程"是一种人不知所以然而又不得不然的趋势,这就是命运。对于这种命运的"自然",夏目漱石认为,不能与之相对抗,而是应该顺从,从而获得"纯真无邪的和平的生命"。命运(以及天性)的"自然"难以为世俗所理解,因为它是"天意",而往往与"人意"相背。③

夏目漱石的上述天性、命运意义上的"自然",在道家尤其是《庄子》思想中有其来源。道家倡导人性"自然",即尊崇人的本然之性。《老子》的"德",指物之所得于道者,也就是包括人在内的万物的本性。道性"自然",故人性也是或应当是"自然"。《老子》云:"常德

---

① 夏目漱石著,吴树文译:《后来的事》,上海世纪出版股份有限公司译文出版社,2010年,第191页。

② 夏目漱石著,吴树文译:《门》,上海世纪出版股份有限公司译文出版社,2010年,第142—143页。

③ 夏目漱石著,吴树文译:《后来的事》,上海世纪出版股份有限公司译文出版社,2010年,第191页。

乃足,复归于朴。""常德不离,复归于婴儿。"(二十八章)"含德之厚,比于赤子。"(五十五章)《庄子》云:"同乎无知,其德不离;同乎无欲,是谓素朴。素朴而民性得矣。"(《马蹄》)"能体纯素,谓之真人。"(《刻意》)都是用"朴""素""婴儿""赤子"等来描述"德",以隐喻人的原初、本然、自然状态。《庄子》有时将"性"与"德"(或"道德")等作为同义词使用,①并明确提出一系列指称人性的概念,如"性""真性""情""性命之情""所以受于天""常然"等。②《庄子》认为,人性即是人"所以受于天"者,是人之"自然"和人之"常然"。这种天所赋予的本性是人的真性:"真者,所以受于天也,自然不可易也。"(《渔父》)老庄皆主张消解、超越人为智巧,"常因自然而不益生"(《德充符》),从而回归和保养人性之"自然"。《庄子》以自然本性为最高价值,批评"丧己于物,失性于俗"是"倒置之民"(《缮性》),批评损害自然本性的道德规范和社会制度是"天下之淫其性"(《在宥》)。

《庄子》又有"命"的概念。③《庄子》的"命"指一种不知其然而然的必然性情势,这种情势是一个"自然"而非"人为"的过程。对人来说,"命"是一种不可知、不可变、不可逃而又自然而然的境遇。如《庄子》云:

死生存亡,穷达贫富,贤与不肖毁誉,饥渴寒暑,是事之变,

---

① 如《天地》篇:"泰初有无,无有无名,一之所起,有一而未形。物得以生,谓之德;未形者有分,且然无间,谓之命;留动而生物,物成生理,谓之形;形体保神,各有仪则,谓之性。"《庚桑楚》篇:"道者,德之钦也;生者,德之光也;性者,生之质也。"《庄子》关于德、性的论述,参见本书"导言"的"道家思想述要"部分。

② 如《养生主》篇有"遁天倍情",《骈拇》篇有"擢德塞性""性命之情""削其性""侵其德""失其常然",《马蹄》篇有"真性",《在宥》篇有"淫其性""迁其德",《则阳》有"遁其天,离其性",《渔父》篇有"真者,所以受于天也,自然不可易也"等说法,其中"天""所以受于天""德""性""情""真性""真""常然"等,皆指本然、自然之人性。

③ 《庄子》中作为哲学概念的"命",盖有二义,一为天命、命运,一为本性、天赋。《老子》"归根曰静,是谓复命。复命曰常"(十六章)之"命",亦指自然本性而言。此外,"命"还有命令、任命、生命、命名等义。参见王世舜、韩慕君编著:《老庄词典》,山东教育出版社,1993 年,第 22、374 页。

命之行也。日夜相代乎前,而不能规乎其始者也。(《德充符》)

知不可奈何而安之若命,唯有德者能之。游于羿之彀中。中央者,中地也,然而不中者,命也。(《德充符》)

吾思乎使我至此极者而弗得也。父母岂欲吾贫哉？天无私覆,地无私载,天地岂私贫我哉？求其为之者而不得也。然而至此极者,命也夫!(《大宗师》)

死生,命也,其有夜旦之常,天也。人之有所不得与,皆物之情也。(《大宗师》)

我讳穷久矣,而不免,命也;求通久矣,而不得,时也。当尧舜而天下无穷人,非知得也;当桀纣而天下无通人,非知失也。时势适然。……知穷之有命,知通之有时……由处矣!吾命有所制矣。(《秋水》)

"不能规乎其始""思乎使我至此极者而弗得",是说"命"的不可知,"中地也,然而不中"也反映了"命"的反常和不可测度。"人之有所不得与""不可奈何""讳穷久矣而不免""求通久矣而不得""吾命有所制"等,则是说"命"是人不能改变和逃避的,是"时势"的必然。同时,"命"也如同"日夜相代乎前""夜旦之常",是"天"即"自然"的过程,所谓"时命自然,非人力所预"(林希逸《庄子鬳斋口义·外篇秋水第十七》)。①

在《庄子》中,"命"(命运)与"性"(天性)又是紧密关联、相互贯通的。如：

---

① 《吕氏春秋·知分》云:"命也者,不知所以然而然者也。人事智巧以举错者,不得与焉。"又刘峻《辨命论》云:"道生万物,则谓之道,生而无主,谓之自然。自然,物见其然,不知其所以然。化而不易,则谓之命,命也者,自天之命也。定于冥兆,终然不变,鬼神莫能预,圣哲不能谋,触山之力无以抗,倒日之诚弗能感,短则不可缓之于寸阴,长则不可急之于箭漏,至德不能逾,上智则不免。"这些关于"命"的论述与《庄子》"命"的内涵相合。转引自韦政通《中国哲学词典》,吉林出版集团有限责任公司,2009 年,第 426 页。

达生(性)之情者,不务生之所无以为;达命之情者,不务
命①之所无奈何。(《达生》)

这是"生(性)""命"并言,说明体悟和保持"生(性)"与体悟和顺从
"命"具有同等的意义。有时甚至可将两者视为同义词。如:

无以人灭天,无以故灭命,无以得殉名。(《秋水》)

这里的"命"盖指本性、天性而言。此"命"与"得"同义,是人的天赋本
性。同时又是与"人为"("人""故")相对立的"自然"("天")。②《庄
子》认为,既然"命"是人不知其缘由而又无法改变的必然性,那就应
当顺从它而安然处之,从而达到"逍遥"。这就是"安命"而"逍遥"的
逻辑。

通过以上考释可知,夏目漱石关于天性"自然"和命运"自然"的
思想,与《庄子》"性"和"命"的思想在根本上是一致的。夏目漱石从
《庄子》中汲取了这一思想,也作了一定的发挥。他"试图通过舍弃自
我,无心而接近自然,去除一切人为,依托于'山川的自然'所蕴含的
自然的宏大之心,而达到一种安心。"③这种对"自然"(天性或命
运)的信赖和顺随,正是《庄子》思想的根本。寄托于这种"自然"之中
而得到心灵的安顿,也正依循着《庄子》"安命"而"逍遥"的逻辑。

（三）平等无私的"自然"

夏目漱石青年时代就对平等思想产生共鸣,专门写了《关于文坛
平等主义代表者惠特曼的诗》(1892 年)一文,讨论平等问题。文中
认为,美国诗人惠特曼(Walt Whitman, 1819—1892)的平等主义包

---

① 命,原作"知",据王叔岷说改。
② 在语义上,"命"有天性、本性之义,"性"也有天命、命运之义。"性命""性命之情"等词
　也反映了"性"与"命"的密切关系。参见韦政通:《中国哲学词典》"命""性""性命"条,
　吉林出版集团有限责任公司,2009 年。
③ 熊坂敦子:『夏目漱石の世界』,翰林書房,1995 年,269 頁。

括时间的平等、空间的平等、人的平等和自然万物的平等。所谓时间的平等，是指古与今的平等。他说，"古人没有可崇拜之处，也不用无限地向往前代"，同时今人也不能蔑视古人，也"不能将古人从黄泉中唤醒来向我学习"。惠特曼"所歌唱的不是过去，而是当今，但他不蔑视过去，亦不尊奉过去。希望是寄托于未来的，但并不对当今心怀不满。世界的大势是古今一贯、前后通彻，进入圆满之境"。这是一种对古今等量齐观而无所褒贬的观点。所谓空间的平等，是指"不因场所的不同而改变好恶，非洲的沙漠和伦敦的繁华具有同等的权利出现于诗歌"，"绝不轻视其他国家"，这是地域和国家的平等。至于人的平等，就是指"没有门阀，没有等级，没有华族士族与新平民的区别"，人与人之间虽有德性、智力等方面的差异，但主张"撤去表面上的尺度"，"种族之间无贵贱之别，贫富之间无贵贱之别"，只保留作为人这一点。而且，这种平等不限于人类，"人类以外的事物也拥有同样的权利"。夏目漱石对惠特曼的这种平等主义给予高度评价，并接受这种思想。他说，这种平等思想"在一千年来都呼吸着儒教空气而生活的我们看来，也许有难以理解之处"，"生长在国体相异的美国的诗人，自然免不了在理想上与东方主义有些冲突。明白无疑的是，总之，比起形体上的进步，要更重视精神上的进步"。[①]这里透露出，夏目漱石对儒教采取了批评的态度，而把惠特曼的平等主义看作"精神上的进步"。夏目漱石在文学作品中进一步阐发了这种平等主义观念，他说：

> 我以草为茵，将这太平的屁股缓缓坐下来。即使在这里一连坐上五六天不动也没人埋怨你，所以不必担心。自然的可贵之处正在于此。大自然虽然有时是无情的、毫无顾忌的，但绝不

---

① 夏目漱石：「文壇における平等主義の代表者ウオルト・ホイットマンの詩について」，岩波書店漱石全集編集部：『漱石全集』第二十二巻，岩波書店，1957 年，80—91 頁。

　　因人而异地采取轻薄的态度。不把岩崎、三井①放在眼里的大有人在。但对古今帝王冷眼旁观，蔑视其权威如风马牛不相及者，唯有自然。自然之德高高超越尘界，它毫无局限地树立了绝对的平等观。与其率领天下之群小徒招泰门②之怨愤，远不如"滋兰九畹、树蕙百畦"而起卧其中更堪称上策。世界谓之公平，又谓之无私。如果真能实行起来，那么最好每天杀一千名小贼将他们的尸体用来养育满园花草。③

　　夏目漱石认为，自然界（"大自然"）具有平等无私之德，它"毫无局限地树立了绝对的平等观"，对一切都等同视之（"公平"），没有任何偏好（"无私"）。因而它有时虽显得"无情"，但却"绝不因人而异地采取轻薄的态度"，这种"自然之德高高超越尘界"，是一种超然于万物之上的德性。而这正是"自然的可贵之处"。这里，夏目漱石虽未明确指出，但他所谓"自然之德"，只能理解为自然界或自然物的"自然而然"的属性或状态，与上述山川的"自然"同义。这种公平无私之德是自然界或自然物因其"自然"之性而具有的，是超越于世俗之上的绝对的德性。就如同"回归山川"而在"丘壑之间"领悟"自然"之境，夏目漱石在自然界花草的"自然"性中领悟出平等无私的德性。因此，他就从"自然"中引出了平等无私的伦理意义。夏目漱石痛恨世间种种不公，热情地向往着这种平等的至境，希望人们能营造这种美景"而起卧其中"。这种平等无私观念贯穿于夏目漱石一生的文学创作和思想活动。他晚年提出"则天去私"的命题，其重要含义之一就是"一视同仁"的平等观。他在解释"则天去私"时说：

① ② ③　三井和岩崎（即三菱）都是明治以后兴起的大财阀——中译本注。泰门是莎士比亚悲剧《雅典的泰门》里的青年主人公。他没落之后，以前受过他关照的人尽皆离反，泰门怅恨不已，郁郁而死——中译本注。夏目漱石著，陈德文译：《草枕》，上海世纪出版股份有限公司译文出版社，2014年，第98页。

去除平日称为自己的这种小我之私，而把自己交托给更大的所谓普遍性的大我的命令。不过这么说也还是意犹未尽。再进一步说，平时看上去很堂皇的主张啊、理想啊、主义啊，最终也不过是渺小的；而平时大家认为微不足道的事情，也有它存在的道理。也就是说，从观察的一方来说，就是一视同仁，没有差别。①

看起来高尚伟大的事物，最终不过是渺小的；看起来微不足道的事物，也有其存在的价值。那么，人们何以只看到事物伟大的一面而看不到渺小的一面，或只看到渺小的一面而忽视其价值？原因在于只站在自我的立场看待事物，这样就会局限于一己的好恶（"小我之私"），而不能体察事物整全的真实。若从超越性的立场（"普遍性的大我"）去观照事物，而做到平等无私（"一视同仁"），就能领悟事物之本然。因此，夏目漱石主张，在观察事物时，应去除自以为是的"小我"，而立于"一视同仁"的"大我"的立场上。这个"大我"的立场，没有一己之好恶，没有高低贵贱之别，超越了世俗的价值观念，因而对一切事物能同等观之，承认任何事物都各有其价值。这个"大我"超越了"小我"的相对性，而具有绝对性。它不同于任何"小我"，实质上是"无我"。"大我"的立场实际上相应于上述具有平等无私之德的"自然"之境。

《老子》之道具有鲜明的无偏私和均平的特点，如其曰：

> 天地不仁，以万物为刍狗；圣人不仁，以百姓为刍狗。（五章）
>
> 天道无亲。（七十九章）
>
> 见素抱朴，少私寡欲。（十九章）
>
> 天之道，损有余而补不足。（七十七章）

---

① 这是夏目漱石的学生兼女婿松冈让在"木曜会"（即周四和学生的聚会）上对夏目漱石谈话的记录。松岡讓：「宗教の問答」，『漱石先生』，岩波書店，1934 年。转引自伊狩章：『鴎外・漱石と近代の文苑』，翰林書房，2001 年，216 頁。

因而《老子》称道境为"玄同",即"玄妙齐同",①这是超越亲疏、利害、贵贱的境界:

> 塞其兑,闭其门,挫其锐,解其分,和其光,同其尘,是谓玄同。故不可得而亲,不可得而疏;不可得而利,不可得而害;不可得而贵,不可得而贱。故为天下贵。(五十六章)

《庄子》提出齐同万物的体道境界。如曰:

> 为是举莛与楹,厉与西施,恢恑憰怪,道通为一。(《齐物论》)
> 以道观之,物无贵贱。(《秋水》)
> 以道观之,何贵何贱,是谓反衍。……何少何多,是谓谢施。……兼怀万物,其孰承翼? ……万物一齐,孰短孰长?(《秋水》)

就是说,从道的立场上看,贵贱、多少、长短等一切差别和对立都是相对的,在根本上是"一齐"的。这种齐同主要是价值意义上的,是对万物不同价值的肯定:"物固有所然,物固有所可。无物不然,无物不可。"(《齐物论》),因此,应当对一切事物都抱有包容而无所偏私的态度("兼怀万物")。老庄之道具有齐同万物、无所偏私的内涵。因而作为道性的"自然"也必然具有这种内涵。夏目漱石从自然界的"自然"性所引出的平等无私义,正是对道家的上述道观、齐物思想的阐发和延伸。

(四)诗意的"自然"

夏目漱石曾提出"回归山川"的"自然"体悟方式。这里的"山川"是指自然世界的景物。当人通过观察和体验自然景物而领悟其中包含的"自然"性时,作为领悟者的人就可以进入一种"自然"的超脱境

---

① 陈鼓应:《老子今注今译》,商务印书馆,2003 年,第 278 页。

界。这是由客体的"自然"之性转化而成的主体的"自然"之境。在这种情况下,自然景物被"当成一幅画来看,当作一卷诗来读",具有明显的审美特性而充满诗情画意,姑且称之为"诗意的自然"。自然景物是夏目漱石寄托情感的崇高对象。因此,相较于人间世事,他对自然景物表达了更强烈的热爱。青年时代,他曾在旅行中饱览大自然的风光,领悟其意趣,激发了寄情山水、超越名利的脱俗情怀。游记《木屑录》篇末所附的汉诗《自嘲》这样写道:"白眼甘期与世疏,狂愚亦懒买嘉誉。为讥时辈背时势,欲骂古人对古书。才似老骀驽且駮,识如秋蜕薄兼虚。唯赢一片烟霞癖,品水评山卧草庐。"①诗中夏目漱石对世俗的超脱和对自然的亲近可谓跃然纸上。"品水评山卧草庐"所表达的正是"回归山川"、"抛弃功利巧名之念而在丘壑之间度过一生"的情怀。这种"诗意自然"在他晚年汉诗作品中更为清晰,如:

> 独坐空斋里,丹青引兴长。大观居士赠,圆觉道人藏。野水辞君巷,闲云入我堂。徂徕随所澹,住在自然乡。
>
> 大观天地趣,圆觉自然情。信手时挥洒,烟云笔底生。②
>
> 钉饀焚时大道安,天然景物自然观。佳人不识虚心竹,君子曷思空谷兰。黄耐霜来篱菊乱,白从月得野梅寒。勿拈华妄作微笑,雨打风翻任独看。③

诗中"野水""闲云""虚心竹""空谷兰""篱菊""野梅"等,无不洋溢着"天地趣"和"自然情",对此,作者要作"天然景物自然观",从而"住在自然乡"。这种情怀和意境在小说《草枕》中得到集中抒发和渲

---

① 夏目漱石:「自嘲書木屑録後」,岩波書店漱石全集編集部:『漱石全集』第十八卷,岩波書店,1995年,564頁。

② 夏目漱石:「酬横山画伯恵画」,岩波書店漱石全集編集部:『漱石全集』第十八卷,岩波書店,1995年,292、294頁。

③ 夏目漱石:「無題」,岩波書店漱石全集編集部:『漱石全集』第十八卷,岩波書店,1995年,404—405頁。

染。主人公"画匠"从大自然中得到灵感,领悟了诗意境界:

> 这回来到山里,接触了自然景物,所见所闻都很有趣。只因
> 为有趣,便不会产生别样的痛苦。即便有,也只是腿脚疲乏、吃
> 不到美味的食物罢了。……那么为何不感到痛苦呢? 因为我只
> 把这景色当成一幅画来看,当作一卷诗来读。既然是画,是诗,
> 便不会泛起如下的念头:开拓出一片地皮,架起一道桥梁,赚一
> 笔钱财。正是这样的景色——这种既不能饱腹又不能补足月薪
> 的景色,它能使我心境快乐,没有劳苦,也没有忧虑。自然力的
> 可贵正在于此。于顷刻之间陶冶吾人的性情,使之醉意朦胧地
> 进入清醇的诗境,这就是自然。①

诗情画意的境界是一种摒弃人间功利("开拓出一片地皮,架起
一道桥梁,赚一笔钱财")、情欲(是非、善恶、利害、得失)之念,因而是
一种超脱的人生境界。这种境界"能使我心境快乐,没有劳苦,也没
有忧虑","于顷刻之间陶冶吾人的性情"。在夏目漱石看来,能真正
表现这种"放弃俗念、使心情脱离尘界"意境的,是以陶渊明、王维为
代表的东方诗歌,因此,他希望:

> 直接从大自然中吸收陶渊明、王维的诗的意境,须臾间逍遥
> 于非人情的天地之间。这是一种令人沉醉的雅兴。②

可见他对这种境界是多么倾心和思慕。夏目漱石所批评的是那
种不能"放弃俗念、使心情脱离尘界"的俗情:

---

① 夏目漱石著,陈德文译:《草枕》,上海世纪出版股份有限公司译文出版社,2014年,第
7页。
② 夏目漱石著,陈德文译:《草枕》,上海世纪出版股份有限公司译文出版社,2014年,第
8—9页。

不管多么伟大的戏剧著作,都无法脱离人情。是非不清的小说也是绝少的。它们的共同特点是永远不能脱离世界。尤其是西洋诗,吟咏人情世故是它的根本,因此,即使诗歌里的精华之作也无法从此境遇中解脱出来。到处都是同情啦、爱啦、正义啦、自由啦,世上全是这些流行货色在起作用。即使那些堪称为诗的东西,也只能在地面上往来奔走,而无法忘却金钱上的交易。难怪雪莱听到云雀的叫声也只能叹息一番。①

《草枕》中的"画匠"就是想作一次"非人情的旅行",即探寻超越是非、善恶、利害、得失等人情执着的"逍遥"之境。是非、善恶、利害、得失等执念的重要根源是固执于分别之知,即过度的知性作用。摒弃这些执念而领悟诗意的审美"自然",就意味着对过度知性的消解。因此,诗意"自然"的一个重要特征就是对知性的蔑视和超越。在夏目漱石看来,知性的就是不自然的,要自然就必须超越知性。在小说《使者》中,因聪明过头而精神错乱的大学教授一郎说:

完全是聪明伶俐造成的烦恼。②

从外表看,我蓄着胡须,穿着西服,叼着雪茄烟,确实有一副堂堂的绅士派头。其实,我的心犹如无家可归的乞丐一般,从早到晚七上八下的,整天处在不安之中,慌张得可怜。我终于觉得世上再没有像我这样没有涵养的可悲的人了。在这种时候,我在电车里或什么地方,突然抬起眼睛向对面望去,有时会意外地碰到无忧无虑的面孔。我的目光落到那张还没有一点邪念的发愣的脸上,就在这一瞬间,我浑身都感到非常痛快。我的心复活了,恰似久旱枯干的稻穗喜得膏雨一般。同时,那张脸——那张

---

① 夏目漱石著,陈德文译:《草枕》,上海世纪出版股份有限公司译文出版社,2014年,第8页。

② 夏目漱石著,张正立译:《使者》,上海世纪出版股份有限公司译文出版社,2013年,第385页。

什么也不思索、非常安详的脸显得十分高雅。即使垂眼角、扁鼻子，不管长相如何，也显得非常高雅。我差一点怀着教徒般的虔诚之心跪在那副面孔前，表示感谢之意。我对大自然的态度也完全一样。我现在再也没有心思像从前那样只为了美丽去观赏了。……你也是在一天之内有一两次自然地在脸上流露出不计较得失、不考虑善恶这种天然之心吧。①

夏目漱石生动地刻画出处于"聪明伶俐造成的烦恼"这一知性中毒状态的现代知识人形象，他自觉到自己是"没有涵养的可悲的人"，被"什么也不思索、非常安详"、"无忧无虑的面孔"所深深感动，"差一点怀着教徒般的虔诚之心跪在那副面孔前，表示感谢之意"，他向往"自然地在脸上流露出不计较得失、不考虑善恶这种天然之心"，认为这才是"十分高雅"的。夏目漱石所追求的正是这种超越智巧、利害、善恶的"自然流露"的"天然之心"。这里的"自然"（"天然"），正是夏目漱石批判知识智巧的依据和归宿。正如江藤淳所指出的：夏目漱石具有一种"蔑视知性"的态度，且这种态度越来越明确和牢固起来。"漱石在那些无教养、非知性的人的朴素——他相信如此——之中，看到了'自然'的映现。由于'知性'是对这个'自然'的挑战，就必然是可恶的。……以知性为依据的自我认识，必定直接将他推到永恒的受刑状态，真切地了解自己就是一种痛苦"。②

夏目漱石的上述诗意"自然"思想，可以说是从自然景物审美体验的角度对道家"自然"的一种诠释。在道家那里，审美意义的"自然"已有所揭示，而夏目漱石文学式的阐释则使其进一步展开和丰富。自然世界及其景物（"天地""四时""万物"）是《庄子》领悟"自然"精神的重要对象和媒介，《庄子》云：

---

① 夏目漱石著，张正立译：《使者》，上海世纪出版股份有限公司译文出版社，2013年，第351—352页。
② 江藤淳：『夏目漱石』，日本图书センター，1993年，161—162頁。

> 天地有大美而不言,四时有明法而不议,万物有成理而不说。圣人者,原天地之美而达万物之理。是故至人无为,大圣不作,观于天地之谓也。(《知北游》)

自然世界不言说议论,而其"美"自"大",其"法"自"明",其"理"自"成",这就是"自然"。人应当"观于天地","原天地之美而达万物之理"而"无为""不作",即通达自然世界的"自然"法则,领略其"自然"的美,从而走向"逍遥":"乘天地之正,而御六气之辩,以游无穷"(《逍遥游》),"独与天地精神往来,而不敖倪于万物"(《天下》),"天地与我并生,而万物与我为一"(《逍遥游》)。这里的"天地精神""天地之正""六气之辩"就是"自然",它既有法则意义,又有审美意义。《庄子》"使其自己,咸其自取"的"天籁"(《齐物论》)之美,[1]"以天合天"的"惊犹鬼神"(《达生》)之美,[2]都是通过自然事物而显现的诗意"自然"。

夏目漱石所谓"逍遥于非人情的天地之间",提示出关于这种诗意"自然"的三个关键词,即"天地之间"、"非人情"和"逍遥"。"天地之间"指自然世界,"非人情"指破除人的情欲(是非善恶)的执念,"逍遥"则指超脱的境域。"逍遥"是诗意"自然"境界的归趋,"非人情"是其特质,"天地之间"则是获得领悟的场所和媒介。《庄子》有:

> 立于宇宙之中,冬日衣皮毛,夏日衣葛絺;春耕种,形足以劳动;秋收敛,身足以休食;日出而作,日入而息,逍遥于天地之间而心意自得。(《让王》)

---

① 《齐物论》篇:"子游曰:'地籁则众窍是已,人籁则比竹是已。敢问天籁。'子綦曰:'夫吹万不同,而使其自己也,咸其自取,怒者其谁邪!'"

② 《达生》篇:"梓庆削木为鐻,鐻成,见者惊犹鬼神。鲁侯见而问焉,曰:'子何术以为焉?'对曰:'臣工人,何术之有!虽然,有一焉。臣将为鐻,未尝敢以耗气也,必齐以静心。齐三日,而不敢怀庆赏爵禄;齐五日,不敢怀非誉巧拙;齐七日,辄然忘吾有四枝形体也。当是时也,无公朝,其巧专而外骨消;然后入山林,观天性;形躯至矣,然后成见鐻,然后加手焉;不然则已。则以天合天,器之所以疑神者,其是与?'"

这段话表达了人身处于宇宙、天地（即自然世界）之间，与其融合为一、自然生长的"逍遥"境界。夏目漱石从自然景物中所体悟的诗意"自然"，与此意趣相通。而"非人情"一语，则与《庄子》的"无情"说义近：

> 所谓无情者，言人之不以好恶内伤其身，常因自然而不益生也。（《德充符》）

"好恶"是人的主观执念，体现为对是非、善恶、利害、得失等的执着。"无情"则是破除主观好恶之情，因任身心之"自然"，从而保持身心的本真。夏目漱石批评那种不能"放弃俗念、使心情脱离尘界"的俗情，正符合《庄子》的精神，甚至俨然一派庄学气象。

夏目漱石以陶渊明等人的诗为这种诗意"自然"的代表并加以吸取。陶渊明的文学和思想具有浓厚的道家色彩，道家思想也通过陶渊明等人传递给了夏目漱石。除以上引用外，他引陶渊明的汉诗还有：

> 香烟一柱道心浓，趺坐何处古佛逢。终日无为云出岫，夕阳多事鹤归松。寒黄点缀篱问菊，暗碧衡开牖外峰。欲拂胡床遗尘尾，上堂回首复呼童。
>
> 人间至乐江湖老，犬吠鸡鸣共好音。[1]

诗中的"无为云出岫"，出自陶渊明《归去来辞》"云无心以出岫，鸟倦飞而知还"句，表达了道家"无为""自然"的思想；"篱问菊"出自陶渊明《饮酒》（其五）"采菊东篱下，悠然见南山"句，象征着道家超世脱俗、自然逍遥的意境；而"犬吠鸡鸣"则来自陶渊明《归园田居》（其

---

[1] 夏目漱石著，文洁若译：《杂忆录》，红旗出版社，2013年，第12页。夏目漱石：「無題」，岩波书店漱石全集编集部：『漱石全集』第十八卷，岩波书店，1995年，349—350、259頁。

一）"狗吠深巷中，鸡鸣桑树颠"句及《桃花源记》"阡陌交通，鸡犬相闻"句，而陶诗原句当取自《老子》八十章"小国寡民。……甘其食，美其服，安其居，乐其俗。邻国相望，鸡犬之声相闻，民至老死，不相往来"，表现了道家式"自然"的生存状态和理想社会。道家反对逐物不返、竞逐智巧、贪求名利，主张超越利害、善恶、是非的对立，提倡通过"无为"（体现为"无知""无欲""无己"等）达到"自然"的状态。这些思想都成为夏目漱石"自然"思想的构成因素。

五、夏目漱石的道家式"无我"

夏目漱石的"无我"也可以作为"自然"的一种体现来理解，即主体的"自然"、境界的"自然"。由于"无我"思想是夏目漱石人生哲学的核心观念之一，对于把握其整个思想极为重要，故专辟一节加以阐释。

夏目漱石批判近代文明使人受困于知识智巧而导致精神失调和衰颓，并认为其原因在于过度的自我意识，因而治疗这一精神症状的方法就是"忘我"或"无我"。实际上，在夏目漱石那里，这种从文明批判角度阐发的、作为治疗近代精神症状方法的"无我"，进一步深化和扩展为人生解脱的终极境界的意义。夏目漱石文学的主调（所谓"低音部"）是探求人生的解脱和超越。他终生都在苦苦寻索这种解脱和超越的方法及能使他得以安身立命的精神归宿。虽然他在一生各个时期思考和创作的侧重不同，主题有异，但这个主调一直没有中断和改变。夏目漱石所追求的解脱，是"脱离功利，为了人类，专心致志于学术、艺术等高尚趣味，而不为物欲所牵累"，它产生于"将自我与对象同化，而暂时忘却自我"亦即"忘我"的体验。[①]"无我"（"忘我"）观念贯穿于夏目漱石一生的文学和思想，且晚年渐趋鲜明，直至去世都未曾改变。它不仅是夏目漱石进行文明批判的武器，更是他寻求自身人生解脱的法门，构成他精神世界的重要因素。以下从物化逍遥和超越生死两方面论析夏目漱石的"无我"境界。

---

① 杉山和雄：『漱石の文学——解脱の人生観』，雄渾社，1970 年，38 頁。

（一）作为物化逍遥之境的"无我"

夏目漱石曾用文学的语言对"无我"之境作了细微、深刻而生动的描写：

> 我的魂魄像水母一般漂游不定。人世如有这样的感觉该有多么快乐。打开是非之锁，打开紧闭的门闩，将一切全抛开，既在温泉之中，且和温泉同化好了。生活在流水之中没有痛苦，倘若灵魂也能随波逐流，那比基督的弟子还要幸运。[①]

> 所谓欢乐，均来自对物的执着之念，因此包含着一切痛苦。然而诗人和画客，都能尽情咀嚼这个充满对立的世界的精华，彻底体会其中的雅趣。餐霞咽露，品紫评红，至死无悔。他们的欢乐不是来自对物的执着之念，而是与物同化一处。一旦化为物的时候，茫茫大地上再也找不到树立自我的余地。于是自由自在抛开泥团般的肉体，将无边熏风尽皆盛于破笠之中。[②]

> 然而，只即兴于一事，仅化为一物，尚不能称作诗人的感兴。有时化作一瓣花，有时化作一双蝶，有时像华兹华斯那样化作一团水仙，让惠风任意拨撩自己的心胸，这是常有的事。有时我的心被不可捉摸的四围的风光所占有，而又不能明确意识到夺取我的心的是什么东西。有人说，这是接触天地之耿气；有人说，这是于灵台上听无弦之琴；还有人或许会这般形容：因为难知难解，故踟蹰于无限之域。无论如何说法，皆为各人的自由。我对着硬木桌而坐的茫然若失的心理状态正是如此。[③]

> 我分明是没有思考任何事情，我也确实没有看到任何东西。我的意识的舞台上，没有带着显著的色彩而活动的东西，所以我

---

① 夏目漱石著，陈德文译：《草枕》，上海世纪出版股份有限公司译文出版社，2014年，第70页。

② 夏目漱石著，陈德文译：《草枕》，上海世纪出版股份有限公司译文出版社，2014年，第60页。

③ 夏目漱石著，陈德文译：《草枕》，上海世纪出版股份有限公司译文出版社，2014年，第60—61页。

不能说已经和任何事情同化于一处。然而，我活动着。既不在世上动，也不在世外动，只是不知不觉地动。既不是为花而动，也不是为鸟而动，也不是对人而动，只觉得恍惚地动。

如果硬要我加以说明，我要说，我的心只是随春天一起活动；我要说，把所有的春色、春风、春物、春声打磨在一起，炼成仙丹，溶于蓬莱的灵液，用桃源的日光蒸发后所得的精气，不知不觉渗入我的毛孔，我的心于不知不觉之中达到了饱和。普通的同化带有刺激，有刺激就有愉快。我的同化因为不知道是与何物同化，故毫无刺激。因为没有刺激，故有一种昏昏然不可言状之乐。……然而幸福正在于此。[1]

"打开是非之锁，打开紧闭的门闩，将一切全抛开"，形象地展现出松解是非对立的锁定和封闭，摆脱一切拘限的悠然自得状态。在这种状态下，"能尽情咀嚼这个充满对立的世界的精华，彻底体会其中的雅趣。餐霞咽露，品紫评红，至死无悔"。这是超脱的境界。在这种状态下，没有了"对物的执着之念"，"而是与物同化一处"。这种"与物同化"实际上是不知其然而然的心灵状态，"因为不知道是与何物同化，故毫无刺激。因为没有刺激，故有一种昏昏然不可言状之乐"，"有时我的心被不可捉摸的四围的风光所占有，而又不能明确意识到夺取我的心的是什么东西"。这是一种心的游动状态，"既不在世上动，也不在世外动，只是不知不觉地动。既不是为花而动，也不是为鸟而动，也不是对人而动，只觉得恍惚地动"，就如同行云流水，"生活在流水之中没有痛苦，倘若灵魂也能随波逐流，那比基督的弟子还要幸运"。夏目漱石把这种心境描述为"对着硬木桌而坐的茫然若失的心理状态"。而"一旦化为物的时候，茫茫大地上再也找不到树立自我的余地"，显然，这就是"无我"的状态。在夏目漱石看来，

---

[1]　夏目漱石著，陈德文译：《草枕》，上海世纪出版股份有限公司译文出版社，2014年，第61页。

"与物同化"是放弃对物的执着之念,也就是化而为物。这时,"自我"就消失了,"泥团般的肉体"被摆脱,心灵达于"对着硬木桌而坐的茫然若失的心理状态"和"昏昏然不可言状之乐",这是"将无边熏风尽皆盛于破笠之中"的"自由自在",而"幸福正在于此"。夏目漱石在这里鲜明而生动地展示出一幅超越是非、与物同化,最终达到"无我"的自由自在的图景和意境。小说中的描写虽未直接使用《庄子》的文句,但显然是对《庄子》"物化""无我""逍遥"思想的文学式探讨。"与物同化"即是"物化";"找不到树立自我的余地""茫然若失的心理状态""只觉得恍惚地动"等即是"无我";"生活在流水之中没有痛苦,倘若灵魂也能随波逐流,那比基督的弟子还要幸运","自由自在抛开泥团般的肉体,将无边熏风尽皆盛于破笠之中",这是"逍遥","逍遥"是"昏昏然不可言状之乐",这是一种至极之乐,因而"幸福正在于此"。从其文字中也不难看出与《庄子》的联系。"抛开泥团般的肉体""对着硬木桌而坐的茫然若失的心理状态",与《齐物论》篇"隐机而坐,仰天而嘘,荅焉似丧其耦"十分相似,"不知不觉地动""只觉得恍惚地动""昏昏然不可言状之乐"等,与"形如槁木,心如死灰"接近,而"于是自由自在……将无边熏风尽皆盛于破笠之中"则与"大块噫气"、风吹众窍,"吹万不同,而使其自己也,咸其自取,怒者其谁"的意境有关。

与小说不同,夏目漱石在汉诗文中直接使用或化用了《庄子》的文句,"无我""忘我""忘物我""逍遥""物化"及其相关词语在夏目漱石的汉诗文中常常出现。如:

> 野水辞花坞,春风入草堂。徙倚何澹淡,无我是仙乡。[1]
> 真踪寂寞杳难寻,欲抱虚怀步古今。碧水碧山何有我,盖天盖地是无心。依稀暮色月离草,错落秋声风在林。眼耳双忘身

---

① 夏目漱石:「閑居偶成似臨風詞兄」,岩波書店漱石全集編集部:『漱石全集』第十八卷,岩波書店,1995 年,313 頁。

亦失，空中独唱白云吟。①

洗尽尘怀忘我物，只看窗外古松郁。乾坤深夜阒无声，默坐空房如古佛。②

虽未能全绝车马之音，门柳篱菊，环堵萧然，乃读书赋诗，悠然忘物我。③

寸心何窈窕，缥缈忘是非。三十我欲老，韶光犹依依。逍遥随物化，悠然对芬菲。④

上引第一首汉诗"无我是仙乡"句，提出"无我"的观念，并将其描述为"仙乡"，象征着夏目漱石的理想境界。"白云""仙乡"等说法，明显带有道家或道教思想的色彩。《庄子》中有：

千岁厌世，去而上仙；乘彼白云，至于帝乡。（《天地》）

今子有大树，患其无用，何不树之于无何有之乡，广莫之野，彷徨乎无为其侧，逍遥乎寝卧其下；不夭斤斧，物无害者，无所可用，安所困苦哉！（《逍遥游》）

这是描写理想中的幽远虚无境界，即所谓"无何有之乡""广莫之野""圹埌之野"等。"白云""帝乡"都是这种"逍遥"境界的象征，"仙乡"与此同义。

上引第二首汉诗⑤中的"何有我""无心"，都是指"无我"。当然，

---

① 夏目漱石：「無題」，岩波書店漱石全集編集部：『漱石全集』第十八巻，岩波書店，1995 年，476 頁。
② 夏目漱石：「『七草集』評より」(其七)，岩波書店漱石全集編集部：『漱石全集』第十八巻，岩波書店，1995 年，115 頁。
③ 夏目漱石：「居移気説」，岩波書店漱石全集編集部：『漱石全集』第十八巻，岩波書店，1995 年，499 頁。
④ 夏目漱石：「春興」，岩波書店漱石全集編集部：『漱石全集』第十八巻，岩波書店，1995 年，194—195 頁。
⑤ 该诗在表达夏目漱石"无我"思想方面颇具代表性。创作于夏目漱石临终前不足一月，可以反映他一生精神追求的最终归宿。

"无心"也有"无为"的意思,如"道到无心天自合,时如有意节将迷"中的"无心"。①"眼耳双忘身亦失",就是忘却自己的感官和身体,亦即"忘我"("无我")。所谓"白云",则与上面出现的"仙乡""白云乡"等同义,是这种"无我"境界的象征。诗中的"无我"是"碧山碧水"的"无我","无心"是"盖天盖地"的"无心"。也就是说,无"我"而有"天地""山水",因为"我"已与"天地山水"融为一体。这种融合即是"眼耳双忘身亦失"的"无我"之境。这就是说,"无我"是在物与我的关系中被理解的,"无我"就是物我一体。

第三首汉诗②也表达了夏目漱石对超脱尘世、物我兼忘或物我一体之境的憧憬,这是一种空寂无声的境界。上引第四条汉文表达的同样是一种脱身世外,悠然自得的"忘物我"的境界。"忘物我"既有物我两忘之意,也有忘却物我之别而达到物我合一之意。而无论哪种意义,都归于"忘我"("无我")的境界。这里的"忘物我"与上引小说《草枕》中的"与物同化",思想意趣相同,都可落实为"无我"之境。只是在表述上,前者用了《庄子》式的词句而后者没有。汉文中的用语和意境,显然取自陶渊明的诗句:"结庐在人境,而无车马喧。问君何能尔?心远地自偏。采菊东篱下,悠然见南山。山气日夕佳,飞鸟相与还。此中有真意,欲辨已忘言。"(《饮酒》其五)陶诗所以深为夏目漱石所钟爱,与其浸润着老庄的精神是分不开的。

最后一首汉诗直接使用"忘是非""物化""逍遥"等《庄子》的词句表现上述"物我一体"的境界。作者感慨于自己三十年的人生,而对"忘是非"(与"忘我"相通)、"随物化"的"逍遥"境界心向往之。

《庄子》主张超越事物彼此是非的对立循环,而提出"以明""两行",追求"天地与我并生,万物与我为一"的齐同通一之境。这种境界显然内在地包含了物我兼忘、物我一休的意义。"物化"概念与此密切相关。"物化"的基本涵义是万物的转化更新,成玄英谓之"新新

---

① 夏目漱石:「無題」,岩波書店漱石全集編集部:『漱石全集』第十八卷,岩波書店,1995 年,375 頁。

② 此诗作于夏目漱石 23 岁时。

变化,物物迁流"。①从人自身来说,"物化"就是生死的变化。《齐物论》篇有"物化"之说:

> 昔者庄周梦为蝴蝶,栩栩然蝶也。自喻适志与,不知周也。俄然觉,则蘧蘧然周也。不知周之梦为蝴蝶与,蝴蝶之梦为周与?周与蝴蝶,则必有分矣。此之谓物化。(《齐物论》)

王叔岷说:"此《庄子》由梦觉体悟'物化'之理,即生死变化之理也。在觉适于觉,在梦适于梦,则无所谓梦觉;然则在生适于生,在死适于死,则无所谓生死。破觉梦犹外生死矣。"②庄周与蝴蝶有别,然而二者可以相互转变,此即"物化"。若不限于人,而从万物生灭流转的意义上说,周蝶转化之"物化"也可理解为事物之间既有分别又流转变化、通而为一。对于"物化",人应当顺随之而心无所扰,即:

> 外化而内不化……与物化者,一不化者也。安化安不化,安与之相靡,必与之莫多。(《知北游》)
>
> 冉相氏得其环中以随成,与物无终无始,无几无时。日与物化者,一不化者也,阖尝舍之!(《则阳》)

郭象解释说:"常无心,故一不化;一不化,乃能与物化耳。"③"日与物化,故常无我,常无我,故常不化也。"④就是说,人"无心""无我"而随物化。"我"也作为一物而变化,"我"与"物"之间的区隔和对立被消融,物我贯通一体:"天地与我并生,万物与我为一"(《齐物论》)。这正是《庄子》"无我"(即"无己""丧我")之旨⑤:

---

① 郭庆藩撰,王孝鱼点校:《庄子集释》(上),中华书局,2014年,第120页。
② 王叔岷:《庄子校诠》(上),中华书局,2007年,第96页。
③ 郭庆藩撰,王孝鱼点校:《庄子集释》(中),中华书局,2014年,第760页。
④ 郭庆藩撰,王孝鱼点校:《庄子集释》(下),中华书局,2014年,第878页。
⑤ 《老子》有"无为""无知""无欲""无私""无名"之说,主张"致虚守静""复归婴儿",此皆与"无我"意义想通。

若夫乘天地之正,而御六气之辩,以游无穷者,彼且恶乎待哉! 故曰,至人无己,神人无功,圣人无名。(《逍遥游》)

今者吾丧我,汝知之乎! 女闻人籁而未闻地籁,女闻地籁而未闻天籁夫! ……夫吹万不同,而使其自己也,咸其自取,怒者其谁邪! (《齐物论》)

夏目漱石无疑是把《庄子》这种"物化"而"逍遥"、"丧我"而"闻天籁"的境界作为自己的精神目标的。夏目漱石汉诗中还有很多与《庄子》有关的文句,也反映出他对这种境界的向往,如:

遗却新诗无处寻,嗒然隔牖对遥林。①
幽人无一事,好句嗒然成。②
大愚难到志难成,五十春秋瞬息程。观道无言只入静,拈诗有句独求清。迢迢天外去云影,籁籁风中落叶声。忽见闲窗虚白上,东山月出半江明。③
独坐窈窕虚白里,兰红照尽入明朝。④
死死生生万境开,天移地转见诗才。……冷上孤帏三寸月,暖怜虚室一分灰。⑤
薰莸臭里求何物,蝴蝶梦中寄此生。⑥

---

① 夏目漱石:「無題」,岩波書店漱石全集編集部:『漱石全集』第十八卷,岩波書店,1995 年,259 頁。
② 夏目漱石:「偶成」,岩波書店漱石全集編集部:『漱石全集』第十八卷,岩波書店,1995 年,303 頁。
③ 夏目漱石:「無題」,岩波書店漱石全集編集部:『漱石全集』第十八卷,岩波書店,1995 年,474 頁。
④ 夏目漱石:「無題」,岩波書店漱石全集編集部:『漱石全集』第十八卷,岩波書店,1995 年,402 頁。
⑤ 夏目漱石:「無題」,岩波書店漱石全集編集部:『漱石全集』第十八卷,岩波書店,1995 年,444 頁。
⑥ 夏目漱石:「無題」,岩波書店漱石全集編集部:『漱石全集』第十八卷,岩波書店,1995 年,343 頁。

《庄子》有：

> 南郭子綦隐机而坐，仰天而嘘，荅焉似丧其耦。颜成子游立
> 侍乎前，曰："何居乎？形固可使如槁木，而心固可使如死灰乎？
> 今之隐机者，非昔之隐机者也。"子綦曰："偃，不亦善乎，而问之
> 也！今者吾丧我，汝知之乎！女闻人籁而未闻地籁，女闻地籁而
> 未闻天籁夫！"……"夫大块噫气，其名为风。是唯无作，作则万
> 窍怒呺。"……"夫天籁者，吹万不同，而使其自己也，咸其自取，
> 怒者其谁邪！"（《齐物论》）
>
> 仲尼曰："若一志，无听之以耳而听之以心，无听之以心而听
> 之以气。听止于耳，心止于符。气也者，虚而待物者也。唯道集
> 虚。虚者，心斋也。"颜回曰："回之未始得使，实自回也；得使之
> 也，未始有回也。可谓虚乎？"夫子曰："尽矣。吾语若！……无
> 门无毒，一宅而寓于不得已，则几矣。……瞻彼阕者，虚室生白，
> 吉祥止止。"（《人间世》）

对比可知，"嗒然""籁籁""一分灰""蝴蝶梦""虚白""虚室"等语
分别由《齐物论》篇的"嗒焉似丧其偶""天籁""形固可使如槁木，而心
固可使如死灰乎""庄周梦蝶"，《人间世》篇的"虚室生白"等变化而
来。夏目漱石还在给友人山庄取名的备选方案中，列出了"虚白山
庄"的名称，并写道："庄子有'虚室生白'之句。"①可见他对《庄子》
"虚室生白"之说十分欣赏。而且值得注意的是，上引《齐物论》篇描
写"吾丧我"，即"无我"境界，《人间世》篇描写"心斋"功夫所达到的
"未始有回"，也是"无我"境界。

夏目漱石还从心理学等角度对"无我"境界进行了理论上的分
析。他曾提出"还原感化"的概念，意指在阅读文艺作品的过程中，当
文艺家的意识流与读者的意识流完全一致时出现的状态，此境界是

---

① 夏目漱石：「加賀正太郎宛書簡」，岩波书店漱石全集编集部：『漱石全集』第二十四卷，
岩波书店，1997年，417頁。

文艺的最高理想。他说：

> 若进入此境，则已脱离人的一般状态，超越于物我之上。……因此，阅读文艺作品时，忘我忘物，无意识地（即非反省地）尽享欢愉的过程中，时间、空间皆无，存在的只有意识之流。而且，这里所谓没有时间、空间，并非是说在作品中没有，而是说，自己阅读作品的时间和自己所占据空间的消失。就是说，忘记了阅读需要多少时间，或阅读的场所是在书斋里、郊外还是床榻上。……有人一生都未曾领略这种无我境界而逍遥于恍惚之域，俗称为物所役之人。这样的人，如果由于某种因缘而获得这种还原合一，那就如同丑男子被绝世美人所恋慕一样欢喜。①

这里指出，"无我"是物我双忘，泯除物我之别而超越物我。在这种状态下，读者完全处于无意识之中，连时间和空间感觉也丧失了。这近似《庄子》的"坐忘"状态，且《庄子》所谓"忘年""忘形"等，也含有忘记时间、空间的意思。夏目漱石进一步用意识之流（意识的连续）来解释这种"无我"状态，从现代心理学的角度赋予其新的内涵。他认为，达到这种"无我"境界，就意味着"逍遥于恍惚之域"，否则就是"为物所役"。这些思想显然来自《庄子》。《庄子》慨叹和批评众人为物所役的可悲生命状态："一受其成形，不亡以待尽。与物相刃相靡，其行尽如驰，而莫之能止，不亦悲乎！终身役役而不见其成功，苶然疲役而不知其所归，可不哀邪！人谓之不死，奚益？其形化，其心与之然，可不谓大哀乎！"（《齐物论》）认为这种为物所役的状态导致人的本真之心的丧失，犹如行尸走肉。只有摆脱外物牵累而"乘物游心"，逍遥自得，才能解除"倒悬"，复归本心。夏目漱石将这种逍遥闲适的心境视为人生最高的幸福："归根结底，我认为，一个人倘非处在悠闲的境界，便是不幸，眼下我得以尽情享受这种悠闲，于是把喜悦

---

① 夏目漱石：「文芸の哲学的基礎」，岩波書店漱石全集編集部：『漱石全集』第十六卷，岩波書店，1995 年，132 頁。

之情托形于这五十六个字。"①"五十六个字"是指下面这首汉诗：

> 遗却新诗无处寻，嗒然隔牗对遥林。斜阳满径昭僧远，黄叶
> 一村藏寺深。悬偈壁间焚佛意，见云天上抱琴心。人间至乐江
> 湖老，犬吠鸡鸣共好音。②

夏目漱石所说的"悠闲"，正是诗中的"至乐"之境。而此"至乐"之境也来自《庄子》思想。《庄子》反对"俗之所乐"，提出"无为诚乐""至乐无乐"（《至乐》）的观点，这种境界也就是"逍遥"。另外，诗中"江湖"一语，也与《庄子》的"逍遥"有关。《大宗师》篇有"鱼相忘于江湖，人相忘乎道术"之说，"江湖"也象征着"逍遥"之境。作此诗文时，正值夏目漱石病危初愈、身体虚弱之时。然而，他"就连衰弱得如此厉害时，还能保持从容镇静的心情，特意抄录这样有道经气息的词句，即使现在回想，也真愉快"。③这个"有道经气息"的书是指《列仙传》，是一部包含道教思想的中国古籍。

（二）作为超越生死之境的"无我"

对生死的超越可说是"无我"的最高体现。分别生死和喜生厌死的观念本是自我意识的一部分，要超越自我，就必须超越生死。夏目漱石小说中就有这样的情节：主人公有了一种"作为'绝对'的人"的体验，也就是"无我"的境界，而他知道，要达到这种没有烦恼的安心的境界，就"一定要超越生死"。④夏目漱石非常重视生死问题，他一生饱受疾病之苦，这种病痛的经历必然构成他关于人生和生死思考的重要因素。1910年，严重的胃病几乎夺去他的生命，即所谓"修善

① 夏目漱石著，文洁若译：《杂忆录》，红旗出版社，2013年，第13页。
② 夏目漱石：「無題」，岩波书店漱石全集编集部：『漱石全集』第十八卷，岩波书店，1995年，259页。
③ 夏目漱石著，文洁若译：《杂忆录》，红旗出版社，2013年，第21页。
④ 夏目漱石著，张正立译：《使者》，上海世纪出版股份有限公司译文出版社，2013年，第374页。

寺大患"。经历过死亡边缘的挣扎,甚至有"三十分钟之死"①的体验后,夏目漱石对生死问题进行了更加深湛的思索。病愈后所作《杂忆录》中记述了很多他对生死问题的沉思。他认为,人因能摆脱死亡继续生存而感到喜悦,但这只是人的情感,如果从"按照物理的原则无情地运行"的宇宙的角度来看,"在其间过着渺小的生活的人,就不得不注意到,像吾辈之流的一喜一忧,是微不足道的,几乎说得上是毫无意义",就是说:

> 人的生命,让以人为本的我们说来,无疑是大事件,不过,暂时改变立场,以自己完全变成大自然的心情来观察,那么这只是最恰当的过程,恐怕丝毫也没有或喜或悲的理由。②

生存和死亡,对以自身为本的人来说是重大的变故,因而对之抱有悲喜之情。如果超越人类自身的好恶情感,而从宇宙的立场来观察,人的生死不过是宇宙运行的必然过程和变化,人对这种变化所产生的悲喜之情,一方面是无足轻重甚至毫无意义的,另一方面也是不应当执着的。夏目漱石还进一步分析了人的生死变化的命运性和自然性:

> 山就成了山,水成了水,然而由于此山、此水、此空气与太阳的缘故才生息的我们人类的命运,只不过是贪婪地享受我们得以生存的条件具备的一刹那——从注定永远展开的悠长的宇宙历史来看的一刹那——而已,与其说是无常,也许不如断为仅只是偶然的命运才对。……正因为有了这个空气,人才会生下来,说实在的,并非为了人而有了空气,而是为了空气才有了人。……倘若……这空气的成分多少出现了变化……那么我们就非死光

---

① 夏目漱石著,文洁若译:《杂忆录》,红旗出版社,2013年,第50页。
② 夏目漱石著,文洁若译:《杂忆录》,红旗出版社,2013年,第25—26、28页。

了不可。①

就是说，人生命的产生是自然变化的结果，这种自然变化与人的意志和情感无关，不因这种意志和情感而改变。这个变化结果的出现是偶然的。生命的产生是如此，其消亡也是如此。故于人而言，生死皆是命运。既然生死的变化实质上是宇宙运行和自然变化的过程，那么生与死也就不过是此一过程的两种状态而已，其间的转换就再自然不过了。夏目漱石分析说，从生到死，就如同人的意识（生命）每次失去一半，这样下去，就不知不觉地接近死亡了。不要把这一过程看作是"飞快地从一方陷入另一方"，这是"思索上的不协调"，而应当"毫不奇怪地、最自然地感受到从生走向死亡的途径"。基于这种思想，夏目漱石就将生与死这"相差悬殊的两个方面作为同一性质的东西来追寻其关系"了。②与《杂忆录》同时创作的汉诗《无题》，是这种生死体验和沉思的凝结：

缥缈玄黄外，死生交谢时。寄托冥然去，我心何所之。归来觅命根，杳窅竟难知。孤愁空绕梦，宛动萧瑟悲。江山愁已老，粥药冀将衰。廓寥天尚在，高树独余枝。晚怀如此澹，风露入诗迟。③

诗中描写夏目漱石身处生死交替转换之际（"死生交谢时"），如虚无缥缈地游于天地之外（"缥缈玄黄外"），黯然消逝而没有寄托（"寄托冥然去"）。探求生命的根本，却渊深幽暗而无从得知（"归来寻命根，杳窅竟难知"）。全诗散发着对生死的深沉而又超然的感慨，表现了夏目漱石面对生死的淡然。在小说《使者》中，他借主人公一

① 夏目漱石著，文洁若译：《杂忆录》，红旗出版社，2013年，第26页。
② 夏目漱石著，文洁若译：《杂忆录》，红旗出版社，2013年，第51、52页。
③ 夏目漱石：「無題」，岩波書店漱石全集编集部：『漱石全集』第十八卷，岩波書店，1995年，263—264頁。

郎之口表达了这种超越生死心境：

> 真正能做到沉着冷静的人，即使不去追求，也应自然地进入
> 这个境界。……其根本意义在于，若不把生和死当成一码事，就
> 怎么也放心不下。……我是想一定要超越生死的。[①]

要之，夏目漱石认为，对生死的悲喜之情不过是于人自身范围内
的事情，是"即使我们不把自己看作宇宙的本位，也是没有将脑袋探
到我们之外去张望世界周围时的内部的事儿"。[②]人不应总是局限于
自身的立场，而应当学会"以自己完全变成大自然的心情来观察"，将
生死看作是自然的变化和"偶然的命运"，"毫不奇怪地、最自然地感
受到从生走向死亡的途径"，由此领受生死一如的体悟，这样就能够
超越喜生忧死的情感之限，进入更为广阔的生命境界。

这些思想显然体现着道家特别是《庄子》生死观的基本精神。
《庄子》把生死看作天地万物的自然变化（"物化"）："死生为昼夜"
（《至乐》），"人之生，气之聚也，聚则为生，散则为死"（《知北游》）。生
和死不过是自然变化（"气化"）的两种状态而已，两者乃一体相通，故
当"以死生为一条"（《德充符》），"知生死存亡之一体"（《大宗师》）。
生死的自然变化（"天"）又具有命运的特性（"命"）："死生，命也。其
有夜旦之常，天也。人之有所不得与，皆物之情也。"（《大宗师》）人不
能影响和左右"造化"，相反，是"造化""载我以形，劳我以生，佚我以
老，息我以死。故善吾生者，乃所以善吾死也"（《大宗师》）。既然生
死是自然法则和人的命运，人无需也无法改变，将自身寄托于这种变
化之中而顺随"造化"，就是最好的应对方式，"以天地为大炉，以造
化为大冶，恶乎往而不可哉！"（《大宗师》）《庄子》批评不懂得顺应生
死变化是"不通乎命"（《至乐》），不能顺化安命、齐同生死而悦生恶

---

① 夏目漱石著，张正立译：《使者》，上海世纪出版股份有限公司译文出版社，2013年，第
374页。
② 夏目漱石著，文洁若译：《杂忆录》，红旗出版社，2013年，第25—26页。

死,是心灵的迷惑:"予恶乎知说生之非惑邪! 予恶乎知恶死之非弱丧而不知归者邪! ……予恶乎知夫死者不悔其始之蕲生乎!"(《齐物论》)《庄子》主张领悟生死一体而消解悦生恶死的情欲和执着,从而达到"死生不入于心"(《田子方》)的超脱心境,亦即"逍遥":

> 古之真人,不知说生,不知恶死;其出不欣,其入不距;翛然而往,翛然而来而已矣。不忘其所始,不求其所终;受而喜之,忘而复之,是之谓不以心捐道,不以人助天。是之谓真人。若然者,其心志,其容寂,其颡颀,凄然似秋,暖然似春,喜怒通四时,与物有宜而莫知其极。(《大宗师》)

> 彼方且与造物者为人,而游乎天地之一气。彼以生为附赘县疣,以死为决疣溃痈,夫若然者,又恶知死生先后之所在! 假于异物,托于同体,忘其肝胆,遗其耳目;反复终始,不知端倪;芒然彷徨乎尘垢之外,逍遥乎无为之业。(《大宗师》)

《庄子》还进一步从人的顺化安命、超越生死引申出人消除自我中心的傲慢心理而顺应"造化"的问题:"今①大冶铸金,金踊跃曰'我且必为镆铘',大冶必以为不祥之金。今一犯人之形,而曰'人耳人耳',夫造化者必以为不祥之人。今一以天地为大炉,以造化为大冶,恶乎往而不可哉!"(《大宗师》)以自我为中心而试图违逆"造化"的人是"不祥之人"。能够顺应造化而与化俱往,才是逍遥的真人。夏目漱石也有类似的反省:

> 当我们进一步通过有机无机、贯穿动植物两界,把这些犹如万里一条的铁那样发展过来的进化看作历史时;而且,当我们觉醒到人类只不过是为了填埋这大历史中的仅仅一页的材料而已时,自

---

① "今"下本或有"之"字,据王孝鱼点校《庄子集释》本删。

认为已爬到百尺竿头尽头的人的自我陶醉,又非得骤然脱落不可。①

把夏目漱石与《庄子》超越生死的思想加以对照就不难推想,夏目漱石与《庄子》思想产生了共鸣,并主要以文学的形式对其进行了再阐释。

六、夏目漱石精神世界的道家道教色彩

通过以上考察,已经从几个方面看到夏目漱石"无我"思想的道家内涵和特性。下面再从夏目漱石精神世界的总体来审视其与道家思想的关联。夏目漱石的思想是近代东西方文化交汇背景下的产物,其中既有西方思想的成分(如英国华兹华斯等人的自然主义,美国哲学家詹姆士、法国哲学家柏格森等人的思想),也有东方思想的因素(如禅学、心学和道家),但其思想的特质总体上还是东方的,具有鲜明的东方气质。如果进一步问,这种东方气质是什么,则可以说就是"解脱"的精神,而"无我"是这种解脱精神的集中体现。

(一)"则天去私"和"守拙持顽"

夏目漱石的"无我"思想在晚年融入其"则天去私"的哲学之中。所谓"去私",也就是"无我",而超越了"私""我",也就进入效法"天"的境界。"天"是"自然"之意,"则天去私"就是超越一己之私的人为状态,而达到本来如此、自然而然的境地。这完全是道家式的"丧我""忘己"境界。"则天去私"可以说是夏目漱石"无我"思想的最终归结,也使其"无我"思想的道家性质更加鲜明。

以"则天去私"为表现形式的"无我",作为夏目漱石晚年的思想归宿,在其精神世界中占有十分重要乃至核心的地位。在夏目漱石这里,"无我"不仅是思想,也是一种精神境界和人格气象。这主要体现在他对智巧名利的洒脱态度上,可以称为"守拙持顽"。对顽拙的持守也就是对逞智巧、逐名利的否定。夏目漱石早年就曾明确表达

---

① 夏目漱石著,文洁若译:《杂忆录》,红旗出版社,2013年,第27页。

"守拙持顽"的思想，如 1895 年所作汉诗中有：

> 才子群中只守拙，小人围里独持顽。寸心空托一杯酒，剑气如霜照醉颜。①

同年在致友人正冈子规的信中也说："是非如云烟，善恶亦一时，终只守拙持顽。"②由此可见"守拙持顽"思想中超越是非善恶的意涵。"守拙"一语，当取自陶渊明《归园田居》(其一)中"守拙归园田"句。夏目漱石对"守拙持顽"的处世态度和境界非常倾慕。他曾自号"漱石顽夫"，以表达此种情怀。这种人生态度也鲜明地体现于小说作品中，如《草枕》中的画匠说：

> 品评起来，木瓜是花中既愚且悟者。世间有所谓守拙之人，这种人转生来世一定变成木瓜。我也想变成木瓜。一趟下来眼里就看到了这木瓜，他是我二十年来的旧知己。看着看着，神志渐渐恍惚，心情也随之舒畅起来。③

夏目漱石以木瓜为"守拙"的象征。"守拙"表面上是"愚"，实质上是"悟"。夏目漱石又将这种木瓜所代表的"既愚且悟"的境界表达为："寸心何窈窕，缥缈忘是非。……逍遥随物化，悠然对芬菲。"④此诗包含的《庄子》思想，上面已作了分析。"拙"和"顽"也是《老子》的体道者的人格特点，如谓"大巧若拙"(四十五章)、"我独顽似鄙"(二十章)等，即是其体现。与此相关，"愚"也是老庄崇尚的人格特征，如

---

① 夏目漱石：「無題」(其二)，岩波書店漱石全集編集部：『漱石全集』第十八卷，岩波書店，1995 年，177 頁。

② 夏目漱石：「正岡子規宛書簡」，岩波書店漱石全集編集部：『漱石全集』第二十二卷，岩波書店，1996 年，91 頁。

③ 夏目漱石著，陈德文译：《草枕》，上海世纪出版股份有限公司译文出版社，2014 年，第125 页。

④ 夏目漱石著，陈德文译：《草枕》，上海世纪出版股份有限公司译文出版社，2014 年，第125—126 页。

曰:"我愚人之心也哉"(二十章),"其合缗缗,若愚若昏,是谓玄德,同乎大顺"(《天地》)。另外,"朴""素"等概念也与此相关。这种愚拙之境是夏目漱石一生的追求。直至去世前,他还为自己没有达到这种"大愚"境界而感慨:

> 大愚难到志难成,五十春秋瞬息程。观道无言只入静,拈诗有句独求清。迢迢天外去云影,籁籁风中落叶声。忽见闲窗虚白上,东山月出半江明。[1]

可见,夏目漱石把"大愚"作为自己人生的理想境界,而感叹达至此境之困难。同年,他在致禅僧富泽的信中说:"我是五十岁才意识到要追求道的愚人。此道何时才能体得,一想到这里,就觉得有相当大的距离,而感到吃惊。"[2]

夏目漱石崇尚愚拙的思想,也受到中国清代文人画家郑板桥(1693—1765)思想的影响。郑板桥有著名的"难得糊涂"座右铭:"聪明难,糊涂难。由聪明而转入糊涂更难。放一著,退一步,当下心安。非图后来福报也。"这里的"糊涂"就是夏目漱石向往的"愚拙"之境。夏目漱石平生喜读《板桥集》,受到郑板桥"难得糊涂"思想影响也是情理中的事。[3]而郑板桥的"糊涂"与道家的"愚""拙"颇有渊源关系,其整个思想也具有显著的道家特性,这一特性当然会传递到夏目漱石的文学和思想之中。

总之,道家式的"无我"已经化为夏目漱石精神世界的一个重要因素,又以"守拙持顽"的境界表现出来。

---

[1]　夏目漱石:「無題」,岩波書店漱石全集編集部:『漱石全集』第十八卷,岩波書店,1995 年,474 頁。

[2]　夏目漱石:「富沢敬道宛書簡」,岩波書店漱石全集編集部:『漱石全集』第二十四卷,岩波書店,1997 年,589 頁。

[3]　参见及川碧慈:『夏目漱石文学の土壌:中国文学の受容を中心に』,博士論文,専修大学,2002 年,221—223 頁。

（二）道家道教情怀

夏目漱石的文本中蕴含着相当多具有道家以及道教倾向和特征的思想，如其晚年汉诗中有：

> 非耶非佛又非儒，穷巷卖文聊自娱。①

短短两句诗，表达了作者的人生追求和归宿，即并非皈依于基督教、佛教或儒教，而是要过一种以卖文为生、拮据却自得其乐的生活。这种既不皈依宗教，却也超脱世俗的人生，"不是救世济民的宗教家、哲学家"的人生，而"正是老庄、隐逸的人生"，②是道家式的"逍遥"人生。下面的诗句更直接地表达出夏目漱石的道家道教情怀：

> 闻说人生活计艰，曷知穷里道情闲。空看白发如惊梦，独役黄牛谁出关。去路无痕何处到，来时有影几朝还。当年瞎汉今安在，长啸前村后郭间。③

在卖文为生的艰难穷困生活中，作者体悟到一种"道情"的闲适。回首人生，犹如梦境，恍然觉悟，心向脱俗闲逸之境。"独役黄牛谁出关"一句，出自"老子骑牛出关"的记载和传说。《史记·老子列传》有老子出关隐逸的记载，《列仙传》④则谓老子乘青牛车西去入秦。老子骑青牛出关的传说在后世流传甚广。此句暗示：作者向往老子那样的脱俗闲逸之境（用"黄牛"而非"青牛"，是为与前句"白发"对

---

① 夏目漱石：「無題」，岩波書店漱石全集編集部：『漱石全集』第十八卷，岩波書店，1995年，434頁。
② 大星光史：『日本文学と老荘神仙思想の研究』，桜楓社，1990年，355頁。
③ 夏目漱石：「無題」，岩波書店漱石全集編集部：『漱石全集』第十八卷，岩波書店，1995年，411頁。
④ 《列仙传》为夏目喜读之书。参见夏目漱石著，文洁若译：《杂忆录》，红旗出版社，2013年，第19—23页。

应①)。再如下面这首诗,可谓是道教仙气十足:

> 自笑壶中大梦人,云裹缥缈勿忘神。三竿旭日红桃峡,一丈
> 珊瑚碧海春。鹤上晴空仙翮静,风吹灵草药根新。长生未向蓬
> 莱去,不老只当养一真。②

在夏目漱石汉诗文中,带有道家道教色彩的用语十分多见,如
"白云""闲云""仙乡""仙""紫府""蓬莱""昆仑""松鹤""丹""壶中"
"养真"等,这些都是象征和描述夏目漱石理想精神境界的词语。其
中"白云"一词出现当为最多,③如:

> 脱却尘怀百事闲,尽游碧水白云间。④
> 鸟入云无迹,鱼行水自流。人间固无事,白云自悠悠。⑤
> 退怀寄何处,缅邈白云乡。⑥

等等。另外,小说作品中也有:

> 说他们退避,并非退向普通的地方,而是退到了红霞之国,
> 或者白云之乡吧? 他们或者浮于海上,连舵也懒得操,任其漂向
> 云水相接之处,不知不觉之间,飘到白帆与云水难于分解的境

---

① 参见一海知義:「無題」訳注,岩波書店漱石全集編集部:『漱石全集』第十八卷,岩波書
店,1995 年,411 頁。
② 夏目漱石:「無題」,岩波書店漱石全集編集部:『漱石全集』第十八卷,岩波書店,
1995 年,472 頁。
③ 据一海知义统计,凡 16 见。一海知義:「春日静座」訳注,岩波書店漱石全集編集部:
『漱石全集』第十八卷,岩波書店,1995 年,204 頁。
④ 夏目漱石:「『木屑録』より」十四首(其六),岩波書店漱石全集編集部:『漱石全集』第
十八卷,岩波書店,1995 年,125 頁。
⑤ 夏目漱石:「無題」,岩波書店漱石全集編集部:『漱石全集』第十八卷,岩波書店,
1995 年,212 頁。
⑥ 夏目漱石:「春日静座」,岩波書店漱石全集編集部:『漱石全集』第十八卷,岩波書店,
1995 年,202 頁。

界，到头来连白帆都不知怎样把自己同云水区别开来。①

此处的"白云之乡"，隐喻没有分别、浑然一体的虚无之境。"闲云""仙乡""仙""蓬莱""紫府""昆仑""松鹤""壶中"等，皆与"白云"类似，如：

> 野水辞君巷，闲云入我堂。徂徕随所澹，住在自然乡。②
> 仙乡自古无文字，不见青编只见山。③
> 被发驾神飙，寥泬昆仑岭。……物命有常理，紫府孰求仙。
> 渺然无倚托，俯仰地与天。④
> 终日无为云出岫，夕阳多事鹤归松。⑤
> 自笑壶中大梦人，云寰缥缈勿忘神。⑥

另外，还有"丹""药""长生""不老""养真"等说法：

> 鹤上晴空仙翮静，风吹灵草药根新。长生未向蓬莱去，不老只当养一真。⑦
> 茯苓今懒采，石鼎那烹丹。日对灵芝坐，道心千古寒。⑧

---

① 夏目漱石著，陈德文译：《草枕》，上海世纪出版股份有限公司译文出版社，2014年，第59页。

② 夏目漱石：「酬横山画伯惠画」，岩波書店漱石全集編集部：『漱石全集』第十八卷，岩波書店，1995年，292页。

③ 夏目漱石：『『木屑録』より』十四首（其六），岩波書店漱石全集編集部：『漱石全集』第十八卷，岩波書店，1995年，125页。

④ 夏目漱石：「失題」，岩波書店漱石全集編集部：『漱石全集』第十八卷，岩波書店，1995年，220—221页。

⑤ 夏目漱石：「無題」，岩波書店漱石全集編集部：『漱石全集』第十八卷，岩波書店，1995年，349—350页。

⑥ 夏目漱石：「無題」，岩波書店漱石全集編集部：『漱石全集』第十八卷，岩波書店，1995年，472页。

⑦ 夏目漱石：「無題」，岩波書店漱石全集編集部：『漱石全集』第十八卷，岩波書店，1995年，472页。

⑧ 夏目漱石：「五首」（其四），岩波書店漱石全集編集部：『漱石全集』第十八卷，岩波書店，1995年，190页。

　　其中"白云""仙乡""仙"等语,上文已述及,源自《庄子·天地》"上仙""乘彼白云,至于帝乡"等说法,因而与《庄子》所谓"无何有之乡""广莫之野""圹埌之野"等有密切关系。当然,这些观念主要为道教所发展。"仙"是道教的重要观念,其他皆为道教常用的词语,而其中也或多或少包含着道家的思想。

　　上引汉诗中"闻说人生活计艰,曷知穷里道情闲"两句里的"道情"一语,颇值得注意。所谓"道情",一是指道义、情理;二是指一种曲艺形式,"以道教故事为题材,宣扬出世思想"。①道情渊源于道教曲艺(道曲),早期"多以道教故事为演唱内容,借以传播道教教义,宣扬出世思想"。后来内容逐渐丰富,演变为一种民间曲艺。②可见,道情与道教有密切联系,离开道教则无法理解道情。夏目漱石诗中的道情,当指一种"修道之心",是"哲学的心情、宗教的心情、超越的心情",③总之,是一种超凡脱俗的求道心境。与此相近的词在夏目漱石汉诗中还有"道心""道气"等。"道情"的说法虽不必特指道家道教的境界,但与道家道教是有关系的。从夏目漱石汉诗文语境中"道情"等词的涵义看,其道家道教色彩显而易见。如云:

　　　　寻仙未向碧山行,住在人间足道情。明暗双双三万字,抚摸石印自由成。④

　　　　香烟一炷道心浓,趺坐何处古佛逢。终日无为云出岫,夕阳多事鹤归松。⑤

　　这里,"道情""道心"与"寻仙""无为""松鹤"并举,显然是指道家

---

① 辞海编辑委员会编:《辞海》,上海辞书出版社,1980年,第1061页。
② 胡孚琛主编:《中华道教大辞典》,中国社会科学出版社,1995年,第1592页。
③ 分别为和田利男、吉川幸次郎的解释。转引自及川碧慈:『夏目漱石文学の土壤:中国文学の受容を中心に』,博士論文,専修大学,2002年,186頁。
④ 夏目漱石:「無題」,岩波書店漱石全集編集部:『漱石全集』第十八卷,岩波書店,1995年,345頁。
⑤ 夏目漱石:「無題」,岩波書店漱石全集編集部:『漱石全集』第十八卷,岩波書店,1995年,349—350頁。

道教意义上的修道境界。夏目漱石"道情"的道家道教内涵，还可从他与郑板桥的思想联系中窥见一斑。郑板桥的著作《板桥集》（清乾隆刻本）是夏目漱石爱读之书，此书作为夏目漱石的藏书，至今还留存于《漱石文库》中。道情自中国明清以来流传甚广，郑板桥曾创作过道情作品，收于《板桥集》。夏目漱石通过《板桥集》接触到郑板桥的道情作品，即"道情十首"。其中包含着丰富的道家道教思想，如"道情十首"（其九）云：

> 吊龙逄，哭比干，羡庄周，拜老聃。未央宫里王孙惨，南来薏苡徒兴谤，七尺珊瑚只自残。孔明妄作那英雄汉，早知道茅庐高卧，省多少六出祁山。

这是劝导世人不要为了名利而残生损性，而要追求庄周、老聃超脱世俗名利的境界。批评为追名利、逐外物而丧己失性，主张"安其性命之情"、回归本真之性，是《庄子》的重要思想。如曰：

> 昔者桀杀关龙逄，纣杀王子比干，……是好名者也。（《人间世》）
> 外物不可必，故龙逄诛，比干戮，箕子狂，恶来死，桀纣亡。（《外物》）
> 自三代以下者，天下莫不以物易其性也。小人则以身殉利，士则以身殉名，大夫则以身殉家，圣人则以身殉天下。故此数子者，事业不同，名声异号，其于伤性以身为殉，一也。（《骈拇》）

夏目漱石爱读郑板桥的著作，并正面使用"道情"一词，由此可推知，上述道家道教思想对他产生了影响。

夏目漱石的"无我"的思想似乎与禅学有类似之处。夏目漱石具有禅学的修养，甚至有过参禅的经历，其藏书中也有不少禅学类书籍，故其从禅学中获得启发当在情理之中。有些研究者也看到了这一点。①但是,禅学并非夏目漱石思想的根本和归宿。首先,上面的分析已经证明,夏目漱石"无我"思想的内涵和表述(如"物化""逍遥""守拙持顽""则天去私"等)都不是禅学的。夏目漱石汉诗中有"会天行道是吾禅"②之说,也反映了他所谓禅,实际上是"会天行道",即与天合一、体悟天理、实行大道,也就是"则天去私"。③大星光史分析了夏目漱石"则天去私"的命题,并认为,"这些显然都不是禅的观念,而是以中国老庄思想为根本的方面较为突出"。④山杉和雄指出,夏目漱石"无我"的解脱境界,是"从低级的自我向高级的自我的暂时性解脱,并非禅那样的整体自我的解脱。禅不具有应当一致的 sensuous 那样的东西,要自己消除整体自我,非自杀是不可能的。漱石对这种不可能性早已领悟了。"⑤这就是说,夏目漱石的"无我"与禅学的自我解脱("空")存在本质上的差异。其次,值得注意的是,夏目漱石虽然从禅学中获得启发,但没有将佛禅作为其信仰而皈依之。他早年曾试图从禅学中获得精神的寄托,但并未成功。这一精神历程在其小说《门》中得到表现:主人公宗助苦苦探求,试图在佛禅中找到精神的慰藉,但终究未能叩开禅宗信仰的大门。对此,中村直子从夏目漱石宗教观的角度进行了分析:夏目漱石早年曾试图通过宗教(佛教禅宗)获得拯救,但是未能成功,并因此陷入苦恼。晚年的夏目漱石不再从现存宗教中寻求拯救,而是转向追求自己特有的悟道的境界。他所特有的"道",已不同于宗教意义上的道,而是指"天""自然"。夏目漱石晚年虽然对日本江户时代禅僧诗人良宽(1758—1831)非常仰慕,并与鬼村、富泽两位禅僧过从甚密,但这不是出于宗

---

① 这方面的研究如:加藤二郎:『漱石と禅』,翰林書房,1999 年。陳明順:『漱石漢詩と禅の思想』,勉誠社,1997 年。水川隆夫:『漱石と仏教——則天去私への道』,平凡社,2002 年。

② 夏目漱石:「無題」,岩波書店漱石全集編集部:『漱石全集』第十八卷,岩波書店,1995 年,446 頁。

③ 夏目漱石:「無題」訳注,岩波書店漱石全集編集部:『漱石全集』第十八卷,岩波書店,1995 年,448 頁。

④ 大星光史:『日本文学と老荘神仙思想の研究』,桜楓社,1990 年,347 頁。

⑤ 杉山和雄:『漱石の文学——解脱の人生観』,雄渾社,1970 年,39 頁。

教（信仰）的原因，而是出于对他们"不求名利，唯处身于'自然'之中的人生理念的尊重"。这种境界，正如其汉诗中所言："不是枯禅爱寂寥"。①此外，日本禅学整体上保持了中国禅学的基本特征，而中国禅学本来就包含着道家特别是庄子哲学的因素。故夏目漱石思想中存在的非宗教性的禅学因素，有些也可以追溯到庄子哲学。

---

① 中村直子：「『明暗』期の漢詩と『明暗』の方法論："最後の漱石"像」，『日本文學』65，東京女子大学，1986-03。

第五章 道家思想与西田几多郎

西田几多郎终生与道家结下不解之缘。他与道家的关系主要体现在其哲学活动中。通过研究道家哲学,他不断获得深刻的启发和领悟,并以此为基础吸收和利用其他中国思想和大量西方哲学资源,逐步创立了自己的哲学体系。西田几多郎援用老庄"混沌通一"的"道"的思想,阐释和建构作为其哲学体系逻辑起点和基础的"纯粹经验";用《庄子》"道进乎技"的思想阐释其认识论的重要范畴"知的直观";而其关于伦理学核心范畴"善"的论述,又渗透了《庄子》"安其性命之情"思想的因素。

一、西田几多郎及其道家观

(一)西田几多郎及其哲学

西田几多郎(1870—1945)是日本近代最具代表性的哲学家。西田几多郎早年就学于石川县第四高等学校。中学时代,他热心于宪政运动,支持 1889 年颁布的明治宪法。后为抗议《天皇教育敕语》将保守的儒家价值观设立为学生伦理准则而退学。这反映出,在青少年时代,民主宪政思想对西田几多郎有很大影响。1891 年,西田几多郎进入东京帝国大学哲学系选修科学习。1895 年毕业后,先后任石川县寻常中学教师、石川县第四高等学校讲师。1909 年,任学习院大学教授,一年后任京都帝国大学文学部副教授。1913 年任京都大学文科大学宗教学讲座教授,先后担任哲学史第一讲座、第五讲座等教职。其一生的主要活动是从事哲学教学和著述。①

西田几多郎哲学的基础是"实在"(或称"真实在"),其哲学思想可以说是围绕着"实在"而展开和阐发的。西田几多郎哲学的重要概念,如"纯粹经验""无＝场所的逻辑""辩证法的一般者"等,都是对"实在"的阐释,由此构成其"实在"的哲学。"纯粹经验"(或称"直接经验")是这一"实在"哲学的出发点。西田几多郎把"经验"理解为"按照事实原样而感知","完全去掉自己的加工,按照事实来感知"。而"所谓纯粹的,实指丝毫未加思虑辨别的、真正经验的本来状态而言。"②"纯粹经验"是一种主客未分、知情意合一的意识状态。但西田几多郎认为,这种"纯粹经验"还没有脱离意识的立场,于是他进一步提出超越意识立场的"无＝场所的逻辑"。对于这一"无"的逻辑或"场所"的逻辑,西田几多郎又重新解释为"辩证法的一般者",这是"无＝场所"向具体世界的延伸,是其具体化。③实在的逻辑"是以'即'为系词的一切相反的东西的同一——'绝对矛盾的自我同一'"。④以上是西田几多郎"实在"论(本体论)的基本思路。

西田几多郎以"实在"的本体论为基础,建立了其认识论和伦理学。西田几多郎认识论的核心概念是"知的直观"和"行为的直观"。"'知的直观'(intellektuelle Anschauung)是指所谓理想的,即通常所说的经验以上的那种直觉,也就是对可以辩证地加以认识的东西的直觉。"⑤就是说,"知的直观"是一种高级的知觉,其丰富性和深远性远高于普通知觉,并具有"理想"性。从认识论的角度看,"知的直观"

① 西田几多郎的代表性著作有《善的研究》(1911年)、《思索与体验》(1915年)、《自觉中的直观和反省》(1917年)、《艺术与道德》(1923年)、《从动者到见者》(1927年)、《一般者的自觉体系》(1930年)、《无的自觉的限定》(1932年)、《哲学的根本问题》(1933年)以及大量论文等。

② 西田几多郎著,何倩译:《善的研究》,商务印书馆,2007年,第7页。

③ 中村雄二郎著,卞崇道、刘文柱译:《西田几多郎》,生活·读书·新知三联书店,1993年,第128—129页。

④ 刘文柱:《西田几多郎》,王守华、卞崇道主编:《东方著名哲学家评传》(日本卷),2000年,第437页。

⑤ 西田几多郎著,何倩译:《善的研究》,商务印书馆,2007年,第30页。

是对"实在"的直观,其与"实在"似乎是一种对象性的关系,但实际上直观和被直观者是同一的,主观和客观融合于直接经验,"知的直观"即是"实在"。如果说"知的直观"带有浓厚的静观色彩的话,那么西田几多郎后来提出的"行为的直观"则具有能动性。西田几多郎所谓"行为",也就是"制作":"我们通过行为在外界制作物,制作客观地与我们相对的东西。行为必须是制作。""制作"包含着创造的因素,因而是能动的。由于行为(制作)者与行为(制作)对象结成了相互限定的关系,因而行为既是客观的,又是主观的,即"必须是主观的·客观的、客观的·主观的"。同时,人类的行为又必然是社会历史中的事件,"在社会的、历史的世界中,我们在外界制作物,物限定我们"。①

伦理学是西田几多郎哲学的重要组成部分和归宿,其伦理学围绕着"善"的概念展开。西田几多郎倡导"活动主义"(energetism)的伦理学,认为"必须从意志本身的性质来说明善究竟是什么",主张"所谓善就是我们的内在要求即理想的实现,换句话说,即是意志的发展完成","意志的发展完成,立即成为自我的发展完成,因而可以说善就是自我的发展完成(self-realization)",这种自我的完成也就是人格的完成。因此,"一言以蔽之,所谓善就是人格的实现。"在西田几多郎哲学中,"自我"与"实在"是同一的,"和宇宙有着同一根基,不,简直就是同一事物","是实在的某种特殊小体系"。"我们认识实在,并不是认识自我以外的东西,而是认识自我本身。实在的真善美必须就是自我的真善美"。②人实现自己的人格,也就是体现了实在,这就是"完整的善行"和最高的善。

西田几多郎哲学带有某种宗教性,他把神看作"是这个实在的根基","宇宙不是神的创造物,而是神的'表现'(manifestation)。外自日月星辰的运行,内至人心的微妙动静,无一不是神的表现,我们在

---

① 西田幾多郎:「弁証法的一般者としての世界」,竹田篤司等编集:『西田幾多郎全集』第六卷,岩波書店,2003 年,264—265 頁。

② 西田几多郎著,何倩译:《善的研究》,商务印书馆,2007 年,第 107、109、122、123 頁。

这些事物的根基里能够——感受神的灵光"。①西田几多郎所谓绝对矛盾的自己同一,是一种"宗教的逻辑"。他"把绝对矛盾的自己同一的认识视为贯穿实在世界所有领域、层次、场面的根本原理,并试图在各种领域、层次、场面适用这一原理。但是,由这种认识本身的性质最终会走入宗教的逻辑。"②

西田几多郎一生埋头书斋,是典型的学院式哲学家,但他的哲学思想对日本思想界产生的影响却不限于学院,而在日本哲学史和思想史上占有极高的地位。西田几多郎的哲学体系被称为"西田哲学",有大批追随者,形成京都学派,其影响波及日本哲学、思想和文化的广泛领域。日本现代著名哲学学者中村雄二郎说:"人们把西田叫做'最初的独创性哲学家',岂止于此,我们甚至可以说,他是日本近代'最大的哲学家'吧!从世界范围看,他和第一流思想家们相比也毫不逊色!"③

（二）西田几多郎的道家观

那么,这个日本哲学史上首屈一指的哲学家及其所创立的"西田哲学",与中国古老的道家思想又有什么联系呢?西田几多郎在少年时代就接触到中国传统文化。他 12 岁时在藤田维正等人的私塾中学习汉文学,13 岁时又跟从井口济（孟笃）学习汉学,15 岁时再次跟随藤田维正学习汉学。④这些早期的汉学教育,为他以后的汉学素养打下了基础。高中时期,西田几多郎与同学好友结成"我尊会",后又组织"不成文会"。这两个学会的主要活动是撰写评论、诗歌、小说等,相互传阅,并对作品进行批评。⑤此间,西田几多郎以"有翼生"的

---

① 西田几多郎著,何倩译:《善的研究》,商务印书馆,2007 年,第 134 页。
② 中村雄二郎著,卞崇道、刘文柱译:《西田几多郎》,生活·读书·新知三联书店,1993 年,第 133 页。
③ 中村雄二郎著,卞崇道、刘文柱译:《西田几多郎》,生活·读书·新知三联书店,1993 年,第 15—16 页。
④ 藤田正勝編:「年譜」,竹田篤司等編集:『西田幾多郎全集』第二十四卷,岩波書店,2009 年,276—277 頁。
⑤ 藤田正勝編:「年譜」,竹田篤司等編集:『西田幾多郎全集』第二十四卷,岩波書店,2009 年,278、279 頁。

笔名写下了一些汉文和汉诗，[1]显示出相当高的汉学功底。西田几多郎对中国传统文化的学习，不只是在学生时代，而是贯穿其一生。这从他日记中出现的大量汉籍书名或人名即可看出，主要如下表所示：

西田几多郎日记中所见书名、人名	时间（年）
四书、老庄、王阳明[2]	1897
〔封面内侧及衬页〕四书、老庄、传习录、寒山诗、碧岩集、临济录、大乘起信论；〔中间扉页〕四书、老、庄、韩、左传、国策、八家文、古诗源、唐宋诗醇[3]	1898
论语、王阳明、传习录、寒山诗、碧岩集[4]	1899
史记、前后汉书、三国志、宋元学案[5]	1931
管子全书、东湖诗抄、左传校本、唐宋八家文、论语正义、管子[6]	1941
左传、易[7]	1943
维摩、法华、公羊、左传、庄子、四书[8]	1944

西田几多郎所记当为他比较重视的汉籍。大体可以推测，这些汉籍他是阅读过的。由此可见，他所阅读的汉籍范围很广，涉及经史子集四部和儒佛道三家，且直到离世的前一年（1944年）都没有中断

① 见「我尊会有翼文稿」、「不成文会有翼生草稿」，竹田篤司等编集：『西田幾多郎全集』第十一卷，岩波书店，2005年，333—400页。

② 西田幾多郎：「日記Ⅰ」，竹田篤司等编集：『西田幾多郎全集』第十七卷，岩波书店，2009年，27页。

③ 西田幾多郎：「日記Ⅰ」，竹田篤司等编集：『西田幾多郎全集』第十七卷，岩波书店，2009年，29页。

④ 西田幾多郎：「日記Ⅰ」，竹田篤司等编集：『西田幾多郎全集』第十七卷，岩波书店，2009年，39页。

⑤ 西田幾多郎：「日記Ⅱ」，竹田篤司等编集：『西田幾多郎全集』第十八卷，岩波书店，2009年，171页。

⑥ 西田幾多郎：「日記Ⅱ」，竹田篤司等编集：『西田幾多郎全集』第十八卷，岩波书店，2009年，343、348、349页。

⑦ 西田幾多郎：「日記Ⅱ」，竹田篤司等编集：『西田幾多郎全集』第十八卷，岩波书店，2009年，379页。

⑧ 西田幾多郎：「日記Ⅱ」，竹田篤司等编集：『西田幾多郎全集』第十八卷，岩波书店，2009年，396页。

对中国传统思想文化的学习和研究。

在西田几多郎日记所载汉籍中,《老子》和《庄子》出现的频率颇高。实际上,道家是他常读和爱读之书。其所作汉诗云:

> 除去功名荣利心,独寻闲处解尘襟。窗前好读道家册,月明清风拂俗尘。①

表达了"好读道家册",向往道家超脱名利、逍遥自适之境界的情怀。西田几多郎的笔名"有翼生",也与老庄思想有密切关系。他在回答以"有翼"为笔名的原因时说:

> 子不闻昔者庄周梦为蝴蝶,栩栩然戏花饮露。今读其书、审其人,离形体、黜聪明,深入于寥天一,若有若无,往而不知所往,止而不知所止,飘飘乎如蝶舞于空中,以当时诸侯之威尚不能及。……小生……亦尝放纵不轨,己所不欲,毫不从人,飘然而去,飘然而止,唯我意是从。②

西田几多郎是借"有翼"表达自己所向往的超然飘逸、随性纵情的境界。他所谓"离形体,黜聪明,深入于寥天一"等说法,出自《庄子·大宗师》③。他进一步描述说,他所谓"翼",不是形体之翼,而是心灵之翼:

> 此翼生于我真心之中,以道为筋骨,以理为羽毛。烧之而不焦,浸之而不濡,漠然其如云,飘然其如风,显乎其有而不存,茫

---

①　西田幾多郎:「与鈴木兄」,「我尊会有翼文稿」,竹田篤司等编集:『西田幾多郎全集』第十一卷,岩波書店,2005 年,355 頁。

②　西田幾多郎:「答賓戯」,「我尊会有翼文稿」,竹田篤司等编集:『西田幾多郎全集』第十一卷,岩波書店,2005 年,358 頁。

③　《大宗师》篇:"仲尼蹴然曰:'何谓坐忘?'颜回曰:'堕肢体,黜聪明,离形去知,同于大通,此谓坐忘。'""造适不及笑,献笑不及排,安排而去化,乃入于寥天一。"

乎其虚而非无。以翱翔于九天之外，以潜伏于九地之下，纵横自在，鬼神恶魔不能碍之。我实有此翼，常以悠然逍遥于万里之外。而或有痒疥之徒欲以严命刻罚削夺我之自由，呜呼！我身可缚，我心不可缚。①

显然，西田几多郎所谓"心灵之翼"（"心翼"）是飞向心灵自由之翼，象征着通向心灵自由的路径。此"心翼"实际上就是"道"和"理"（"以道为筋骨，以理为羽毛"）。"道""理"牢不可破而又无处不在，认识、领悟了它，就能达到精神自由（"以翱翔于九天之外，以潜伏于九地之下，纵横自在，鬼神恶魔不能碍之"）。这种追求"悠然逍遥于万里之外"的心灵自由的思想，显然来自《庄子》。他描述"心翼"是"烧之而不焦，浸之而不濡"，亦取自《庄子》。《庄子》有"入火不热，入水不濡"（《大宗师》）、"火弗能热，水弗能溺"（《秋水》）②之说。他又将"心翼"描述为"漠然其如云，飘然其如风，显乎其有而不存，茫乎其虚而非无"，也颇合于老庄之道似无而实有的特征。另外，西田几多郎"无形之翼""心翼"等说法，亦与《庄子》"以无翼飞""以无知知"（《人间世》）③的思想相关。

从西田几多郎早期文字中可以看到不少对《老子》《庄子》的引用和阐述。除上文所引《答宾戏》（汉文）外，又如《游大乘寺山记》（汉文）中有：

有鱼数十尾，悠悠而游泳，与余生顾而乐之，……蔼然于田园之间，人民鼓腹之状可想，嗟吁！非圣德之至大，焉得如此

---

① 西田幾多郎：「答賓戲」，「我尊会有翼文稿」，竹田篤司等编集：『西田幾多郎全集』第十一卷，岩波書店，2005 年，359—360 頁。
② 《大宗师》篇："登高不栗，入水不濡，入火不热。是知之能登假于道也若此。"《秋水》篇："至德者，火弗能热，水弗能溺，寒暑弗能害，禽兽弗能贼。"
③ 《人间世》篇："绝迹易，无行地难。为人使易以伪；为天使难以伪。闻以有翼飞者矣，未闻以无翼飞者也；闻以有知知者矣，未闻以无知知者也。瞻彼阒者，虚室生白，吉祥止止。夫且不止，是之谓坐驰。夫徇耳目内通而外于心知，鬼神将来舍，而况人乎！"

哉！……夫以世事付风里之风，以人生为梦中之梦，人皆营营而己独晏晏，人皆戚戚而己独悠悠，超然而游于事物之外，是岂不快乎！①

以上文句皆来自《庄子》或《老子》。其中，"有鱼数十尾，悠悠而游泳，与余生顾而乐之"句，来自《秋水》篇"濠梁之辩"故事中的"知鱼之乐"之境；②"人民鼓腹之状可想"句，来自《马蹄》篇"民居不知所为，行不知所之，含哺而熙，鼓腹而游"的描写；③"以人生为梦中之梦"句，则显然来自《齐物论》篇"方其梦也，不知其梦也。梦之中又占其梦焉，觉而后知其梦也"等文字；④"人皆营营而己独晏晏，人皆戚戚而己独悠悠"句，颇类于《老子》二十章"众人（俗人）……我独……"句式，⑤其所包含的意境也接近老庄；"超然而游于事物之外"句，来自《庄子》"游乎四海之外""游乎尘垢之外""孰肯以物为事"等表述和思想。⑥西田几多郎《病中述怀》（汉文）更是直接转述《庄子》的观点说：

---

① 西田幾多郎：「遊大乗寺山記」，「我尊会有翼文稿」，竹田篤司等編集：『西田幾多郎全集』第十一巻，岩波書店，2005 年，351—352 頁。

② 《秋水》篇："庄子与惠子游于濠梁之上。庄子曰：'儵鱼出游从容，是鱼之乐也。'惠子曰：'子非鱼，安知鱼之乐？'庄子曰：'子非我，安知我不知鱼之乐？'惠子曰：'我非子，固不知子矣；子固非鱼也，子之不知鱼之乐，全矣。'庄子曰：'请循其本。子曰汝安知鱼乐云者，既已知吾知之而问我，我知之濠上也。'"

③ 《马蹄》篇："夫赫胥氏之时，民居不知所为，行不知所之，含哺而熙，鼓腹而游，民能以此矣。"

④ 《齐物论》篇："梦饮酒者，旦而哭泣；梦哭泣者，旦而田猎。方其梦也，不知其梦也。梦之中又占其梦焉，觉而后知其梦也。"

⑤ 《老子》二十章："众人熙熙，如享太牢，如春登台。我独泊兮其未兆，如婴儿之未孩。傫傫兮若无所归。众人皆有余，而我独若遗。我愚人之心也哉！沌沌兮！俗人昭昭，我独昏昏；俗人察察，我独闷闷。澹兮其若海，飂兮若无止，众人皆有以，而我独顽似鄙。我独异于人，而贵食母。"

⑥ 《逍遥游》篇："曰：'藐姑射之山，有神人居焉，……乘云气，御飞龙，而游乎四海之外。'……连叔曰：'之人也，之德也，将旁礴万物以为一，世蕲乎乱，孰弊弊焉以天下为事！之人也，物莫之伤，大浸稽天而不溺，大旱金石流土山焦而不热。是其尘垢秕糠，将犹陶铸尧舜者也，孰肯以物为事！'"《齐物论》篇："瞿鹊子问乎长梧子曰：'……圣人不从事于务，不就利，不违害，不喜求，不缘道；无谓有谓，有谓无谓，而游乎尘垢之外。'"

　　吾闻之庄子，古之真人与天徒，故入水不濡，入火不热。夫
从天者安其生也，故无求，夫唯无求，故其乐也悠悠；逆天者不安
其生也，故求而不饱，夫唯求而不饱，故其忧也戚戚耳。夫云霓
与黄鸟皆槁①形灰心，以臂为弹而不怒，以尻为轮而不怒，超然
而游于方外，任自然而不疑，参天地之化，深入于寥天一，是庄子
之所谓真人也者。宜乎，其往而无不乐，居而无不安也。……夫
鹪鹩巢于深林，不过一枝；偃鼠饮河，不过满腹。锦绣虽美，不过
以暖身；玉殿虽壮，不过以容膝；声色虽乐，不过以聋耳炫
目。……何早不乘风云而游于自然。②

　　上文阐发了《大宗师》篇"真人"之说和任天顺化之旨，③又发挥
《逍遥游》篇"鹪鹩巢于深林，不过一枝；偃鼠饮河，不过满腹"的思想，
表达了自己"超然而游于方外，任自然而不疑""乘风云而游于自然"
的人生哲思和精神追求。他的汉诗也表达了这种思想情怀和心境。
除上引"除去功名荣利心"一首外，另如："利害得失何用论，成功失败
总在天。人生所期唯一事，南窗闲卧闻杜鹃。"④"世上毁誉何足顾，
浮世万事梦乎真。英雄所志固如铁，燕雀何知鸿雁心。"⑤从这些诗
文中可以明显看到，青年时代的西田几多郎与道家超脱名利、逍遥自
适的思想境界产生强烈共鸣，因而非常喜爱和倾心于道家思想。
　　从去世前一年(1944 年)的日记中还记有"庄子"字样来看，西田
几多郎对道家特别是《庄子》的研究是贯穿其终生的。在晚年撰写的

---

① 稿，当为"槁"之误。
② 西田幾多郎：「病中述懐」，「我尊会有翼文稿」，竹田篤司等编集：『西田幾多郎全集』第
　　十一卷，岩波書店，2005 年，378—379 頁。
③ 《大宗师》篇："古之真人，不逆寡，不雄成，不谟士。若然者，过而弗悔，当而不自得也。
　　若然者，登高不栗，入水不濡，入火不热。是知之能登假于道也若此。""浸假而化予之
　　左臂以为鸡，予因以求时夜；浸假而化予之右臂以为弹，予因以求鸮炙；浸假而化予之
　　尻以为轮，以神为马，予因以乘之，岂更驾哉！"
④ 西田幾多郎：「代課題」，「我尊会有翼文稿」，竹田篤司等编集：『西田幾多郎全集』第十
　　一卷，岩波書店，2005 年，363 頁。
⑤ 西田幾多郎：「与宫本兄」，「我尊会有翼文稿」，竹田篤司等编集：『西田幾多郎全集』第
　　十一卷，岩波書店，2005 年，355 頁。

论文《从形而上学的立场看东西古代文化形态》(1934 年)中,西田几多郎采取比较的方法,集中地讨论了中国古代思想。关于老庄道家,他指出,道家与儒家共同构成中国文化的两大源流。这个"老庄之教"的核心是"道",而"所谓道,可以明确地说,就是无的思想",①这是从"无"来把握道家哲学的实质。西田几多郎进一步从哲学上分析老庄的"无":

> 无被看作是天地之始。把无看作天地之始,不是从知性对象的方面去思考,而必是从行为的根基去思考的。时间无所来,无所去,它从无而来,又入于无。时间须被作为绝对无的自我限定来思考。在此意义上,无被看作是天地之始。不能说老庄已意识到此意义,老庄乃至中国哲学的实在,是从行为的根基来思考的东西。从行为的根基来思考无,必定具有此意义。②

就是说,老庄的"无"是"天地之始"。其"无"的思想包含下述意义:这个时间性的"始",不是知性认识对象意义上的开始,而是人的行为的内在根基意义上的开始。时间无始无终,来自"无"而走向"无"。用西田几多郎的哲学概念来说,时间就是"绝对无的自我限定",这就是作为"天地之始"的"无"。西田几多郎指出,老庄的"无"其所以蕴含上述意义,是由于它是从行为的内在根基来思考"无"(实在)的。这里,从"行"(工夫)而不是"知"的层面来诠释道家的"天地之始"和"无",是十分深刻的,也符合道家哲学的基本特征。西田几多郎认为,这不仅是道家的特征,而且是中国乃至整个东方文化的特征,"东方文化的根底是无的思想",与"西方文化的根底是有的思想"形成对照。所谓"有"的思想,就是"在时间—空间性的现实世界中,

---

① 西田幾多郎:「形而上学の立場から見た東西古代の文化形態」,竹田篤司等编集:『西田幾多郎全集』第六卷,岩波书店,2003 年,340 頁。
② 西田幾多郎:「形而上学の立場から見た東西古代の文化形態」,竹田篤司等编集:『西田幾多郎全集』第六卷,岩波书店,2003 年,349 頁。

从其空间性限定的方面思考世界的根底"，是"从客观性方面思考世界"，"从客观的方面、空间性限定的方面超越时间—空间性的现实世界，而追求永远不变的东西"；相反，"无"的思想则是"从其时间性限定的方面思考世界的根底"，"从主观性方面思考世界"，"从主观性限定的方面、时间性限定的方面超越时间—空间性的现实世界，而追求永远不变的东西"。"无"是否定性的，而"绝对的否定必定是绝对的肯定。……这在老庄那里，就是崇尚自然、无为而化"。①也就是说，道家的"无为""自然"是肯定性的概念。西田几多郎又指出：

> 老庄之教旨在否定人类社会的是非善恶等，而复归于自然，否定文化。……它本来不单是自然主义，其旨在否定一切而回归幽玄的天地根源，因此也必须否定感官的自然。……讲"人法地，地法天，天法道，道法自然"的老子极端地倡导自然思想。②

这是说，老庄的"自然"是一种超越感官性自然主义的、"旨在否定一切而回归幽玄的天地根源"的"自然"。这种"自然"既非"如在基督教中那样是恶的东西"，亦非近代科学所认为的物质，它是日月星辰据以运行的天地万物之根源和人道的本原。天道与人道一体，其为社会活动内在的自然之理"。③这种从宇宙和人类社会本原和法则的意义上对道家"自然"的理解，是符合道家的基本思想的。他还说：

> 在东方，关于自然，在中国思想中被特别加以认真的思考，而其中最深刻地思考自然的是老庄的思想。……我想可

---

① 西田幾多郎：「形而上学的立場から見た東西古代の文化形態」，竹田篤司等編集：『西田幾多郎全集』第六巻，岩波書店，2003年，348、350頁。
② 西田幾多郎：「形而上学的立場から見た東西古代の文化形態」，竹田篤司等編集：『西田幾多郎全集』第六巻，岩波書店，2003年，340頁。
③ 西田幾多郎：「形而上学的立場から見た東西古代の文化形態」，竹田篤司等編集：『西田幾多郎全集』第六巻，岩波書店，2003年，341頁。

以这样说，西方的自然是客观性的自然，而中国老庄的自然是
主观性的。[1]

这种对老庄"自然"思想的诠解是很有启发性的。

西田几多郎进一步认为，中国文化的根本就是"天""道""自然"
"无"等思想。而这些思想，特别是"道""自然"和"无"，主要是由道家
奠基和阐发的。因而他对道家在中国思想文化中的地位给予高度重
视。他说：

> 我认为，中国文化的根底所在，还是无这个东西。中国的老
> 庄的无的思想与佛教有相通之处。在中国文化中，礼虽成为中
> 心，但其根底终究还是老子的思想。例如，即使是孔子有时也如
> 老子那样以天然、自然为根本。天、自然是中国文化的核心。[2]

文中指出了"中国的老庄的无的思想与佛教有相通之处"，关于此，他
还从"无"的思想的角度对道家与佛教进行了比较，他说：

> 中国的天、自然等在老子等人那里是无形的东西，而与佛教
> 颇为相似。[3]
>
> 老庄之教的思维与佛教的思维相趋近，但可以认为，印度宗
> 教中来源于知性的雅利安民族的无的思想是知性的，是以知否
> 定知的否定；而中国文化的无的思想是行动的，是以行否定行的
> 否定。禅虽说是佛教，但其实质是中国文化的。[4]

[1] 西田幾多郎等：「人生及び人生哲学」，竹田篤司等编集：『西田幾多郎全集』第二十四
卷，岩波书店，2009 年，148 頁。
[2] 西田幾多郎：「日本文化の問題」（昭和十三年京都大学月曜講義），竹田篤司等编集：
『西田幾多郎全集』第十三卷，岩波书店，2005 年，26 頁。
[3] 西田幾多郎等：「東洋と西洋の文化の相異」，竹田篤司等编集：『西田幾多郎全集』第
二十四卷，岩波书店，2009 年，111 頁。
[4] 西田幾多郎：「形而上学の立場から見た東西古代の文化形態」，竹田篤司等编集：『西
田幾多郎全集』第六卷，岩波书店，2003 年，341 頁。

在西田几多郎看来,佛教与道家的核心思想都是"无",这是它们的想通之处。但二者的"无"又有所不同,前者是"知性的",后者则是"行动的"。以道家为代表的中国文化的"无"是行动的亦即实践的"无",而禅宗虽属于佛教系统,但其思想却是中国式的。按照西田几多郎对"无"的区分,禅宗思想应属于"行动的无"的思想,与道家同类。基于西田几多郎关于禅宗的这个基本认识,我们可以大致推断,他对禅学和道家的态度是一致的,即对禅学的认同和吸收,也往往意味着对道家的认同和吸收。

从上述考释可知,西田几多郎从青少年时代起就学习并倾心于道家,道家思想几乎成为其青年时期的精神寄托。此后,他对道家的研究终生未曾停止。青年时代对道家的钟情和热爱,在中年以后虽然没有再直接表现出来,但可以推测,从道家思想中获得的启发和共鸣绝不可能消失,而是扎根于西田几多郎的心灵深处,成为他进行哲学创作的一个生长点。这从他一直坚持对道家的研究就可以看出。如果说西田几多郎青年时代热衷于道家思想更多的是出于热情的话,那么中老年时期研究道家则主要与其哲学创作有关,是基于对道家的哲学价值的认识。他在日记中写道:

> 以道为体,以学问为四肢。
>
> 天地之间莫贵于道、莫大于道,区区一身一家一校一国,又何足为之所拘限哉![①]

可见,"道"是西田几多郎的最高精神追求,它是宇宙的本原。学术则是道的辅助。这与前引"以道为筋骨,以理为羽毛"的说法相一致。这个"道"与道家之道当密切相关。西田几多郎自青年时代始,通过研究道家哲学,不断获得深刻的启发和领悟,并以此为基础,吸

---

① 此日记写于 1902 年 12 月。西田幾多郎:「日記Ⅰ」,竹田篤司等編集:『西田幾多郎全集』第十七卷,岩波書店,2009 年,109 頁。

收和利用其他中国思想和大量西方哲学资源,逐步创立了自己的哲学体系——"西田哲学"。也就是说,他的哲学思想中融入了道家的因素。以下从西田几多郎哲学的认识论、本体论、美学、伦理学等方面对其道家因素作一诠释和论析。

二、"混沌通一"之道与"纯粹经验"

"纯粹经验"是西田几多郎哲学的逻辑起点和基础。其哲学的一系列重要范畴,如"知的直观""实在""无=场所的逻辑""辩证法的一般者"等,都是在"纯粹经验"这个范畴的基础上深化发展而来的。按照西田几多郎的界定,"纯粹经验"是"丝毫未加思虑辨别的、真正经验的本来状态",是"完全去掉自己的加工,按照事实来感知","按照事实原样而感知"。①可见,"纯粹经验"是原初、本然和直接的"感知"。由于其原初性、本然性和直接性,它与"事实"可谓是同一的("按照事实原样而感知"),但就其为"感知"和"意识"而言,它又是一个认识论范畴。西田几多郎认为,"纯粹经验"(意识)的本质规定是其"统一性","纯粹经验之所以是直接而纯粹的,并不在于它是单一的,不能加以分析的或瞬息之间的,反之而是在于它是具体的意识的严密的统一。意识……是本来就构成一个体系的","意识的统一是意识成立的重要条件及其根本要求。没有统一的意识,就等于没有意识"。②那么,"纯粹经验"(意识)的这种"统一"究竟指什么? 西田几多郎论述说:

> 比如初生的婴儿那样的意识,恐怕是连明暗也不能分辨的混沌的统一。多种多样的意识状态就从这里分化发展出来。但是无论怎样精细地分化,也不会失掉它的根本体系的状态。③

---

① 西田几多郎著,何倩译:《善的研究》,商务印书馆,2007 年,第 7 页。
② 西田几多郎著,何倩译:《善的研究》,商务印书馆,2007 年,第 9—10、128 页。原译文中"其"字疑为用词错误,当无"其"字。
③ 西田几多郎著,何倩译:《善的研究》,商务印书馆,2007 年,第 9—10 页。

　　这种统一的极点就是我们所谓客观的实在……这种意识统一的顶点、即所谓主客合一的状态，不仅是意识的根本要求，实际上又是意识的本来状态。……对婴儿来说，一切最初的感觉必然就是宇宙本身。在这种境界里面，主客还没有分离，而是物我一体，只有一个事实。由于我和物成为一体，就再没有必须寻求的真理和非满足不可的欲望，所谓人和神共在，所谓伊甸园大约就是指这种境界而言。①

　　这里，西田几多郎在解释"纯粹经验"（意识）的"统一"时，都运用了"婴儿"的比喻。他所谓"婴儿"状态，就是混沌的统一、主客合一、物我一体的状态。所谓"初生婴儿的意识"，是"连明暗也不能分辨的混沌的统一"，也就是一种浑然一体的、没有任何分别的混沌状态。如果从主客关系的角度来看，这种"统一"也就是"主客合一"（"主客还没有分离"），而"这种统一的极点就是我们所谓客观的实在"。因此，"一切最初的感觉必然就是宇宙本身"，自我消融于宇宙万物之中，"我和物成为一体"，一切知性和欲望也随之消解。西田几多郎认为，这种纯粹经验的深化和扩展，可以达到所谓"知的直观"。"所谓'知的直观'不过是使我们的纯粹经验状态进一步加深和扩大，也就是指意识体系发展上大的统一的发现而言的"。②关于这种作为高级的"纯粹经验"的"知的直观"，西田几多郎也以"婴儿的直觉"作为其典型代表：

　　我们的最自然的和统一的意识状态，天真烂漫的婴儿的直觉都属以这一类。③

　　"纯粹经验"之外，西田几多郎哲学的另一个基本和核心范畴是

---

① 西田几多郎著，何倩译：《善的研究》，商务印书馆，2007 年，第 128—129 页。

② 西田几多郎著，何倩译：《善的研究》，商务印书馆，2007 年，第 32 页。

③ 西田几多郎著，何倩译：《善的研究》，商务印书馆，2007 年，第 32 页。

"实在",他又称之为"真实在",以强调其终极真实性。他从"纯粹经验"出发阐发"实在"概念,认为"纯粹经验"的事实就是"实在","纯粹经验"与"实在"是二而一的。他说:

> 在直接经验上只有一个独立自在的事实,既没有进行观察的主观,也没有被观察的客观。正如我们的心灵被美妙的音乐所吸引,进入物我相忘的境地,觉得天地之间只有一片嘹亮的乐声那样,这一刹那便是所谓真正的实在出现了。①

"实在"就是没有主客之分的"一个独立的事实"。用音乐来比喻,就是没有听者(我)和被听者(物)之分,忘却物我之别而达到物我一体,"只有一片嘹亮的乐声",这个"事实"就是"实在"。西田几多郎既然把"统一性"看作"纯粹经验"的本质,这种"统一性"自然也就是"实在"的核心意义。"实在"既是"一个独立的事实",是"统一的",同时又是分化的。既是"一",又是"多"。而其"统一"与"分化"又是二而一的,也就是说,"实在"归根到底还是"一"。他说:

> 实在的分化及其统一只是一体,而不应视为二物。即一方面是统一,另一方面便意味着分化。……在具体的真实在,即直接经验的事实上,分化与统一只是一个活动。例如一幅画或一首歌,它们的一笔一调,没有不是直接表达全体精神的……在上述的状态下,天地唯一指,万物与我成为一体。②
> 只有达到主客相没、物我相忘、天地间只有一个实在的活动时才能达到善行的顶峰。不管物推动我也好,我推动物也

---

① 西田几多郎著,何倩译:《善的研究》,商务印书馆,2007年,第45页。
② 西田几多郎著,何倩译:《善的研究》,商务印书馆,2007年,第144—145页。"天地唯一指"句,译文原作"天地仅有一指之隔"。日文版此句为:"天地唯一指",似并无"隔"的意思。故今据日文版原文改译。参见西田几多郎:「善の研究」,竹田篤司等编集:『西田幾多郎全集』第一卷,岩波書店,2003年,153頁。

好；……本来物和我就是没有区别的，我们既可以说客观世界是自我的反映，同样也可以说自我是客观世界的反映。离开我所看到的世界便没有我。这是天地同根，万物一体。①

要之，"纯粹经验"和"实在"的核心就是"统一性"，它是一种"混沌的统一"，是"最自然的和统一的意识状态"，如同"天真烂漫的婴儿"。

"实在"如何认识？西田几多郎指出，既然"实在"总是以"主客不分，知情意合一"的形态出现，那么它就不能以感性和知性来认识，而只能以直观的方式把握。"这种实在的真景只能由我们自己加以领悟，而恐怕不能加以省察、分析，用语言来表达的。……真正的实在，像艺术的真意那样，是不能相互传授的。能够传授的只是抽象的空壳"。②

西田几多郎关于"纯粹经验"和"实在"的上述思想，与老庄颇多相近之处。西田几多郎多次将"纯粹经验"（"统一的意识状态"）比喻为"婴儿"。这个"婴儿"的意象，当来自《老子》。《老子》以崇尚"婴儿"之德闻名。《老子》中言及"婴儿"（或"赤子"）者凡5处：

> 专气致柔，能婴儿乎？（十章）
>
> 我独泊兮其未兆，如婴儿之未孩。（二十章）
>
> 为天下溪，常德不离，复归于婴儿。（二十八章）
>
> 含德之厚，比于赤子。蜂虿虺蛇不螫，猛兽不据，攫鸟不搏。骨弱筋柔而握固。未知牝牡之合而全作，精之至也。终日号而不嗄，和之至也。（五十五章）
>
> 圣人在天下歙歙，为天下浑其心。百姓皆注其耳目，圣人皆孩之。（四十九章）

按照《老子》的描述，"婴儿"（或"赤子"）状态乃"厚德""常德"，其

---

①　西田几多郎著，何倩译：《善的研究》，商务印书馆，2007年，第117页。

②　西田几多郎著，何倩译：《善的研究》，商务印书馆，2007年，第47—48页。

特征是：专一、柔弱，精粹、和谐之至，淡泊虚静，无知无欲，无迹无象。实际上，《老子》是用"婴儿"意象来象征其哲学的最高境界的，与"道""玄德""朴""素""始""母"等属同一层次概念。而在原初性这个意义上，"婴儿"更接近于"朴""素"。《老子》所谓"见素抱朴"（十九章）与"婴儿"状态类似。"婴儿"状态也就是体道或与道一体的状态。"婴儿"体现出《老子》道境的原初性（生命之初）、专一性（"专气"）、充实性（"精"）和协调性（"和"）等，其中包含混合统一的意义。与此相关，《老子》称"道"是"寂兮寥兮"的"混成"之物（二十五章），而更明确的说法是：

> 视之不见名曰夷，听之不闻名曰希，搏之不得名曰微。此三者不可致诘，故混而为一。其上不皦，其下不昧，绳绳不可名，复归于无物。是谓无状之状，无物之象，是谓惚恍。迎之不见其首，随之不见其后。（十四章）

这是《老子》关于"道"的一段重要论述。值得注意的是，这里主要是从感觉和体验的角度描写"道"的，谓其在视、听、触等感觉上不能辨别、"混而为一"，没有形状样貌、不可名状，也就是未散之"朴"①。《庄子》也有类似的思想，这就是"浑沌"之说。《应帝王》篇有著名的"浑沌之死"的寓言。②"浑沌"本无七窍，象征浑然一体、未分未亏的"道"。如果为它凿出七窍，则其浑然不分的全体即被破坏而死亡，也就不能见"道"。西田几多郎反复强调，"纯粹经验"的本质就是"统一性"，即浑然一体而没有任何分别，不能通过感官把握，它就像婴儿的意识那样，是"连明暗也不能分辨的混沌的统一"。这与《老子》上述"惚恍""无状之状，无物之象"的描述，何其相似。甚至

---

① 《老子》二十八章："朴散则为器。"

② 《应帝王》篇："南海之帝为儵，北海之帝为忽，中央之帝为浑沌。儵与忽时相与遇于浑沌之地，浑沌待之甚善。儵与忽谋报浑沌之德，曰：'人皆有七窍以视听食息，此独无有，尝试凿之。'日凿一窍，七日而浑沌死。"

"连明暗也不能分辨的混沌的统一"的表述,与上引《老子》"其上不皦,其下不昧"一句的意思也十分接近。熟读《老子》的西田几多郎,很可能由此章得到了某种启发和依据。

在论述"纯粹经验"和"实在"的"统一性"方面,西田几多郎更直接地吸收了《庄子》思想。上引西田几多郎"天地唯一指""万物与我成为一体""天地同根,万物一体"等用语,皆来自《庄子》的下述文字:

> 以指喻指之非指,不若以非指喻指之非指也;以马喻马之非马,不若以非马喻马之非马也。天地一指也,万物一马也。(《齐物论》)

> 天下莫大于秋豪之末,而大山为小;莫寿于殇子,而彭祖为夭。天地与我并生,而万物与我为一。(《齐物论》)

西田几多郎引用《庄子》之语绝非偶然。从上下文来看,他是在强调"实在"的"统一"或"一",而《庄子》这两句话恰恰是阐发其"道通为一"、天地万物一体思想的典型表述。《齐物论》篇云:

> 故为举莛与楹,厉与西施,恢恑憰怪,道通为一。其分也,成也;其成也,毁也。凡物无成与毁,复通为一。

"道通为一"、"物我一体"等观念是《庄子》极为重要而系统的思想。《齐物论》篇是其代表。该篇首先提出"吾丧我"的境界,这实际上是消解有限自我("我")而融入无限本原(体现为"吾")的状态,也就是庄子哲学中至为重要的"未始有物""未始有封""未始有是非"的"道通为一"之境。关于这个"一"的境界,《庄子》有一个重要的表述,即"天地与我并生,而万物与我为一",就是从物我一体的意义上加以申说。《齐物论》篇末著名的"庄周梦蝶"寓言,提出"物化"之说,言"周"与"蝴蝶"虽有分别但可相互转化,亦是消解物与我之间的界限,而揭示出一个物我一体的境域。

上引西田几多郎文字中又有"物我相忘"的说法,此与"物我一体"基本同义,但又侧重"忘"的意涵。忘我忘物,也就是忘却物我之别,物我浑然一体。这一思想显然来自《庄子》。"忘"是《庄子》的重要概念。"忘"也就是超脱,不为物拘,不为物累,从而乘物游心,达于逍遥。逍遥之境也就是物我一体、万物通一之境。如《庄子》云:

> 忘乎物,忘乎天,其名为忘己;忘己之人,是之谓入于天。
> (《天地》)

提出"忘物""忘天""忘己"。"忘己"与"无己"(《逍遥游》)、"丧我"(《齐物论》)同义。《庄子》还提出"坐忘"之说:

> 堕肢体,黜聪明,离形去知,同于大通,此谓坐忘。(《大宗师》)

"坐忘"实际上也是"忘己"。"忘己""无己"则能与物同化而消弭物我之别,达于物我一体的"大通"之境。"物我相忘""物我一体"等说法在西田几多郎的著作中多次出现,可见西田几多郎用此语并非偶然,而是有着某种思想来源的。这个来源非《庄子》莫属。长期研读《庄子》的西田几多郎,以"物我一体"来阐释"纯粹经验",是从《庄子》哲学中得到了重要启发,乃至依凭《庄子》这一思想来建构他的哲学范畴。

西田几多郎关于"实在"只能以直觉领悟而不能以感性知性认识和以语言传达的思想,也是颇类于老庄。《老子》认为,作为宇宙本原的"道""不可道""不可名",否定感性和知性能认识"道"。《庄子》继承并发展了这一道家特有的思想,指出"道"不能以智巧、言辩来认识和表达,只能通过"不知之知""不言之辩"的"真知""至言""大辩"来体悟,也就是说,只能以直觉领悟,"可传而不可受,可得而不可见"(《大宗师》)。"轮扁斫轮"的寓言生动地揭示出"道"不能以言传的道理:"得之于手而应于心,口不能言,有数存焉于其间。臣不能喻臣之

子,臣之子亦不能受之于臣。"(《天道》)而以言语记载的不过是"古人
之糟粕"而已。西田几多郎说,"实在""是不能相互传授的。能够传
授的只是抽象的空壳",正与《庄子》的这些思想一致。

三、"道进乎技"与"知的直观"

西田几多郎认为,"纯粹经验"是意识的严密统一状态,如果这种
"统一"被打破,就发生意义和判断。换言之,意义和判断就是意识的
不统一状态。但他又说,统一和不统一只是程度上的差异。一方面,
任何统一的意识,即使是瞬间的知识,也包含着对立和变化;另一方
面,意义和判断等关系性的意识,即不统一的意识,也必然含有使这
种关系得以成立的统一的意识。要之,意识既有统一性,又有分化发
展的趋势,但分化发展不过是更大的统一作用。①也就是说,意识永
远趋于统一,即复归"纯粹经验"。在意义或判断这种不统一的状态
下,意识会趋于统一。关于这个问题,西田几多郎以学习技艺为例加
以说明:

> 判断逐渐受到训练,其统一臻于严密时,便完全成为纯粹经
> 验的形态,例如,学习技艺,开始是有意识的行为,熟练之后,就
> 成为完全无意识的了。②

意思是说,判断本非统一的意识(即"纯粹经验"),但经过训练
后,逐渐趋于统一,回归于"纯粹经验"。技艺的学习过程就是如此:
从"有意识的行为"即有主客之分的、刻意的操作开始,经过反复练
习,达到高度熟练的程度。这时,操作过程就变成"完全无意识的",
即无主客之分、不刻意操作而操作的状态,这就从意识的不统一回归
于统一,即回归于"纯粹经验"。西田几多郎进一步用高度熟练的技

---

① 西田几多郎著,何倩译:《善的研究》,商务印书馆,2007 年,第 12—13 页。
② 西田几多郎著,何倩译:《善的研究》,商务印书馆,2007 年,第 13 页。

艺来解释作为"纯粹经验"之"深化和扩展"的"知的直观"：

> 真正的知的直观是纯粹经验上的统一作用本身，是生命的把握，也就是像技术的神髓那样的，更深一步说，就是像美术的精神那样的东西。例如像画家兴致一来，笔便自己挥动一样，在复杂的作用背后有着某种统一的东西在活动着。这种变化不是无意识的变化，而是一个事物的发展完成。对这一事物的领会就是知的直观，而且这种直觉不仅发生于高尚的艺术的场合中，在我们所有的熟练活动中都能看到，因而是极其普通的现象。这在普通的心理学上也许会认为只是习惯或有机作用，但从纯粹经验论的立场来看，这实在是主客合一、知意融合的状态。这时物我相忘，既不是物推动我，也不是我推动物。只有一个世界、一个光景。①

> 在思维的根基里存在着知的直观。思维是一个体系，在体系的根基里必须有统一的直觉。……我认为这个统一的直觉与技术的神髓是同一性质的东西。②

"知的直观"作为"纯粹经验的统一作用本身"，存在于一切熟练活动中，是高度熟练的技艺活动中出现的"统一的直觉"，是对事物的复杂过程的统一性的领会。这种状态的基本特征是"主客合一""物我相忘"，即我与物的分别和对立消融，物我化而为一，因而只是"一个世界"。艺术家的灵感就是这种境界，就"像画家兴致一来，笔便自己挥动一样"，这是"技术的神髓""美术的精神"。

西田几多郎这种用高度熟练的技艺来解释"知的直观"的思路，与《庄子》极为类似。通过技艺的出神入化来表现"道"，是《庄子》一个颇具特色的思想。用《养生主》篇"庖丁解牛"寓言中的话来说，就

---

① 西田几多郎著，何倩译：《善的研究》，商务印书馆，2007年，第32页。
② 西田几多郎著，何倩译：《善的研究》，商务印书馆，2007年，第33页。

是"道进乎技"。庖丁的宰牛技艺达到"恢恢乎其于游刃必有余地"的高妙境界,当文惠君赞扬他的"技"时,庖丁答曰"所好者道也,进乎技矣"。[①]也就是说,《庄子》认为,技艺达到出神入化之境,就超出技艺的范畴而达于"道"的境界,成为"道"的呈现。《庄子》中这种表达由技入道、以技体道之旨的寓言不在少数。如庖丁解牛、轮扁斫轮、痀偻承蜩、津人操舟、丈夫游水、梓庆为鐻、工倕旋矩、呆若木鸡、伯昏无人施射、匠人捶钩等等。《庄子》通过"技"呈现出的"道"境,就是在技艺达到纯熟的条件下,技艺活动中的知性成分逐渐消解,技艺操作不再是有意识、有智巧地进行的,而变成一个由直觉指引的过程,即"以神遇而不以目视,官知止而神欲行"(《养生主》),"指与物化而不以心稽"(《达生》)等。它完全依循于自然之理,即所谓"依乎天理""因其固然"(《养生主》),"从水之道而不为私"(《达生》)等。这种直觉的操作活动达到极致,就会出现操作主体与操作对象融合的状态,就像津人操舟的"忘水",梓庆削木为鐻的"以天合天"(《达生》)。这也就是《庄子》所谓"无己""万物与我为一"的道的境界。梓庆为鐻的寓言集中体现了《庄子》的这一思想:

> 梓庆削木为鐻,鐻成,见者惊犹鬼神。鲁侯见而问焉,曰:"子何术以为焉?"对曰:"臣工人,何术之有!虽然,有一焉。臣将为鐻,未尝敢以耗气也,必齐以静心。齐三日,而不敢怀庆赏爵禄;齐五日,不敢怀非誉巧拙;齐七日,辄然忘吾有四枝形体也。当是时也,无公朝,其巧专而外骨消;然后入山林,观天性;形躯至矣,然后成见鐻,然后加手焉;不然则已。则以天合天,器之所以疑神者,其是与!"(《达生》)

---

① 《养生主》篇:"庖丁为文惠君解牛,手之所触,肩之所倚,足之所履,膝之所踦,砉然向然,奏刀騞然,莫不中音。合于桑林之舞,乃中经首之会。文惠君曰:'嘻,善哉!技盖至此乎?'庖丁释刀对曰:'臣之所好者道也,进乎技矣。……今臣之刀十九年矣,所解数千牛矣,而刀刃若新发于硎。彼节者有间,而刀刃者无厚;以无厚入有间,恢恢乎其于游刃必有馀地矣,是以十九年而刀刃若新发于硎。"

《庄子》"道"的境界也是最高的艺术境界,体现了其"道进乎技"的艺术哲学。当然,在《庄子》这里,艺术的归宿和最高形式是人生艺术和生命境界,艺境的归宿还是道境。西田几多郎的上述"知的直观",即"物我相忘,既不是物推动我,也不是我推动物。只有一个世界、一个光景"的境界,与《庄子》笔下梓庆的技艺和生命状态是一致的。它既是最高的技艺状态("技术的神髓"和"美术的精神"),也是生命的境界("生命的把握")。上已述及,与西田几多郎同时代的夏目漱石,曾受《庄子》"梓庆为鐻"寓言的启发,描写了日本巧匠运庆出神入化的雕刻艺术之境,而这与西田几多郎所说的"纯粹经验""知的直观"等又相符合。西田几多郎认为,只有在这种状态下才能产生"生的艺术"。①

四、"安其性命之情"与"善"

西田几多郎从"活动主义"伦理学的观点出发解释"善"。他说:"所谓善就是我们的内在要求即理想的实现,换句话说,即是意志的发展完成",而"意志的发展完成,立即成为自我的发展完成,因而可以说善就是自我的发展完成。"②这就是说,人如果能圆满地实现其固有的能力,就能达到善:

> 竹就是竹,松就是松,正像它们各自充分发挥其天赋性能一样,人发挥人的天性自然就是人的善。③

这种自我的完成也就是人格的完成,因此,"一言以蔽之,所谓善就是人格的实现。"④善行必须以人格的实现为目的,"人格是一切价

---

① 参见藤田正胜著,吴光辉译:《西田几多郎的现代思想》,河北人民出版社,2011年,第117页。
② 西田几多郎著,何倩译:《善的研究》,商务印书馆,2007年,第107、109页。
③ 西田几多郎著,何倩译:《善的研究》,商务印书馆,2007年,第109页。
④ 西田几多郎著,何倩译:《善的研究》,商务印书馆,2007年,第122页。

值的根本。……富贵、权力、健康、技能、学识等本身并不是善，如果违反人格要求时反而会成为恶。"①何谓人格？西田几多郎说，人格就是"意识的统一力"，它将意识的内容统一起来，"意识的内容是通过这种统一力而成立的"。这种"意识的统一力"，即人格，既不是"每个人的表面意识的中心的、非常主观的各种希望之类的东西"，也不是与自我经验无关的"一般的纯理作用"。它绝不局限于主观希望、自我意识，"倒是出现于消灭这种希望和忘却自我的地方"，同时又具有特殊性。②对于人格的这种"忘却自我"的特性，西田几多郎还有更详细的论述：

> 所谓实现自我的真正人格，并不意味着要树立与客观相对立的主观，或使外界事物服从自我。而是意味着当自我的主观空想消磨殆尽，完全与外物一致的时候，才能满足自我的真正要求，看见真正的自我。③

因此，

> 真正的善行，既不是客观服从主观，也不是主观服从客观。只有达到主客相没、物我相忘、天地间只有一个实在的活动时才能达到善行的顶峰。……这是天地同根，万物一体。④

这是上述"物我相忘""物我一体"思想在人格和善的观念上的体现。如果真正的人格实现是一种主客合一、物我一体的状态，那么这种状态应当如何理解呢？西田几多郎说：

---

① 西田几多郎著，何倩译：《善的研究》，商务印书馆，2007年，第114页。
② 西田几多郎著，何倩译：《善的研究》，商务印书馆，2007年，第113页。
③ 西田几多郎著，何倩译：《善的研究》，商务印书馆，2007年，第116页。
④ 西田几多郎著，何倩译：《善的研究》，商务印书馆，2007年，第116—117页。

人格既不是单纯的理性，又不是欲望，更不是无意识的冲动，它恰如天才的灵感一样，是从每个人的内部直接而自发地进行活动的无限统一力（古人也说过，道不属于知或不知）。①

人格不是理性、欲望和本能，而是人的内在自发的"无限统一力"，犹如"天才的灵感"。西田几多郎引"道不属知或不知"一语，来说明这种人格的"灵感"特性。禅宗典籍载有一则禅僧南泉普愿与赵州从谂的著名对话：

问泉（按指南泉普愿）曰："如何是道？"泉曰："平常心是道。"师（按指赵州从谂）曰："还可趣向也无？"曰："拟向即乖！"师曰："不拟争知是道？"泉曰："道不属知，不属不知。知是妄觉，不知是无记。若真达不拟之道，犹如太虚，廓然荡豁，岂可强是非邪！"师于言下悟理。心如朗月。②

西田几多郎所引"道不属知或不知"句，大概出自上述南泉答赵州语"道不属知，不属不知"。南泉强调，"道"不能"拟"，即不能以智识加以揣度。因为"知"（以及"不知"）都是对"道"的偏离，要体悟"太虚"之"道"，只需"平常心"，而不能"强是非"。西田几多郎用南泉关于"道"的思想来解释他关于人格的看法，同时也吸收了后者的思想。

西田几多郎关于"善"的上述思想，与道家思想有明显的联系。他认为人的善就是"自我的发展完成"，是"发挥人的天性自然"。在论述这个问题时，他虽然也援引亚里士多德和斯宾诺莎等西方思想家作解释，但其思想与《庄子》的关联颇值得注意。《庄子》以保养人的本真之性为人生之最高目的和伦理的根据，反对任何损害本真之性的观念和行为。表达人的本真之性的用语，在《庄子》中颇多，如

---

① 西田几多郎著，何倩译：《善的研究》，商务印书馆，2007年，第113页。
② 普济著，苏渊雷点校：《五灯会元》（上），中华书局，1984年，第198—199页。

"性""性命""性命之情""性情""德""道德"等,出现的频率也相当高。
如《庄子》有谓:

> 彼正①正者,不失其性命之情。故合者不为骈,而枝者不为跂;
> 长者不为有余,短者不为不足。是故凫胫虽短,续之则忧;鹤胫虽
> 长,断之则悲。故性长非所断,性短非所续,无所去忧也。(《骈拇》)

由此出发,《庄子》反对智巧、礼乐、仁义等对本真之性的异化:

> 且夫待钩绳规矩而正者,是削其性者也;待绳约胶漆而固
> 者,是侵其德也;屈折礼乐,呴俞仁义,以慰天下之心者,此失其
> 常然也。天下有常然。常然者,曲者不以钩,直者不以绳,圆者
> 不以规,方者不以矩,附离不以胶漆,约束不以纆索。(《骈拇》)

《庄子》认为,真正的"善",并非仁义之类,而是保养人的本真之
性("德"),而达到"自适自得"之境:

> 吾所谓臧者,非仁义之谓也,臧于其德而已矣;吾所谓臧者,
> 非所谓仁义之谓也,任其性命之情而已矣;吾所谓聪者,非谓其
> 闻彼也,自闻而已矣;吾所谓明者,非谓其见彼也,自见而已矣。
> 夫不自见而见彼,不自得而得彼者,是得人之得而不自得其得者
> 也,适人之适而不自适其适者也。(《骈拇》)

基于这种本性自然至上论,《庄子》在政治上以"安其性命之情"
为最高理想,主张"在宥"即不治之治。西田几多郎明确主张"善"就
是"发挥人的天性自然",以人格的实现为至上目的,而优先于富贵、

---

① 正,疑当作"至"。俞樾曰:"上正字乃至字之误。"见郭庆藩:《庄子集释》(中),中华书
局,2012年,第324页。

权力、健康、技能、学识等。这与《庄子》以"性"为最高价值，而反对名利、技巧、知识、伦理规范（仁义、礼乐）等对"性命之情"的异化的思想是十分相似的。西田几多郎在论述这个问题时虽未提到《庄子》，但他熟读《庄子》，应该对其中的相关思想有所领会，进而从中获得启发或产生共鸣。西田几多郎所理解的人格，是"意识的统一力"，具有"忘却自我"的特性。他认为，真正的人格只有在"主观空想消磨殆尽，完全与外物一致"的时候才能实现。因此，真正的善行也只有在"主客相没，物我相忘"、"天地同根，万物一体"时才能达到。如上所述，这种"物我相忘""物我一体"思想来自《庄子》。西田几多郎还用南泉普愿关于"道"的思想来解释他关于人格的看法，而南泉的这一思想，与道家特别是《庄子》的"道"论极为接近。认为智识不能把握"道"，是老庄的一贯立场。《庄子》更提出"不谴是非"的超是非观点，主张"照之于天""以道观之"的态度。禅宗继承了《庄子》的这些思想，将其融入佛教理论中。

第六章 道家思想与铃木大拙

铃木大拙身为禅学家,又对中国古代思想文化有较系统的研究,并钟情于道家。他对中国禅宗与道家的相通性十分自觉,认同和吸取老庄道家的思想观念。他对道家式的"自然"有深刻的体悟,阐发了具有显著老庄特性的"自然"观念。"自然"在铃木大拙思想中占据着核心地位,也是其禅悟理论的基础。他阐释禅悟所使用的"无心""妙""自由"等关键词皆具道家涵义。作为铃木大拙思想重要一环的文明批判思想所依循的思路也是道家的。他还运用道家思想论述慈悲的观念。铃木大拙认为,"自然""无心""妙""慈悲"等带有明显道家色彩的观念体现了东方文化的特质,是东方精神的标志。铃木大拙对道家思想不仅加以解释,而且在近代语境中对其旨趣有所发明。

一、铃木大拙及其道家观

(一)铃木大拙及其禅学

铃木大拙(1870—1966),原名贞太郎,"大拙"为其居士号(又号"也风流庵居士"),是日本近代著名的禅学者和思想家。铃木大拙出生于石川县金泽市一个世代为医的家庭,早年在家乡接受了小学和中学教育,1889年担任石川县珠洲郡饭田小学高等科的英语教师。出众的语言能力为其日后向西方传布禅学和从事其他文化交流活动打下了基础。由于幼年丧父和家境贫困等不幸经历,使铃木大拙开始思考人生问题,并对宗教和哲学发生了兴趣。加之铃木大拙家有禅宗临济宗的信仰背景,因此他耳濡目染,"自己的心灵逐渐趋向某种宗教性的求道或者哲学研究的方向,由于家里的信仰是禅宗,所以必须对禅宗有所了解",①"我的思考于是开始趋向哲学和宗教问题。因为家庭属于临济宗信仰,所以仰赖禅来回答我的问题就是自然的了。"②青年时期,铃木大拙就开始对禅学产生了兴趣。先后跟从国泰寺雪门禅师、圆觉寺今北洪川(1816—1892)、释宗演(1859—1919)禅师参禅,成为一名禅宗居士。1891 年以后,铃木大拙到东京求学,先后入东京专门学校(早稻田大学前身)、东京帝国大学文科大学哲学系选科学习。1909 年起,铃木大拙先后担任学习院和东京帝国大学文科大学讲师,1910 年至 1921 年任学习院教授,1921 年至 1960 年任真宗大谷大学(后更名为大谷大学)教授,1934 年,被大谷大学授予文学博士称号,1952 年起的 11 年间,任哥伦比亚大学客座教授。铃木大拙一生著述宏富,其中大部分是关于禅学的,另外还涉及日本文化、中国文化、佛教净土思想、华严思想和佛教一般等问题。③在禅学和佛学之外,铃木大拙有大量思想文化方面的撰述,包括各种专著、论文、评论、杂文、演讲等。

铃木大拙在近代语境下对传统禅宗"明心见性"的觉悟思想进行诠释,提出了新的禅悟学说,其禅学思想的核心是关于"悟"的理论。

---

① 鈴木大拙:「私の履歴書」,久松真一等編集:『鈴木大拙全集』(増補新版)第二十六卷,岩波書店,2001 年,510 頁。

② 鈴木大拙:「若き日の思い出」,久松真一等編集:『鈴木大拙全集』(増補新版)第三十四卷,岩波書店,2002 年,399—400 頁。

③ 铃木大拙的禅学著作大致可分为两类:一是禅宗史研究的著作。以 1943—1968 年间出版的《禅思想史研究》四部为代表。二是介绍禅宗和诠释禅学思想的著作。此类著作数量极多,如《禅学大要》(1913 年)、《禅学第一义》(1914 年)、《禅的研究》(1916 年)、《从禅的立场出发》(1916 年)、《随笔·禅》(1927 年)、《禅是什么》(1930 年)、《禅的真髓》(1933 年)、《禅堂的修行与生活》(1935 年)、《近代生活中的禅堂的意义》(1939 年)、《无心》(1939 年)、《禅学入门》(1940 年)、《禅的看法与做法》(1941 年)、《禅问答与悟》(1941 年)、《禅的诸问题》(1941 年)、《一禅者的思索》(1943 年)、《禅的思想》(1943 年)、《禅百题》(1943 年)、《禅是什么》(1946 年)、《通向禅学之路》(1949 年)、《基于禅的生活》(1957 年)、《禅的研究》(1957 年)、《禅与精神分析》(1960 年)、《禅的看法·禅的修行》(1962 年)、《禅》(1965 年)等。参见古田紹欽編:「年譜」,古田紹欽編集:近代日本思想大系 12『鈴木大拙集』,築摩書房,1974 年,391—398 頁。

他认为,禅的本质就是内在生命和精神的体悟。这种理解首先是对以慧能为代表的传统禅学"见性"说的继承,同时又对其进行了近代化的诠释。铃木大拙的禅学使传统的"见性"说在近代语境中呈现出来。他说:

> 禅根本上是洞彻自我存在之本性的方法,它向我们指示挣脱束缚走向自由的道路。我们有限的生命存在时常因这世上的各种束缚而困苦,禅则教我们啜饮生命的泉水,把我们从一切束缚中解放出来。或者可以说,禅将我们每个人本然蕴含的一切活力解放出来。在一般状况下,这一活力是被阻碍和歪曲因而找不到充分发挥作用的途径的。①

在铃木大拙看来,"见性"意味着释放生命的内在活力,意味着挣脱桎梏走向自由,从而使人本性中固有的创造和慈悲的本能自然地展现出来。简明地说,"见性"就是"领悟生命的意义"。这种对人生意义的领悟其所以能够达成,是因为禅能化解生命所包含的自我与他人、有限与无限,也就是肉体与精神之间的激烈斗争,而它化解这些生命内在斗争的方法,决定了它的独特性。这个方法是"诉诸经验事实而非诉诸书本知识"来解决生命内在矛盾的。因为"处于有限与无限之间激烈斗争之中的人的本性,必须用比理智更高的能力去把握"。②铃木大拙强调,禅对生存意义的领悟并非通过理智实现,而是诉诸"比理智更高的能力"(姑且称之为超理智),这一点是铃木大拙所理解的禅学方法的关键。

铃木大拙认为,禅学的目标就是要达到对生命的体悟。修习禅学者能否从种种桎梏中解脱而焕发生命的活力,就要看他能否达到

---

① 鈴木大拙:「禅」,久松真一等编集:『鈴木大拙全集』(增補新版)第十四卷,岩波書店,2000 年,370 頁。
② 鈴木大拙:「禅」,久松真一等编集:『鈴木大拙全集』(增補新版)第十四卷,岩波書店,2000 年,376 頁。

悟的境界。悟是禅学的精髓，"没有悟就没有禅"①，"禅没有悟就如同太阳没有光和热。即使禅的一切文献、寺庙及外在附属物都丧失了，只要其中有悟，它的生命也会永远延续"②。什么是悟？铃木大拙以慧能一系的"见性"说为基础，来建立其悟的理论。他认为，"见性"则能顿悟成佛，因而"见性"也就是悟。并进一步阐释说，悟就是获得一种看待世界的新观点，从而使生命摆脱束缚，达到一种终极的自由和满足。与原来的生命状态相比，这种新生命状态更新鲜、更深刻、更圆满。他说：

> 禅修行的目的在于获得洞见事物本质的新见地。……在禅学中，这种新见地的获得称为悟。③
>
> 禅学的精髓就是获得关于人生和世界新的观察点。……禅宗认为，如果打开这种新境界，即以新的见地看待万物，我们的人生便达到更新鲜、更深刻和更使人满意的一面。……颠覆以往关于人生和世界整体的立场而获得新的观点，禅学一般将此境地称为悟。④

铃木大拙还运用"般若直观"和"无意识"的概念来阐释"悟"。"般若"是佛教哲学的重要概念，指人达到生命自觉时而出现的根本智慧，是领悟宇宙终极真理的智慧。般若也就是佛教"戒""定""慧"三学中的"慧"，即智慧。《坛经》云："何名般若？般若是智慧。一切时中，念念不愚，常行智慧，即名般若行。"⑤与般若相对，"识"是指以

---

① 鈴木大拙：「禅」，久松真一等編集：『鈴木大拙全集』(増補新版)第十四卷，岩波書店，2000 年，279 頁。
② 鈴木大拙：「禅問答と悟り」，久松真一等編集：『鈴木大拙全集』(増補新版)第十三卷，岩波書店，2000 年，411 頁。
③ 鈴木大拙：「禅」，久松真一等編集：『鈴木大拙全集』(増補新版)第十四卷，岩波書店，2000 年，279 頁。
④ 鈴木大拙：「禅問答と悟り」，久松真一等編集：『鈴木大拙全集』(増補新版)第十三卷，岩波書店，2000 年，410、411 頁。
⑤ 慧能著，郭朋校釋：《坛经校释》，中华书局，1983 年，第 51 页。

分析、分类的方式进行认知的心灵作用。"识"的梵文原意就是分析的知识。铃木大拙认为，般若和识分别相当于近代语境中的直观和理性。他并通过对两者的区分和比较，阐释了其"般若直观"思想。这一思想实乃对禅悟的哲学解释，其论述是铃木大拙关于悟的诠释的一个重要侧面。慧能禅主张以定慧为本、定慧一体，且定为体、慧为用。《坛经》云："我此法门，以定惠为本。第一勿迷言定惠别。定惠体一不二。即定是惠体，即惠是定用。即惠之时定在惠，即定之时惠在定。……此义即是定惠等。"①铃木大拙继承了这一思想，并认为般若就是直观，直观（或谓"直觉的洞见"）是禅悟的基本特征。他是用直观这一近代哲学的术语来解释禅悟的。与"直观"相对应，铃木大拙又提出"理性"的概念。日文"理性"一词，既有日常用语的理智之意，又有哲学意义，可对应康德、黑格尔的理性概念。铃木大拙对理性有一个简单的说明，即"思辨性理解"。这大致与概念化思维或逻辑思维同义，有时又称为"推理""智性"等。铃木大拙用理性概念来解释佛学的"识"，他把"识"这个词解释为"分别或分别意识"，称其为"分别识"。这种分别性，盖指理性的概念化区分的特征。根据铃木大拙的论述，般若（直观）与识（理性）的根本区别是：其一，般若直观是自我直观，是非对象性的；而分别识则是对象性的认识。分别识都有见者（主体）与被见者（客体）之分，且这两者是对立的。这种"见者—被见者"的结构是分别识成立的前提，分别正是在此结构中展开逻辑的推理。"但在般若中，这个区别却不存在，见者与被见者是同一的，见者就是被见者，被见者就是见者"②。因而，般若直观是自观、自见。其二，般若直观是整体，是统合性的；分别识是部分，是分析性的。分别识的对象性使其具有限定性，因而只是对部分的认识；般若直观则因其非对象性而无限定，而能达到整体的直观。"般若是整体对其自身的自我认识，分别识则跟着部分走"，"般若的任何

---

① 惠，通"慧"。慧能著，郭朋校释：《坛经校释》，中华书局，1983年，第26页。
② 铃木大拙：「仏教哲学における理性と直観」，久松真一等编集：『铃木大拙全集』（增补新版）第十二卷，岩波书店，2000年，95页。

表达都是超脱于常识和分别识的领域的"。①般若所把握的整体就是
"实在",也就是佛教所谓"空":"从认识论的意义说,实在即般若;从
形而上学的意义说,实在即空。因此,空即般若,般若即空"。②铃木
大拙认为,般若与分别识既相互区别,又是一体的,绝不能做二物观。
般若虽然不同于分别识、超越分别识,但般若的表达却离不开分别识
的结构。在形式上,它是作为分别识的一个范畴来表述的。它只是
内在于分别识而使它发挥作用。换言之,般若的自我表现是受限于
分别识的结构的,这决定了般若与分别识的不可分离:

> 般若在进行自我表现时,必须介入分别理性的界限,无论它
> 是肯定还是否定分别理性。即使般若完全否定分别的主张,也
> 不能越出分别理性的领域。有时自以为是般若越出了分别识,
> 实则是仍然是分别识在起作用。在此意义上,般若不能逃脱分
> 别识。尽管我们强调,般若在人类行为的戏剧中扮演了重要角
> 色,但这不应理解为无视分别识。般若直观与理性的分别作用
> 同样重要,在建立统合性哲学上同样是不可缺的。③

铃木大拙在分析禅悟境界时,还常常使用"无意识"这个概念。
他指出,"悟"(即见性)的力量可能隐藏在"无意识"之中,而禅所达到
的"悟"的境界("开眼"或"唤醒")其实就是"无意识"。④"无意识"一
词虽来源于现代心理学,但铃木大拙对此也有自己的解释。他说:

---

① 铃木大拙:「仏教哲学における理性と直観」,久松真一等编集:『铃木大拙全集』(增补
   新版)第十二卷,岩波书店,2000年,96頁。
② 铃木大拙:「仏教哲学における理性と直観」,久松真一等编集:『铃木大拙全集』(增补
   新版)第十二卷,岩波书店,2000年,117—118頁。
③ 铃木大拙:「仏教哲学における理性と直観」,久松真一等编集:『铃木大拙全集』(增补
   新版)第十二卷,岩波书店,2000年,126頁。
④ 参见铃木大拙:「禅」,久松真一等编集:『铃木大拙全集』(增补新版)第十四卷,岩波书
   店,2000年,393頁。

　　无意识其实是可以感觉到的东西。这个感觉，不是一般意
义上的感觉，而是最重要、最根本意义上的感觉。……对无意识
的知觉……指向神造天地之前那原始的暗昧，那是意识尚未从
混沌未分的自然中觉醒之时。①

　　这里有两层意思：其一，"无意识"就是"混沌未分的自然"，它无
可名状，却"蕴藏无限的可能性"。铃木大拙进而称其为"宇宙无意
识"，近乎把它看作宇宙实体了。其二，只有通过最根本的感觉意识
才能通达"无意识"。人的意识虽然"只触及实体的边缘"，但是通过
这个意识可以"看到无意识的无限延伸"。②铃木大拙进一步解释说，
"无意识"（未知之境）虽然不在"意识"（心灵作用）的视野之内，但它
与"意识"是有共同本性和相互沟通的。它虽不能以"意识"的方式认
知，却与"意识"密切相连。"意识"因自身的有限而陷入紧张和不安，
而一旦自觉到与"无意识"的根本联系，"意识"的紧张和不安就会消
除而彻底安于自身及生存的世界。这个能使我们安顿灵魂的"无意
识"是无限广大渊深的，是宇宙创造之源，可称为"宇宙无意识"。③值
得注意的是，铃木大拙强调，这种"无意识"必须被感觉到，也就是被
意识到（即上述第二层含义）。他所讲的"无意识"是这种被意识到的
无意识。要意识到无意识，需要对意识进行特殊的修练，使其能掌握
无意识，从而达到"经过修练的无意识"。相反，没有被意识到的无意
识则是"本能的无意识"，"它并未越出动物或婴儿的无意识，但这并
不是成熟的人的无意识"，④就是说，它是一种低级的无意识。而经
过修练的无意识则是超过本能的、成熟人的无意识，它容纳了本能无

① 鈴木大拙：「禅仏教に関する講演」，久松真一等编集：『鈴木大拙全集』（増補新版）第
　　二十八卷，岩波書店，2002 年，331—332 頁。
② 鈴木大拙：「禅仏教に関する講演」，久松真一等编集：『鈴木大拙全集』（増補新版）第
　　二十八卷，岩波書店，2002 年，332 頁。
③ 鈴木大拙：「禅仏教に関する講演」，久松真一等编集：『鈴木大拙全集』（増補新版）第
　　二十八卷，岩波書店，2002 年，355 頁。
④ 鈴木大拙：「禅仏教に関する講演」，久松真一等编集：『鈴木大拙全集』（増補新版）第
　　二十八卷，岩波書店，2002 年，339 頁。

意识，以构成其整全生命，因而是高级的无意识。所谓"经过修练的无意识"的一个重要含义是"取得了由意识所得到的所有技巧"。①铃木大拙认为，禅悟就是经过修练的"无意识"发挥作用的结果。这种无意识是意识的基础，没有无意识，意识就会失去活动的根据，就不能正常运作。"禅家之所以要说'平常心是道'，就是这个原因。这里的'道'就是无意识，它昼夜都在我们的意识中起所用"。②这是用"无意识"来解释"平常心"的境界。"平常心是道"语出南泉普愿禅师：

> 问泉（按指南泉普愿）曰："如何是道？"泉曰："平常心是道。"师（按指赵州从谂）曰："还可趣向也无？"曰："拟向即乖！"师曰："不拟争知是道？"泉曰："道不属知，不属不知。知是妄觉，不知是无记。若真达不拟之道，犹如太虚，廓然荡豁，岂可强是非邪！"师于言下悟理。心如朗月。③

"道"既非"知"（"妄觉"）又非"不知"（"无记"），而是超越"知"与"不知"、不强辩是非的"不拟之道"。非"知"非"不知"的觉悟状态（"平常心"）与"意识到了的无意识"（非"意识"非"无意识"）是接近的。也就是说，"平常心"就是"意识到的无意识"，是"经过修练的无意识"。铃木大拙还引用"饿了吃，困了睡"一句来解释"平常心"。④这大概与下面的记载有关：

> 源律师问："和尚修道，还用功否？"师（按指大珠慧海）曰："用功。"曰："如何用功？"师曰："饥来吃饭，困来即眠。"曰："一切

---

① 鈴木大拙：「禅仏教に関する講演」，久松真一等編集：『鈴木大拙全集』（増補新版）第二十八卷，岩波書店，2002年，343頁。
② 鈴木大拙：「禅仏教に関する講演」，久松真一等編集：『鈴木大拙全集』（増補新版）第二十八卷，岩波書店，2002年，337頁。
③ 普济著，苏渊雷点校：《五灯会元》（上），中华书局，1984年，第198—199页。
④ 见鈴木大拙，「禅仏教に関する講演」，久松真一等編集：『鈴木大拙全集』（増補新版）第二十八卷，岩波書店，2002年，337頁。

人总如是，同师用功否？"师曰："不同。"曰："何故不同？"师曰："他吃饭时不肯吃饭，百种需索；睡时不肯睡，千般计较。所以不同也。"律师杜口。①

大珠慧海所追求的没有"百种需索""千般计较"的境界与南泉普愿不"强是非"的"不拟之道"是一致的，可以说都是对"平常心"很好的说明。而铃木大拙则是用"无意识"的概念对此进行了诠释。

铃木大拙的禅学是从佛教禅宗信仰者的立场出发所阐释的禅学，是与传统禅学一脉相承的。他的师承是圆觉寺今北洪川和释宗演一系，其宗派传承可追溯到临济宗杨岐派。②因此，从禅宗法嗣和学术脉络来说，铃木大拙的禅学首先是临济宗杨岐派禅学思想的延续，其宗派立场和特征比较明显。但是，铃木大拙禅学又不等同于传统禅学，而是带有近代的新特征。这集中体现在他将传统禅学与近代西方思想进行互释和比较上。铃木大拙终生致力于向西方世界介绍禅学，并采用了与西方思想文化比较的方式解说禅学理论。他认识到，尽管西方近代思想与禅学存在根本性差异，但用它来解释禅学却是非常必要的。他说："将现代的思维方式用在古代的大师们尤其是禅师们身上，虽然很难，并且时常会发生错误，但是在某种程度内，我们要冒这个险，因为如果不这样的话，根本就没有机会窥见禅悟的奥妙。"③他注重利用近代学术和思想来揭开禅的奥妙，并期望他视为东方文化代表的禅学能够与西方文化对话、对接乃至会通。实际

---

① 普济著，苏渊雷点校：《五灯会元》（上），中华书局，1984 年，第 157 页。
② 从宗派源流看，圆觉寺本由中国渡日僧无学祖元（1226—1286）创建。无学祖元法系乃是临济宗杨岐派，属于中国宋代禅僧圜悟克勤（1063—1135）、虎丘绍隆（1077—1136）一系，师承无准师范（1179—1249）。该系在日本的后继者有著名禅僧高峰显日（1241—1316）、梦窗疏石（1275—1351）等人，其法嗣于江户时代传至今北洪川，明治时期再传于释宗演。参见杨增文：《日本佛教史》，人民出版社，2008 年，第 339—350 页。孔祥珍：《铃木大拙与西方语境下的禅学研究》，博士学位论文，武汉大学，2010 年，第 38 页。
③ 铃木大拙著，刘大悲、孟祥森译：《禅与生活》，时代出版传媒股份有限公司黄山书社，2010 年，第 138 页。

上,这种文化比较阐释活动不仅使禅学更好地为西方人所理解,从而为禅学和东方文化的发展开辟道路,而且使作为东方思想重要部分的禅学与西方思想相互碰撞、对话,为世界文化的创新注入活力。铃木大拙的禅学与西学比较互释,研究范围广泛,涉及宗教学、哲学、心理学、文学等各领域。在他的著作中,禅学与西方的基督教、神秘主义、精神分析学、存在主义、实用主义等思潮的比较分析并不少见。在通过与西学的比较来解释禅学的同时,铃木大拙也强调禅学与西学的差异,强调以禅学为代表的东方文化与西方文化的差异,试图由此彰显禅学和东方文化的独特性。铃木大拙的思想和学术成就,如有学者所指出的,首先"在于开辟了大乘佛教、特别是禅思想之根本精神通向西方思想界的道路",它"不仅是日本思想史的事件,也是世界思想史的事件",其成就超出了佛教而具有哲学的意义。"要向西方介绍禅思想,仅有西方思想的素养和禅的体验是做不到的。只有让两者彻底对决,洞彻两者的根本区别,才在两者之间架起桥梁,而这必然是站在同时超越东方和西方的世界性的立场上,这最终是真正意义上的哲学的立场。"[1]铃木大拙是从东西方文化比较的世界性的视野来审视禅学的。在他看来,禅学是东方文化的重要特征,因而其禅学研究就不限于禅学本身,而是扩大到东方文化的领域,而禅学与西学的比较也因此扩大为东西方文化的比较。他试图追寻与西方文化精神形成对照的东方文化精神,最终回归和复兴东方文化精神。

(二)铃木大拙的道家观及对禅学道家特性的认识

在铃木大拙心目中,东方文化精神的核心是中国化的禅学和与禅学有密切关系的中国古代哲学,特别是道家哲学。因此,他非常重视道家的研究,并对道家哲学给予高度评价。铃木大拙的道家研究是以他的汉学功底为基础的。他出身医生家庭,父亲、祖父、曾祖父

---

[1] 下村寅次郎:「我々の思想史における大拙博士の位置」,古田紹欽編集:近代日本思想大系 12『鈴木大拙集』,築摩書房,1974 年,359、362 頁。

都是医生,他们作为幕末时代的传统医生,大概都懂一些汉学,这从家中四兄弟的名字分别有"元""亨""利""贞"四字即可以看出。[①]由于父亲早逝,铃木大拙少年时代"曾在长兄的监督下学习汉文典籍的朗读"。[②]至于学校教育,据他自己回忆,小学时代,他曾在私塾中"学习了四书五经的《诗经》","至今还记得《诗经》开篇的'关关雎鸠,在河之洲;窈窕淑女,君子好逑'一句,那些内容是被要求背诵的。"中学时代,阅读了不少"难懂的汉文写的东西"[③],还在学校里"接受了儒教的教育",学习了《论语》。[④]他"从童年时代开始喜好汉文,接触到其中丰富的思想"。[⑤]从这些点滴的记载中,可以窥见铃木大拙在中国传统文化方面的积淀。这为他以后研读大量汉文典籍,研究中国禅学、佛学和中国古代思想打下了坚实的基础。铃木大拙的老师今北洪川和释宗演,也具有深厚的汉学造诣,这无疑进一步提升了铃木大拙汉学教养和水平。对中国传统文化和语言的学习和研究,伴随铃木大拙整个学术生涯,直至晚年。在他晚年给亲密友人古田绍钦的信件(包括1952年、1955年和1958年的信件)中列出的委托预定或索取的书目中,有《道家的思想》[⑥]《唐诗选笺注》[⑦]《中国通史》《中国文学中的孤独感》《中国古代的思想家们》《中国思想史》《李白》《杜甫》《汉文入门》等与中国思想文化有关的书籍。[⑧]铃木大拙对古汉语非常欣赏,

① 鈴木大拙:「私の履歴書」,久松真一等編集:『鈴木大拙全集』(増補新版)第二十六巻,岩波書店,2001年,515頁。

② 鈴木大拙:「私の十代」,久松真一等編集:『鈴木大拙全集』(増補新版)第三十五巻,岩波書店,2002年,207頁。

③ 鈴木大拙:「也風流庵自伝」,久松真一等編集:『鈴木大拙全集』(増補新版)第二十九巻,岩波書店,2002年,150—151頁。

④ 鈴木大拙:「私の履歴書」,久松真一等編集:『鈴木大拙全集』(増補新版)第二十六巻,岩波書店,2001年,504—505、510頁。

⑤ 鈴木大拙:「古代中国哲学史」,久松真一等編集:『鈴木大拙全集』(増補新版)第二十六巻,岩波書店,2001年,384頁。

⑥ 即福井康順著《道家的思想》。鈴木大拙:「書簡二」,久松真一等編集:『鈴木大拙全集』(増補新版)第三十七巻,岩波書店,2002年,371頁。

⑦ 鈴木大拙:「書簡三」,久松真一等編集:『鈴木大拙全集』(増補新版)第三十八巻,岩波書店,2003年,214頁。

⑧ 鈴木大拙:「書簡四」,久松真一等編集:『鈴木大拙全集』(増補新版)第三十九巻,岩波書店,2003年,48頁。

他说:"虽然汉字难读难写、汉文难解,但其中蕴含着不可言传的妙趣,在我们青少年时代记诵的唐诗选等书中,饱含着汉文特有的颇为含蓄的思想和情趣,它不能翻译成任何国家的语言。"①对于年轻人与传统东方文化逐渐疏远,而导致文化修养上的缺失,他感到可悲和惋惜。

1. 对道家的研究和评价

在中国传统思想中,铃木大拙对道家表现出浓厚的兴趣。铃木大拙早年就喜欢阅读汉文书籍,他极有可能很早就接触到道家类汉籍,而老师今北洪川和释宗演的汉学和道家造诣则无疑更直接地使他受到道家文化的熏陶。今北洪川原为儒者,但不满于一般儒者陷于文字训诂,而重视实际修行,后出家为僧。他博览汉籍,有深厚的汉学素养,并创作汉诗。在中国古代思想中,今北洪川对老庄情有独钟。"曾言'庄子比孔子更伟大'","相比于孔孟之学,……更倾心于老庄之学"。他曾用《老子》四十六章"罪莫大于可欲,祸莫大于不知足"之句来阐述佛教提倡扩大托钵供养功德的原因。②铃木大拙的另一位老师释宗演为今北洪川弟子,故受其影响而重视老庄之学。释宗演曾推荐铃木大拙赴美协助翻译《老子》,可见《老子》也在他的学术视野之内。他赠予铃木大拙的居士号"大拙",当取自《老子》四十五章"大巧若拙"一语。依《老子》原义,"大拙"应理解为若拙之大巧,也就是真正的巧。③可见释宗演对《老子》颇为熟悉和喜好。铃木大拙对自己的两位老师非常敬重,以其为学术和德性之楷模,二人特别是今北洪川的老庄学养,必然对年轻的铃木大拙产生难以磨灭的影

---

① 铃木大拙:「古代中国哲学史」,久松真一等编集:『鈴木大拙全集』(増補新版)第二十六卷,岩波書店,2001 年,385 頁。

② 铃木大拙:「今北洪川」,久松真一等编集:『鈴木大拙全集』(増補新版)第二十六卷,岩波書店,2001 年,181、337 頁。

③ 加島祥造认为,"大拙"之号为铃木大拙 25 岁开悟之时释宗演所赠,因而或许是禅语。但禅语也时常可从《老子》中获取。作为禅语的"大拙"即来自《老子》"大巧若拙"一语。"大拙"的"大"为"大巧"之意,可以理解为"大的才智"。加島祥造:「大きなネット——『老子』と大拙さん」,久松真一等编集:『鈴木大拙全集』(増補新版)第二十卷月報,岩波書店,2001 年,3 頁。

响。从铃木大拙一生的精神历程来看，可以说他继承了其师对老庄思想的推重。

1897 年，27 岁的铃木大拙由释宗演推荐赴美国协助保罗·卡洛斯（Paul Carus）博士翻译《道德经》，并最终出版了一部《老子》英译本。①他能胜任这项工作，说明赴美之前已经研读过《老子》。《老子》文字古奥，思想深邃，翻译的艰难是可想而知的。在翻译过程中，他曾经颇为困惑和苦恼。他后来回忆说："我六十多年前曾在美国协助一位德裔哲学家将《道德经》翻译成英文。那时，我还没有充分意识到东方与西方在思维方法上的区别。即使如此，在协助英译工作的过程中，还是因为找不到适当的英语将老子的思想表达出来而甚为困惑。时常与翻译工作的主持者发生争论。常常因为问题难以解决而陷入困境。"②卡洛斯以为《老子》的"道"与古希腊哲学的"逻各斯"（logos）极为接近，故用英文词 reason（理）来翻译"道"。铃木大拙对此不能认同，按他的理解，"《老子》的道是超越理则之上作用"，因而不能用 reason（理）来翻译。③可见，在翻译过程中，铃木大拙对《老子》的文字和思想进行了颇为深入的思考。这种思考当然是以精读《老子》文本为基础的。铃木大拙对《庄子》文本也十分精熟，他从年轻时就开始读庄，④直到晚年都未曾中断。从他的各种著述中大量提及、引用和讨论《老子》《庄子》来看，铃木大拙对这两部经典非常熟悉且有深刻的理解，如果没有长期的阅读和研究，这是无法做到的。

---

① 即 *Lao-tze's Tao-Teh-King*，*Intrduction*，*transliteration*，*and notes by Paul Carus*，Chicago：The Open Court Publishing Company，1898.

② 铃木大拙：「東洋の心」，久松真一等编集：『鈴木人拙全集』（増補新版）第二十卷，岩波書店，2001 年，123 頁。

③ 加岛祥造分析说："他了解，《老子》的道是超越理则之上作用。这正是大拙先生经常说的'区分而又不区分'吧。"加岛祥造：「大きなネット——『老子』と大拙さん」，久松真一等编集：『鈴木大拙全集』（増補新版）第二十卷月报，岩波書店，2001 年，2—3 頁。

④ 他在《东方的心》一书中说："我在年轻时阅读了《庄子》这本书。"铃木大拙：「東洋の心」，久松真一等编集：『鈴木大拙全集』（増補新版）第二十卷，岩波書店，2001 年，23 頁。

　　铃木大拙在《中国古代哲学史》一书中对道家哲学有专门的讨论。该书分哲学、伦理学、宗教等三个领域考察了中国先秦哲学，涉及《书》《诗》等中国上古典籍和儒、墨、道等学派的思想。书中认为：在中国哲学史的早期，就出现了两个相互对立的思想传统，一个以《易经》和孔子为代表，倡导二元论而具有不可知论的、实证的、实践的倾向；一个以道家道教为代表，倡导一元论而具有神秘的、超越的、泛神论的倾向。这两个思想传统贯穿整个中国哲学史而成为其深层的主流。①老子是中国哲学史上最早的一元论者，是道家哲学的开创者。老子认为，"道"是万物之本源和人类之行为规范的唯一之物，它幽深莫测、不能为人的认识所把握，它既是宇宙的构成原理，也是宇宙实体。老子"道"的概念包含两个相反的层面，一是实体的层面，一是形上的层面。这两个层面在老子那里是混同而未被意识到的，但在后世产生了深远的影响。"道"的实体层面，通过宋代哲学家融合易经哲学和道家哲学宇宙论的努力而发展为太极的理念；"道"的形上层面，则通过老子的弟子演变为泛神论和神秘主义，进而成为宋代性理之辩的诱因。老子的后继者，在先秦时期有列子、庄子、关尹子、韩非子等人，杨子（即杨朱）也受到老子思想的直接影响。他们都大大发展了老子所大胆提倡的一元论的、神秘主义的、理想主义的思想。铃木大拙分别概述了列子、庄子和关尹的思想。他认为，列子在宇宙论上成就突出；庄子哲学是一种"超越主义"，他以超越相对的世界、踏入无限境域为最高理想，这种"超越的理想主义"比老子更加极端；关尹子思想的特征是"泛神论的神秘主义"，杨子则被定位为"快乐主义的利己主义"。道家学派的共同特征是：身处万物运转流行的过程之中，不被外物所拘束而超越于现实，即道家始于一元论哲学而终于超脱孤高的人生态度。这种超脱孤高的人生态度是道家伦理学说的基调。道家哲学体现在伦理上，主要是"无为""无政府主义"以

① 鈴木大拙：「古代中国哲学史」，久松真一等编集：『鈴木大拙全集』（增補新版）第二十六卷，岩波書店，2001年，400頁。

及受老子影响的杨子"快乐主义的利己主义"的主张。铃木大拙认为，道家的伦理学说可称为"否定的利己主义"，虽说是利己主义，但又丝毫不缺乏高尚的理念。其宗旨是：超越相对无常的现象界而思考绝对永恒的"道"，从这种静观的隐遁生活中发现和获得自我的幸福。"否定的利己主义"的核心是"无为"。"无为"并非怠惰或不作为之意，其意为：对他人甚至自身的任何事情都不加干预，除非事情不是从"作为心灵源泉的道中自然地涌现出来"。"无为"不是"无行动"，而是"无己见"，即没有成见、偏见，不自以为是。要之，"无为"是超越一切人为的束缚和规范，与超越性的"道"融为一体。按照这种理解，只要事物是"自然"的，就不应加以人为的干预（不自以为是），只有在事物不"自然"的时候才需要干预而使其"自然"。在此意义上，"无为"是保持"自然"的方式，因而做到"无为"就能"自然"，就能与"道"融为一体。铃木大拙进一步指出，"无为"和"自然"又与"自由"相通。庄子认为是非、善恶等在相对性的世界中必然存在，永远不能得出此是彼非、此善彼恶的单方面的结论。因而就不能强制人遵从某一个标准，每个人都拥有基于自身本性而依自己特有方式表达意志的权利。庄子主张，人具有依循天性的自由，以及感受、思考和行动的权利，并企图据此止息一切争辩，因为争辩是人对天命进行不必要干涉的结果。这样，在人依其本性行动这个意义上，"自然"也就是"自由"，而"无为"则是其实现方式。①

　　铃木大拙从一元论、超越主义、泛神论的神秘主义、无政府主义、快乐的利己主义等多个方面对道家思想进行了系统的论析。可见其既对道家相关文献进行了深入研读，又利用他所掌握的近代西方思想作出了分类和诠释。他对道家特别是老庄哲学的诠释是基本合理的，也是独特的和有新意的。但是，铃木大拙此书的道家研究在史料上还存在问题，如关于《列子》书，其真伪是一个历史上长期争论的问

---

① 以上铃木大拙关于道家哲学的论述见铃木大拙：「古代中国哲学史」，久松真一等编集：『鈴木大拙全集』（増補新版）第二十六巻，岩波書店，2001年，400、407—422頁。

题,甚至一般被判为伪书。当然也有学者认为其中还是保留了一些汉代所见甚至更原始的材料。①但铃木大拙不加分辩地依据《列子》书来研究列子其人的思想,显然有失准确。另外,他认为现存《关尹子》一书中还存有关尹的言论,②这与现代学术界的观点是有出入的。一般认为,《汉书·艺文志》所著录的道家类《关尹子》九篇已经亡佚,今本《关尹子》为后人依托之作(据考证,成书于唐代与宋初之间)。因此,铃木大拙阐述关尹思想的史料依据也是存疑的。当然,铃木大拙所处时代学术界关于《列子》《关尹子》书考证的研究水平可能是一个限制因素。

铃木大拙认为,道家的特长在于哲学,其形上之学胜过儒家,而在伦理学方面则远逊于儒家。"如果说孔子之学是伦理学,那么老子、庄子即道教之学就是形而上学或哲学"。道家的哲学特性鲜明,表面上看似乎特别冷漠、枯燥,但实际上"无论是《老子》还是《庄子》都决非如此。它蕴含着十分温暖的因素。而且它有母这一观念,母在《老子》中称为玄牝。……母这个词并非仅有生物学的意义,而是具有宗教性内涵。"③铃木大拙的这一评论是符合《老子》道家的基本思想的,而且是深刻的。《老子》的"母"就是作为世界本源和本体的"道",如曰:"玄牝之门,是谓天地根。"(六章)"天下有始,以为天下母。既得其母,以知其子;既知其子,复守其母,没身不殆。"(五十二章)就表达了这样的思想。《老子》主张以道为最高精神归宿,因而有"得母""守母"(五十二章)、"贵食母"(二十章)之说。将宇宙本源和最高精神归宿比喻为"母",的确包含着投身母体时安全、温柔的情感体验,且带有信仰的意味。

铃木大拙指出,道家哲学作为贯穿中国哲学史的深层思想传统

---

① 参见郑良树:《诸子著作年代考》,北京图书馆出版社,2001年,第193页。
② 铃木大拙:「古代中国哲学史」,久松真一等编集『鈴木大拙全集』(増補新版)第二十六卷,岩波書店,2001年,419頁。
③ 铃木大拙:「蓮華蔵世界」,久松真一等编集『鈴木大拙全集』(増補新版)第二十八卷,岩波書店,2002年,452頁。

之一而影响深远。老子及其后学成为宋代哲学的源头。道家哲学在中国思想史上占有重要地位，"众所周知，如果一直追溯到中国人的理智能力辉煌地展现其才智的时代，道家的哲学家们的理智水平在卓越性和开创性上决不逊于后世的思想家"。①道家哲学的影响不限于中国本土，而是扩及东方（东亚）。铃木大拙把老子看作东方文化的代表，他说：

> 如果要把东方和西方的可称为特质的东西借助某个特殊的人格来象征的话，就必须提到公元前四世纪中国伟大的哲人老子。把老子认作东方文化的代表，他所谓的"众人"则代表西方思想，两者形成鲜明的对照。……老子称自己的容貌"若愚"，……他几乎是无表情的，然而在这无表情背后却有着一些什么，而使他并非真的愚痴……西方则正与此相反，在他深陷的眼窝里有一双锐利的、看穿一切的眼睛。②

东方文化问题是铃木大拙学术研究的一个重要领域，他试图在与西方文化的比较中揭示东方文化的特质，并竭力证明东方文化的独特性及其优点，论证其对人类文化的重要价值。他把老子当做东方文化的代表，说明老子的人格和思想与他所理解和向往的东方精神高度吻合，也隐含着他对老子道家哲学的高度评价和认同。上引铃木大拙关于老子形象的描述是依据《老子》二十章：

> 荒兮其未央哉！众人熙熙，如享太牢，如春登台。我独泊兮其未兆，如婴儿之未孩。儽儽兮若无所归。众人皆有余，而我独若遗。我愚人之心也哉！沌沌兮！俗人昭昭，我独昏昏；俗人察

① 铃木大拙：「古代中国哲学史」，久松真一等编集：『铃木大拙全集』（增补新版）第二十六卷，岩波书店，2001 年，410 页。
② 铃木大拙：「禅仏教に関する講演」，久松真一等编集：『铃木大拙全集』（增补新版）第二十八卷，岩波书店，2002 年，318 页。

察,我独闷闷。澹兮其若海,飂兮若无止。众人皆有以,而我独顽似鄙。我独异于人,而贵食母。

与老子相比,铃木大拙更尊重庄子。他说,庄子思想的形成稍晚于老子、列子等道家学者,但"他才是中国产生的最杰出的道家学者"[①],"是中国古代伟大的思想家之一……在中国人文思想家中,庄子是最卓越的作家"[②]。他把庄子在中国哲学乃至东方哲学中的重要性置于老子和孔子之上,而给予高度的评价:

> 我认为,在中国哲学中占有最重要地位的,不是老子和孔子,而是庄子。……在东方思想的根柢处包含着庄学的因素,它延绵不绝,活在我们的"无意识"之中。我希望我们无论如何不要将其忘却。[③]

铃木大拙对当时的庄子研究不满意,认为"关于他(按指庄子)的研究不能停留在现有水平,而应开展更深入的研究。……他的思想没有得到应有的评价。"[④]

2. 对禅学的道家特性的认识

佛教在传入中国之初就与道家结缘,此后一直和道家有着割不断的联系。中国佛教与道家之间一直存在广泛而深刻的互动、交流和影响,以及中国佛教中包含道家因素,已作为一个思想史事实被广泛认识了。如方立天就指出:"在中国哲学思想发展史上,老庄道家和魏晋时代崇尚老庄思潮的玄学,展示了人类社会的矛盾和人类精

① 鈴木大拙:「古代中国哲学史」,久松真一等编集:『鈴木大拙全集』(増補新版)第二十六巻,岩波書店,2001年,413頁。
② 鈴木大拙:「禅仏教に関する講演」,久松真一等编集:『鈴木大拙全集』(増補新版)第二十八巻,岩波書店,2002年,320頁。
③ 鈴木大拙:「我々の無意識の中に活きる荘子」,久松真一等编集:『鈴木大拙全集』(増補新版)第三十五巻,岩波書店,2002年,233頁。
④ 鈴木大拙:「禅仏教に関する講演」,久松真一等编集:『鈴木大拙全集』(増補新版)第二十八巻,岩波書店,2002年,320頁。

神的危机,而和佛教视现实人生与世俗社会为苦难、苦海的思想相通,并与佛教形成思想互动的势态。道家(此处包含魏晋玄学)在宇宙论、本体论、认识论和心性论方面都对中国佛教的思想演变产生过重大影响,就其哲学思想影响的广度和深度来说,实际上超过了儒家对佛教的影响,而佛教对道家的影响则很小"。[①]从中国佛教史上看,汉魏两晋南北朝时期格义佛教所用的概念和观念,主要取自道家典籍《老子》和《庄子》。如用"道"来表达"菩提",用"本无"来翻译"真如""实相",用"自然"来解释"无住"等等。早期佛教还曾依附于与道家密切相关的黄老道,并吸收了同样与道家密切关联的道教的思想。魏晋时期佛教的禅法受到了道家道教呼吸吐纳法的影响。魏晋时期的显学佛教般若学与道家思想的关系非常密切,其理论和方法十分接近作为道家一个形态的魏晋玄学。般若学"六家七宗"中影响较大者,如以道安为代表的本无宗、以竺法深为代表的本无异宗、以支道林(即支遁)为代表的即色宗和以支愍度等为代表的心无宗,都自觉吸取道家和玄学思想来论证本学派的观点。僧肇继"六家七宗"之后进一步发展了般若学,使其达到顶峰,其哲学对老庄特别是《庄子》的思想多所吸收。在本体论上吸收了《庄子》"万物齐一""万物一体"等重要观念;在认识论上主要吸收了老庄"绝圣弃智""以不知为真知"以及言意关系等思想;在人生论上则吸收了《庄子》"外生死""不死不生"等主张,显示出其与道家哲学的密切关系。总之,中国佛教般若学打上了鲜明的道家印记。魏晋南北朝时期盛行的另一佛学流派是涅槃学,竺道生是其代表。与同时代的佛教学者一样,道生也注重将道家思想融会于佛教。他用老庄关于道无形无名、道不可知不可言等思想,来表述作为世界本质的"法身",主张法身是无、佛无净土;他利用道家和玄学中"自然"和"理"的观念来解释"佛性";他强调,众生天然而有佛性和理智之性,皆可成佛。成佛实质上就是任此佛性和理智之性自然发展,即"冥合自然"。这与道家关于人性自然发展的

---

① 方立天:《中国佛教哲学要义》(上),中国人民大学出版社,2012年,第441页。

观点颇为相似。他提出的顿悟的修行方法,其理论来源则为《庄子》的"心斋""坐忘"论。①隋唐时期,中国佛教的发展进入创宗立派的成熟时期,形成了三论宗、法相唯识宗、律宗、密宗、净土宗、天台宗、华严宗和禅宗等八宗。其中净土宗、天台宗、华严宗和禅宗,是不同程度地将印度佛教思想和中国本土思想结合起来,甚或以中国本土思想为主、结合印度佛教某些信仰而创立的。在与佛教结合的本土思想中,道家因素无疑仍是极其重要的方面。天台、华严和禅三宗都与道家有着密切的关系,其中禅宗的道家特性尤为明显。

禅是梵文"禅那"(Dhyāna)的简称,汉译有"思维修""静虑"等不同译法,主要含义是在宁静状态下进行深思的修持,本为印度佛教精神修炼方法的一种。作为中国佛教宗派的禅宗的形成与印度佛教禅学有密切关系,但它的真正基础是中国特定的社会历史和文化条件,②因而与印度禅学有着本质的区别。禅宗因以禅定为一切佛教修习之本而得名,又因自称"传佛心印",以使众生证悟心中本原佛性为宗旨,而称为佛心宗。禅宗认为,本宗是宗,而其他法门皆为教,自称"教外别传"。教宗有别,宗胜于教,教必归宗。其他宗派都有所依奉之经典,禅宗则无,也不主张固定以一种经典为依据,甚至主张"不立文字",只要有助于解脱成佛,一切法门皆无不可。③禅宗理论的特点在于主张自性即佛,认为众生的自性就是不二的实性,众生的自性本然具足佛身和净土,只因被一念所迷而对自性之佛身和净土视而不见。因此,修道成佛的根本和关键是对修道者自我本性的觉悟,所谓"直指人心,见性成佛"。具体修行方法就是"无念为宗"和"无相行

① 以上关于魏晋南北朝时期佛教与道家关系的论述,参见孙以楷主编:《道家与中国哲学》(魏晋南北朝卷)第十一章、第十二章、第十三章,人民出版社,2004年,第301—377页。又参见方立天:《中国佛教哲学要义》(上),中国人民大学出版社,2012年,第441—458页。

② 参见杜继文、魏道儒:《中国禅宗通史》,凤凰出版传媒集团、江苏人民出版社,2008年,第22—27页。

③ 但禅宗并非没有所重之经论,《楞伽经》《金刚经》《摩诃般若波罗蜜经》《维摩诘经》《楞严经》《华严经》《法华经》《涅槃经》等经,以及六祖慧能《坛经》和其他著名禅师语录等,就是其说法、印心时引以为据的经典。

法",顿悟成佛。①佛教传入中国以前,在《庄子》等中国先秦道家文献中已经存在"心斋""坐忘""朝彻""见独""守一""守神"等类似禅的观念,②这说明道家思想原本就与印度佛教禅学观念具有共通性,而早期中国佛教的禅法也确与道家道教有近似之处。作为中国禅宗早期形态的达摩一系的思想就与老庄有密切关系,③而唐代兴起的慧能禅以及其后的"五家七宗"则在更根本的层面上融会了老庄思想。关于慧能以后的禅宗与老庄特别是《庄子》思想之融会,学界论述极多,且已成定论,乃至庄玄禅并称:"确乎两者(按指禅宗和《庄子》思想)有许多相通、相似以至相同处,如破对待、空物我、泯主客、齐死生、反认知、重解悟、亲自然、寻超脱……等等,特别是在艺术领域中,庄禅更常常浑然一体,难以区分。""庄禅的相通处是主要的,这表现了中国思想在吸取了外来许多东西之后,不但没有失去而且还进一步丰富发展了自己原有特色。"④禅宗是中国化的佛教,而禅思想的中国化历程就是"把般若之空与老庄之无融会贯通成为一种自然人生的最高境界"。⑤甚至可以说,禅宗与老庄哲学融通的历史就是"禅学老庄化"的进程。这一进程发展到慧能禅时期提升到一个更高的阶段。慧能禅在深层结构上会通禅与老庄,"把老庄的思想注入了自己的血液,化成禅学的有机体",而其后继者则更进一步体现出禅与老庄的契合,以对老庄思想的升华最终完成了这一禅学老庄化的进程。"以天人之学为精要的老庄思想,不管是在扬弃的意义上,还是

---

① 禅宗各派又发展出多样的修行方法。如沩仰宗重师弟默契,临济宗提出"四料简""四照用""四喝""三句"等法门,曹洞宗主张"五位君臣"之说,云门宗常用"云门三句""一字关"和"抽顾"等法门,法眼宗则用华严"六相圆融法门"等。

② 杜继文、魏道儒:《中国禅宗通史》,凤凰出版传媒集团、江苏人民出版社,2008 年,第24—25 页。

③ 徐小跃认为,早期禅宗存在一个由菩提达摩开创的楞伽禅的传承世系,即达摩—慧可—僧璨—道信—弘忍—神秀。关于楞伽禅及其与老庄关系的论述,见徐小跃:《禅与老庄》,凤凰出版传媒集团、江苏人民出版社,2010 年,第 123—173 页。关于菩提达摩禅系的传演,另见杜继文、魏道儒:《中国禅宗通史》,凤凰出版传媒集团、江苏人民出版社,2008 年,第 56—77 页。

④ 李泽厚:《中国古代思想史论》,人民出版社,1986 年,第 213 页。

⑤ 葛兆光:《中国思想史》第二卷,复旦大学出版社,2001 年,第 90 页注①。

在改造发展的意义上，只是到了慧能禅宗那里才真正以其本来面目展现于世。中国禅学老庄化的过程，实际上也是这种不断挖掘和恢复老庄思想真义的过程"。①这就触及了禅宗思想道家化和道家思想以禅宗为载体的问题，使禅宗思想的道家特性被进一步凸显出来。方立天曾从道家之"道"与禅宗之"佛""禅"、道家之"自然"与禅宗之"自性"、道家之"无为而无不为"与禅宗之"无修而修"、道家之"静观""得意忘言"与禅宗之禅悟等诸方面，论证了道家特别是庄子哲学对禅宗思想的影响。他认为：第一，禅宗中的"佛""禅"等概念与"道"几乎在同一意义上使用，道家特别是《庄子》"道"的观念全面而深刻地影响了禅宗思想，其"平常心是道""触类是道"等观念与《庄子》一致而与印度佛教思想大相径庭；第二，慧能禅用道家的"自然"观念界定"本性"，并像道家那样反对人为造作；第三，慧能禅在修行方法上主张"无修而修"，不同于其他佛教宗派所修持的禅法，并非印度佛教的传统思想，而是渊源于道家"无为而无不为"的自然主义哲学；第四，道家的静观修养方法主要影响了慧能以前的禅学，而道家的"得意忘言"论则深刻地影响了慧能一系禅宗。"得意忘言"思想实为禅宗主张"不立文字""教外别传"乃至提出"直指人心""见性成佛"说的逻辑起点和方法论依据，是禅宗异于其他佛教宗派而成就其特质的认识论基础。②方立天的论述涉及本体论、方法论、人性论、修行论和境界论等重要问题，可作为判断禅宗之道家特性的一个基本框架。③

　　日本佛教是对中国佛教的移植，故其在源头上就与道家思想发生了关联。其主要宗派如净土宗、禅宗、净土真宗等，都受到道家思想的影响。④中国禅宗与道家思想的亲缘性和相通性在禅宗传到日

---

①　徐小跃：《禅与老庄》，凤凰出版传媒集团、江苏人民出版社，2010 年，前言，第 175，199 页。

②　方立天：《中国佛教哲学要义》（上），中国人民大学出版社，2012 年，第 443—458 页。

③　论证禅宗与道家的思想关系是中国思想史的一大课题，非笔者能力所及，亦非此处所要展开之中心论题，以上仅依据学界相关研究作了简要说明。

④　关于这方面，已有学者作过详细的研究。见福永光司：『道教としての中国仏教』、『仏教と道教——特に禅と浄土の場合』、『自然と因果——老荘道教と中国仏教』、『一切衆生と草木土石——仏性論の中国的展開』、『「荘子」の真と浄土真宗の真』、『仏教の漢訳と中国古典学』等论著。

本以后仍然显著地保留着。禅宗传入日本是在中国宋元时期,传入的宗派主要有临济宗、曹洞宗以及先作为临济宗分支而后在日本独立成宗的黄檗宗。临济和曹洞二宗在日本镰仓室町时代(12 世纪末——16 世纪 70 年代)极盛一时,成为幕府官方意识形态的重要组成部分;黄檗宗作为明清时期新形态的禅宗,使日本江户时代的禅林重现活力,在日本禅宗史上占有重要地位。以上三宗都深刻地影响了日本禅宗、日本佛教乃至日本文化。在日本禅宗发展最盛期的镰仓室町时代,禅僧多有喜好老庄者,老庄研究达到前所未有的水平,老庄之语常出现于禅僧文字中。如著名禅僧绝海中津的汉诗:"一庵无事只萧然,柏子烧残古佛前。电露身心真暂寓,鷦鹩栖息尽余年。绿萝窗外三竿日,黄鸟声中一觉眠。问我山居有何好,此中即是四禅天。"①这是用《庄子》"鷦鹩巢于深林,不过一枝"(《逍遥游》)的思想来解释禅宗的境界。江户时代的日本禅宗是镰仓室町时代的延续。铃木大拙禅学的传承属于江户时代圆觉寺一系,其法嗣可上溯至镰仓室町时期的高峰显日、梦窗疏石等人的禅系,而其宗派渊源则是中国临济宗杨岐派圜悟克勤、虎丘绍隆、无准师范一系。可想而知,中国临济宗禅学与道家思想的亲缘性,必然被传递和移植到作为日本禅宗的近代形态的铃木大拙禅学之中。既然中日佛教禅学都先天性地带着道家思想的基因,那么,作为传统禅学之延续的铃木大拙禅学,没有理由不带有道家因素、不染上道家色彩。铃木大拙学术思想又不限于禅学,而是涉及广泛的领域。他在各领域所阐发的思想中,有些明显是吸收道家思想的结果,或与道家思想有密切关系。

实际上,对于禅宗思想的道家特性,铃木大拙是有着充分的自觉和认识的。首先,他明确主张,禅学是佛教中国化的结果,是中国文化的特有产物。他认为真正的禅学起源于中国而非印度,"在传说中,禅被认为是兴起于印度,在六世纪初由菩提达摩以完成的形态传入中国的。但是,它实际上起源于中国,肇始于被称为中国禅宗六祖

---

① 　入矢義高:新日本古典文学大系 48『五山文学集』,岩波书店,1990 年,73 页。

的慧能。""菩提达摩之后第六代祖师慧能是中国禅的实际开创者"。
以慧能为禅之创始者,也就确认了禅的中国特性。"禅的精神当然与
传到中国的佛陀精神相承续,但其表现形式却完全是中国式的,也就
是说,是中国人自己创造的东西。"①禅的中国文化特性,与一般佛教
所具有的印度文化特征相区别。铃木大拙还通过分析中印文化间差
异来说明禅的特性。他说,印度人喜欢幻想,富于诗性的想象力,且
长于思辨,精于分析;中国人则最讲求实际,他们重视世俗生活,埋头
工作而不会想入非非。"他们的日常生活是耕田、捡柴、挑水、买卖、
尽孝、履行社会义务,以及展开一套最复杂的礼仪","不像印度人那
样喜欢把自己隐藏在神秘和超自然论的迷雾中"。②由此发展出两个
民族不同的生活方式和文明成果。中国在与世俗生活相关的实用的
方面较为发达,包括其历史学、建筑和文学等;印度则长于对超世俗
世界的想象和抽象思辨。"印度人丰富的想象力产生了超自然主义
和奇妙的象征主义,而中国人的讲求实践和日常生活具体事实的精
神则产生了禅"。③"在佛教传入中国的历史中,自始至终都显示着中
国人紧紧贴近日常生活而行动的民族心理,"④"中国人将吸取到其
生活和思想中的佛教转化为自己的东西,使其成为自己民族性的一
部分,这一成果就是禅宗"。更具体地说,禅凸显了作为中华民族特
征的"意志力"、"意志性"。总之,禅学是中国人把握和吸收佛教的特
殊方式,它不属于印度文化,而是在中国文化的土壤中培育出来
的。⑤铃木大拙对中印文化之间的差异只是作了简单分析,但他关于

---

① 铃木大拙:「禅」,久松真一等编集:『铃木大拙全集』(增补新版)第十四卷,岩波书店,
   2000年,349、426页。
② 参见铃木大拙:「禅」,久松真一等编集:『铃木大拙全集』(增补新版)第十四卷,岩波书
   店,2000年,412—413、420页。
③ 铃木大拙:「禅」,久松真一等编集:『铃木大拙全集』(增补新版)第十四卷,岩波书店,
   2000年,431页。
④ 铃木大拙:「仏教とシナ民族性」,久松真一等编集:『铃木大拙全集』(增补新版)第二
   十七卷,岩波书店,2001年,299页。
⑤ 铃木大拙:「仏教とシナ民族性」,久松真一等编集:『铃木大拙全集』(增补新版)第二
   十七卷,岩波书店,2001年,294页。

禅学中国特性的论述是基本符合中国禅宗史的事实的。这一论证凸显了禅宗的中国特性，明确了禅宗作为中国佛教代表的典型性和特殊性。

那么，禅宗中国特性的思想文化来源是什么？铃木大拙认为，一是道家思想，一是儒家思想，而老庄道家思想是其中更为重要的内容。在他看来，相对于孔子代表的儒家思想，老庄思想与佛教有更多的相似性。如果说中国有与佛教对抗的思想的话，孔子儒家可以说是这种思想；但中国还有老庄道家的思想，这一思想与佛教有非常相近之处。老庄学包含着与在佛教哲学中占核心地位的"空"和"无"的思想相近的成分，如佛教的"空"与老庄的"无为"有相似之处，因此佛教从老庄思想中借用了许多术语。"佛教传入中国，既通过老庄思想挤进中国人的心理，又有包含儒家思想的低层修行"，因此，佛教将老、孔思想结合起来，而这种结合体"在中国人的实际生活层面扩展开来时，就必然形成禅。"[1]铃木大拙进一步指出，禅就是老庄思想与印度佛教相互接触、交融的产物。老庄思想与印度佛教的交融"没有向印度哲学的方面发展，而是为中国人实用性、现实性的方面所消化和同化了。其结果就是形成了今天的禅宗。"[2]正是基于这种认识，铃木大拙才提出作为中国道教高层次内容的老庄哲学"与禅有着必然的联系"的观点。[3]

铃木大拙作为一位禅宗的信仰者和研究者，对禅学的道家特性有这样清晰的认识，就必然对自己思想的道家因素和道家特性抱有深刻的自觉。他把中国禅宗与道家的亲缘关系延续下来，高度认同和自觉吸取老庄道家的重要思想观念。因此，铃木大拙如此推崇道家哲学绝非偶然，而是有着深层的思想缘由的。当然，也应注意，铃

---

[1] 参见铃木大拙：「仏教とシナ民族性」，久松真一等编集：『铃木大拙全集』（增補新版）第二十七卷，岩波书店，2001年，295—299页。

[2] 参见铃木大拙：「支那仏教印象記」，久松真一等编集：『铃木大拙全集』（增補新版）第二十六卷，岩波书店，2001年，140页。

[3] 参见铃木大拙：「書簡」，昭和十七（一九四二）年，久松真一等编集：『铃木大拙全集』（增補新版）第三十七卷，岩波书店，2002年，31页。

木大拙承认禅、道相似，但又未将二者等同，而是认为它们存在差异。这种差异似乎主要是理论水平上的，如他说，"老庄哲学不具备佛教那样的哲学背景"，没有达到佛教哲学的高度，因而不能得到进一步发展云云。①应该看到，铃木大拙关于禅学道家特性的论述只是其思想具有道家性的一方面体现，而且只是表面的体现。要揭示铃木大拙思想与道家的关联，更重要的是应深入到他的整个思想中加以考察。以下就围绕作为其学术思想中心的禅学，从自然观念、禅悟思想、慈悲观念、崇母观念、东方文化论及文明反思等方面加以研述。

二、铃木大拙对道家"自然"概念的阐发

"自然"观念是道家的核心思想，可以说，是否接受"自然"观念或具有"自然"的特征是判定道家思想的基本标准。在此意义上，道家可称为自然主义。道家的"自然"，指"自己如此""自然而然"的状态和趋势。这种态势意义上的自然而然义也是中国古代思想和古代汉语中"自然"的基本含义。②近代以后，随着西学东渐，中国传统语言和思想受到西学的影响，作为中国哲学重要概念的"自然"的上述传统含义也发生了改变。其最重要的改变是出现了表示物质实体的"自然界"的意义。③日本的"自然"概念，在前近代时期与中国基本相同而略有变化，近代以后则经历了与中国相似的演变，即围绕着对nature的翻译，产生了"自然界"的意义。19世纪末到20世纪初，经过围绕着"自然"的新义（"自然界"）与传统义（"自己如此"）的争论，

---

① 铃木大拙：「仏教とシナ民族性」，久松真一等编集：『铃木大拙全集』（增补新版）第二十七卷，岩波书店，2001年，296页。
② 林淑娟指出："在古汉语中，'自然'的词义一直无太大的变化，无论它是作为形容词、副词，甚或名词，其核心义均为'自然而然'。从先秦道家至魏晋玄学，作为哲学核心概念的'自然'，均缘此义而展开。"见氏著《新"自然"考》，杨儒宾编：《自然概念史论》，台湾大学出版中心，2014年，第303页。
③ "自然"一词的"自然界"义是伴随着对西文nature的翻译建构和形成的。参见林淑娟：《新"自然"考》，杨儒宾编：《自然概念史论》，台湾大学出版中心，2014年，第301—344页。

日本"自然"概念的"自然界"意义逐渐确立。[①]值得注意的是,"自然"的新义虽取得了重要地位,但其传统意义仍然得到延续。如受西方思潮影响的日本近代文学的自然主义派作家就"对'自然'这一词语怀有亲近感,从老庄'无为自然'一词中看到了与自然主义相通的'本来如此'的意义"。[②]在"自然"概念复杂化,其传统意义逐渐模糊的情势下,仍有知识人肯定道家"自然"概念的近代价值,并着力发明其旨趣。铃木大拙就是日本近代自觉继承传统"自然"(亦即道家"自然")概念的重要代表之一。[③]

在日本"自然"概念的"自然界"意义确立的背景下,铃木大拙对"自然"概念进行了自己独特的探讨,而他对"自然"的理解与中日传统意义上的"自然"含义是一脉相承的。针对当时流行的与享乐主义和物质主义相等同的自然主义,铃木大拙明确主张一种新自然主义:

> 我们所谓的自然主义,决不是物质主义和享乐主义,而或可称为天真烂漫主义,可称为从心所欲不逾矩主义,亦可称为被准许进入天国的孩童的主义。也就是说,可称之为如己所是之主义,此之谓新自然主义。……西文中的自然主义容易引起误解,日文的自然主义则无此问题,但这个词原本是 nature 的日译,所以,在此我名之曰新自然主义,希望避免该词带来的误解。[④]

这是以"如己所是"(即"自己如此")诠解"自然",承继了道家"自然"概念的基本涵义和精神。他的"自然"不仅迥异于物质主义和享

---

① "自然界"意义的逐渐确立,以岩本善治与森鸥外的争论为转折。岩本善治(1863—1943)主张"自己如此"的传统义,森鸥外(1862—1922)主张"自然界"的新义,并首次将 naturalism 译为"自然主义"。参见陈玮芬:《日本"自然"概念考辨》,杨儒宾编:《自然概念史论》,台湾大学出版中心,2014 年,第 261—300 页。

② 三浦叶:『明治漢文学史』,汲古書院,1998 年,235、236 頁。

③ 除铃木大拙外,夏目漱石、冈仓天心等也对道家"自然"概念的近代诠释有所贡献。

④ 鈴木大拙:「新自然主義」,久松真一等编集:『鈴木大拙全集』(增補新版)第十九卷,岩波書店,2001 年,609—624 頁。

乐主义的"自然",也与西方 nature① 意义上的"自然"相区别。正是在此意义上,他自称新自然主义。

铃木大拙将"自然"一词的流行用法大致归纳为三类:一是用作物质世界和自然界("外界""形而下的世界""依物理法则运动的世界"等)之意;二是用作本能和欲望之意;三是用作自己如此、自然而然之意。他认为,前两种用法不符合"自然"一词的原意,该词所指应当是第三种涵义。与物质世界和自然界的涵义接近的词语是"世界""天地""万物""宇宙"等,而不是"自然"。所以,用"自然"一词来指称物质世界和自然界是不恰当的。将"自然"理解为本能也是不适当的,因为本能是动物性的"自然",即自然界的"自然",而"人已经作为人存在,因而其内在的自然与其他形式的自然有很大不同,这一点不应忘记。在东方文化中,将人之所以为人的本质称为人的自然,与所谓自然界的自然相区别。我们东方人说回归自然时,其意义不能解释为回归动物本能。"②由于在用"自然"一词指称物质世界和自然界时,包含着"依非人为的、自然而然形成的法则运动的世界"的意义,因此其中保留着该词在东方文化中的原有语义,但它显然与西方文化中的 nature 大相径庭,故用自然来翻译 nature 是极大的误解,是受到西方思想影响的结果。因此,只有自然而然、自己如此才是"自然"的真正涵义。他明确肯定,"自然而然"是"自然"一词在东方文化中固有的意义,其源头正是老庄。其代表性表述就是《老子》的"道法自然"、《淮南子》的"因天地之自然"之"自然"。③并指出:"自然这个词出自老子、庄子的道教,我以为其作为汉文词语使用即始于老庄之时。在道家(或称道教)中,包含哲学的和民俗的两个方面,在主张哲学性的道教思想中有自然一词,它与自

---

① nature 一词的原意是生来具有的东西。包含自然界、物质世界、本性、种类、原始状态、原有状态、肉体欲望等多种意义。

② 铃木大拙:「新自然主義」,久松真一等编集:『鈴木大拙全集』(增補新版)第十九卷,岩波書店,2001 年,99—100 頁。

③ 铃木大拙:「新自然主義」,久松真一等编集:『鈴木大拙全集』(增補新版)第十九卷,岩波書店,2001 年,99—100 頁。

由、自在等词一样含有'自然而然'之意。"①可见,铃木大拙心目中的"自然",就是以老庄为代表的"自然"思想传统。他还把这一思想系统的范围扩大到西方思想和佛学:"我对某派人所宣扬的自然主义颇多不赞成之处,而我也持有一种自然主义。从某种意义上说,爱默生一派属于这种自然主义,华特·惠特曼一派属于这种自然主义,老子和庄子也可说是个中之人,佛教学者中也有此类人。许多诗人和神秘教的信徒可说是我所谓的自然主义的同党。要之,他们触及了自然的神秘之处。"②

至于铃木大拙把自己的自然主义称为"天真烂漫主义"和"被准许进入天国的孩童的主义",即把天真烂漫和孩童看作"自然"的象征,这也是道家"无为""复朴""法天贵真"思想的反映。"婴儿""赤子"的形象是老子崇尚的对象,因为他们的特质更接近道,因此他提出"含德之厚,比于赤子"(五十五章)、"复归于婴儿"(二十八章)等思想。铃木大拙则说:"说天真烂漫也好,说赤条条寸丝不着也好,说净裸裸、赤洒洒也好,这即是孩童的自然之处,孩童的一切活力、一切德性、一切面目,都在此自然之处跃动着。孩童肯定其自身,他就如同狮子举其全力搏击狐狼一般,对禀自天地的力量加以绝对的肯定。这时,任何人也不能抵抗他。"当然,老子所欲复归的婴儿,不是真的变成婴儿,而是象征意义上的。铃木也指出,孩童的"自然"还不是真正的"自然","赤子之心"只有在生命中经历了努力和斗争之后,才能达到真正的"新的'自然'"。③

依循道家"自然"思想的脉络,铃木大拙对"自然"概念进行阐发,并试图在近代语境下进行新的建构。关于"自然"的思考和论述贯穿铃木大拙学术生涯的始终,晚年尤多,构成日本近代诠释和阐发道家

---

① 鈴木大拙:「自然の東洋の意味」,「東洋的考え方」,久松真一等編集:『鈴木大拙全集』(増補新版)第二十九卷,岩波書店,2002 年,105 頁。
② 鈴木大拙:「新自然主義」,久松真一等編集:『鈴木大拙全集』(増補新版)第十九卷,岩波書店,2001 年,610 頁。
③ 鈴木大拙:「新自然主義」,久松真一等編集:『鈴木大拙全集』(増補新版)第十九卷,岩波書店,2001 年,616 頁。

"自然"概念的一个重要方面。①铃木大拙将"自然"的意义区分为三个层面：一是物质世界、自然界，即"由山河、草木、土石、日月、星辰、鸟兽等构成的"，"是构成人类所谓客观世界的全部之物"。②这一层面的自然或可称为实体的自然；二是自己如此、自然而然的性质、状态和趋势，体现为非有意性、无目的性等。"自然决不是故意地起作用的。其作用完全是自身内在的直接作用本身"③，"自然是放任式地运行的"，"是没有所谓目的的"④，"自然没有人类那样的偏好，它永远不会偏离自己必然之路"⑤。这一层面的自然或可称为状态的自然；三是就人心而言，是心之本然本真状态。铃木大拙说："人对自然来说并非一个旁观者，而是以某种形式与自然保持着联系，即人正是以产生于自然这一方式与自然相联系。人最终不得不作为内在于自然之物而存在"。⑥在人这里，必然与自然为一体，必当体现自然。通过人体现出来的自然，是转变为主体的自然。"所谓转换为主体性，就是从自然转变而为人自身。不是拿人与自然对比，将两者客观地比较看待，而是沉潜到人自身的内部，认真审视自我存在的本真之处究竟为何，这才是极为重要之事。这里关于自然的问题转而成为人的问题"。⑦这个自然就是内在于人的自然，是主体化了的自然，或

① 铃木大拙关于"自然"概念的撰述，早期有《新自然主义》(1927 年)、《自然与人》(1942 年)等专论。晚年有《自然在禅中的作用》(1953 年)、《就这样——我如其所是》(1957 年)、《东方的思考方法》(1960 年)、《关于禅》(1962 年)、《最具东方性之物》(1963 年)、《如其所是》(1963 年)、《只么和自尔》(1963 年)、《关于征服自然》(1965 年)、《自然之道》(1966 年)等。此外还有很多分散论述。
② 铃木大拙：「禅における自然の役割」，久松真一等编集：『鈴木大拙全集』(増補新版)第十二卷，岩波書店，2000 年，220 頁。
③ 铃木大拙：「禅における自然の役割」，久松真一等编集：『鈴木大拙全集』(増補新版)第十二卷，岩波書店，2000 年，225 頁。
④ 铃木大拙：「禅における自然の役割」，久松真一等编集：『鈴木大拙全集』(増補新版)第十二卷，岩波書店，2000 年，219 頁。
⑤ 铃木大拙：「禅における自然の役割」，久松真一等编集：『鈴木大拙全集』(増補新版)第十二卷，岩波書店，2000 年，224 頁。
⑥ 铃木大拙：「禅における自然の役割」，久松真一等编集：『鈴木大拙全集』(増補新版)第十二卷，岩波書店，2000 年，227 頁。
⑦ 铃木大拙：「禅における自然の役割」，久松真一等编集：『鈴木大拙全集』(増補新版)第十二卷，岩波書店，2000 年，228 頁。

可称为主体的自然。显然,铃木大拙所理解的自然不是实体的自然,而是状态的自然和主体的自然,这两层涵义无疑都是道家式的。

对于状态意义上的"自然",铃木大拙往往通过诠释《老子》"道法自然"等命题来进行阐发。如他说:

> 《老子》中有"道法自然"一语。……道可以说就是天下的大道;对人来说,就是应当遵循的根本原理。道遵循自然。……事物自然而然地出现了。因为自然而然,所以不被人为的因素、机械的力量和科学所支配,是自然出现的东西。这就是自然,是与出生还是被生出、死去还是存活无关的自然。松作为松而存在,竹作为竹而存在,松并非要成为松才成为松。松成为松当是自然而然的,松依循所当自然而然的道,成为当自然而然的松。只能这样表述。①

> 所谓道,就是自然有道。它不是当我们说就是这个道时而意识到的那个道,而是不能不自然地走过的那个必经之路,这就是道。亦即所谓"天也,非人也"。人,是从自我出发进行思虑而言此言彼。道不是这样,而是自然、自然而然,某种意义上可谓之曰"如其所是"。②

在铃木大拙看来,"道"是宇宙和人间的法则,而这个法则的实质就是"自然",这是一个没有人为因素干涉(从而没有人的目的性)和外在力量支配的过程和状态。事物的生灭不是由于其自身的目的性,而是在无目的的状态下发生的,不是为了什么而如此,而是本来就如此,即"如其所是"。松如其所是地作为松而存在,而并非要成为松才成为松,这就是"自然"。而"人"则与此相反,是"从自我出发进

---

① 铃木大拙:「最も東洋的なるもの」,久松真一等编集:『鈴木大拙全集』(增補新版)第二十九卷,岩波书店,2002年,281—282頁。
② 铃木大拙:「自然の東洋的意味」,「東洋的考え方」,久松真一等编集:『鈴木大拙全集』(增補新版)第二十九卷,岩波书店,2002年,482頁。

行思虑"。铃木大拙强调"道"是无人为因素的自然而然过程,与《庄子》所谓"已而不知其然谓之道"(《齐物论》)的思想完全一致。他所引"天也,非人也"一句出自《庄子·养生主》。该篇原文中的"天"和"人"分别是"自然"和"人为"之意。《庄子》天人思想的旨归是"天而不人"(《列御寇》),即"不以心捐道,不以人助天"(《大宗师》),"无以人灭天,无以故灭命"(《秋水》)。《庄子》的这些思想是铃木大拙解释"自然"的依据。

铃木大拙还运用一些特殊词汇来对"自然"的自己如此、自然而然之义加以发明,如"只么""与么""恁么""只物""只宁""自尔""自然法尔"等,而上述"如其所是"①是具有代表性的表述。关于"如其所是",他解释说:

> 如其所是就是事物如实的状态。神如其所是地存在,花如其所是地开放,鸟如其所是地飞翔。……如此这般,一切事物皆如其所是而自足。②

> 寒冷的时节就寒冷,炎热的时节人皆炎热,本来就是那样。当猫随意地抓桌上的食物吃时,人发怒地呵斥和驱赶它,但是从猫的立场看,其行为就是那样,无所谓对错。自然界柳绿、花红,水自碧、山自绿,这也如其本然。人和动物都如其所是地生存下去,这是自然的常规。③

在铃木大拙看来,"如其所是"就是"如实"的状态、"本然"的状态,也是"自足"的状态。这种状态是万物存在的"常规","无所谓对

---

① 如其所是,日语原文为そのまま。日文そのまま由その和まま两部分构成,その意为"那个",まま的原意是保持原状、依旧、就这么;听任、由着、如实等。そのまま意为保持其原状、按照其原样、如实的意思,这里将其译为"如其所是"。另有同义词このまま。
② 铃木大拙:「このまま——我は有りて在る者なり」,久松真一等编集:『铃木大拙全集』(增补新版)第三十四卷,岩波书店,2002 年,121 页。
③ 铃木大拙:「『そのまま』について」,久松真一等编集:『铃木大拙全集』(增补新版)第三十五卷,岩波书店,2002 年,278 页。

错"。如同花开、鸟飞、冬寒、夏热、水碧、山绿等,是本来如此而莫知其由、没有对错的,因而是超乎人的意志的,这就是"自然"。他指出,"如其所是"和"自然"二词,"是对同一经验事实的表诠"。"如其所是"一词看似只表达了静态的、被动的一面,实际上它与"自然"一样,包含着动态的、主动的一面。他称这种能动性为"大用"或"创造性",认为它就是自然而然地成为这样的过程,就是禅学所谓"转辘辘地""任运腾腾",是 being 即 becoming,是"空即是色","无限的原动力和无意图的努力正是由此尽显其妙用"。①铃木大拙还明确肯定,"自尔"或"自然法尔"二语与"自然"同义且源于中国道家,"是中国固有的,特别是为道家所经常使用"。

按照铃木大拙的解释,"自然"是一种状态和趋势,其中蕴含着能动性和创造力,而这一意义上的"自然"又与他的"自由"概念密切相关。什么是"自由"呢? 他说:

> 如其字面意义所示,自由就是"自"做主,没有任何压抑和牵制,"自己如此"或"自然而然"地活动,而没有外在的干涉。……天地自然的原理,在没有任何意图、制裁的情况下,自然而然、如其所是的发生作用,此之谓自由。②

显然,这是用"自己如此""自然而然"即道家的"自然"来解释"自由"。实际上,他试图以道家"自然"概念为基础来建构一个有别于西方的、所谓东方的"自由"概念③:

---

① 鈴木大拙:「只麼と自爾」,久松真一等编集:『鈴木大拙全集』(增補新版)第三十四卷,岩波書店,2002 年,323 頁。
② 鈴木大拙:「自由・空・只今」,「東洋的な見方」,久松真一等编集:『鈴木大拙全集』(增補新版)第二十卷,岩波書店,2001 年,230 頁。
③ 铃木大拙将其"自由"概念与西方的 freedom、liberty 等区别开来,认为 freedom、liberty 等都包含从被束缚的状态中脱离、解放之意,即含有消极的意义,而他所谓东方的"自由"则没有这种含义。

东方的自由一词的本来意义与自然、自然而然等词相同，是自在、自主、自己做主。不是指从被束缚的状态下解脱而独立，而是指本来就自然地如此，自然而然地如此。……松树成为松树，竹子成为竹子，此即松树的自由、竹子的自由。并不是松树从要成为竹子的想法中摆脱而成为松树。松树成为松树时，不顾旁边的苹果树和杉树，而只是成为松树。这是真正的自由、自主。①

进一步讲，"物从其本来的性分中流露出的东西，称为自由"②，"自由"就是万物无所依待、自己如此、顺其本性而存在的状态：

自由的本质是什么？举最浅近的例子来说，松树不成为竹子，竹子不成为松树，而是各自居于自己的位置，这就是松树和竹子的自由。……从物自身即其本性来看，这是由于物的自由性而自主地成为这样的，没有受到任何外在的牵制。这亦可称为"天上天下唯我独尊"，松树作为松树，竹子作为竹子，山作为山，水作为水，不受拘束，自己做主地活动，这就是自由。③

而这种依其本性存在的"自由"显现为"妙用"或"大用"。"自由就是妙用，懂得了这个妙用，就懂得了自由的真义"。④"大用就是自由的活动，'大用现前，不存轨则'，这是真正的自由之功用"。这就如同猫寻找猫仔时转来转去的那种自由状态，这种状态中有

---

① 鈴木大拙：「最も東洋的なるもの」，「東洋的考え方」，久松真一等編集：『鈴木大拙全集』(増補新版)第二十九巻，岩波書店，2002年，284頁。
② 鈴木大拙：「自由・空・只今」，「東洋的な見方」，久松真一等編集：『鈴木大拙全集』(増補新版)第二十巻，岩波書店，2001年，231頁。
③ 鈴木大拙：「自由・空・只今」，「東洋的な見方」，久松真一等編集：『鈴木大拙全集』(増補新版)第二十巻，岩波書店，2001年，232—233頁。
④ 鈴木大拙：「自由・空・只今」，「東洋的な見方」，久松真一等編集：『鈴木大拙全集』(増補新版)第二十巻，岩波書店，2001年，231頁。

猫的大用。①铃木大拙的这种以"自然"为内涵的"自由",不仅是状态意义上的,更重要的还延伸和转化为主体意义上的自由(后文详述)。铃木大拙是基于万物依其本性存在的自己如此、自然而然的状态和作用(即"妙用""大用")来理解"自由"的。据此,万物皆有其自由(如松树的自由、竹子的自由等)。因此,他所讲的"自由"与西方文化背景以及现代社会中的"自由"大相径庭,不是同一意义上的概念。但他发明道家自然概念之旨趣而得出的"自由"新义,对道家"自然"概念的诠释却也具有启发意义。

铃木大拙对道家"自然"概念的诠释,是透过中日禅学、近代西学以及日本文化等视角展开的。从这些视角出发,他凸显了道家"自然"概念表示状态和表示主体性的意义,并以此为依据建构了自己的"自然"概念及以此为中心的自然主义,这是他学术和思想的一个重要特征。铃木大拙的自然主义一方面与道家的自然主义观念一脉相承,另一方面也包含着在近代日本思想文化背景下对禅学自然主义的独特阐发,可以说是道家自然主义在近代日本的再现。道家"自然"观念在汉字文化圈的传统思想中原本占有极重要的地位。日本作为汉字文化圈的重要部分,其关于"自然"的道家式诠释是"自然"观念史的一个重要部分。

三、作为主体性"自然"的禅悟

禅悟学说是铃木大拙禅学的核心,而"自然"概念在其禅悟理论中发挥着根本作用,"自然"可以说是铃木大拙禅悟思想的关键词。在他看来,禅学是教人们从主体层面体悟"自然",而不是客观地观察自然,"把我们自己的立场从客观性转换为主体性",禅的觉悟正是通过人体现出来的"自然",即主体性"自然"。人洞见、体认和依循内在于自身的"自然",也就是"见性"的禅悟境界。"人毋宁是由于顺应

---

① 鈴木大拙:「禅と科学」,久松真一等编集:『鈴木大拙全集』(増補新版)第二十九卷,岩波書店,2002 年,33 頁。

'自然'运行并进而领悟之,才使自我超脱成为可能"。①铃木大拙这种以"主体自然"为核心精神的禅悟思想,主要体现在"去我""无心""妙""自由"等重要思想上。

(一)"去我"

铃木大拙曾对"自我"与"自然"的关系进行讨论,他说:

> 自我并不是自己想要出生才出生的,而是被生出的。一代一代地上溯先祖,应该就是动物学家或生物学家所谓阿米巴虫、细胞等东西了,它们进行物理化学的结合和分解,经过这样那样的过程才有了你我人类的存在。你的出现既不是依靠你自身的力量,也不是你的功劳,不是你想要出生才出生的,而确实是被生出的。哪里有"自我"这个东西呢! 完全没有。死去了就分化为"四大",这是佛教的用语,也就是分解成了氧、氮、碳等各种元素。哪里有所谓"自我"这东西呢! 这种东西完全没有。人活着的时候,总是说自己如何如何,而得意洋洋地狂奔。哪里有伸张这个"我"的那个"我"呢! 如果探寻那个"我"的源头,那只不过是自然罢了。"自然"转变为"自我",而由于这个"自我"处于非常危险的境地,因此,它在向"自然"转变时,从逻辑上说,是逐渐上升到高层次的;同时也可以说,"自然"变回"自我"则是向低层次的变化。"自然"是"自我"自身能力之外的不可知之物,它不依赖于"自我",但"自我"却要与它保持最密切的关系,这就是自然而然,就是自然。②

---

① 铃木大拙:「禅における自然の役割」,久松真一等编集『铃木大拙全集』(增補新版)第十二卷,岩波书店,2000年,225頁。

② 铃木大拙还从字源上分析了"自"和"自我"。他说:"东方的自然一词的'自',是指自我。'自'字的写法是'目'上加一个束带一样的笔画。这原本是象形文字,表示'鼻',鼻子的状况就是那样,此字逐渐演变而成为'自'字。所谓鼻就表示自我,人们常说鼻子高会自负起来,指着自己的鼻子,就表示自我。如果要问什么是'自我',还真是难以回答的问题。但是,什么自身啦、自我啦、自己啦,以此为中心,任意地自高自大、乱逞威风,这是人类的毛病。"铃木大拙:「最も東洋的なるもの」,「東洋的考え方」,久松真一等编集:『铃木大拙全集』(增補新版)第二十九卷,岩波书店,2002年,280—281頁。

铃木大拙认为,所谓"自我",并非从来就有,而是"自然"的产物。人的身体是长期自然演化的结果,而不是"自我"意志所决定的,即我们不是"要出生才出生的",而是"被生出的"。在铃木大拙看来,"自我"并不存在,它不过是人的幻象。因此,执着于"自我"而"得意洋洋地狂奔"是一种丧失本根的愚妄。因此应去除对自我的执着,此可称为"去我"。而"去我"就是走向"自然"。人处于"自我"层次时,是悬空的、危险的、低层次的,如果解除"自我"执着而达到"去我",就能回归实在的、根本的境地,即进入主体的"自然"状态,这是高级层次。要之,"自然"是"自我"的根源,"自我"依赖"自然"。而且"自我"和"自然"两个层次之间是可以相互转化的。这里,"自然"作为一种主体状态,一方面是"自我"的消解,另一方面又是更加深邃广大的新"自我"的生成。铃木大拙用禅学的语言称之为"随处作主,立处皆真",发明出道家消解"自我"思想所蕴含的那种"无往而非我"的新主体再生的深弘旨趣。

铃木大拙关于人的身体是自然演化的结果而非"自我"意志决定的思想,与《庄子》身体、生命和本性并非为自我所拥有的思想是一致的:"汝身非汝有也……是天地之委形也;生非汝有,是天地之委和也;性命非汝有,是天地之委顺也;子孙非汝有,是天地之委蜕也。"(《知北游》)铃木大拙更为这一思想加上了近代的注脚,即用阿米巴虫、细胞等的物理化学变化来解释人的生命现象。在《庄子》看来,人的生死完全是一个"自然"的过程,"大块载我以形,劳我以生,佚我以老,息我以死"(《大宗师》),一切皆为"道"("自然")的作用,而无关乎"自我"意志。

铃木大拙对"自我"与"自然"关系的理解,也与道家思想深度契合。按照道家的"自然"概念,主体的自然状态是一种主体自己如此、自然而然的状态,这种主体状态是道家追求的最高境界。道家实现"自然"主体的主要途径是解除对在世俗知识和价值基础上建构起来的"自我"的执着。"自我"包含感性、知性、情欲、意志等多方面,道家认为,对这些方面的固执都是向主体"自然"状态转变的障碍,只有排除它们即解除对自我的执着,才能实现主体之"自然"。《老子》的"致虚守静"(十六章)、"无知无欲"(三章)、"见素抱朴,少私寡欲"(十九章)等指的就是这种解除"自我"执着的修养工夫。《庄子》则更明确地称之为"无己"(《逍遥游》)、"忘己"(《天地》)、"丧我"(《齐物论》)、"心斋"(《人间世》)、"坐忘"(《大宗师》)等。"无己"就意味着去除心意和智巧,达到"媒媒晦晦,无心而不可与谋"的"无心"之境(《知北游》),从而依循"自然"。所谓"去知与故,循天之理"(《刻意》),"忘己之人,是之谓入于天"(《天地》)。铃木大拙继承了这一思想,从"去我"的意义上阐释道家的主体"自然"。

(二)"无心"

铃木大拙在《论无心》一书序中说:"'无心'既是佛教思想的中心,又构成东方精神文化的主轴。"甚至"宗教性体验的根本意义必在于无心"。①可见,铃木大拙将"无心"观念视为佛教思想、东方文化乃至一切宗教体验的核心与根本,其重要性不言而喻。"无心"的观念在禅学中尤为突出。铃木大拙在论述无心思想时,特别提到禅宗高僧菩提达摩和德山宣鉴等人。他引菩提达摩的颂词:"昔日迷时为有心,今时悟罢了无心。虽复无心能照用,照用常寂即如如。""无心无照亦无用,无照无用即无为。此是如来真法界,不同菩萨为譬喻。"并认为其无心思想主要是在去除妄想。又引德山宣鉴之语:"无事于心,无心于事",并解释说:"无事于心就是看似恍恍惚惚、心不在焉,如同木石一般,但身体之活动并未停止。晨起相见仍问候,仍食三餐,甚或与人争吵,然而对于此等之事无所用心,诸如这样做就有如此功德啦、就有如此效率啦、就有如此机会啦等等,这些想法一概没有。这句话充分地表达出了我所谓的无心。"②从上述引文已经可以窥见铃木大拙"无心"观念的显著的道家色彩了。如果再研读铃木大

---

① 鈴木大拙:「無心ということ」,久松真一等編集:『鈴木大拙全集』(増補新版)第七卷,岩波書店,1999年,117、201頁。
② 鈴木大拙:「無心ということ」,久松真一等編集:『鈴木大拙全集』(増補新版)第七卷,岩波書店,1999年,170—171、172—173頁。

拙对无心的解释,则其道家性质就更清楚了。如他说:"无心的状态,就是去除人心,而达到无情,这样,心就达至如风和雨一般,即如同物理作用一样活动的境地"。这与道家无为而自然的境界是极为接近的。铃木大拙的下述解释更清楚地道出"无心"的"自然"意涵:

> 我想按如下意义来使用"无心"一词。……陶渊明归去来辞中有"云无心以出岫,鸟倦飞而知还"的词句。其大意是:云不抱任何意图地从山中洞穴处滚滚而出,鸟则厌倦了飞翔而回归森林中的巢穴。我所说的"无心"就是这里的"云无心"一句所表达的心境。①

"云无心以出岫"句中的"无心",是无目的、无意志、自然而然之义,这正是道家意义上的"自然"之义涵。陶渊明的思想原本就具有显著的道家特征,其用"无心"表达道家"无为""自然"之义并不奇怪。这种无心自然之义在禅宗文献中有多种表述。唐代禅僧司空本净偈曰:"见闻知觉无障碍,馨香味触常三昧。如鸟空中只么飞,无取无舍无憎爱。若会应处本无心,始得名为观自在。"②铃木大拙引用此偈并解释说,"只么"一语,意为"如是""如""如其所是""如其活动"等。这些解释皆合于道家之自然观念,其特点是"无取无舍无憎爱""不思善不思恶""无思虑营为",即超越好恶、得失之分别观念,体现为"赤裸裸""净洒洒""本来自性清净"等。③

　　铃木大拙认为,作为禅宗初期文献的敦煌写本《观行法》或《绝观论》正确地传达了禅宗思想。他引用此文进一步详细论述了"无心"的"自然"意蕴。为论述方便,现将其引义录于下:

---

① 鈴木大拙:「無心ということ」,久松真一等編集:『鈴木大拙全集』(増補新版)第七卷,岩波書店,1999年,125頁。
② 普济著、苏渊雷点校:《五灯会元》(上),中华书局,1984年,第96页。
③ 鈴木大拙:「無心ということ」,久松真一等編集:『鈴木大拙全集』(増補新版)第七卷,岩波書店,1999年,301頁。

又问：无有因缘，得杀生不？答：野火烧山，猛风折树，崩崖压兽，泛水漂虫。心同如此，亦须并僵却。若有心犹予见有杀生，中心不尽者，乃至蚁子，亦结汝命业。又问：无有因缘，得偷盗不？答：蜂采池花，雀衔庭粟，牛餐泽豆，马啖园禾，毕竟不作自他物解者即得。若生彼我心，乃至针毫，亦计作奴婢业。又问：得行淫不？天覆于地，阳合于阴，心同如此者，一切无碍。若生情分别，自家妇亦污汝心。又问：得妄语不？语而无主，言而无心，声同钟响，气类风阴。心同此者，骂佛无辜。若不如此，乃至念佛，亦堕妄语。又问：若不存身，云何行住坐卧耶？答：但行住坐卧，何须立身见耶！又问：既不能得存心，得思惟义理不？答：若计有心者，不思惟亦有。若了无心者，设使思惟亦无。禅定动而恒静。猛风动树无心。又问：学道人忽被人打，云何对治而合打道乎？答：不可忍而咏哭之。又问：若哭者，与有他我见人见何别？答：如杵扣钟，其声自然出也，何必有我乎！汝若强捉心啮齿口忍者，此乃存大大我也。又问：人哀哭中有情动，岂同钟响？答：若言同与不同者，俱是汝心多事，妄想思量作语。若知妄想者，体道无为自然之也。[1]

文中出现"如杵扣钟，其声自然出也，何必有我乎"，"若言同与不同者，俱是汝心多事，妄想思量作语。若知妄想者，体道无为自然之也"等句，可见作者是以"自然"解释"无心"的。铃木大拙仔细分析并阐发了上述引文中"无心"的"自然"内涵。他认为，物理化学运动和动物的活动都是"无心"的过程，而此过程也就是"自然"的。"自然地发生物理化学作用"，即"天地自然的法则"。"野火并无烧山之心，蜜蜂当然也不是要盗取花蜜，火如果自然地发生物理化学作用，就会烧掉所有燃烧范围内的所有东西"，"风、火及日本发生的地震这类现

① 鈴木大拙：「無心ということ」，久松真一等編集：『鈴木大拙全集』（増補新版）第七巻，岩波書店，1999年，260—261頁。

象,仅仅是通过物理的力量——这被称为天地自然的法则——在发生作用,因此不容以人类价值为标准加以评判。此皆所谓无情的力量,并非道德评判的对象"。动物的活动与物理化学运动没有本质区别,"老虎并不是对人抱有什么恶意而吃人的,……老虎既未做超出自身的事情,亦非不做自己该做的事情,可以说老虎发挥了它作为老虎的自然性"。动物的这种自然性就是本能。"所谓无心,我想可以这样来看:它归根到底就是复归于本能,就是让心物理性、机械性地活动"。而相对于成人,幼儿更接近这种无心境界。①但是,这种本能的无心还不是真正的无心。真正的无心是人的无心,它比本能的无心更高级,是"经过升华的、人化的、或可称为佛化的"的无心。它"从本能的无心出发,达到人的有心,又必然回归于无心","本能的、无意识的、无目的的无心必须进入人的有心的世界",因此,它一方面具有与物质性和生物性的本能的无心相通的地方,另一方面又具有人的"有心"的性质。当然,这是矛盾的。人的无心就是要克服和超越有心—无心这一矛盾,在保持动物性本能而活动的同时,又加上人的有心。不完全依于本能,不完全去除有心,即处于有无之间,或谓行走于既非有亦非无之处,从而体悟"无意义的意义、无目的的目的",也就是"无心之心"的境界。②无心之境不能通过感官获得,而要以非感官的即"看而不看,听而不听"的方式达至。铃木大拙引中国宋代禅学巨擘雪窦的偈:"盲聋喑哑,杳绝机宜。天上天下,堪笑堪悲。离娄不辨正色,师旷岂识玄丝。争如独坐虚窗下,叶落花开自有时。复曰:还会也无? 无孔铁锤。"并用《庄子》思想加以解释:

　　《庄子》中有离娄的故事。离娄拥有能在百步之外分辨秋毫之末的惊人视力,然而,当黄帝让这个有超强目力者寻找沉于水

① 铃木大拙:「無心ということ」,久松真一等编集:『鈴木大拙全集』(増補新版)第七卷,岩波书店,1999 年,262、264、265 頁。
② 铃木大拙:「無心ということ」,久松真一等编集:『鈴木大拙全集』(増補新版)第七卷,岩波书店,1999 年,270—273 頁。

中的宝珠时,却也未能找到宝珠。又让一个名叫喫诟的人来试着寻找,也没能找到。最后,请一位名叫象罔的盲目之人搜寻宝珠,宝珠灿灿之光透射到盲人的眼底而终被找到。这就是说,目明即是目盲,目盲即是目明。只居于分别世界之中,就不能看见青黄赤白的真正颜色,无论如何也不能进入无分别世界,这就是雪窦的主张。①

此处"黄帝索珠"的故事出自《天地》篇:

> 黄帝游乎赤水之北,登乎昆仑之丘而南望,还归,遗其玄珠。使知索之而不得,使离朱索之而不得,使喫诟索之而不得也。乃使象罔,象罔得之。黄帝曰:"异哉! 象罔乃可以得之乎?"

这里,"玄珠"隐喻玄之又玄的道,"得珠"就是体道。如何才能体道? 多智多巧的"知"不能体道,限于感官的离朱(《孟子·离娄上》作"离娄")不能体道,巧言善辩的喫诟也不能体道,只有超越感觉、智巧、言辩而恍惚窈冥的象罔才能体道。铃木大拙以《庄子》的这一思想来诠解禅宗"无孔铁锤"的觉悟境界,使他对禅悟的理解带上道家的色彩。

此外,铃木大拙还用日本曹洞宗创始者道元的"柔软心"和"身心脱落,脱落身心"、唐禅僧本净的"无心是道"等思想诠解这种"无心"境界。本净偈曰:

> 见道方修道,不见复何修? 道性如虚空,虚空何所修? 遍观修道者,拨火觅浮沤。但看弄傀儡,线断一时休。
>
> 道体本无修,不修自合道。若起修道心,此人不会道。弃却

---

① 铃木大拙:「無心ということ」,久松真一等编集:『鈴木大拙全集』(増補新版)第七卷,岩波书店,1999年,234—236頁。

一真性，却入闹浩浩。忽逢修道人，第一莫向道。①

从这两首偈颂中亦可窥见禅悟的道家意味，特别是其中的庄学韵味。《庄子》言"致道者忘心"（《让王》），与上述"无心是道"意旨相通。铃木大拙引用本净之偈，是为了表达道体虚无，因而不可有心修为，修则不得，不修则得。就是说，道不能通过智巧言辩体得，而只能在无知无言中呈现。这正是《庄子》体道（"闻道""知道"）学说的主旨。所谓"道不可闻，闻而非也；道不可见，见而非也；道不可言，言而非也"，体道乃是"不知之知"的"真知"。下面《知北游》篇中的一段可谓其经典表述：

> 泰清问乎无穷曰："子知道乎？"无穷曰："吾不知。"又问乎无为。无为曰："吾知道。"曰："子之知道，亦有数乎？"曰："有。"曰："其数若何？"无为曰："吾知道之可以贵，可以贱，可以约，可以散。此吾所以知道之数也。"泰清以之言也问乎无始，曰："若是，则无穷之弗知，与无为之知，孰是而孰非乎？"无始曰："不知深矣，知之浅矣；弗知内矣，知之外矣。"于是泰清中②而叹曰："弗知乃知乎！知乃不知乎！孰知不知之知？"无始曰："道不可闻，闻而非也；道不可见，见而非也；道不可言，言而非也。知形形之不形乎？道不当名。"无始曰："有问道而应之者，不知道也。虽问道者，亦未闻道。道无问，问无应。无问问之，是问穷也；无应应之，是无内也。以无内待问穷，若是者，外不观乎宇宙，内不知乎太初，是以不过乎昆仑，不游乎太虚。"

铃木大拙对"无心"的论述是多角度的，但从上述几方面的分析已经明显可见，其"无心"的观念包含自然无为的道家性质。老庄书中"无心"一词虽不多见，但与无心相关的无为、无知、无言、无欲、无

---

① 普济著，苏渊雷点校：《五灯会元》（上），中华书局，1984年，第96页。

② 中，《经典释文》引崔譔本作"卬"，通"仰"。当从崔本作"卬"。

私等词则出现频率极高,显示其原本具有丰富的无心思想。实际上,铃木大拙认为,这种无心思想虽在印度佛教中有其渊源(他认为是"心无心""心非心""无住""无所得"等思想),但完全是中国化的产物。铃木大拙所谓的"无心"正是这种以禅的形式出现的中国式的、更有亲近感和生动性的"无心":"达摩的'无心'一词比一派印度风格的'心无心'与我们更亲近,至于德山所言'无事于心、无心于事',又比达摩的'无心'更添生动之气,用切实的语言将实在之境界表达出来"。①而从上述铃木大拙的理解来看,这种中国式的"无心"的特质显然是来自道家的。铃木大拙明确指出《老子》有"无心"的思想,并分析说:"《老子》第一页亦有'常无欲以观其妙'的说法,这也可以看作是'无心'之义。我认为,大体上,道家的'无欲'都应解释为'无心'之义。"②铃木大拙以"无欲"释"无心",是符合《老子》思想的。其实,《老子》书中本有"无心"一语,王弼本四十九章有"圣人无常心,以百姓心为心",帛书本此句则作"[圣]人恒无心,以百省(姓)之心为心"。③这里的"无心"与"无欲""无知""无私"等词意义相通,实质上是《老子》乃至道家的核心观念"无为"在心性上的体现。如谓:

> 我无为而民自化,我好静而民自正,我无事而民自富,我无欲而民自朴。(五十七章)
>
> 常使民无知无欲。(三章)
>
> 见素抱朴,少私寡欲。(十九章)

"无心"也就是不有心而为,不以人的主观意志和一己之欲干预事物本有的状态和趋势,追求无为而达到虚静的道的境界。《庄子》

---

① 鈴木大拙:「無心ということ」,久松真一等編集:『鈴木大拙全集』(増補新版)第七巻,岩波書店,1999 年,173 頁。
② 鈴木大拙:「無心ということ」,久松真一等編集:『鈴木大拙全集』(増補新版)第七巻,岩波書店,1999 年,124 頁。
③ 高明:《帛书老子校注》,中华书局,1996 年,第 58 页。

书中也有"无心"的用例,如:

> 形若槁骸,心若死灰,真其实知,不以故自持。媒媒晦晦,无心而不可与谋。(《知北游》)
> 通于一而万事毕,无心得而鬼神服。(《天地》)

从这些论述中可见,《庄子》的"无心"就是去除智巧、不固执自我,混然而与道为一体,这样就能达到使万物归附的境界。《庄子》继承了《老子》的思想,提出"虚静、恬淡、寂寞、无为者天地之平,而道德之至"(《天道》)的观念,特重心灵问题,由此发展出主体性的也就是心灵境界化的"无为",其重要观念如"无己""丧我""心斋""坐忘""逍遥"等无不是对这种境界的表述。上述道家的"无心"观念及与之相关的整个心性论和精神境界学说,后与佛教融合产生了中国的"无心"思想。铃木大拙也明确指出了这一点:"佛教传入中国后,开始了中国化的发展,并与道教等发生广泛的融合,大量吸收了中国思想,最终形成了中国的'无心'。"[①]

(三)"妙"

在铃木大拙看来,"无心"是禅悟的根本精神。那么,他又如何描述禅悟境界的特征呢? 这就不能不提到"妙"的观念。在铃木大拙思想中,"妙"是一个极为重要的概念,因为"佛教的真髓皆汇集于此,体现在南无妙法莲华经的'妙法'之中",[②]它是宗教体验和技艺极致的最高体现,[③]而且它"最好地表现了东方思想或东方情感,即表现了东方特质"。[④]铃木大拙常常使用"妙"字来描述禅悟境界,"妙"体现了他理解禅悟的一个重要方面。什么是"妙"? 他解释说:

---

① 鈴木大拙:「無心ということ」,久松真一等編集:『鈴木大拙全集』(増補新版)第七卷,岩波書店,1999 年,126—127 頁。

② 鈴木大拙:「任運騰騰」,久松真一等編集:『鈴木大拙全集』(増補新版)第二十九卷,岩波書店,2002 年,292 頁。

③ 鈴木大拙:「『妙』に徹する——劍法の秘伝と宗教意識」,久松真一等編集:『鈴木大拙全集』(増補新版)第三十二卷,岩波書店,2002 年,95 頁。

④ 鈴木大拙:「『妙』について」,「東洋的な見方」,久松真一等編集:『鈴木大拙全集』(増補新版)第二十卷,岩波書店,2001 年,268 頁。

  "妙"这个词,有妙旨、妙趣之意,是指不可言说、不可思议。可以根据《老子》中"玄之又玄,众妙之门"句中的意思来理解。按照注释,《易》中有"妙"字,但那是作动词使用的,最先将"妙"作为名词或形容词使用的是老子。[①]

  "妙"这个词在中国古典中出现,盖自老子始,它出自老子所谓"玄之又玄,众妙之门"的那个"妙"字。[②]

  铃木大拙认为,"妙"的基本涵义是不可言说、不可思议的旨趣。并指出,作为名词和形容词而具有哲学意义的"妙"始于《老子》,即"玄之又玄,众妙之门"之"妙"。铃木大拙以《老子》为依据来诠解"妙"的意义,并将"妙"与"玄"结合起来进行考释。《老子》有:

   无名天地之始;有名万物之母。故常无欲以观其妙;常有欲以观其徼。此两者同出而异名,同谓之玄,玄之又玄,众妙之门。(一章)

  此处的"妙",有精微之义。王弼注曰:"妙者,微之极也。万物始于微而后成,始于无而后生。故常无欲空虚,可以观其始物之妙。"[③]段玉裁以为"妙"通"纱",并引《类篇》曰"精微也"。精微则难测难言,故铃木大拙以不可言说、不可思议释"妙",亦与原义相符合。"玄"有幽隐之义。王弼注曰:"玄者,冥默无有也。始、母之所出也。不可得而名。"[④]冥默就是幽隐静寂。[⑤]《说文》云:"玄,幽远也。""幽

---

① 鈴木大拙:「『妙』について」,「東洋的な見方」,久松真一等編集:『鈴木大拙全集』(増補新版)第二十卷,岩波書店,2001年,268頁。

② 鈴木大拙:「任運騰騰」,久松真一等編集:『鈴木大拙全集』(増補新版)第二十九卷,岩波書店,2002年,292頁。

③ 楼宇烈说,"空虚"二字疑为释文窜入。王弼注,楼宇烈校释:《老子道德经注校释》,中华书局,2008年,第1、3页。

④ "玄者,冥默无有也"句,楼宇烈校释本原作"玄者,冥(也)默(然)无有也"。引文有省略。王弼注,楼宇烈校释:《老子道德经注校释》,中华书局,2008年,第2页。

⑤ 《说文》:"冥,幽也。"又曰:"幽,隐也。"《广雅》:"冥,暗也。"

远"与"冥默"义近而略有不同。"玄"又有色黑赤之义。《说文》:"黑而有赤色者为玄。"铃木大拙试图通过文字学的分析建立"妙"与"玄"的关系。他指出:"'妙'字,今写作'女'旁,但古字为'玄'旁,写作'玅'。因此,'妙'字或原本与'玄'字有关系。"①"'妙'字和'玄'字皆由'少'字构成,也就是'玄之又玄,众妙之门'的那个'玄'"。②这个分析是有根据的。段玉裁曰:"玅,急戾也。……则为今之妙字。妙或作玅是也。"又"玄"字下部为"幺",段玉裁:"幺,小也。通俗文曰:不长曰幺。""不长"即是"少",故亦可说"玄"字包含"少"。③铃木大拙以"妙"和"玄"的这种文字学上的关联为基础,以《老子》文本为根据,将二字合释。他说:

"玄"字的意义虽还须进行语源学考察,但有天玄地黄之说,玄不是黑色的意思,而是"朦胧暗昧"之意。不能说天是黑的,而应说天遥远而朦胧暗昧,因此无法清晰分辨,即是说,不能以任何方式形容。……总之,所谓"玄"就是朦胧暗昧,是不能用语言表达的东西。前面所说的"妙"字,同样也不具有能用语言清晰界定的形象,似乎在不可言说、暧昧模糊之中有可感觉之物存在,我想称此为"妙"。这个"玄"是道教中最重要的词,道教称为玄宗或玄门。《老子》的"玄之又玄,众妙之门"可以这样解释:那个玄之又玄,即其穷极之处,不能用语言表达,而"妙"由此出现了。所谓"众妙之门"的"门",与其说是作为入口的门,不如说是万物由以产生的本源。进一步说,《老子》一章中最后一节有"无名天地之始,有名万物之母"两句,其中的"无名",即没有名称,就是"玄"。因此,可以说,一切不可思议、不可命名的东西,不能

① 鈴木大拙:「『妙』について」,「東洋的な見方」,久松真一等编集:『鈴木大拙全集』(增補新版)第二十卷,岩波書店,2001年,268頁。
② 鈴木大拙:「蓮華蔵世界」,久松真一等编集:『鈴木大拙全集』(增補新版)第二十八卷,岩波書店,2002年,457頁。
③ 段玉裁撰:《说文解字注》,中华书局,2013年,第684、160页。

这样那样下定义的东西就是"玄"。这个"玄"之至极，就成为本源，一切"妙"皆从此出。[1]

> 所谓"玄"就是天地玄黄之状，天为黑色，用"苍苍"一词来形容，"苍"与其说是青，不如说是黑，由于不可能清楚地区分，故造了"苍"字。黑、玄，那个黑暗之处不可知，此即是"妙"。这个"妙"的深不可测之处又有一种"妙"。如果要清晰地分别彼与此，那么此就不成为此，彼就不成为彼。[2]

按照铃木大拙的解释，"玄"是"遥远而朦胧暗昧，因此无法清晰分辨"，"朦胧暗昧，是不能用语言表达的东西"。"玄"的色黑之义与不能清楚区分之义相联系。同样，"妙"也是"不具有能用语言清晰界定的形象，似乎在不可言说、暧昧模糊之中有可感觉之物存在"。"朦胧暗昧"近于《说文》和王弼所言的"冥"，"遥远而朦胧暗昧"正是《说文》所言"幽远"。这个解释与王弼的理解基本一致，而"黑暗"则是《说文》的"黑而有赤色者"。铃木大拙又结合《老子》文本诠释说，"玄之又玄"就是语言无法表达的穷极之处，"众妙之门"的"门"是指万物所以产生的本源。"无名天地之始"的"无名"就是"玄"。不可思议、不可命名的"玄"之至极是万物之本源，"妙"则由此至极处出现。在铃木大拙看来，"妙"和"玄"的这种"无法清晰分辨"的混而为一才是"实在"。

> 如果从诗、宗教及形而上学、科学的分类来看，这个"妙"……似乎有时可以看作诗和想象的世界，但事实并非如此。只有在诗、宗教、形而上学和科学一体性地……打成一团之时，才是真的实在、reality。[3]

---

[1] 鈴木大拙：「『妙』について」，「東洋的な見方」，久松真一等編集：『鈴木大拙全集』（増補新版）第二十巻，岩波書店，2001 年，268—269 頁。

[2] 鈴木大拙：「蓮華蔵世界」，久松真一等編集：『鈴木大拙全集』（増補新版）第二十八巻，岩波書店，2002 年，457 頁。

[3] 鈴木大拙：「蓮華蔵世界」，久松真一等編集：『鈴木大拙全集』（増補新版）第二十八巻，岩波書店，2002 年，457 頁。

这正是《老子》所谓"玄""妙"的主要内涵，并符合《老子》"微妙玄通，深不可识"（十五章）的"道"的思想。《老子》描述"道"说：

> 道之为物，惟恍惟惚。惚兮恍兮，其中有象。恍兮惚兮，其中有物。窈兮冥兮，其中有精。其精甚真，其中有信。（二十一章）
>
> 视之不见名曰夷，听之不闻名曰希，搏之不得名曰微。此三者不可致诘，故混而为一。……是谓无状之状，无物之象，是谓惚恍。（十四章）

"恍惚"是就"道"的朦胧暗昧言，"有物""有精""有信"是就"道"的实在无妄言，这两个方面的意义皆为铃木大拙所接受。他所谓"玄""妙"是指向"道"的，而"道"即是"自然"，因而"玄""妙"也与"自然"相通。铃木大拙把"妙"和禅语"任运腾腾"相联系，认为"任运腾腾就是'妙'"。①"任运腾腾"含有"春来草自青"的自然而然之意韵，是随顺自然之运作，是"无喜无忧，故有喜有忧"的"大自在"境界。这正合道家"自然"之义。

　　铃木大拙既运用现代"无意识"概念阐发禅悟境界，②也从"无意识"的意义上来理解作为禅悟重要特征之一的"妙"。他认为，"妙"就是无意识（unconscious）。但无意识又分为心理学的无意识（psychological unconsious）和形而上学的无意识（metaphysical unconsious）两种，"妙"属于后者。"弗洛伊德所谓无意识和荣格等所谓集体无意识等，大致相当于佛教所说的阿赖耶识，但是这个境界尚未显现出'妙'。……'妙'的显现必待超越此有'我'的心理学无意识而达至形而上学无意识之后才能实现。'妙'是从这种形上无意识中显现的，此种无意识是突破阿赖耶识的产物，它并非出自心理学的无意识，而是出自形而上学的无意识。"心理学无意识之所以不能达到"妙"，是

---

① 鈴木大拙：「任運騰騰」，久松真一等编集：『鈴木大拙全集』（增補新版）第二十九卷，岩波書店，2002 年，292 頁。

② 关于铃木大拙从"无意识"角度对禅悟的诠释，参见本章"铃木大拙及其禅学"节。

因为"仍然有'我'存于其间，……但'妙'的显现必待超越此有'我'的心理学无意识而达至形而上学无意识之后才能实现。"形而上学无意识是"无我"的，因而是真正的无意识。铃木大拙进而称之为"形而上学的感觉"，即"并非单单是五官的感觉，而是最深层的、形而上学的、物尚未二元分别之前的感觉"，"妙"正是由这种"无我"的"形而上学感觉"产生出来。①这种"无我"与上述"去我""无心"的旨趣是相通的，与老庄思想密切相关。②

综上所述，铃木大拙依据《老子》第一章"玄之又玄，众妙之门"等句，以"妙"为中心来解释禅悟之境，他所谓"妙"以及与之相关的"玄"，显然是以老庄道家之"玄""妙"思想为基础的。但铃木大拙"妙"的思想也不是对道家（以及传统禅学）思想的简单重复。他在近代语境下和东西方文化比较的视野中对传统思想所作的解说和阐发，常常能丰富和扩展古典思想内涵。上述从"无意识"角度对"妙"的诠解既属此类。又如，他通过《圣经》、爱克哈特（1260—1327）与禅学文本的对照来解释"妙"："And God saw everything that he had made, and, behold it was wery good.（创世记，第一章）这个普通的 very good 就是'妙'。这个 good，既不是善恶之善，也不是美丑之美。它是超离一切对立的绝对无对待，它就是自身所是，'妙'即是如此。它是云门所谓'日日是好日'的'好'；也是爱克哈特'Every morning is good morning'的'good'；它又可称为'平常心是道'。这个最平常之处，难道不是最具'妙'性的吗？"③这就把"妙"放在不同的文化层面和背景中加以比较诠释，因而能融合各种文化层面或文化背景，而达到对"妙"的"在诗、宗教、形而上学和科学一体性地……打成一团

---

① 铃木大拙：「『妙』について」，「東洋的な見方」，久松真一等编集：『鈴木大拙全集』（增補新版）第二十卷，岩波書店，2001 年，269—270 頁。

② 关于铃木大拙"无我"思想与老庄的关系，参见本章"作为主体性'自然'的禅悟"节关于"去我""无心"的论述。

③ 铃木大拙：「妙」，久松真一等编集：『鈴木大拙全集』（增補新版）第三十四卷，岩波書店，2002 年，343 頁。

之时"的"真的实在"①的意义上的领悟。

（四）"自由"

"自由"也是铃木大拙阐发其禅悟思想的一个重要方面。铃木大拙明确地将其"自由"概念与西方文化中的 freedom、liberty 等区别开来，并特别强调二者间的差异。他认为，freedom、liberty 等都包含从被束缚的状态中脱离、解放之意，既含有消极的意义，而他所谓"自由"，也就是东方的"自由"，则没有这种含义。他说：

> 如其字面所示，自由就是"自"做主，没有任何压抑和牵制，"自己如此"或"自然而然"地活动，而没有外在的干涉。自由一词中毫无政治性含义。天地自然的原理，在没有任何意图、制裁的情况下，自然而然、如其所是地发生作用，此之谓自由。②

可见，铃木大拙的"自由"概念与道家"自然"概念是相互融合、密不可分的，有时甚至是同义词，如他说：

> 东方的"自由"一词的本来意义与自然、自然而然等词相同，是自在、自主、自己做主。不是指从被束缚的状态下解脱而独立，而是指本来就自然地如此，自然而然地如此。③
>
> 道教思想中有"自然"一词，它与自由、自在等词一样，都包含"自然而然"的意思。④

可以说，"自然"是铃木大拙"自由"概念的根本涵义。以这种"自

---

① 鈴木大拙：「蓮華蔵世界」，久松真一等編集：『鈴木大拙全集』（増補新版）第二十八卷，岩波書店，2002 年，457 頁。
② 鈴木大拙：「自由・空・只今」，「東洋的な見方」，久松真一等編集：『鈴木大拙全集』（増補新版）第二十卷，岩波書店，2001 年，230 頁。
③ 鈴木大拙：「最も東洋的なるもの」，久松真一等編集：『鈴木大拙全集』（増補新版）第二十九卷，岩波書店，2002 年，284 頁。
④ 鈴木大拙：「自然の東洋的意味」，「東洋的な考え方」，久松真一等編集：『鈴木大拙全集』（増補新版）第二十九卷，岩波書店，2002 年，105 頁。

然"意涵为基础,他将"自由"阐发为万物无所依待、自己如此、依其本性存在之义:

> "自由"一词的基本意义是自己如此和自然而然,这两种含义都是说,此物如其本身所是,而与外物无关。①

> 物从其本来的性分中流露出的东西,称为自由。②

> "自由"的本质是什么?举最浅近的例子来说,松树不成为竹子,竹子不成为松树,而是各自居于自己的位置,这就是松树和竹子的自由。……从物自身即其本性来看,这是由于物的自由性而自主地成为这样的,没有受到任何外在的牵制。这亦可称为"天上天下唯我独尊",松树作为松树,竹子作为竹子,山作为山,水作为水,不受拘束,自己做主地活动,这就是自由。③

> 松树成为松树,竹子成为竹子,此即松树的自由、竹子的自由。并不是松树从要成为竹子的想法中摆脱而成为松树。松树成为松树时,不顾旁边的苹果树和杉树,而只是成为松树。这是真正的自由、自主。④

铃木大拙进一步发挥说,万物本性的显现的"自由"就是"妙用","懂得了这个妙用,就懂得了自由的真义"。⑤他用禅宗的"大用现前,不存轨则"来解释这种作为"妙用"的"自由":

---

① 鈴木大拙:「空について」,久松真一等編集:『鈴木大拙全集』(増補新版)第二十九卷,岩波書店,2002 年,57 頁。
② 鈴木大拙:「自由・空・只今」,「東洋的な見方」,久松真一等編集:『鈴木大拙全集』(増補新版)第二十卷,岩波書店,2001 年,231 頁。
③ 鈴木大拙:「自由・空・只今」,「東洋的な見方」,久松真一等編集:『鈴木大拙全集』(増補新版)第二十卷,岩波書店,2001 年,232—233 頁。
④ 鈴木大拙:「最も東洋的なるもの」,久松真一等編集:『鈴木大拙全集』(増補新版)第二十九卷,岩波書店,2002 年,284 頁。
⑤ 鈴木大拙:「自由・空・只今」,「東洋的な見方」,久松真一等編集:『鈴木大拙全集』(増補新版)第二十卷,岩波書店,2001 年,231 頁。

　　这个"大用"就是"自由"的功用。"用"是动作、功用的意思。"大"不是在数量上的大，而是绝对之义。"自"是指自己如此地显现功用。……大用现于前，生动活跃而朗然呈露其真面目之时，则不拘于轨则。轨则为事后附加之物，大用不为其所限囿，若为其所限囿，则为死物，而非自由、非本真。①

　　这个"大"，是超离大与小对待关系的绝对的功用。所谓绝对的功用，就是自然的功用，就是自由本身，此之谓大用。②

　　"大用"就是自由的活动，"大用现前，不存轨则"，这是真正的自由之功用，它与猫寻找猫仔时转来转去的状态同属一种自由。转来转去的状态下没有不自由，其中有大用，有作为猫的大用。《临济录》中有"随处作主，立处皆真"之语，其中体现出东方式的纯真。③

　　铃木大拙是基于万物依其本性存在的自然状态和作用（即"妙用""大用"）来理解"自由"的。按照这种理解，万物皆有其自由（如松树的自由、竹子的自由等）。但是，铃木大拙要讲的不是物的自由，而是人的自由，是对人来说的自由。"不存轨则"正是对人来说的。他所谓的"自由"主要是主体意义上的，也就是这种"大用"状态的主体化。因此，他说"自由"是作主的和本真的状态。实际上，铃木大拙曾把这种作主和本真的状态阐述为"无我"的境界。他说："如果不超脱五官的制裁，自由地达至精神之所求，就不能上升到宗教精神。这就要摒弃'我'。只有摒弃'我'才能获得自由。灭我之后就会获得精神自由，有了这种自由，我在一举手一投足间都能体验到一种妙趣。……战胜物质欲望时，谁都会感到非常愉快，人生应致力于享受

---

① 鈴木大拙：「日本再発見」，「大拙つれづれ草」，久松真一等編集：『鈴木大拙全集』（増補新版）第二十巻，岩波書店，2001 年，375 頁。
② 鈴木大拙：「禅に関して」，久松真一等編集：『鈴木大拙全集』（増補新版）第二十九巻，岩波書店，2002 年，235 頁。
③ 鈴木大拙：「禅と科学」，久松真一等編集：『鈴木大拙全集』（増補新版）第二十九巻，岩波書店，2002 年，33 頁。

这样的快乐",这是一种"获得超脱物质性束缚的主观自由,达到在与外界接触中毫无矛盾和不自由之感的境界"。①铃木大拙把这种主体性的自由称为"游戏自在"。这是一种"不为外在目的所束缚"的活动或状态:

> 游戏自在……不为外在目的所束缚……。如果设定一个外在的目标,朝向这个目标行动,那么在这一行动过程中,常常会感受到外来的压迫。而只要有这种外来压迫感,就不是自在的。但是,如果被认为是外在的东西真正变成自身的东西,不再出现任何束缚的想法,那么,由于处于内外一致的状态,就如松之为绿、花之为红,有了游戏的意境。②

他认为,"游戏自在"与世俗所谓半开玩笑、半当游戏、随随便便的态度是不同的。因为半开玩笑、半当游戏的态度是有目的的,其目的就是玩乐,追求玩乐而厌恶劳作,即其中包含着好与恶,取其所好而舍其所恶的选择并非真正的自由,反而意味着不自由,"真正的自由是既无好亦无恶的"。

综上可知,铃木大拙的"自由"概念是以道家"自然"(即自己如此、自然而然、依其本性等意义)概念为其本质的,这是决定其自由思想道家性的一个基本因素。铃木大拙把自由理解为禅悟境界的一个特征,因而主要是从主体层面来考察自由的。在他看来,自由就是心的自然状态,也就是"无我"(亦即"无心")的状态,他并以"大用""游戏自在"来诠解这种状态。这些阐论都又与庄子哲学有神似之处。《庄子》"逍遥游"观念的核心内涵就是"无己、无功、无名"(《逍遥游》)、"丧我"(《齐物论》),也就是摆脱物质欲望之牵累,超越声色名

---

① 鈴木大拙:「予が宗教観」,久松真一等编集:『鈴木大拙全集』(増補新版)第二十七卷,岩波書店,2001年,41、43—44页。

② 鈴木大拙:「遊戯自在と云うこと」,久松真一等编集:『鈴木大拙全集』(増補新版)第三十一卷,岩波書店,2002年,431页。

利之"我"即"无我"。"无我"而后能达到心物贯通、"万物与我为一"（《齐物论》）之境，"乘物以游心，托不得已以养中"（《人间世》），心灵由此获得自由。"丧我""无己""无心"，其行动必然是无目的、无意图的，即"无为"的，由此可达到"自得""自适"之境，这正是一个自主、本真的主体境界。由此看来，铃木大拙的"自由"会通禅庄而更近于《庄子》。

四、道家思想与铃木大拙的文明反思

铃木大拙生活的时代，正值日本快速走向近代化的时期，对于这种近代化进程，他没有盲目跟风，而是有所省思。他从自然主义的观念出发对近代文明进行审视和反思，形成鲜明的文明反思和批判观点，这构成其思想的一个重要脉络和部分，并贯穿其一生的哲学思考。早在1920年代，他就提出"工具的压迫"的思想。他看到，人类"自己制造工具，又在用这个工具杀死自己"，而这个"工具的压迫"最典型的例证就是"近来的机械文化"。[1]就是说，工具虽然为人所造，却反过来控制和压迫人，使人疏离其自身的本性。近代以来，机器是人类工具的代表，"工具的压迫"于是体现为随着机械化而来的机器对人的控制和压迫而使人异化。铃木大拙的文明反思的主题就是认清和反对异化，而其重要来源之一就是道家哲学。

（一）铃木大拙对"征服"观念的批判合于道家理念

在铃木大拙看来，作为近代文化重要特征之一的"征服"观念是导致人类异化的一个重要因素。所谓"征服"，就是人们站在自我的立场上，试图战胜自我之外的一切他物的心理和观念。征服的最高体现是对自然界的征服。征服自然的观念"将自然作为对象放在自己面前，使其与自己相对抗，而试图'征服''克服'这个敌人……登上山顶，就自称征服了山；潜入水底，就自称克服了水"。[2]这种征服自

---

① 鈴木大拙：「放下著」，久松真一等編集：『鈴木大拙全集』（増補新版）第三十一卷，岩波書店，2002年，192、195頁。
② 鈴木大拙：「閑想十題」，久松真一等編集：『鈴木大拙全集』（増補新版）第三十四卷，岩波書店，2002年，254頁。

然的想法源于把自然当作人类的敌人,而试图驯服它,使其符合人的期望。①铃木大拙认为,征服的观念对人类社会文化产生了极大的负面影响。一方面,由于意欲征服自然界,就要大量制造和依赖工具(其典型是机器),而这会导致人反过来为机器所控制,人变得越来越机械化;另一方面,由于征服人类其他族群的欲望膨胀,而加剧了冲突,威胁人类和平。他称征服观念为"无明的一念",不但对人类的精神提升和生活方式的改善无益,而且为"当今文化的根本之恶",因此,"不征服这个'征服'观念,世界绝不会达到和平"。②而且,所谓人征服自然,也是不可能的。因为"违背自然的法则是不可能的。……有'天地自然之数'这个东西,我们人类都生存其中。去把握这个'数'即'理'的最根本之物,是所有人当为之事","忘记自然之理,而惯于自高自大的人类,必定会遭到'自然'的报复"。③因此,铃木大拙对这种"征服"的观念明确加以否定,他说:"对于所谓'征服',我是极为厌恶的。在被问及征服'自然'这样'不自然'的问题时,我更是会说'不要说愚蠢的话',而将其驳回"。④可见他反对征服观念态度之强烈。

铃木大拙进一步分析了征服观念的思想基础和文化根源。他指出,征服观念是二元思维的产物。所谓二元思维,就是把人与自然、主观与客观分离开来,将二者看作是对立的。既然自然与人是对立、对抗的一个对象,两者之间就有了决一胜负的问题。从人的角度来看,自然是异己的存在,甚至会对人构成威胁和伤害,因而必须克服和战胜它,才能维持生存和满足自身需要。二元思维把自然、客观看作外在于人的、主观的、对象性的、异己的、对立的存在,就必然使人

---

① 参见铃木大拙:「禅と科学」,久松真一等编集:『鈴木大拙全集』(増補新版)第二十九卷,岩波书店,2002年,227页。

② 参见铃木大拙:「文化と宗教」,久松真一等编集:『鈴木大拙全集』(増補新版)第十九卷,岩波书店,2001年,75、73页。

③ 铃木大拙:「閑想十題」,久松真一等编集:『鈴木大拙全集』(増補新版)第三十四卷,岩波書店,2002年,255页。

④ 铃木大拙:「自然の征服につきて」,久松真一等编集:『鈴木大拙全集』(増補新版)第三十五卷,岩波書店,2002年,296页。

与自然、主观和客观的关系陷入对抗、敌视的模式，导致"崇尚力量，一开始就摆出争斗的姿态"的观念模式。征服观念就是这种二元思维模式的产物。铃木大拙认为，这种二元思维是西方文化的特征，在东方传统文化中是没有的。东方传统文化的主流是人与自然、主观与客观融为一体。"人也是自然的一部分，自然与人合而为一。因此，不是要征服自然，而是要与自然融为一体，即要回归自然，或言回归自然之本。"①

在铃木大拙看来，西方文化的二元思维集中体现在有关"自然"的观念中。西方文化中的"自然"（nature）观念实际上是作为人的对象的自然界，是相对于人的主观的客观世界、物质世界。西方的nature"是与自我相对的客观性存在，永远是相对性的世界"，是"二元性的、与人对立的、相克的，其中必有一方要战胜对方"。与此相对照，在东方文化中，"'自然'没有相对性，也不是客观的。毋宁具有主体性、绝对性。在'自己本然'的思维中，不可能将其看作是对立的。东方把超离自他的自身性、主体性的东西称为'自然'。因此说，道法自然而存"。"'自然'的'自'不是自他对立的'自'，而是超越自他对立的'自'。'自然'并非主客相对世界中的'自然'。这其中包含着东方的道"。②可见，西方的nature主要指自然世界或物质世界，基于二分的思维；而东方的"自然"则主要指自己如此、自然而然的状态，基于合一的思维，两者之间存在根本性差异。因此，铃木大拙认为，用汉语和日语的"自然"来翻译nature，是一个极大的误解。正是在这种二元对立的nature观念的基础上，西方产生了征服自然的思想。但如果从东方的"自然"即自然而然的角度来看，就没有所谓"征服"了，因为"人怎么能征服'自然而然'这个东西呢"？③

① 鈴木大拙：「禅と科学」，久松真一等編集：『鈴木大拙全集』（増補新版）第二十九卷，岩波書店，2002年，228頁。
② 鈴木大拙：「日本再発見」，「大拙つれづれ草」，久松真一等編集：『鈴木大拙全集』（増補新版）第二十卷，岩波書店，2001年，369—370頁。
③ 鈴木大拙：「自然の征服につきて」，久松真一等編集：『鈴木大拙全集』（増補新版）第三十五卷，岩波書店，2002年，296頁。

铃木大拙批判征服观念的出发点和前提有二：一是人与自然、主观与客观合一的思想。二是"自然"（自然而然）的思想。以自然而然为核心内涵的"自然"思想，显然是取自道家哲学。[①]至于人与自然、主观与客观合一的思想，在中国哲学史上虽不为道家所独有，但道家是其先驱和代表。《老子》主张"人法地，地法天，天法道，道法自然"（二十五章），要求人遵循天地自然的法则，这就是要人与天地自然融为一体、和谐一致而毫无对立冲突。为此，人就应当"无为"，即"辅万物之自然而不敢为"（六十四章）。《庄子》发展了这一思想，阐发了人（人为）与天（自然）、心（主观）与物（客观）合一的哲学。如谓："天地与我并生，而万物与我为一"（《齐物论》），主张"与天为徒"，达到"天与人不相胜"（《大宗师》）的真人境界。这些都是中国哲学史上典型的天人合一思想，而铃木大拙反对征服的思想正是对其中"天与人不相胜"命题的表达。天人一体思想是庄子哲学的总体特征，其核心观念如"道""天""自然""逍遥""齐物""丧我""心斋""坐忘"等等，皆内蕴此意。庄子哲学的中心论题归根到底是人的心灵问题，他试图为人的心灵建构一个本真和自由的世界。《庄子》对妨害心灵本真和自由的因素有深刻的洞悉，这就是根源于人的"自我"执着和限囿的争夺欲、占有欲及作为其衍生物的智巧、伪善等，这些都导致了人的本然之性的丧失，即导致人的异化。铃木大拙揭示出征服观念的二元思维本质并予以解构，与《庄子》消解自我以达到物我一体（物我两忘）的旨趣相一致，是对《庄子》反异化思想的近代诠释。至于他对近代机械文明导致异化的批判，就更是直接以庄子哲学为基础。

（二）铃木大拙在对机械化的批判中吸收和阐发道家思想

机器的发明和使用是近代文明的基础，近代文明带有鲜明的机器化特征。用铃木大拙的话说，构成近代文明特征的就是"一切都科学化、技术化"，从而"机器化"。[②]机器从根本上改变了人与自然世界

---

① 关于铃木大拙对道家"自然"观念的继承，参见上文相关论述。

② 铃木大拙：「現代における宗教の意義」，久松真一等編集：『鈴木大拙全集』（増補新版）第二十八卷，岩波書店，2002 年，263 頁。

的关系,使人在自然界面前更为主动,能利用自然界为自己创造更大的福祉,大大提升了人的主体地位。机器的发明和制造有赖于科学的进展和技术的创新,科学、技术和机器共同构成机械文明。铃木大拙认为,自然世界对于人来说,本应如东方传统文化所认为的那样,是应当亲近、拥抱、热爱的,因为人从"自然"中来,又要回到自然中去,丝毫没有与自然对抗的理由和必要。人如果有什么需要,向"自然"请求即可,"自然"对人的要求绝不会吝啬。科学和技术是人向"自然"请求的方法。也就是说,科学和技术原本应当是人与自然和谐相处的方式,它丝毫没有征服的意味。但是,由于近代以来征服观念的影响,科学和技术的概念被滥用、误解和扭曲,使科技和机器沦为征服的工具,同时,机械化也反过来强化了人的征服感。征服观念与机械化相互推进,愈演愈烈,导致人越来越严重的心理焦躁。①其所以如此,是因为,随着机械体系的复杂和机械化程度的提高,人不知不觉地去顺从机器。这样,本来为人所使用的机器(工具),却反过来役使人,逐渐使人疏离自己的本性而以机器的机械方式思维和行动,即人被机械化,也就是非人化、异化了。铃木大拙说:"一切都通过机器来运作,生活中的人情味就会消失。任何事情都变得疏离人,这是近代文明的倾向。人能够控制和使用机器还算幸运,如果主客颠倒,机器脱离人的掌控,人就会反过来沦为机器的一部分。如此,人将丧失其自主性,变成对任何事情都无责任了。"②

　　铃木大拙认为,机械化及伴随而来的异化直接地体现在生产、管理领域,这就是标准化的大规模生产的模式造成个性的泯灭;同时也体现在社会生活中,即社会的组织化、规则化导致个性的丧失。而无论是哪个领域的机械化,都使人丧失本真、自主和自由,从而扼杀其创造性,而对人格、创造性等的长期压抑,最终导致人类精神疾病的

①　铃木大拙:「文化と宗教」,久松真一等编集:『铃木大拙全集』(增补新版)第十九卷,岩波书店,2001 年,73—75 頁。
②　铃木大拙:「現代における宗教の意義」,久松真一等编集:『铃木大拙全集』(增補新版)第二十八卷,岩波書店,2002 年,432 頁。

发生。他说,随着工业化渗透到人类生活的各个方面,人的日常生活也被机械化。在近代化的企业组织中,人们被复杂的社会关系和各种事务所淹没和束缚,工作和生活变成了简单的重复,这使得人们的创造意识被压抑。这种压抑经过长久的积累,会逐渐潜入人们意识的深层,结果是,它或者突然爆发出来,或者继续郁积下去。这就必然导致精神疾病的发生。[①]具体地说,将机械化的生产模式应用于社会生活中的体现就是集团至上。他指出:

> 集团必然无视个性。如果只考虑例外情况的话,就不能制定规则,就会以种种借口不遵守法则。如果不忽略个性,人们就会只想着钻法规的空子。法律学家就为了避免这种情况而探索和研究。中国古代的哲人说,因为有法,才会有犯法者;因为宣扬仁义,道德才会沦落。事实正是如此。[②]

一味看重标准化、一般性的结果,是忽视个性,使社会单一化、平庸化,"人类社会变得与蚁群和蜂群没有两样。个人的创造性被践踏。这是现代社会生活的常态。应该说,精神异常者的逐年增多的根源正在于此"。[③]社会的单一化也造成人际交往中的伪善,这种伪善违背自然本性却身不由己:"当今被称为文明国民的人们,出乎意外地被不自然的行为所束缚。古代讲'小人闲居为不善',今天的人们却是'走进人群就变成伪善者'。这种伪善相当令人困扰。谁也不是争着去做伪善者,但一走入人群,与人交往,就瞻前顾后,完全被他人的评价所左右。……其结果是,刚一走出屋门,就已经不是'自己'了,而变成'他人'了。这是痛苦的,它对人的神经系统产生影响,不

---

① 参见铃木大拙:「禅とアメリカ人——機械文明の圧迫を逃れる道」,久松真一等编集:『鈴木大拙全集』(増補新版)第三十四卷,岩波書店,2002年,188—189頁。
② 鈴木大拙:「人間本来の自由と創造性をのばさう」,「東洋的な見方」,久松真一等编集:『鈴木大拙全集』(増補新版)第二十卷,岩波書店,2001年,274頁。
③ 鈴木大拙:「人間本来の自由と創造性をのばさう」,「東洋的な見方」,久松真一等编集:『鈴木大拙全集』(増補新版)第二十卷,岩波書店,2001年,274頁。

知不觉间使人疯狂。"①铃木大拙对现代社会的这种病态深感忧虑，甚至警告，如果固执不改，"将必然遭到人类毁灭的厄运。"②总之，在铃木大拙看来，技术因素和制度因素共同导致人类异化，这是近代文明所面临的重大问题乃至危机。他在论述集团无视个性、社会单一化引起异化时提到的中国哲人显然是老子，文中所谓"因为有法，才会有犯法者；因为宣扬仁义，道德才会沦落"，是转述《老子》的观点。《老子》有云："法令滋彰，盗贼多有"（五十七章），"失道而后德，失德而后仁"（三十八章），"大道废，有仁义"（十八章）。铃木大拙用这些思想审视近代社会，从而洞察到个性丧失和伪善的异化现象。这种从保护人的本真之性出发批评技术和制度等外在束缚的思路，正是老庄道家社会批判思想的基本理路。

铃木大拙对近代异化问题的实质进行了剖析，并探讨了解决问题和化解危机的方法。而在分析和探讨这类问题时，他常常借助于《庄子》的相关思想，特别是其反对"机心"的思想。铃木大拙特别重视《庄子·天地》中"汉阴丈人为圃畦"的故事，曾多次引用并进行详细的解释，以此为依据阐发他关于过度机械化的观点，乃至发表专文《〈庄子〉的一节——对机械化和创造性对立的启示》（1960 年）加以申论。为行文方便，我们先将《天地》篇的相关原文摘录于下：

> 子贡南游于楚，反于晋，过汉阴，见一丈人方将为圃畦，凿隧而入井，抱瓮而出灌，搰搰然用力甚多而见功寡。子贡曰："有械于此，一日浸百畦，用力甚寡而见功多，夫子不欲乎？"为圃者卬而视之曰："奈何？"曰："凿木为机，后重前轻，挈水若抽，数如泆汤，其名为槔。"为圃者忿然作色而笑曰："吾闻之吾师，有机械者必有机事，有机事者必有机心。机心存于胸中，则纯白不备；纯

---

① 鈴木大拙：「禅とアメリカ人——機械文明の圧迫を逃れる道」，久松真一等編集：『鈴木大拙全集』（増補新版）第三十四巻，岩波書店，2002 年，188 頁。
② 鈴木大拙：「人間本来の自由と創造性をのばさう」，「東洋的な見方」，久松真一等編集：『鈴木大拙全集』（増補新版）第二十巻，岩波書店，2001 年，275 頁。

白不备,则神生不定;神生不定者,道之所不载也。吾非不知,羞而不为也。"子贡瞒然惭,俯而不对。

有间,为圃者曰:"子奚为者邪?"曰:"孔丘之徒也。"为圃者曰:"子非夫博学以拟圣,於于以盖众,独弦哀歌以卖名声于天下者乎? 汝方将忘汝神气,堕汝形骸,而庶几乎! 而身之不能治,而何暇治天下乎? 子往矣,无乏吾事!"

子贡卑陬失色,顼顼然不自得,行三十里而后愈。其弟子曰:"向之人何为者邪? 夫子何故见之变容失色,终日不自反邪?"曰:"始吾以为天下一人耳,不知复有夫人也。吾闻之夫子,事求可,功求成。用力少,见功多者,圣人之道。今徒不然。执道者德全,德全者形全,形全者神全。神全者,圣人之道也。托生与民并行而不知其所之,汒乎淳备哉! 功利机巧必忘夫人之心。若夫人者,非其志不之,非其心不为。虽以天下誉之,得其所谓,謷然不顾;以天下非之,失其所谓,傥然不受。天下之非誉,无益损焉,是谓全德之人哉! 我之谓风波之民。"

反于鲁,以告孔子。孔子曰:"彼假修浑沌氏之术者也。识其一,不知其二;治其内,而不治其外。夫明白入素,无为复朴,体性抱神,以游世俗之间者,汝将固惊邪? 且浑沌氏之术,予与汝何足以识之哉!"

这个故事是从摒除"机心"的角度来揭示体道者的境界。作者认为,使用机械,就会产生机巧之事("机事"),从事机巧之事,就会有机巧之心("机心")。而只要"机心"存在,就不能体道("道之所不载")。只有去除"功利、机巧"之心,修炼"明白入素,无为复朴,体性抱神,以游世俗之间"的"浑沌氏之术",才能达到"全德"的圣人之道。

铃木大拙在多处对此故事作了解释,其要点归结起来有三个层面:一是摒除"机心",保持"纯白"心;二是消解机械化,恢复亲身劳动;三是使人自主自由,解放人的创造力。他在题为《论机心》的短文中说:

　　《庄子》外篇《天地》中,有一则关于桔槔的有趣故事。……在两千年前的庄子时代,桔槔已经在中国使用了。一次,孔子的弟子子贡看到一位农夫亲手从井中汲水浇灌田地,就问:"为什么不能利用桔槔?"农夫说:"做什么都依靠机械,则其中必有机心。因为我厌恶这种机心,所以不使用机械。"

　　问题就是这个"机心"。其意义为何? 一言以蔽之,机心就是有谋划之心。有了这个机心就不是"纯白"了,就会使"神"摇荡不定。如果心的活动不能在没有任何中介物的情况下从本然的无意识中流露,就是不纯白的。庄子厌恶这种情况。如果依赖机械,注意力就只集中于工作的成果上。就会只想着早日见效,多做工作,少费力气。在经济上只想着以最少的投入获得最大的收益。从宗教的、灵性的层面来看,这不得不说是最不纯白的行为。[①]

　　铃木大拙把"机心"理解为"有谋划之心",也就是靠智巧、机巧达到某种目的之心;把"纯白"理解为心"在没有任何中介物的情况下从本然的无意识中流露"的状态,这是符合《庄子》原意的。而且用无意识的概念解释"纯白",还具有某种新意,使此古代哲学范畴的意义在近代语境中呈现。铃木大拙还进一步分析了"机心"导致人心不能纯白、精神不能凝定的原因,这就是:对机械的依赖,使人把功效当作唯一目的和标准,而对功效的执着,造成人对本然之心的背离。铃木大拙运用上述以庄子哲学为基础的这一反对"机心"、保持"纯白"的思想,对近代文明进行了反思和批判。他说:

　　近代生活的特征是:伴随科学进展及其实际应用日益广泛而来的机械工业的兴盛,以及经济结构的复杂化特别显著。因

---

① 鈴木大拙:「機心ということ」,「大拙つれづれ草」,久松真一等編集:『鈴木大拙全集』(増補新版)第二十卷,岩波書店,2001 年,349—350 頁。

此，庄子所说的"机心"前所未有地生长起来，"纯白心"随之逐渐衰退是必然的趋势。"纯白心"的丧失使现代生活发生了两种相反的现象：一是随即不断滋生出生来具有变态心理的人，因而在其出生之后会做出各种反社会的变态行为；一是由于生活宽裕了，无论男女，大致在年龄超过六十岁后，能够享受安逸生活的阶层的人越来越多。于是，一方面出现了疯狂的人，另一方面又是小人闲居为不善，即使不会导致社会性的不善，但对社会没有任何积极行为而走向自我毁灭者、因空虚无聊而痛苦者大量出现。……成为"机心"俘虏的人，无论是积极的还是消极的，都犯下了亵渎人生尊严之罪却浑然不自知。何其可悲！①

"机心"不断地把我们的注意力驱赶向外，使我们沉迷于一己的利害得失，努力争取用力最少而功效最多。有时甚至连这种努力也不做，只想着见到更大的功效。"机心"对人的欺骗如果成功，它会暗中窃喜。必须说，这是万分危险之事。然而，这种万分危险之事在当今世界到处都在发生。真是一个骚动之世。②

铃木大拙接着解释《庄子》原文说：

子贡本欲劝农夫使用桔槔，却被农夫以"机心""不纯白心""神不定"之说反驳。他回来将所闻告诉孔子。对世间真的有超然于毁誉褒贬之外，不为经济上的利害得失所动之人，作为孔门弟子的子贡，必然感到茫然，因为他崇尚效用、看重功利、追求经济利益。

孔子听了子贡的报告后说："这真是有趣。这样的人，生存在物之浑然一体、尚未二分之前，他们可以说是知其一而不知

① 铃木大拙：「機心ということ」、「大拙つれづれ草」，久松真一等编集：『鈴木大拙全集』（増補新版）第二十卷，岩波书店，2001年，350—351頁。
② 铃木大拙：「機心ということ」、「大拙つれづれ草」，久松真一等编集：『鈴木大拙全集』（増補新版）第二十卷，岩波书店，2001年，350頁。

其二。"

　　要之,在孔子看来,让心灵处于浑沌未分的状态,又不拘泥于此,身处二分的世界,还须作出相应的行动。知道修治内在,也应知道修治外在,即应当处内外之间而周全地行动。①

　　上述解释从执着于效用、功利的角度来解释"机心",把"纯白"理解为超越毁誉褒贬、利害得失的境界,这是符合《庄子》思想的。铃木大拙还分析了作为修道之术的"浑沌氏之术",认为圣人修养此术,使心灵处于浑然未分的状态,只知道事物是一体的,而不把事物看成二分的,同时又能应对身处其中的二分的世界,做到内外兼修。这些阐释使原文思想比较明晰地呈现出来。值得注意的是,铃木大拙还用《庄子》《老子》乃至现代精神分析学、逻辑学的概念来进一步说明"纯白""浑沌氏之术"等,他说:

　　　　庄子的"纯白"心,庄子借孔子之口所说的"浑沌氏之术",当代精神分析学派所说的"无意识"(我是在最深的意义上使用此概念的,也可以称之为宇宙无意识),老子的"无名之名"或"无无无名","忘己忘天"而游于天己一体之境,或当今的逻辑学家所谓"绝对矛盾的同一",这些都是上面所说的"机心"的对立面。②

　　这种对比式的诠解使《庄子》思想的内在意义得到揭示,特别是在近代的语境中得到敞开、呈现。铃木大拙直接运用《庄子》的这一反对"机心"的思想来反思和批判近代的征服观念及作为其体现的过度机械化现象:

---

① 鈴木大拙:「機心ということ」,「大拙つれづれ草」,久松真一等編集:『鈴木大拙全集』(増補新版)第二十卷,岩波書店,2001 年,351 頁。
② 鈴木大拙:「機心ということ」,「大拙つれづれ草」,久松真一等編集:『鈴木大拙全集』(増補新版)第二十卷,岩波書店,2001 年,351 頁。

近来,常常听到人们说"挑战",也常常听说,人类为应对挑战而防御、对抗、克服,这就是文明化。从浑沌分而为二的角度来看,没有这些,也许甚至感受不到人生的意义。然而不能忘记,此外还存在另一种立场。在这种立场中,挑战者和应战者被包融为一体,在这里,没有像征服、克服这种骚动不安的词语,一切都协调、和谐。

只要"机心"存在,谋划就存在,对抗意识就存在。在这个世界中,对抗虽在所难免,但不能陷入其中不能自拔。必须探寻超越对抗、包容对抗之路。①

至于消除"机心"、超越和包容对抗、征服等意识的途径及体现,按照上述铃木大拙的思路,那就是修养"浑沌氏之术",达到"纯白"之心。当然,他还用了其他一些表述,如禅学的"安心""无功用行"等,而这些思想在他的视域中是与庄子哲学相通的。

铃木大拙从《庄子》反对"机心"的思想中还解读出了《庄子》反对机械化、崇尚亲身劳作的劳动哲学。他在扼要叙述了《天地》篇"汉阴丈人为圃畦"的故事后说:

故事虽然很简短,但今天看来,其中蕴含着相当深刻的意义。有"劳动神圣"的说法,这是我们年轻的时候经常讲的。《庄子》并没有只是武断地说劳动是神圣的,其书中描写的农夫,亲身从事劳动而不依靠机械。总之,他的作法就是反对当今文明的倾向。其可取之处何在? 我认为,农夫的工作虽然进展缓慢,但他是动用自己的手脚进行工作,此前并没有考虑功效,亲自从事工作,自己付出力气,在这一点上,有着深刻的意义。②

---

① 铃木大拙:「機心ということ」,「大拙つれづれ草」,久松真一等编集:『鈴木大拙全集』(増補新版)第二十卷,岩波书店,2001年,352页。

② 铃木大拙:「東洋思想の特殊性」,「東洋の心」,久松真一等编集:『鈴木大拙全集』(増補新版)第二十卷,岩波书店,2001年,38页。

"汉阴丈人"行为的一个重要意义在于：不求功效，拒绝机械化，而坚持亲身劳动。一方面，这是一种诗意的劳动，"《庄子》中的农夫在汲水灌田的劳作中，虽不能说是感应到了天地运作，也不能说在其中看到了创造性，但无疑地，农夫领悟到了劳动与诗意的相通之处。他对此或许还没有自觉，但无论如何是感觉到了。庄子当然是洞察到了这种劳动的诗意性"。而诗意化使劳动变得轻松快乐。①不只是劳动，整个人生都是诗意的，"人生就是诗"。②这是对《庄子》诗化的人生哲学的阐扬。另一方面，这种亲身劳动的精神是对过度机械化所带来的人类罪恶的预言和拒斥。他说：

> 省却了亲身劳动的近代人，获得足够的时间来从事游玩等劳动以外的活动，这种状况究竟如何呢？他们因对自己的生活不满意而牢骚不断，他们还谋划着发明一种按下按钮就能一次杀死数千万人的武器。……人类尚不能完全根除自己本质中潜藏的根本性的恶，只是知性活动毫无忌惮地依其所好行事，这样下去会如何呢？总之，如果人类非得要设法找到一个能使自己最简捷地从土地上消失的方法，并加以实行的话，将会如何？我认为这颇为有趣。在拒绝把自己变成有机械心之人的时候，《庄子》中的农夫已经洞见到，至多两千一百年或两千二百年后，这样的罪恶会来临。③

这些都是对《庄子》反对过度机械化思想的高度赞赏。

铃木大拙认为，机械化作为科学化和技术化的体现，其概念化和均一化的特点决定了它是疏离、否定人的本性和个体性的，从而会损

---

① 鈴木大拙：「東洋思想の特殊性」，「東洋の心」，久松真一等編集：『鈴木大拙全集』（増補新版）第二十巻，岩波書店，2001 年，40 頁。
② 鈴木大拙：「東洋思想の特殊性」，「東洋の心」，久松真一等編集：『鈴木大拙全集』（増補新版）第二十巻，岩波書店，2001 年，42 頁。
③ 鈴木大拙：「禅仏教に関する講演」，久松真一等編集：『鈴木大拙全集』（増補新版）第二十八巻，岩波書店，2002 年，410 頁。

害人的自由性。从现实层面看,机械化走向对人性的否定。从理论层面看,科学所具有的概念化、均一化的倾向,也决定了它不可能采取一种个性化的观点,而没有个性化必定没有自由。①同时,由于机器不具有创造性,因而人的机械化必将压抑人的创造性。机器的运转依赖于人类的指令,它不能进行创造性的工作。如果说机器是有限的话,那么人则是无限的,"具有无限的可能性。"②但是,当人被机械化,即人从属于有限的机器时,人所本有的这种无限可能性、无限活动性就会被压抑甚至丧失,导致人类精神疾病的产生:"人的创造性被忽视,会因本能受到压抑而疯狂,从而导致相互杀伐的后果"。③铃木大拙指出,自由性与创造性是密切联系的,二者为人类生存的根本意义所在,因而是人类价值之所在。科学化、技术化和机械化对人类自由性和创造性的压抑,最终损害了人的尊严和价值。他指出,自由是人的尊严和价值所在。有了自由才会有创造性,创造性就是"自然地从自己内心发出的自由的活动"。④但由于人被机器所异化,使人的尊严和价值遭到损害和抹杀。⑤

铃木大拙指出,上述从守护人的自由性和创造性的高度反对机械化的思想,也正是庄子哲学的旨趣。他说:

> 我的观点是,庄子不仅仅是反对机器,他看到:人拥有"创造力",这是一种意欲将事物创造出来的力量;人具有制造出各种物的创造力,或说是具有亲身去做新的事情的意志。这

① 参见铃木大拙:「現代における宗教の意義」,久松真一等编集:『鈴木大拙全集』(増補新版)第二十八卷,岩波書店,2002年,263—264頁。
② 参见铃木大拙:「成道に因みて」,久松真一等编集:『鈴木大拙全集』(増補新版)第二十八卷,岩波書店,2002年,282—283頁。
③ 铃木大拙:「創造の本能性」,久松真一等编集:『鈴木大拙全集』(増補新版)第二十九卷,岩波書店,2002年,5頁。
④ 参见铃木大拙:「人間存在の意義は自由性、創造性にある」,「自然の道」,久松真一等编集:『鈴木大拙全集』(増補新版)第二十九卷,岩波書店,2002年,474頁。
⑤ 参见铃木大拙:「機械化は人間の尊厳をそこなう」,「自然の道」,久松真一等编集:『鈴木大拙全集』(増補新版)第二十九卷,岩波書店,2002年,473頁。

是至关重要的。如果压抑了这种创造力，而试图依赖机器，就会被机器所控制。这样，自己所拥有的创造力就会被限制而变得薄弱。①

《庄子》文本中虽然没有"自由性""创造性""创造力"这些词汇，但其思想中蕴含着相近的观念。如上述《天地》篇中的"纯白""全德""明白入素，无为复朴，体性抱神""浑沌氏之术"等说法，其关注的核心是人的本性没有被机械、机事所浸染，因而毫无机心，保持着本有的纯真（"纯白""明白"）、素朴（"入素""复朴"）、自然之性，因而是圆满无缺的（"全德"），处于自得自适的状态，也就是"逍遥"的境界，而这就是铃木大拙所理解的"自由"。人在这种境界中，不为任何事物所牵累，不是局限、固定于某一种存在方式，而是具有无限的可能性，就如同"注焉而不满，酌焉而不竭"的"天府"（《齐物论》），蕴含着无限的活动和作用，而这也就是铃木大拙所说的"创造性"。其实，《老子》中已经有了类似的思想，如曰："道冲，而用之或不盈。"（四章）"玄牝之门，是谓天地根。绵绵若存，用之不勤。"（六章）《庄子》教导人们不要为物所累，不要做井底之蛙，要破除"有蓬之心"，以道观物，这些思想都包含着对人的创造性的高扬。纵观《庄子》全书，其文"汪洋辟阖，仪态万方"（鲁迅语），天马行空，本身就具有超凡的想象力、创作力，能够激发和引导人的创造性。

上述消除"机心"、亲身劳动以及恢复和解放人本有的自由性、创造性等三个方面是相通的。"机心"的产生使人丧失其本然之心、本真之性，而人的本真之性就是自然、自由，自由性又是创造性的基础，这种自由性和创造性要通过人的亲身劳动才能实现。

铃木大拙看到，机械化是有其认识论基础的，这就是他所谓的"概念化"，或称之为知性化。因此，他对机械化的反思和批判，不限

---

① 鈴木大拙：「東洋の心」，「東洋の心」，久松真一等編集：『鈴木大拙全集』（増補新版）第二十巻，岩波書店，2001 年，24—25 頁。

于技术和制度层面，而是深入到认识层面、精神层面，是一种深度的批判。而这种从制度、技术层面一直深入到认识、精神层面进行文明反思的思想正是老庄哲学的基本品格和突出特征。因此，如果说铃木大拙批判过度机械化的思想是对老庄哲学的浅层认同的话，那么他批判过度知性化的思想则是一种深层认同和接受，这使铃木大拙更加接近老庄尤其是《庄子》。他认为《庄子》所批判的也是知性滥用的问题，并与之产生内在精神的共鸣。他说：

> 人类尚不能完全根除自己本质中潜藏的根本性的恶，只是知性活动毫无忌惮地依其所好行事，这样下去会如何呢？……《庄子》中的农夫在拒绝把自己变成有机械心之人的时候已经洞见到，至多两千一百年或两千二百年后，这样的罪恶会来临。[1]

> 机械化是智能性地运作的。由于智能原本是功利性的，所以，不用说，机器中没有精神性的美、伦理的精神这些因素。实际上，《庄子》中的农夫拒绝变成机器之心的理由也在于此。……人的生命被机械化，已经丧失创造性而变成单纯的工具，……哲学家讲每个个体的意义，这是至高至极的理想。因为我们面临的事实是：在现代生产高度机械化的时代，机器就是一切，人几乎成为它的奴隶。我认为，庄子所忧虑的实际上就是这种情况。[2]

对感性和知性进行反思和批判是老庄道家哲学的一个重要论题和思想特征。《老子》云："五色令人目盲，五音令人耳聋，五味令人口爽，驰骋田猎令人心发狂，难得之货令人行妨"（十二章），认为"智慧出，有大伪"（十八章），"人多伎巧，奇物滋起"（五十七章）。因而主张

---

① 铃木大拙：「禅仏教に関する講演」，久松真一等编集：『鈴木大拙全集』（増補新版）第二十八卷，岩波書店，2002 年，410 頁。
② 铃木大拙：「禅仏教に関する講演」，久松真一等编集：『鈴木大拙全集』（増補新版）第二十八卷，岩波書店，2002 年，321—322 頁。

"绝圣弃智"(十九章)、"常使民无知无欲。使夫智者不敢为也"(三章)。《庄子》的批判更为明确、激烈,它断言"多知为败"(《在宥》),"知也者,争之器也"(《人间世》),"知"极大地扰乱了人性和社会:"上诚好知而无道,则天下大乱矣。何以知其然邪? 夫弓弩、毕弋、机变之知多,则鸟乱于上矣;钩饵、罔罟、罾笱之知多,则鱼乱于水矣;削格、罗落、罝罘之知多,则兽乱于泽矣;知诈渐毒、颉滑坚白、解垢同异之变多,则俗惑于辩矣。故天下每每大乱,罪在于好知。"(《胠箧》)因而主张"去知与故"(《刻意》),高唱"疏瀹而心,澡雪而精神,剖击而知"(《知北游》)。上述老庄所言之"知"(智),相当于感性和知性的认识能力和知识,他们否定和超越感性知性的目的是体道。体道的知识与感性知性知识有着根本的区别,它是一种直观的知识,是《老子》所谓"微妙玄通,深不可识"的"玄鉴",也是《庄子》所谓"神明"之"真知"。《庄子》认为,只有全性保真的"真人"才能获得这种超越的知识。

在严厉批判近代过度机械化的弊端的同时,铃木大拙也意识到,机械化的趋势是不可逆转的,现代生活已不可能完全抛弃机器。这就要在充分认识机械化的弊端的基础上,尽量缓和机械化带来的负面效应,尽可能减少对人的本性、自由和创造力的损害,并提出适当用民间手工艺来代替机器的方法来解决这一问题。他说:我们不可能"倒转生产文明的车轮,回到原始的手工业时代。在这种情况下我们所应当做的,就是充分理解人的双手劳动的意义,另一方面,有必要对机器给近代人的生活带来的弊害,即由于过度强调人的知性而如何牺牲了人的生命,进行深刻的反思"。[1]"我们当然不是要完全摈弃机械化,而是要认识到,机械化在根本上存在这些问题,……然后去减缓过度陷入机械化、工业化、概念化的程度,从而取得平衡。对其可以革新的部分,以民间工艺或手工的方式来制作,使人的创造性

---

[1]　鈴木大拙:「禅仏教に関する講演」,久松真一等编集:『鈴木大拙全集』(増補新版)第二十八卷,岩波書店,2002 年,322 頁。

得以发挥,这是至关重要的。"①这种对近代文明反思的态度是全面和理性的,对从现代立场上合理地诠释老庄相关思想有一定启示。

五、道家思想与铃木大拙的慈悲观

"慈悲"是佛教的核心理念之一,也为铃木大拙所推崇。他说,慈悲就是"视天下犹如吾物,视天下人犹如吾子"。真正的慈悲出于纯粹的恻隐之心,是不抱任何目的,不计利害得失的,它不需要任何奖赏和表彰。②关于这个问题,铃木大拙引用《庄子》作了较详细的阐释:

> 中国的《庄子》一书中记载了奇妙的"浑沌"的故事。浑沌当然就是一个浑然不知之物。但是,这个浑沌似乎显出了极大的作用,救助了很多人。……那些被救的人聚集起来商讨说,浑沌救助了我们,应当向他致谢。关于用什么方法向他致谢,众人考虑了各种方法。他们想,浑沌没有我们这样的眼和鼻,就是一个浑然模糊之物。如果给他加上我们这样的眼和鼻,他一定很高兴吧。众人决定帮助浑沌做这件事,以示报答。于是,他们聚集起来,给浑沌加上了眼和鼻。有了眼和鼻,没有嘴也不能吃饭,于是又加上了嘴。考虑到没有耳朵也不方便,又加上了耳朵。这样,眼耳鼻口等五官都加上了,但就在此时,浑沌猝然死去。这是由于报恩而杀死了浑沌。这其中包含着深刻的道理。什么道理呢? 无缘的大慈悲是无边无际的,如果心灵被要如何如何活动的念头所牵累而行动的话,就不成其为慈悲了。……对这样的活动加以表彰,就如同给无缘的慈悲加上眼和鼻,如同给它加上了利害的色彩。人们如果这样做,就能得到极大的褒奖。

---

① 鈴木大拙:「創造の本能性」,久松真一等編集:『鈴木大拙全集』(増補新版)第二十九卷,岩波書店,2002 年,5 頁。

② 鈴木大拙:「仏教と世界文化」,久松真一等編集:『鈴木大拙全集』(増補新版)第二十七卷,岩波書店,2001 年,227—229 頁。

这样的话，大家就都有意地去模仿这样的举动。这也不能说是坏事，但这样的慈悲不是真正的慈悲，因为如果慈悲被表彰，被加上眼和鼻，就是注定要死亡的，它已不是慈悲，而变成谎言。制造虚假之事不是慈悲活动的真精神。慈悲不带任何目的，无目的的慈悲才是真慈悲，它构成菩萨的本质。①

文中所引《庄子》"浑沌"的故事出自《应帝王》篇，原文如下：

> 南海之帝为儵，北海之帝为忽，中央之帝为浑沌。儵与忽时相与遇于浑沌之地，浑沌待之甚善。儵与忽谋报浑沌之德，曰："人皆有七窍，以视听食息，此独无有，尝试凿之。"日凿一窍，七日而浑沌死。

铃木大拙认为，真正的慈悲如同"浑沌"，无知无欲、无心无为，它是无任何目的的、纯粹的慈爱和善意。如果抱着某种目的，即怀着利害得失之心去表示慈悲，那就不是真正的慈悲，而是假慈悲。因而，对慈悲的褒奖实际上是扼杀了慈悲的真精神。抱着功利心去表现慈悲而导致慈悲真精神的丧失，就如同报恩和凿七窍的举动杀死"浑沌"一样。施恩与报恩代表世俗价值观念，七窍则代表世俗的认识能力（感性和知性）及其结果。从世俗价值和知识的视阈中，不可能领悟慈悲，"在分别性的对象逻辑的世界中，绝不可能领悟无限的大悲、无目的的大悲，以及由此产生的大精进力"，②不能领悟也就意味着疏离和丧失它。

在铃木大拙看来，慈悲属于与"道德的、知性的"世界不同的"宗教的、灵性的"世界，他用中国古代《击壤歌》来描述这个灵性的世界：

---

① 鈴木大拙：「仏教と世界文化」，久松真一等編集：『鈴木大拙全集』（増補新版）第二十七巻，岩波書店，2001 年，229—230 頁。

② 鈴木大拙：「大智と大悲」，久松真一等編集：『鈴木大拙全集』（増補新版）第二十八巻，岩波書店，2002 年，245 頁。

日出而作，日入而息。凿井而饮，耕田而食。帝力何有于我哉。我相信，政治的妙谛在于，让人民感觉不到政府的存在，但在近来金钱政治和政党策略流行的状况下，人民到处都必须与国家碰面。原始时代的实际情况如何，不得而知。不过东方人希望在太古时代看到鼓腹击壤的理想状态。梦想着像儿童、狗仔和猫仔那样，没有任何忧虑地生活，认为这里散发着灵性法界的天真无邪之气。①

《击壤歌》在中国多种古籍中有记载，诗中蕴含着道家无为而治、任化逍遥的理念。《老子》云："太上，下知有之。……功成事遂，百姓皆谓我自然。"（十七章）以无为而治、人民自然为政治之最高理想。《庄子》中亦有：

余立于宇宙之中，冬日衣皮毛，夏日衣葛絺。春耕种，形足以劳动；秋收敛，身足以休息。日出而作，日入而息，逍遥于天地之间而心意自得。吾何以天下为哉！（《让王》）

表达的也是统治者无心于天下则人民能自然逍遥的政治理念。铃木大拙所谓"鼓腹击壤"的"鼓腹"也是《庄子》的用语。《马蹄》篇云："夫赫胥氏之时，民居不知所为，行不知所之，含哺而熙，鼓腹而游，民能以此矣。"这是描述无为政治下民众逍遥自得的道家理想。另外，《老子》有"圣人为腹不为目"（十二章）的说法，显示出其追求超越感官的体道境界，与《庄子》"浑沌"之义相通。道家所憧憬的无为而治、任化逍遥的社会状态，与这种"浑沌"观念是一致的，而这些理念都成为铃木大拙诠解慈悲思想的根据。

铃木大拙的慈悲观既然与道家核心理念具有本质性联系，也就

---

① 鈴木大拙：「大智と大悲」，久松真一等編集：『鈴木大拙全集』（増補新版）第二十八卷，岩波書店，2002年，244—245頁。

会体现在他的一些与道家有关的思想中。他崇尚柔性和母性的思想即是如此。关于"柔"，他说："柔能制强。生物皆有柔软的身体。老庄之道也以柔为主。佛教的慈悲也无非就是柔软心。"①这是将慈悲的主要特性理解为《老子》之"柔弱"，并吸收其"柔弱胜刚强"的思想。贵柔崇弱是老子哲学的标志性观念之一。《老子》云："守柔曰强"（五十二章），"天下之至柔，驰骋天下之至坚"（四十三章）。把"柔弱"看作"道之用"（四十章）、"生之徒"（七十六章）。作为柔性之集中体现的水成为《老子》之道和理想境界的最高象征（"上善若水"）。铃木大拙非常看重《老子》的这一思想，认真加以吸取，并融入他的佛教思想。②

尊崇母性是铃木大拙慈悲观乃至其整个思想的一个显著而重要的方面。他说，从佛教的立场来看，尊重母性就是"'大慈大悲的观世音'信仰"。③所谓"'大慈大悲的观世音'信仰"的核心当然是慈悲。因此，可以说铃木大拙所谓母性的精神实质就是慈悲，或者反过来说，慈悲的本质就是母性精神，其集中体现就是"永恒的爱""无限的爱"。尊重母性之道对于实现社会健全发展和减少少年犯罪有重要作用。在铃木大拙看来，崇母观念不仅是佛教慈悲的内涵，也是东方文化不同于西方文化的一个特质，"它是与整个人类息息相关的东西，这是最为紧要之所在。东方以母性为主，西方以父性为主而长于逻辑。…… 总之，母性的因素似乎构成东方特别是佛教的根柢。"④铃木大拙赋予母性以至高无上的地位，甚至说它"是永恒的真理"，这已经触及到宇宙法则的层面。他还说母性是"大地"、是"无限"，这也涉及宇宙本体的层面。可以说，尊重母性的观念关乎铃木大拙整个思想之要义。而在阐述这一重要观念时，铃木大拙无不以

---

① 　鈴木大拙:「野村洋三弔辞」,久松真一等編集:『鈴木大拙全集』（増補新版）第二十五卷,岩波書店,2002 年,299 頁。
② 　铃木大拙"柔软心"的说法源自日本曹洞宗创始人道元。道元之禅乃承中国宋代禅学而来，他的"柔软心"以及"身心脱落，脱落身心"之说当与老庄思想有关。
③ 　鈴木大拙:「母性尊重」,久松真一等編集:『鈴木大拙全集』（増補新版）第三十四卷,岩波書店,2002 年,347 頁。
④ 　鈴木大拙:「キリスト教と仏教」,久松真一等編集:『鈴木大拙全集』（増補新版）第二十九卷,岩波書店,2002 年,394 頁。

《老子》思想为根据。以下引几段铃木大拙的论述加以说明：

> 女人之为女人的善处，在于其拥有母性或母性之爱。……若非如此，就不可谓珍贵了。……唯有母爱才是永恒的爱。……中国的《老子》一书中说圣人"贵食母"，出现了"母"这个字。再就是"道可道非常道，名可名非常名"，接下来似乎当作"无名天地之母"，但实际上作"天地之始"。下文是"有名万物之母"。这个"母"字出自《老子》。中国的宗教哲学或思想方法中自此出现了母性的观念。中国人此后似乎并没有对这个观念做出多少发展，但是在道教方面，出现了女性的神。儒教中盛行的毋宁是令人生畏的父性，是无论如何也不能理解为母性的。佛教中无疑包含这种因素。[1]

> 无论怎样，歌德所谓"永恒的女性"，是永恒的真理。这里的"女性"不单是女人性，我将其理解为母性。关于"母性"，不仅是歌德这样的近代人，早在约两千五百年前老子就已经论及。老子对此曾有"贵食母""万物之母""谷神不死"之说。"谷神"就是女性的神格化。在男尊女卑尚且盛行的古代中国，就已经提出这种思想，是值得注意的。[2]

> 《老子》讲"母"的观念。母就是天下之谿，谿就是谷，谿就是母。……大地是无穷无际的。……西方人用脑做事，东方人用腹做事。腹艺这个词，西方人难以理解，它就是大地、就是回归于母。母的说法似乎与心理学者有关联，这就是回归于母的无限。……从人的角度说，零即无限，无限即零，此之谓大地。[3]

庄子似乎没有母爱的观念，老子则强烈地表现出这种观念。

① 鈴木大拙：「キリスト教と仏教」，久松真一等編集：『鈴木大拙全集』（増補新版）第二十九巻，岩波書店，2002年，393—394頁。
② 鈴木大拙：「母性尊重」，久松真一等編集：『鈴木大拙全集』（増補新版）第三十四巻，岩波書店，2002年，347頁。
③ 鈴木大拙：「東洋が西洋に教へるもの」，久松真一等編集：『鈴木大拙全集』（増補新版）第二十八巻，岩波書店，2002年，483頁。

*母爱是要无限地包容，西方文化中没有这种因素，于是产生了个人主义和自我观念。……大慈的观世音菩萨具有绝对的爱、母性之爱。*①

铃木大拙把《老子》思想看作崇"母"观念的源头，并肯定道教对这一观念的继承。他对《老子》崇母观念在男尊女卑占主导地位的时代的超前性表示了特别的关注，并暗含赞赏。他虽认为佛教包含着崇母观念，但在阐发这一观念时主要以《老子》的思想为基础。的确，崇母是老子哲学的显著特征。《老子》把宇宙本根（也就是"道"）理解为一种生产和养育万物的母性，所谓"万物之母"（一章）、"天下母"（二十五章、五十二章）、"谷神""玄牝"（四章）即是指此。道和万物的关系是母子关系，只有复归和持守母，即体道，才能终身安泰："天下有始，以为天下母。既得其母，以知其子；既知其子，复守其母，没身不殆。"（五十二章）因而有"贵食母"（二十章）之说，意为追求养于道，②即复归和持守本根。

从上述分析可知，铃木大拙与道家哲学产生了深层的共鸣，他将道家的相关思想融入佛教慈悲观念中，使其成为自己佛教禅学的一个重要部分。实际上，道家无知无欲、无心无为的"浑沌"、逍遥任化、贵柔崇母等理念，构成铃木大拙慈悲观念的根本内涵和依据。铃木大拙对道家思想的吸收，不限于一般的解释和借用，而是能对其思想内蕴有所发明，使道家的古老思想呈现出新意。例如，会通《老子》的"母"、《庄子》的"浑沌"和佛教慈悲观念；对"母"的"大地""无限"的特性的阐释；将"谿""谷"与"母"互释；把"谷神"解释为"女性的神格化"等等，皆属此类。

---

① 铃木大拙：「東洋の考え方」，久松真一等编集：『鈴木大拙全集』（増補新版）第二十九卷，岩波書店，2002年，109页。
② "食母"，意为养于母，亦即养于道。食，训为养。"食母"与《庄子》"食于天"义同。历来解释有分歧，此处采蒋锡昌说。

六、道家思想与铃木大拙的东方文化观

　　铃木大拙思想有一个重要的视阈，这就是将东西方文化进行比较。东方文化问题是他学术研究的一个重要领域，他一生致力于探究和弘扬东方文化精神，试图在与西方文化的比较中揭示东方文化的特质，并竭力证明东方文化的独特性及其优点，论证其对人类文化的重要价值。这一论题贯串其一生的学术思想活动，并留下了大量文字。铃木大拙对东西方文化的理解渗透到他思想的各个方面，其著作中经常将东方和西方的观念相对照，如既有自然、无心、妙、自由、慈悲、母性等东方文化的关键词，也有征服、科学、技术、机器、工业、概念、知性、逻辑、父性等西方文化的关键词。他对东西方精神中隐藏的文化问题甚为敏感，试图在东西方文化的差异和融合中寻求人类文化的出路。他在分析了《庄子·天地》"汉阴丈人为圃畦"的故事后说："当此近代文明以汹汹之势向自动化生产方式飞奔的时代，桔槔的故事似乎只是一个遥远的话题。但是，绝不能忘记，在这个故事深处，潜藏着东方精神和西方精神之间的交涉"。①就是说，近代文明过度机械化的问题根本上是一个选择何种生活方式的问题，也就是选择西方式的（西方文化）生活方式，还是东方式的（东方文化）生活方式。他认为，近代文明面临危机是西方文化的弊端显现的结果。因此，要纠正近代社会发展中的错误，消除危机，就需要融入东方文化精神，这是东方文化的现代价值。他主张："必须要强调'东方式观点'，以此来对抗当今西方式的、科学的、逻辑的、概念的等观点，不只让东方人了解，也让西方人广泛地了解这种观点，从而彰显东方文化的意义。应该让它在建构未来的世界文化中发挥作用。"②这是铃木

① 鈴木大拙：「『莊子』の一節——機械化と創造性との対立への一つの示唆」，「東洋的な見方」，久松真一等編集：『鈴木大拙全集』（増補新版）第二十卷，岩波書店，2001年，279頁。
② 鈴木大拙：「東洋学者の使命」，「東洋的な見方」，久松真一等編集：『鈴木大拙全集』（増補新版）第二十卷，岩波書店，2001年，217頁。

大拙关于世界文化走向的基本看法,也是他终其一生奔走于世界各地进行文化传播和交流活动的最终目的。那么,铃木大拙所理解的东方文化的根本精神是什么呢? 他曾说:"如果用一句话直接简明地表述,可以说:'东方精神就是禅'。"①还说:"东方式观点之中最具特点的是禅。"②把禅看作东方文化的根本精神和特质,这种东方文化观使铃木大拙的禅学与其思想的东方身份认同保持高度一致。同时,这种作为东方文化精神代表的禅学当然也与东方(特别是中国)文化一脉相承、血肉相连。铃木大拙对禅的阐释通向了对东方文化的阐释。由于他把禅学看作是中国特有的,因而在他那里禅学的东方性就是中国性。如上所论,铃木大拙对禅宗思想的道家特性有着自觉的认识,因而禅学中国特性的主要内涵在他看来就是道家特性。他对禅学思想的阐发,也往往脱不开道家思想。③也就是说,铃木大拙的东方文化观与道家思想有着密切的联系。实际上,他在相当程度上是用道家思想来解释和建构东方文化精神的。在他看来,东方文化中有儒道两大思想传统,而其中道家所代表的思想正是他试图弘扬的方面。他说:

> 在东方,自古有两个主要的思潮流传下来,至今影响犹存,乃至可以说,它启示着近代文化的方向。一个是儒教的思潮,还有一个是老庄的思潮。儒教的思潮沿着形式的、法律的、机械的方向发展;与此相反,老庄的思潮带有无规律的随性的特点,重视自由性和创造性。由于这两个倾向皆属人性的基本方面,故无论什么时代,都会以某种形态表现出来。④

---

① 鈴木大拙:「東洋の心」序,久松真一等編集:『鈴木大拙全集』(増補新版)第二十巻,岩波書店,2001 年,3 頁。
② 鈴木大拙:「東洋学者の使命」,「東洋的な見方」,久松真一等編集:『鈴木大拙全集』(増補新版)第二十巻,岩波書店,2001 年,217 頁。
③ 上文已指出,无论在铃木的理解中,还是在思想史事实的意义上,禅学与道家都是密不可分的。参见上文关于禅宗思想的道家特性的论述。
④ 鈴木大拙:「『荘子』の一節——機械化と創造性との対立への一つの示唆」,「東洋的な見方」,久松真一等編集:『鈴木大拙全集』(増補新版)第二十巻,岩波書店,2001 年,277 頁。

与儒家思想"形式的、法律的、机械的"倾向相反,道家思想的"自由性、创造性"等特征正是铃木大拙所理解和建构的东方文化精神的核心。他甚至明确地断言,老子和庄子是东方文化的代表和根本,以此与西方文化相区别、相对照。如他说:

> 如果要把东方和西方的可称为特质的东西借助某个特殊的人格来象征的话,就必须提到公元前四世纪中国伟大的哲人老子。若把老子认作东方文化的代表,他所谓的"众人"则代表西方思想,两者形成鲜明的对照。我以"众人"来对应西方,并没有认为西方思想逊于道家思想的意思。老子称自己的容貌"若愚",看起来他对什么都昏然不知,浑然不觉,一副恍惚、愚痴的样子。在这个任何事情都讲求功利的效率主义的世界中,他恐怕是无用之物吧。他几乎是无表情的,然而在这无表情背后却有着一些什么,而使他并非真的愚痴,但其在外表上仍然是一副愚痴之貌。西方则正与此相反,在他深陷的眼窝里有一双锐利的、看穿一切的眼睛。这双眼睛就像翱翔于高空搜寻猎物的鹫那样侦查着外部世界(事实上,鹫是某个西方民族代表力量的符号)。西方人的高鼻子、薄嘴唇和面部的轮廓,所有这些都让人想到高度发达的智力和随时付诸行动的姿势。这种姿势容易让人联想到狮子。实际上,狮子和鹫都是西方的象征。[①]

铃木大拙把老子当做东方文化的代表,说明老子的人格和思想与他所理解和向往的东方精神最为吻合,而与西方文化精神有着明显差异。《老子》的理想人格是"一副愚痴之貌"而"并非真的愚痴","无表情背后却有着一些什么"。西方文化中的理想人格则是"高度

---

① 鈴木大拙:「禅仏教に関する講演」,久松真一等编集:『鈴木大拙全集』(増補新版)第二十八卷,岩波書店,2002年,318頁。

发达的智力和随时付诸行动的姿势"。这是分别以"闻道"和"爱智"概括东西文化的人格形象,他按照《老子》的说法,以闻道者对应"愚人",爱智者对应"众人"。《老子》二十章比较集中地描述了其理想人格:

> 荒兮其未央哉! 众人熙熙,如享太牢,如春登台。我独泊兮其未兆,如婴儿之未孩。傫傫兮若无所归。众人皆有余,而我独若遗。我愚人之心也哉! 沌沌兮! 俗人昭昭,我独昏昏;俗人察察,我独闷闷。澹兮其若海,飂兮若无止。众人皆有以,而我独顽似鄙。我独异于人,而贵食母。

上引铃木大拙对老子人格所代表的东方文化与西方文化的对比论述,盖基于此段文字。这一关于老子的论断发表后几年,铃木大拙又指出:

> 我认为,在中国哲学中占有最重要地位的,不是老子和孔子,而是庄子。……在东方思想的根柢处包含着庄学的因素,它延绵不绝,活在我们的"无意识"之中。我希望我们无论如何不要将其忘却。①

这就是说,与孔子、老子相比较,庄子哲学居于中国和东方文化的深层和核心,构成其根本,甚至成为东方人的"无意识",因而最能代表东方精神。这样,铃木大拙在毫无疑义地确认了庄子哲学的东方特质的同时,也对庄子哲学给予了高度认同和接受。当铃木大拙说庄子活在东方人(主要指中国人和日本人)的"无意识"中时,他对自己的文化归属和精神家园的庄学属性无疑是自觉的,不过这个"活

① 鈴木大拙:「我々の無意識の中に活きる荘子」,久松真一等編集:『鈴木大拙全集』(増補新版)第三十五卷,岩波書店,2002年,233頁。

在我们无意识之中的庄子"常以禅的面目出现罢了。

铃木大拙以老庄哲学诠释和建构东方文化精神的思路,也体现在他关于东方文化精神的具体论述中。他运用文化比较的方法,以西方文化为参照来揭示东方文化的基本精神,认为东方文化的根本特质是无分别性、一体性,而西方文化的特质则是分别性、二分性。"东方的观点或思想方式与西方的一个重要差异是:西方以物的二分为基础进行思考,东方则相反,从物的二分之前起步。……所谓未分之前,就是'浑然的一'。"①这种非二分性或浑然一体性,体现在宇宙本原的浑然模糊性、主观与客观的合一性等方面。同时,无分别性是一种直观性认识,而知性的实质就是分别、二分,所以这种无分别性(直观)也是超越知性的。值得注意的是,铃木大拙常常用道家哲学的概念来论证上述东方文化特质。下引文字集中反映了他的相关论述:

> 在东方民族中,分别性的知性及由此而派生的一切优点和弊端是看不到的,因为知性在东方没有像在欧美文化中那样被看重。我们东方人的心理,是指向知性发生之前、逻辑万能主义之前状态而扎根、培育的。
>
> 所谓主客未分之前,就是神尚未说"要有光"之时,或是将要说的那一刹那。在把握这一刹那的契机之处,包含着东方心理的"玄之又玄"。不接触这个玄,知性就是摇摆不定的,现代人的焦虑正缘于此。
>
> 东方人的心理是试图把捉到"要有光"的念头将从神的胸中涌出的一刹那;与此相对照,欧美人的心理是关注"光"出现之后的事情。如果借用东方最早的思想家老子的用语,主客或明暗未分之前的状态就是"恍惚",庄子称之为"浑沌",还可说是"无

---

① 铃木大拙:「東洋学者の使命」,「東洋的な見方」,久松真一等編集:『鈴木大拙全集』(増補新版)第二十卷,岩波書店,2001 年,221 頁。

状之状,无象之象",意思是,似乎有某种形象,但什么也没有。如果给它命名,会让人觉得好像有一个对应的什么东西存在似的。因此,没有任何名称,没有任何性质,假定以此为神的尚未发动的存在状态。①

以上引文中,铃木大拙用《老子》的"玄之又玄""无名"(一章)、"恍惚""无状之状,无象之象"②(十四章),《庄子》的"浑沌"(《应帝王》)等观念来阐释东方的宇宙本原观念,足见道家哲学与他心目中的东方精神之契合。《老子》一章云:

> 道可道,非常道。名可名,非常名。无名天地之始;有名万物之母。故常无欲以观其妙;常有欲以观其徼。此两者,同出而异名,同谓之玄。玄之又玄,众妙之门。

十四章云:

> 视之不见名曰夷,听之不闻名曰希,搏之不得名曰微。此三者不可致诘,故混而为一。其上不皦,其下不昧,绳绳不可名,复归于无物。是谓无状之状,无物之象,是谓惚恍。迎之不见其首,随之不见其后。

《老子》所谓"天地之始""万物之母""众妙之门""无物""混一"等,皆为宇宙本原意义上的"道"的不同说法,"玄之又玄""无名""夷""希""微""无状之状,无象之象""恍惚"等等,都是对"道"的描述。《庄子》的"浑沌"亦可在万物本原的意义上理解,指"未始有物"因而

---

① 铃木大拙:「東洋文化の根底にあるもの」,「東洋的な見方」,久松真一等编集:『鈴木大拙全集』(增補新版)第二十卷,岩波書店,2001年,286頁。

② "无象之象"句,《老子》帛书甲乙本、河上公本、王弼本、傅奕本等重要版本皆作"无物之象"。苏辙、吴澄二本作"无象之象"。参见高明:《帛书老子校注》,中华书局,1996年,第287页。

没有任何分别的浑然一体状态。《庄子·在宥》曰："万物云云，各复其根，各复其根而不知。浑浑沌沌，终身不离；若彼知之，乃是离之。无问其名，无窥其情，物故自生。"这里的"浑浑沌沌"也是指万物本原而言。铃木大拙所谓"在知性发生之前、逻辑万能主义之前"，"'要有光'的念头即将从神的胸中涌出的一刹那"等说法，似与《庄子》的以下思想相呼应：

> 古之人，其知有所至矣。恶乎至？有以为未始有物者，至矣，尽矣，不可以加矣。其次以为有物矣，而未始有封也。其次以为有封焉，而未始有是非也。是非之彰也，道之所以亏也。（《齐物论》）

《庄子》以"未始有物"境界为认识之极致，而认为一旦有了分别之知，"道"就亏损了，人与宇宙间的本然的一体状态就被破坏。老庄的宇宙本原论是追溯到时空的极致，也就是超越时空的。所以《老子》说"道"是"先天地生"（二十五章）、"象帝之先"（四章）。《庄子》的"道"是"在太极之先而不为高，在六极之下而不为深，先天地生而不为久，长于上古而不为老"（《大宗师》）。铃木大拙心目中的东方宇宙论正是这种道家的宇宙本原论。基于这种宇宙论，东方人的认识和思维方式表现出主客合一和超越知性的直观性特征，因而居于比西方文化更深的层次。在铃木大拙看来，"玄"（即对宇宙本原的整全体悟）是"知性"的根据和基础，知性如果失去玄这个根据和基础，就难以安顿。由于其无分别性，东方精神具有"暧昧""模糊"的特性，在这一"难以形容、言表"的"混沌"中，"包含着未知的活动之物，当它显现它的作用时，……它的分化、分别就构成西方精神的根据。于是，分别、对立的世界出现了，西方式的思维就产生了。"①在谈到东方思维的这一特征时，他说："西方人客观地观察事物，由于是客观地观察，所

---

① 鈴木大拙：「再び東洋的なものについて」，久松真一等编集：『鈴木大拙全集』（増補新版）第三十四卷，岩波書店，2002 年，359 頁。

以就是知性的。例如，这里有一张纸。如果要认识这张纸，西方人的做法是，从它的白色、是否有字迹、薄度、方形，或是否能对折，然后从科学的角度考察它由什么物质构成。……总之是通过这些方面认识了这张纸。但是，东方人的做法并非如此，特别是，按照老庄、佛教的说法，不是从外部认识这张纸，而是变成这张纸。"①这种对东方和道家思维特质的把握是值得深思的。

铃木大拙还从"母性"的角度阐发东方宇宙本原观念。他认为，西方文化强调父性，东方文化则看重母性。"东方将母爱理想化，西方则崇尚父爱"。②"父是借助力量、律法、正义来统御；母是以无条件的爱来包容一切，她不言善恶，容纳一切而'不改、不殆'"。③铃木大拙所说的这个"母性"，就是道家意义上的"雌""母"。他说：

> 老子还称之为"天下谿"和"天下谷"，"谷"和"谿"是相同的；又称之为"玄牝"，这是"母"或"雌"的意思，此即歌德所谓"永远的女性"。持守它，而不离弃、不疑惑，这样就能复归于"婴儿"、复归于"无极"、复归于"朴"。尚未发言的神正在这里。在神有所言之时，即是朴散之时，是能给无象之象命名之时，产生万物的母性就出现了，分别就出现了，认识到万物分别的知性，也就更加重要了。但是，"守其母"是不应忘记的。对这个"母"而不是"父"的持守，深藏于东方民族的意识、心理、思想、文化之根源处。这是应当铭记的。④

这里是用老子哲学所特有的"守雌""崇母"观念来阐释东方文化

① 鈴木大拙：「東洋思想の特殊性」,「東洋の心」,久松真一等編集：『鈴木大拙全集』（増補新版）第二十巻,岩波書店,2001 年,34 頁。
② 鈴木大拙：「東西雑感」,「東洋的な見方」,久松真一等編集：『鈴木大拙全集』（増補新版）第二十巻,岩波書店,2001 年,266 頁。
③ 鈴木大拙：「東洋文化の根底にあるもの」,「東洋的な見方」,久松真一等編集：『鈴木大拙全集』（増補新版）第二十巻,岩波書店,2001 年,287 頁。
④ 鈴木大拙：「東洋文化の根底にあるもの」,「東洋的な見方」,久松真一等編集：『鈴木大拙全集』（増補新版）第二十巻,岩波書店,2001 年,286—287 頁。

精神，他所依据的文本显然是《老子》二十八章：

> 知其雄，守其雌，为天下谿。为天下谿，常德不离，复归于婴
> 儿。知其白，守其黑，为天下式。为天下式，常德不忒，复归于无
> 极。知其荣，守其辱，为天下谷。为天下谷，常德乃足，复归于
> 朴。朴散则为器，圣人用之，则为官长。故大制不割。

另外，引文中的"玄牝""不改、不殆"等语，亦出自《老子》：

> 谷神不死，是谓玄牝。玄牝之门，是谓天地根。（六章）
> 有物混成，先天地生。寂兮寥兮，独立不改，周行而不殆，可
> 以为天下母。（二十五章）

铃木大拙从宇宙本原和崇母的意义上解释《老子》原文，并以其思想来把握东方文化的特性。关于原文"母"的解释，他还提出了自己的观点，认为"母"并非如一般注释家所说的"道"或"神性"，而是"更具体、更实践、更人性的东西"。①这一观点对解释《老子》相关文本或有参考价值，不过其论甚为简略。

东方文化的这种无分别的特质还体现在"自然""自由""无心""妙""慈悲""母性""创造性"等一系列重要观念上，而这些观念，正如上文所揭示的，都带有显著的道家色彩，其核心是"自然"的观念。铃木大拙也正是把它看作东方精神的标志：

> 在自然一词中，包含着丰富的东方意涵。可以说，所谓东方
> 思想的特殊性就在于这个自然。②
> "道法自然""道常无为而无不为"等说法——这是老子的特

---

① 铃木大拙：「東洋文化の根底にあるもの」，「東洋的な見方」，久松真一等编集：『鈴木大拙全集』（増補新版）第二十卷，岩波书店，2001年，287页。
② 铃木大拙：「東洋思想の特殊性」，「東洋の心」，久松真一等编集：『鈴木大拙全集』（増補新版）第二十卷，岩波书店，2001年，45页。

色所在——可以说把东方思维的精髓展现得淋漓尽致。老子所谓道就是自由,自由就是人本然具有的创造性,对这种自由和创造性的自觉就成为宗教。①

这种东方式的自由和创造的境界是铃木大拙的信念。②

铃木大拙皈依于东方文化精神,但并未因此而完全否定西方文化,而是试图以东方文化之特性救治近代的西方病,最终为建构世界文化做出贡献。他说:"我认为,今后的世界能够不分所谓东与西,东方和西方成为一体,能建构浑然为一的文化。我们必须向这个方向努力。而东方可以在上述(按指非二分性)言说方式、思考方式方面为这个世界性文化的建设作出贡献。它可以调和西方的二元思考方式,而成为文化的根本。"③这是铃木大拙的东方文化观的根本旨趣。

---

① 鈴木大拙:「自由と宗教」,「東洋の心」,久松真一等編集:『鈴木大拙全集』(増補新版)第二十卷,岩波書店,2001年,123頁。
② 鈴木大拙:「自由と宗教」,「東洋の心」,久松真一等編集:『鈴木大拙全集』(増補新版)第二十卷,岩波書店,2001年,125頁。
③ 鈴木大拙:「最も東洋的なるもの」,久松真一等編集:『鈴木大拙全集』(増補新版)第二十九卷,岩波書店,2002年,279頁。

第七章 道家思想与汤川秀树

汤川秀树虽为自然科学家,但对道家亦有深厚的学养。他钟情于老庄,终生在老庄哲学中探求理解自然世界的哲思和灵感,也寻找自己精神世界的安身立命之所。他从《庄子》的"知鱼乐"中领悟基本粒子的特性,借助"浑沌"之说解释"基本实在"的概念,从《庄子》道物关系思想中获得启发而提出"基元域"概念,依"大冶铸金"之喻解释物理规律,还利用道家思想阐发关于创造力的理论,吸收老庄"非绝对化"、"柔弱"、"齐同"的思想和类比思维。道家思想在汤川秀树的精神世界占据重要地位,老庄的"虚静"符合他对"内心的平静"的追求,老庄的"无为"与他"无偿的善行"的伦理观相一致。他还提出要用"人道主义"发展老庄思想。

一、汤川秀树及其道家观

(一)汤川秀树的生平和汉学素养

汤川秀树(1907—1981)是日本近现代首屈一指的理论物理学家,也是一位倡导和平的社会活动家。他于1949年荣获诺贝尔物理学奖,成为第一个获得诺贝尔奖的日本人,也是继印度物理学家拉曼(1888—1970)之后第二个获奖的亚洲学者。他是日本近现代物理学家及自然科学家群体的突出代表,是在日本成长起来的具有世界性的科学家,当然也是日本近现代重要的知识人。实际上,汤川秀树的思想所及已经超出了物理学和自然科学领域,他对自然、社会和人生皆有反思而形成自己的思想。在此意义上,他又可说是一位自然哲学家和思想家。

汤川秀树(原姓小川)出生于东京一个学者家庭。父亲小川琢治是地质学家和地理学家。父亲就任京都帝国大学文科大学教授后,举家迁居京都。汤川秀树于 1926 年进入京都帝国大学理学部物理学科学习,1929 年毕业。1932 年任京都帝国大学理学部讲师,讲授量子力学。1933 年兼任大阪帝国大学理学部讲师,1936 年任助教授,1938 年获理学博士学位。1939 年回京都帝国大学理学部担任第二讲座教授,直至 1970 年退休。1948 年受聘为美国普林斯顿高等学术研究所客座教授。1949 年受聘为美国哥伦比亚大学客座教授,直至 1951 年。同年,因其基于核力理论研究而对介子存在的预言而被授予诺贝尔物理学奖,时年 42 岁。1953 年,汤川秀树任京都大学基础物理学研究所第一任所长,直至 1970 年退休。他还担任过日本物理学会会长一职,可见其在日本物理学界受到高度认可和具有崇高威望。汤川秀树不仅在科学上成就卓著,还积极投身于维护世界和平的社会活动。1955 年,他在反对使用核武器、呼吁世界和平的《罗素—爱因斯坦宣言》上签名。1957 年出席该宣言倡导的科学家会议(第一次帕格沃什会议),并积极参加国际科学家群体反对核战争、促进世界和平的"帕格沃什运动"。[①]除理论物理学方面的专业著作外,汤川秀树一生还发表了大量随笔、演讲、对谈等,内容涉及科学、技术、思想、艺术、文化,另外还有不少记录自己生活和思想历程的回忆录、自传等。

汤川秀树虽然是一位职业科学家,终生以理论物理学为本业,但他涉猎广泛、知识渊博。这种文化教养的形成,一方面源于他求知欲旺盛、勤奋好学的个人品性,同时也得益于他的学者家庭出身。汉学素养是汤川秀树知识文化修养中一个重要部分,他幼年就接受了较为严格的汉学教育。汤川秀树的祖父是儒者,曾开设私塾,他要求汤川秀树的父亲从小就学习中国古代典籍,汉学甚至成为其中学之前

---

① 河边六男:「年譜」,渡边慧编集:『湯川秀樹著作集』別卷,岩波書店,1990 年,1—31 頁。

学习的主要内容。因为从小受过较严格的训练，汤川秀树的父亲具有扎实的汉学基础，并为此感到自豪。他对中国的学问和艺术非常热爱，也曾多次到中国旅行、考察，还与内藤湖南、狩野君山等著名中国学家有亲密交往。总之，汤川秀树的父亲可以说是一位具有相当汉学素养的中国文化迷甚至中国通。作为一个学者，他藏书极为丰富，"家里的房间，无论是客厅还是起居室，到处都摆满了书，有西洋书，有日本书，汉籍也有很多"。汤川秀树"就在这一半堆积着书籍的家里生活。……因而自然地，拿到什么书就读什么书，获取了各种各样的知识。"①在父亲的要求下，汤川秀树上小学之前（甚至在日语假名尚未学习的情况下）就诵读了很多中国古代典籍，包括《大学》《论语》《孟子》《孝经》《礼记》《春秋左氏传》《十八史略》《史记》《元明史略》《文章轨范》《唐宋八家文》等。先是父亲带着读，后来由祖父指导。学习的过程只是跟读，全无讲解，也就是所谓"素读"。起初对所读古典的意思不能理解，但"不可思议的是，本以为不理解的东西，过后思考一下，也意外地理解了"，而且记住了很多汉字。②上中学以后，汤川秀树对以前所学的儒家典籍感到不够满意。据其弟小川环树回忆，他"在儒学中无疑感受到了严重的束缚"。③于是，他就以此前对典籍的学习为头绪，自己找到《老子》《庄子》阅读，读后"感到极有魅力"。④还读了《列子》《墨子》《荀子》《韩非子》等书。⑤汤川秀树还特别喜欢读中国古文⑥以及《三国演义》《水浒传》《西游记》《红楼梦》

① 湯川秀樹：「私の人生観の変遷」，豊田利幸編集：『湯川秀樹著作集』5，岩波書店，1989 年，60—61 頁。
② 湯川秀樹：「父から聞いた中国の話」，小川環樹編集：『湯川秀樹著作集』6，岩波書店，1989 年，5—6 頁。汤川关于早年读书情形更详细的回忆，见湯川秀樹：「少年時代の読書」，小川環樹編集：『湯川秀樹著作集』6，岩波書店，1989 年，14 頁。
③ 小川環樹：「解説」，小川環樹編集：『湯川秀樹著作集』6，岩波書店，1989 年，363 頁。
④ 湯川秀樹：「私の人生観の変遷」，豊田利幸編集：『湯川秀樹著作集』5，岩波書店，1989 年，63 頁。
⑤ 湯川秀樹：「知魚楽」，小川環樹編集：『湯川秀樹著作集』6，岩波書店，1989 年，60 頁。
　 湯川秀樹：「墨子」，小川環樹編集：『湯川秀樹著作集』6，岩波書店，1989 年，30 頁。
⑥ 湯川秀樹：「文章軌範」，小川環樹編集：『湯川秀樹著作集』6，岩波書店，1989 年，49—55 頁。

等中国小说和以唐诗为代表的中国古诗等。皇甫冉《山中五咏·山馆》、王之涣《出塞》、王昌龄《出塞》、李白《早发白帝城》《客中行》《子夜吴歌·秋歌》《山中问答》、杜甫《登岳阳楼》《哀江头》、张说《送梁六自洞庭山》、卢照邻《长安古意》等等，都是他喜爱的唐诗。①可见，他对古代典籍、诗文等中国传统文化相当熟悉。汤川秀树早年接受的汉学教育和熏陶，对他一生的精神生活和思想探索产生了深刻影响。他说："少年时代学习了很多中国古典，这对我产生了自己也没有意识到的巨大影响。"②

（二）汤川秀树的老庄观

上已提及，在所读过的中国典籍中，汤川秀树最喜爱、最熟悉的是《老子》和《庄子》。虽然在父亲的要求下，他最早读的都是儒家典籍，但随着年龄的增长，他对儒家思想产生了抵触。他说："我觉得儒教的典籍不是那么有趣。只是些道德上的内容，总是有强加于人的感觉。"③其弟小川环树回忆说：对于进行伦理说教的"四书"、《孝经》等书，"随着精神的成长，家兄逐渐感觉到是一种重负。家兄常说他厌恶《孝经》。……总之，家兄在儒学中无疑感受到了严重的束缚"。④在这种情况下，老庄这种"超越了教人必须如此这般思考和行为的儒教框框的自由思想"开始强烈地吸引汤川秀树，并使他从中获得精神的快乐。⑤自中学时代开始的对老庄的喜爱贯穿汤川秀树的一生。他在随笔和演讲中多次表达对老庄的这种态度，如说："在中国古代思想家中，我最有兴趣、最喜欢的是老子和庄子，中学时代是这样，现在仍然如此。"⑥他对庄子更为倾慕："对于庄子，我从年轻时

① 湯川秀樹：「唐詩選」，小川環樹編集：『湯川秀樹著作集』6，岩波書店，1989 年，49—55 頁。
② 湯川秀樹：「父から聞いた中国の話」，小川環樹編集：『湯川秀樹著作集』6，岩波書店，1989 年，6—7 頁。
③ 湯川秀樹：「荘子」，小川環樹編集：『湯川秀樹著作集』6，岩波書店，1989 年，23 頁。
④ 小川環樹：「解説」，小川環樹編集：『湯川秀樹著作集』6，岩波書店，1989 年，362—363 頁。
⑤ 湯川秀樹：「知魚樂」，小川環樹編集：『湯川秀樹著作集』6，岩波書店，1989 年，61 頁。
⑥ 湯川秀樹：「荘子」，小川環樹編集：『湯川秀樹著作集』6，岩波書店，1989 年，26 頁。

起就喜好,即使到了今天,还是对他的思想感到最为亲近。"①

汤川秀树不仅爱读老庄,也对老庄的思想有所研究,形成了自己的见解。在老庄原文的解释方面,汤川秀树对《老子》开篇二句有自己独特的理解。《老子》云:"道可道,非常道;名可名,非常名。"(一章)一般的解释是:能够用语言表达的道不是恒常之道;能够命名确定的名不是恒常之名。汤川秀树承认这种解释是正确的:"自古以来,此段话实际上都被解释为:'能够明示的道不是绝对不变的道;能够明示的名不是绝对不变的名。'……这种解释是正确的。"②但他还是按照自己的领会作出了颇为不同的解释:

> 真正的道,亦即自然法则,不是通常的道或常识性法则;真正的名或概念,不是通常的名或常识性的概念。③

汤川秀树与一般解释的主要不同,一是将"道可道"的前一"道"字、"名可名"的前一"名"字分别释为"真正的道""真正的名";二是将"常道""常名"分别释为"通常的道或常识性法则""通常的名或常识性的概念",即将"常"解释为"通常""常识"。为什么要作出这种诠解呢?他说:

> 其所以想这样解释,或许是因为我是物理学者的缘故吧。在十七世纪伽利略和牛顿发现新物理学之"道"以前,亚里士多德的物理学是"常道"。牛顿力学建立起来,并确认是真正之道,于是最终被当作物理学唯一绝对的道了。质点这个新的"名"最终成为"常名"。二十世纪的物理学从超越这个常道而发现新的道起步。现在,这个新的道已经以狭义相对论和量子力学的形

① 湯川秀樹、加藤周一:「科学と芸術」,渡辺慧編集:『湯川秀樹著作集』別卷,岩波書店,1990年,269頁。
② 湯川秀樹:「知魚楽」,小川環樹編集:『湯川秀樹著作集』6,岩波書店,1989年,60頁。
③ 湯川秀樹:「知魚楽」,小川環樹編集:『湯川秀樹著作集』6,岩波書店,1989年,59頁。

式变成了常道。"四维世界""确立振幅"等奇妙的名,现在也达到了过于常名化的地步。必须再次寻找非常道的道、非常名的名。这样想来,两千年前的老子之言,让人觉得是非常新的话。①

这是用《老子》关于"道""名"的思想来说明物理规律的探索过程和物理学的发展。汤川秀树认为,在人类探索物理法则的过程中,某种已成为常识的理论会被新的理论所代替,而这种新理论一经确立,也会变为常识性理论,随后又会有新理论来代替它。就是说,物理学的发展过程可以用"常道→新道→常道"和"常名→新名→常名"这两个公式来描述。汤川秀树说,自己对《老子》开篇二句的解释与一般解释相比,"表面上看截然相反,但仔细考虑一下,实际上两者不一定是矛盾的。超越科学的发展而探寻永恒真理的哲学家当然会接受一般的解释"。②

《老子》原文中的"常"(帛书乙本作"恒"),意为恒常、永恒,汤川秀树释为通常、常识,在训诂学上恐不能成立。这样,把"常道""常名"释为通常或常识性的"道""名"也就不能成立。但如他所说,他的解释与一般解释实际上并不矛盾,因为两者都指向作为宇宙本原和法则的"道",这个"道"在一般解释中体现为"常(恒)道""常(恒)名",在汤川秀树的解释中则体现为"常道→新道→常道"的发展过程,亦即对"真正的道"的追求之中。在此意义上,汤川秀树的解释还是有一定价值的。

汤川秀树讨论了老庄思想的特质。他认为,老庄哲学"具有强烈的自然哲学色彩",③"老庄思想以自然为根本",④其"自然"概念的含义是:

---

① 湯川秀樹:「知魚楽」,小川環樹編集:『湯川秀樹著作集』6,岩波書店,1989 年,59—60 頁。
② 湯川秀樹:「知魚楽」,小川環樹編集:『湯川秀樹著作集』6,岩波書店,1989 年,60 頁。
③ 湯川秀樹、吉川幸次郎:「中国の学問と科学精神」,渡辺慧編集:『湯川秀樹著作集』別巻,岩波書店,1990 年,134 頁。
④ 湯川秀樹:「私の人生観の変遷」,豊田利幸編集:『湯川秀樹著作集』5,岩波書店,1989 年,63 頁。

自然而然地成为那样。其自身的存在方式就是如此。若把自然看作实在本身，自然自身是不受外在力量支配，自然而然地变化着的。作为自然的一部分生存于自然之中的人的最佳状态也应当是自然。①

这里把老庄的"自然"解释为"自然而然地成为那样"，是不受外力左右的"自然而然地变化"，②而且这种"自然"也是对人的存在状态的要求。这一理解是符合老庄的"自然"概念的。汤川秀树说，老庄看到了人为因素对自然状态的负面影响：

老子和庄子认为，自然状态本来是好的，但人涉入其中并产生了坏的结果，使自然状态受到破坏。两千多年前就已经穿越时代看到今天的状况，真是惊人。③

汤川秀树同时认为，老庄并不完全否定人为。他从自然和人工关系的角度辨析了老庄的"自然"概念，认为其并不是完全与人工相对立，而是包含了最低限度的人工：

老子和庄子极力主张自然状态是好的，但即使是这种意义上的自然，也并非人类文化的单纯的对立物，就是说，并非那种丝毫没有留下人类痕迹的自然。老子至少将原始阶段的农耕文化看作是自然的，而这无疑已经远远脱离没有任何人工因素的纯粹自然状态了。④

---

① 湯川秀樹：「人間・自然・科学」，豊田利幸编集：『湯川秀樹著作集』5，岩波書店，1989年，269頁。
② "自然而然地成为那样"，日语原文为：おのずからそうなっている，或写作：自ずからそう成っている。"自然而然地变化"，日语原文为：おのずから変わっていく，或写作：自ずから変わっていく。
③ 湯川秀樹：「読書と人生」，小川環樹编集：『湯川秀樹著作集』6，岩波書店，1989年，310頁。
④ 湯川秀樹：「人間・自然・科学」，豊田利幸编集：『湯川秀樹著作集』5，岩波書店，1989年，268頁。

汤川秀树认为,《老子》的"自然"不是与人工对立意义上的自然,而是包含人工因素的人工自然,用他的用语来说,就是"第二自然"。这一解释对理解老庄"自然"观念是有启发的。汤川秀树还进一步指出,老庄的这种自然主义以及理性主义与近代自然科学相一致:

> 老庄思想……不是以人为根本,而是以自然为根本,在这一点上,与近代自然科学有相通之处。老庄思想中包含非常理性主义的东西。①

因此,老庄思想是哲学,而不是宗教信仰或迷信。"道"和"自然"是其核心主张。《庄子》所谓"造物者"的表述仅仅是比喻,并无信仰的"味道",②其书中所载神话人物的对话是哲学式而非迷信式的,包含着作为哲学思想向我们现代人传达的内容。③总之,老庄思想是"一种彻底的理性主义的思想方法,作为独特的自然哲学,它包含着即使今日也应当珍惜的因素",这种"自律性的自然"观具有科学性:

> 自律性的自然,自身具有着道或法则,处处皆有道。它不受任何外在强制,完全自律地变化、发展着。这种思想在中国的自然概念中自古就有,我认为这是一种非常科学的把握方式。西方式的把握方式并非唯一的方式,毋宁说,中国式的自然的把握方式是更为科学的。④

他由此得出结论说,具有自然主义和理性主义特质的老庄哲学

---

① 湯川秀樹:「私の人生観の変遷」,豊田利幸編集:『湯川秀樹著作集』5,岩波書店,1989 年,63 頁。
② 湯川秀樹、吉川幸次郎:「中国の学問と科学精神」,渡辺慧編集:『湯川秀樹著作集』別卷,岩波書店,1990 年,137 頁。
③ 湯川秀樹:「知魚楽」,小川環樹編集:『湯川秀樹著作集』6,岩波書店,1989 年,69 頁。
④ 湯川秀樹、吉川幸次郎:「中国の学問と科学精神」,渡辺慧編集:『湯川秀樹著作集』別卷,岩波書店,1990 年,139 頁。

应是希腊哲学之外又一个科学的源头。①在汤川秀树看来,老庄的这种自然主义和理性主义,简言之,就是对自然界中普遍存在的因果关系的揭示和依循。暂且不论这一解释是否恰当,他这种从自然科学角度诠释老庄哲学的思路,对当代道家研究仍具有启发意义。

汤川秀树指出,老庄思想具有宿命论的性质。他分析说,自然主义和理性主义与宿命论是相通的。"厌世的宿命论也是一种自然主义","关于理性地思考是否一定导向宿命论,还有很多争论,但简单地想来,自然界中存在着各种各样的因果性关系。各种自然现象被这种因果法则所制约。更广泛地,如果认为在自然中生存的人类自身也为这种因果法则所制约,那么最终归于宿命论。"②老庄哲学既然是自然主义和理性主义的,也就具有宿命论的性质。汤川秀树曾引用《庄子》中"离影去迹"的故事:

> 人有畏影恶迹而去之走者,举足愈数而迹愈多,走愈疾而影不离身③,自以为尚迟,疾走不休,绝力而死。不知处阴以休影,处静以息迹,愚亦甚矣!(《渔父》)

并说:"这种思想无疑是一种宿命论式的、或简单地称为东方式的思想,但决不是非理性的。"说它是宿命论的,意为人终究不能脱离自然法则的制约,就像人不能摆脱影子。这段话的原意是批评"审仁义之间,察同异之际,观动静之变,适受与之度,理好恶之情,和喜怒之节",主张"谨修而身,慎守其真,还以物与人,则无所累矣"(《渔父》),体现了《庄子》超越对立、超脱是非、不为物累、返本归真的思想。汤川秀树从人受自然法则制约的角度加以诠释,诠释的角度颇为独特。

---

① 湯川秀樹:「莊子」,小川環樹编集:『湯川秀樹著作集』6,岩波书店,1989年,26、27页。
② 湯川秀樹:「私の人生観の変遷」,豊田利幸编集:『湯川秀樹著作集』5,岩波书店,1989年,63—64页。
③ 王孝鱼说:"高山寺本离下无身字。"郭庆藩撰,王孝鱼点校:《庄子集释》(下),中华书局,2012年,第1026页。

从汤川秀树的上述解读可以看出,他对老庄的研读和思考是极为深入的。从专业领域上说,他所从事的物理学与老庄所属的中国古代思想文化领域相去甚远。他之所以研究老庄,显然是出于对其哲学的浓厚兴趣,特别是出于老庄哲学能在他的物理学探索中成为思想资源和智慧源泉,给他带来重要的启迪。他在回顾自己的物理学探索历程时,谈到自己思想的两个资源:一是东方的,主要是中国的老庄思想;一是西方的,主要是古代希腊的思想。他强调自己性格和思想的东方特质,这一东方特质的具体来源是中国古代典籍,而其中《老子》和《庄子》是形成他东方特质和科学思想的核心要素。他说:

> 《老子》和《庄子》等书在中学时代也读了,结果从幼年起一直到现在,老子和庄子思想都根植于我的心底。在中国以外的外国思想特别是西方的思想中,相比于欧洲近代思想,还是古代希腊的思想中包含着更多使我产生同感的东西。当然,我所专攻的物理学这一学问原本就包含于古希腊的思想中,那些因素不断进入我的思想之中也是自然的。但是,我与其他物理学家不同。我的情况是,长期以来一直最吸引我,或对我影响最深的,是老子和庄子等人的思想。这是一种东方性的思想,这些思想即使在我思考物理学的问题时也不知不觉地参与进来。我原有的性格同时也容易接受那样的思想。[1]

古希腊思想和老庄思想共同滋养了汤川秀树的思考能力和精神世界,而后者占有更为重要的地位。实际上,老庄思想既深刻地影响了汤川秀树的物理学理论活动,成为汤川秀树物理学探索中重要的思维要素,也在其精神世界中打下了烙印。下面对汤川秀树思想中

---

[1] 湯川秀樹:「短い自叙伝——或る物理学者の宿命」,加藤周一編集:『湯川秀樹著作集』7,岩波書店,1989年,20—21頁。

包含的老庄道家因素作一考释。

二、"知鱼乐"与对基本粒子的认识

基本粒子是物理学上指称物质最基本构成单位的术语,如质子、中子、电子、光子等,都是基本粒子。用哲学的语言说,基本粒子就是宇宙的基质。对基本粒子的探索是现代物理学的重要课题之一。汤川秀树一生致力于理论物理学基本粒子问题的研究。他获得诺贝尔物理学奖,也是由于对发现一种新的基本粒子——介子的重要贡献。汤川秀树认为,由于基本粒子极其微小,认识其构造非常困难,通过实验直接识别如此微小的东西几近不可能。要准确观察一个基本粒子,就必须测量当另一个基本粒子靠近它时所产生的反应。但是,实验所探测到的并不是正在反应的情况,而只是两个基本粒子接近前后的状态。于是,有些物理学家认为,若只限于考虑两个基本粒子远离时的状态,基本粒子的细微结构是无法认识的。针对这种消极的态度,汤川秀树说:

> 与此相反,我们却相信,通过某种方法从逻辑上把握基本粒子的结构是可能的,并正在为寻找答案而费脑筋。我们了解基本粒子本质的那一天终究会到来,虽然这不会像庄子懂得鱼的快乐那样轻而易举。但是,为了做到这一点,我们很可能必须采取突破以往常识藩篱的奇特方法。人们不应该一开始就排除那样的可能性。①

汤川秀树认为,认识基本粒子是可能的,但要采取超出常规思维的奇特方法。他用《庄子》"知鱼乐"的境界来说明对基本粒子的认识,认为"知鱼乐"正是这种超越常规的思维方式。"知鱼乐"之说出自《庄子》"濠梁之辩"的故事:

---

① 湯川秀樹:「知魚樂」,小川環樹編集:『湯川秀樹著作集』6,岩波書店,1989年,58—59頁。

　　庄子与惠子游于濠梁之上。庄子曰："儵鱼出游从容,是鱼之乐也。"惠子曰："子非鱼,安知鱼之乐?"庄子曰："子非我,安知我不知鱼之乐?"惠子曰："我非子,固不知子矣;子固非鱼也,子之不知鱼之乐,全矣。"庄子曰："请循其本。子曰'汝安知鱼乐'云者,既已知吾知之而问我,我知之濠上也。"(《秋水》)

汤川秀树从科学方法的角度解读这则寓言的思想,他说:

　　这段对话看起来类似禅宗问答,而实际上却甚为不同。禅宗是把论证推进到科学无能为力的地方,而庄子和惠子的问答可以认为与科学的逻辑性和实证性有关。表面上看,惠子的方法论比庄子更加有条有理。而且,不承认鱼的快乐这种不能清晰定义、不可证实的东西的观点,与科学的传统立场接近。但是,尽管我身为一名科学家,还是更加赞同庄子所表达的东西。[1]

　　汤川秀树认为,实证主义不承认任何未经证实的事物的态度是太过苛刻的。尤其是在基本粒子这一极微观领域,实证主义方法显得力不从心并走向消极。这时就应采取"知鱼乐"这种超常的奇特方法来"了解基本粒子的本质"。这一理解是符合《庄子》思想的。在认识方法和思维方式上,惠子具有实证的特征,庄子则是直觉的,是所谓"以己通物"。褚伯秀解释说:"明己性者可以通物,故天下无遁情;昧己性者无以知人,故在物多致滞迹。庄子之知鱼,以性会之也;惠子之不知庄,以形间之也。……反求而得其本性,通乎物理之同然,则彼我无间于大情,动寂皆归于至理,奚待入水而后知鱼哉?"[2]庄子不是以实证的方法揭示物,而是以直觉的方法通达物,其途径是通过对自己本性的体悟而认识物,所谓"反求而得其本性,通乎物理之同

①　汤川秀树:「知魚楽」,小川環樹编集:『湯川秀樹著作集』6,岩波书店,1989 年,57 页。
②　褚伯秀撰,张京华点校:《庄子义海纂微》(下),华东师范大学出版社,2014 年,第566 页。

然"。这种直觉的认识和思维方式与其"道通为一"的齐物思想相关。如陈祥道所言:"惠子以形观形,故云'子非鱼,安知鱼之乐。'庄子以性观性,故己非鱼而知鱼之情。盖齐小大,遗贵贱,则天地为久矣,而与我并生;万物为众矣,而与我为一。是以处此足以知在彼之趣,居显足以知潜者之乐也。"①当"与科学的传统立场接近"的实证方法不能有效认识特殊对象(基本粒子)时,汤川秀树另辟蹊径,从《庄子》的直觉思维中寻找非常规方法,并自觉地运用于科学探索活动中。②实际上,像汤川秀树这样在科学认识中重视运用直觉方法的科学家并非个例,重直觉方法可以说是二十世纪以来科学研究中常见的现象。这一时期,相对论、量子力学、基本粒子理论的建立和发展,显示出实证主义的思维模式已不能适应科学认识的需要。爱因斯坦等现代科学巨匠主张以新的思维模式代替实证主义,认为科学发现的道路首先是直觉的而不是逻辑的,"要通向这些定律,并没有逻辑的道路;只有通过那种以对经验的共鸣的理解为依据的直觉,才能得到这些定律。"汤川秀树是从《庄子》中学到了直觉思维,爱因斯坦所提出的方法也与《庄子》的思维方式相暗合。可见《庄子》的直觉思维中蕴藏着可以为科学认识和发现所借鉴的重要方法。③因此,作为科学家的汤川秀树对异国的古老典籍《庄子》产生浓厚兴趣也就不足为奇了。汤川秀树非常喜欢"知鱼乐"三字,遇到有人请求题写匾额时,他就会挥笔写下这三个字。1965 年 9 月,在京都召开的纪念介子理论提出30 周年的基本粒子国际会议上,汤川秀树将庄惠问答翻译成英语,与在座的外国物理学家们分享,引发了他们的兴趣。④可以推测,《庄子》"知鱼乐"的认识境界给他以极大的启发和在枯燥的理论物理学

① 褚伯秀撰,张京华点校:《庄子义海纂微》(下),华东师范大学出版社,2014 年,第565 页。
② 至于汤川秀树如何具体运用直觉的方法探索基本粒子,需结合其科学认识活动加以考察。
③ 参见刁生虎:《庄子哲学与科学精神》,《天府新论》,2001 年第 2 期,第 60—64 页。所引爱因斯坦语出自《爱因斯坦文集》(1),商务印书馆,1977 年,第 102 页。
④ 湯川秀樹:「知魚楽」,小川環樹編集:『湯川秀樹著作集』6,岩波書店,1989 年,56、59 頁。

研究中难得的诗意。

三、"浑沌"与"基本实在"说

随着物理学研究的进展,越来越多的基本粒子被发现。于是自然会产生一个问题,既然有如此多的基本粒子,那么它们又是从哪里来的? 它们的基础是什么? 换言之,多种基本粒子的发现,意味着基本粒子已经不能作为物质构成的最基本单位了,应当进一步去探索真正"基本"的东西。如汤川秀树所指出的:"基本粒子曾经一般地被理解为物质的最小个体单位,它们典型地既具有波动属性又具有粒子属性。在起初,基本粒子的种类似乎是很少的,那就是电子、质子和光子(其静质量为零)。现在情形完全不同了,因为现在基本粒子种类的总数目远远超过了化学元素种类的数目。这不是一个很吸引人的概念,而且人们难免要猜测在这些基本粒子背后隐藏着一种更简单的基本实在,基本粒子能够用这种基本实在来加以说明。"[①]探索基本粒子背后的"基本实在"是一个十分艰深和玄妙的理论物理学问题,同时也是一个自然哲学问题。汤川秀树对这个问题进行了思考,而在思索过程中,《庄子》的"浑沌"寓言不经意间浮现于他的脑际。他说:

> 我长期以来一直在从事基本粒子的研究,现在,已有三十多种基本粒子被发现,它们个个都具有神妙莫测的性质。这样,就必须思考比基本粒子更进一步的、根本的东西了。我想追溯到最基础的材料,但材料竟有三十多种是不行的。它应该是最根本的东西,它不是某种具有确定形状的东西,也不是我们现在任何一种已知的基本粒子。它具有分化成各种各样基本粒子的可能性,但又是尚未分化的某物。如果用我所了解的语言来表达的话,就是

---

① 汤川秀树著,周林东译,戈革校:《创造力与直觉——一个物理学家对于东西方的考察》,河北科学技术出版社,2010 年,第 192 页。

"浑沌"那样的东西吧。思考这些问题时，就想起了这则寓言。①

在汤川秀树看来，必须揭示三十多种基本粒子背后的东西，从而找到宇宙构成之基质。宇宙"最基础的材料""最根本的东西"没有特定形状，不是任何一种已知的基本粒子，而是一切基本粒子的本原，从中可以分化、产生出各种基本粒子，而这个本原性的东西是浑然不分的，它正如《庄子》所说的"浑沌"。也就是说，他认为《庄子》的"浑沌"概念最能反映基本粒子的本质，亦即宇宙基质或"基本实在"。"浑沌"寓言出自《应帝王》篇：

> 南海之帝为儵，北海之帝为忽，中央之帝为浑沌。儵与忽时相与遇于浑沌之地，浑沌待之甚善。儵与忽谋报浑沌之德，曰："人皆有七窍以视听食息，此独无有，尝试凿之。"日凿一窍，七日而浑沌死。

这里的"浑沌"，隐喻没有智巧、没有分别、浑全未亏和无所限定，也就是指作为天地万物根本的"道"。而"儵"和"忽"则隐喻智巧、分别、亏损不全和有所限定。"浑沌"是尚未分化（故不能通过感性和知性来把握）而又蕴含分化可能性的状态。汤川秀树以《庄子》"浑沌"意象为基础来构想他的"基本实在"概念，既是恰当的，又极具启发性。关于宇宙本原，《庄子》以"无"来描述，也就是"无物""无分别"（"未始无物""未始有封"）。如曰：

> 泰初有无，无有无名。一之所起，有一而未形。物得以生，谓之德。未形者有分，且然无间，谓之命。留动而生物，物成生理，谓之形。形体保神，各有仪则，谓之性。（《天地》）

---

① 湯川秀樹：「莊子」，小川環樹編集：『湯川秀樹著作集』6，岩波書店，1989 年，24—25 頁。

　　这种作为宇宙本原的"无""一"正是"浑沌"的内涵。万物从宇宙本原的"无""一"中分化而出。《庄子》的"浑沌"与《老子》的"混一"相当。①《老子》用"混成"（二十五章）、"混而为一""恍惚"（十四章）等来描述"道"，如曰：

　　　　有物混成，先天地生。寂兮寥兮，独立不改，周行而不殆，可以为天下母。吾不知其名，字之曰道，强为之名曰大。（二十五章）

　　"混"的主要涵义就是浑然未分，除上述意义外，还有"混兮其若浊"（十五章）、"浑其心"（四十九章）等说法。《老子》的"朴""愚"等也与"混""浑"等相通。汤川秀树的"基本实在"是一切基本粒子所由分化、产生的根源，这与《老子》"母"的概念非常近似，即指宇宙万物的始源，所谓"万物之母""天地之始"（一章）、"天下母"（二十五章）是也，这是"道"的另一种说法。

　　汤川秀树还从"浑沌"寓言中获得更有意思的、更具体的启发性的思想灵感，借"倏""忽"与"浑沌"的关系来理解基本粒子与时间空间的关系。他说：

　　　　我把"倏"和"忽"看作类似基本粒子。只要它们还在自由地到处乱窜，就什么事也不会发生，一旦它们从南北而来，在"浑沌"的领地相遇，就会发生基本粒子的相撞。按照这种带有二元论性质的观点来看，"浑沌"就像是容纳基本粒子的时间空间那样的东西。这样的解释是可能的。②

---

①　《庄子》有"混冥"之说："上神乘光，与形灭亡，此谓照旷；致命尽情，天地乐而万事销亡，万物复情，此之谓混冥。"（《天地》）这是从主体境界意义上讲的，但也与"浑沌"意义相关。

②　湯川秀樹：「荘子」，小川環樹編集：『湯川秀樹著作集』6，岩波書店，1989 年，25 頁。

汤川秀树设想，"倏"和"忽"类似于基本粒子，"浑沌"则像是容纳基本粒子的时间和空间。"倏"和"忽"在各自的领地活动时不会相遇，一旦在他们由南北来到"浑沌"的领地，就会相遇。同理，基本粒子在自由运动状态下相安无事，当它们从各方到来，就会相遇而发生碰撞。它们相遇的条件就是容纳它们的时间和空间。在汤川秀树这里，"倏忽—浑沌"的寓意成为解释"基本粒子—时间空间"关系的思想模型。

汤川秀树指出，与原子的世界相比，基本粒子的世界充满变化，各种粒子生生灭灭，处于无穷转化之中。我们探求这些基本粒子背后的世界即"基本实在"，就是寻找基本粒子无穷转变过程中所具有的恒常（不变）性。这是"基本实在"的又一涵义。他说：

> 随着探索活动从原子的世界向基本粒子的世界推进，"有"和"无"的区别变得越来越不明确。曾经存在的基本粒子消失，不同种类的基本粒子产生。这种嬗变不断发生着。基本粒子的世界就是如此。如果考察更进一步，深入到形形色色的基本粒子背后的世界，而这个世界似乎更应该用"浑沌"这个概念来描述。在这个"浑沌"的世界中，某种意义上仍然会发现原子论式的恒常性。但是，这样说不等于从一开始就拒绝考虑不具有原子论式的恒常性的事物。我们倒是必须在"浑沌"的世界中找出某种恒常性，只有这样才能明白存在物之所以会存在的原因。①

在汤川秀树看来，基本粒子的世界不能明确区分"有"和"无"，各种基本粒子皆处于不断生灭变化的过程中，似有而非有，似无又非无。因而用"浑沌"来描述这个世界是适当的。这个"浑沌"世界虽然

---

① 湯川秀樹：「エピクロス」，小川環樹編集：『湯川秀樹著作集』6，岩波書店，1989年，170—171頁。

变化无穷,但也具有恒常性,应当发现这种恒常性,从而揭示万物存在的原因。这些看法是沿着老庄的思路展开的。他在评论伊壁鸠鲁的原子论时指出:伊壁鸠鲁始终立足于区分"有"和"无"的思想,并基于"有"(即原子)的永恒不变而达到不为外物变化所动所累的心灵宁静。老庄也试图在永恒不变中寻找寂静的世界,但其方式与伊壁鸠鲁有着根本的不同:

> 老子和庄子是从"有"和"无"尚未区分之处出发的。他们认为,"浑沌"是比有形物体更根本的东西。他们相信,内心宁静的实现,不是通过把"有"看作是作为"有"的持续存在,而是通过把一切"有"看作或迟或早皆要复归于"无"。①

汤川秀树肯定了老庄的思路,即以"浑沌"("有""无"未分)来描述宇宙本原,并将其运用到对基本粒子本质的解释中。同时,他把基本粒子的本质("基本实在")描述为既不断生灭转化又具有恒常性的过程,也颇合于《庄子》"化"的思想。《庄子》提出大化流行的宇宙观,认为"万化而未始有极"(《大宗师》),"道"就体现为万物的无穷变化:

> 道无终始,物有死生,不恃其成。一虚一满,不位乎其形。年不可举,时不可止。消息盈虚,终则有始。是所以语大义之方,论万物之理也。物之生也,若骤若驰,无动而不变,无时而不移。何为乎,何不为乎? 夫固将自化。(《秋水》)

《庄子》主张,人当顺应这种万物自化的大化流行而与道(天)为一:"若化为物,以待其所不知之化已乎! 且方将化,恶知不化哉? 方将不化,恶知已化哉? 安排而去化,乃入于寥天一。"(《大宗师》)与道

---

① 汤川秀树:「エピクロス」,小川環樹编集:『湯川秀樹著作集』6,岩波书店,1989 年,170 頁。

（天）为一，又是"化"中的"不化"："外化而内不化。……与物化者，一不化者也。"（《知北游》）"审乎无假，而不与物迁，命物之化，而守其宗也。"（《德充符》）《庄子》这种"化"的哲学从"万化而未始有极"的宇宙变化开出一种主体性的"不化"境界，也就是"游心"之境。汤川秀树虽然也受到这种追求精神自由和宁静思想的影响，但在这里，他主要是从宇宙本原论这一自然哲学的角度来吸取《庄子》的变化观的。

由上可见，《庄子》关于"浑沌"的哲思在汤川秀树关于基本粒子和时空的思考中发挥了不容忽视的作用，而这些思考都关乎现代理论物理学的重大问题。"浑沌"的观念成为汤川秀树物理学思想中一个重要词语。他甚至将"浑沌"用作一个理论物理学学术团体的名称，这就是 1971 年起发起组织的"浑沌会"，其活动一直延续到1978 年。汤川秀树主持了该团体在京都大学基础物理研究所召开的第一次会议，"讨论基本粒子论的最新话题，特别是鼓励七窍未凿的立意"。此处的"七窍未凿"，显然化用自《应帝王》篇"浑沌"寓言中"人皆有七窍以视听食息，此独无有"的"浑沌"意象。[1]

四、《庄子》思想与"基元域"概念

"基元域"[2]是汤川秀树提出的一个重要的现代理论物理学概念，是指"从时空世界中分离出一种有限的无能量的元区域"，"一个不能再进一步有意义地细分的区域"。简言之，就是"一种无能量的虚空"。[3]汤川秀树"基元域"概念的提出，既是一个艰苦的思考和探索过程，也是一个颇具创造性的发现过程。在这个过程中，老庄哲学发挥了重要的启发作用。1950 年，汤川秀树提出了非局域场理论。此后，又有多种新粒子被发现，他把非局域场理论作为在狭义相对论

① 河边六男：「年譜」，渡边慧编集：『湯川秀樹著作集』别卷，岩波书店，1990 年，29 页。
② 汤川秀树所定"基元域"的英文名是 elementary domain。汤川秀树：「創造性について——同定と混沌」，牧二郎编集：『湯川秀樹著作集』4，岩波书店，1989 年，204 页。
③ 汤川秀树著，周林东译，戈革校：《创造力与直觉——一个物理学家对于东西方的考察》，河北科学技术出版社，2010 年，第 206—207 页。

的框架中对基本粒子进行数学表达的最简单方法加以推进,其间伴随着希望和困难,走过了二十多年的"恶战苦斗"。汤川秀树晚年(1974年)在回忆基元域概念形成的过程时说:

> 我想出了很多新主意,而能有这些新想法的关键,一是努力使广义相对论的精神在基本粒子的研究中以新的形式复活,一是想起了遗忘已久的庄子。这两者尽管在年代上相隔久远,但我逐渐认为,它们都探讨作为容器的时间—空间(或天地)与作为内容的物质—能量(或万物)之间的关系的问题,在这一点上两者是共通的,它们具有在其他各种思想中看不到的独特性。……回想起汲取庄子思想的诗人李白"天地者万物之逆旅也,光阴者百代之过客也"的文句,使我长期的思考在1966年的某日结晶为基元域的概念。①

汤川秀树回顾和分析自己艰苦的理论探索过程,认为广义相对论精神和《庄子》思想是激发自己种种理论成果的两个重要思想资源和契机。他指出,广义相对论探讨时间—空间与物质—能量的关系问题,《庄子》则论述了天地与万物的关系。两者所探讨的问题性质相同,即容器与容纳物的关系(类似形式与内容的关系)。而正是这一思想为汤川秀树基元域概念的建立提供了灵感。这里引用了李白"天地者万物之逆旅也,光阴者百代之过客也"两句来说明《庄子》的"天地—万物"思想对自己的启发。所引文句出自李白《春夜宴从弟桃花园序》(又名《春夜宴桃李园序》),其文曰:

> 夫天地者,万物之逆旅;光阴者,百代之过客。而浮生若梦,为欢几何? 古人秉烛夜游,良有以也。况阳春召我以烟景,大块假

---

① 湯川秀樹:「私が歩んできた道」,加藤周一編集:『湯川秀樹著作集』7,岩波書店,1989年,65頁。

我以文章。会桃李之芳园,序天伦之乐事。群季俊秀,皆为惠连;吾人咏歌,独惭康乐。幽赏未已,高谈转清。开琼筵以坐花,飞羽觞而醉月。不有佳作,何伸雅怀？如诗不成,罚依金谷酒数。[①]

此文乃为春夜宴饮咏诗所作之序,表达了李白旷达洒脱、积极追求人生快乐的思想情感,这种思想与《庄子》人生哲学在精神上一致,且李白思想整体上也颇具道家气韵。汤川秀树对李白与《庄子》的思想联系是了解的,指出"李白思想的根本大体上是庄子的思想。"[②]此文中也有几处词句来自《庄子》,如"逆旅"出自《山木》篇"宿于逆旅"句、《知北游》篇"世人直为物逆旅耳"句;"大块"出自《齐物论》"大块噫气"句、《大宗师》"大块载我以形"句;"浮生若梦"出自《刻意》篇"其生若浮,其死若休"句等。"大块"在《庄子》那里是"道""天地"等宇宙本根的象征,"其生若浮,其死若休"言不乐生厌死,当顺其自然。文中对这些思想进行了发挥,成为率性尽情、及时行乐的观念。对于"天地者万物之逆旅也,光阴者百代之过客也"两句,汤川秀树从物理学角度进行了诠释,进而据此解析了基元域的概念。他说:

> "天地"或许可以解读为现在所说的空间、宇宙。李白虽然没有将其抽象化为空间,但可以认为,如果进行抽象化,那么就可以将……天地与空间进行大致的等同确认[③]。……"万物"又与什么进行等同确认呢？我是研究基本粒子理论的,所以当然是与基本粒子进行等同确认。所谓万物,不只是可见之物,也是微观世界的东西,而空间则如同蜂窝一般,此即基元域。……那些划分开的是旅舍中的房间,此即基元域。就是说,空间并不是

---

① 董诰等编:《全唐文》(全十一册),中华书局,1983年,第3536页。
② 汤川秀树:「創造性について——同定と混沌」,牧二郎編集:『湯川秀樹著作集』4,岩波書店,1989年,213页。
③ 等同确认,日语原文为同定（どうてい）,意指认定两个事物的同类性。

可以无限分割的，必须在适当的地方停止分割。……基本粒子也就是在旅舍中住宿的客人。按原文中的说法，万物实际上就是旅客，正是李白所谓"过客"。[1]

汤川秀树将李白文中的"万物"与可见物和基本粒子相对应，将"天地"与空间相对应，"逆旅"中的房间则为空间中划分开的区域。这个划分开的且不能再分割的区域则对应着基元域。在这种情况下，万物（包括可见物和基本粒子等）存在于空间之中，犹如"过客"（旅客）居住在"逆旅"（旅舍）之中。这样，他就以"万物—天地"类比"基本粒子—不能再分的空间单位"，从而建立了基元域概念，亦即不能再进一步有意义地细分的无能量的元区域。

李白"万物"寄宿于"天地"之中的说法，是《庄子》的"万物—天地"思想的体现。《庄子》认为，天地是万物的本根，万物生化于天地之间。如曰：

> 天地者，万物之父母也，合则成体，散则成始。（《达生》）
> 吾身非吾有……是天地之委形也；生非汝有，是天地之委和也；性命非汝有，是天地之委顺也；孙子非汝有，是天地之委蜕也。……天地之强阳气，又胡可得而有邪！（《知北游》）
> 自以比形于天地，而受气于阴阳，吾在天地之间，尤小石、小木之在大山也。（《秋水》）

这一思想又表述为"物—道"模式。《庄子》提出"即道即物"的思想：物为道之体现，道又必体现为物。"道"作为"物"的主宰（"物物者"）和根据（"本根"），并非一"物"（"非物"），因而道物之间就是"物—物物者""物—非物"（类似于"有—无"）和"万物—本根"的关

---

[1] 湯川秀樹:「創造性について——同定と混沌」，牧二郎編集『湯川秀樹著作集』4，岩波書店，1989年，206頁。

系。《庄子》云：

> 物物者非物。物出不得先物也，犹其有物也。犹其有物也，
> 无已。（《知北游》）

> 物物者与物无际，而物有际者，所谓物际者也；不际之际，际
> 之不际者也。谓盈虚衰杀，彼为盈虚非盈虚，彼为衰杀非衰杀，
> 彼为本末非本末，彼为积散非积散也。（《知北游》）

"物"有形，故有边际；"道"无形，故与物无边际。道又不能离物，故曰"不际之际，际之不际"。"盈虚""衰杀""本末""积散"的具体变化属"物"，使之变化的是"道"，"道"不是"物"（即"非物"），物正是存在于这个"非物"之中，以此为其"本根"：①

> 今彼神明至精，与彼百化，物已死生方圆，莫知其根也，扁然
> 而万物自古以固存。六合为巨，未离其内；秋豪为小，待之成体。
> 天下莫不沉浮，终身不故；阴阳四时运行，各得其序。惛然若亡
> 而存，油然不形而神，万物畜而不知。此之谓本根。（《知北游》）

万物因"道"而变化，在"道"中变化：

> 夫昭昭生于冥冥，有伦生于无形，精神生于道，形本生于精，
> 而万物以形相生，故九窍者胎生，八窍者卵生。其来无迹，其往
> 无崖，无门无房，四达之皇皇也。……天不得不高，地不得不广，
> 日月不得不行，万物不得不昌，此其道与！（《知北游》）

---

① 王叔岷解释"物物者与物无际"等五句说："宣颖云：'物物者，主宰乎物者，指道也。物之所在即道之所在，俱无边际。'案有形之类皆有际，道无形与物无际。"又解释"谓盈虚衰杀"等五句说："宣颖云：'此皆际也。'……'盈虚'相反，'衰杀'一义，衰疑本作长，衰、长形近，又因杀字联想而误也。长杀，犹消长。"王叔岷：《庄子校诠》（下），中华书局，2007年，第830—831页。

《庄子》"万物—天地"或"物—道"思想的基本旨趣，就是"物"（"有"）生成流变于"道"（"无"）。汤川秀树将基元域设想为"一个不能再进一步有意义地细分的区域""一种无能量的虚空"，相应于"道"，而基本粒子则相应于"物"，由此形成"基本粒子—基元域"的模式。总之，汤川秀树基元域概念的建立受到《庄子》"万物—天地"或"物—道"思想的重要启发。当然，受到启发不等于照搬运用，现代理论物理学的宇宙观毕竟与《庄子》有异。

五、"大冶铸金"与物理学规律

发现物质世界的规律是物理学追求的最高目标，而基本粒子等微观领域隐藏着最深层、最基本的物理学规律。汤川秀树研究基本粒子的过程，也就是探寻基本物理学规律的过程。在思考这个问题时，他将物理学规律比喻为一个"看不见的铸型"。他说："我常常将物理学规律比喻为看不见的'铸型'。今天，我们都知道，自然界是由几种基本粒子构成的。一种基本粒子，比如电子，不管数量有多少，相互之间都没有丝毫差别，无论什么时候产生的电子，都具有完全相同的质量和电量。这是自然界之规律性在最基本形式上的一种体现。这种能无限地生产相同物质的无形结构，存在于自然界的内部，我比喻性地称之为'看不见的铸型'"。①后来，汤川秀树在《庄子》中读到"大冶铸金"的故事，惊奇地发现这与他"看不见的铸型"的比喻极为相似：

> 庄子比喻说，人也是由广大天地之间看不见的铸型铸造出来，在适当的时候又被重新铸造成别物。既然如此，生与死也就没有根本区别了。他试图以这种思想为基础来超越死亡。庄子关心的是人的生死，我关注的则是基本粒子的生死。尽管如此，庄子在久远的古代思考的问题，与我所思考的问题，为什么竟如

---

① 　湯川秀樹：「知魚楽」，小川環樹編集：『湯川秀樹著作集』6，岩波書店，1989年，70頁。

此相似！在我看来，庄子实在是一位奇特的思想家。[1]

汤川秀树相信，《庄子》"大冶铸金"的寓言蕴含着解释和揭示物理学规律的思想力量。他说：

> 《庄子》中有"天地为大炉"之说，其所谓造化之神，不是人格神那类东西，是极具比喻性的说法。造化之神就是创造者，但又与基督教的神不同，庄子是更理性地对其加以把握的。造化之神是铸造师，因此，即使是人，也不过是作为一件铸造物从大炉中铸造出来的。人生之时为人，死之后不知道会变成什么。由造化之神再一次投入大炉之中，下一次也许会变成猪，会变成各种东西吧，最终的情况不得而知，而对这种变化事事介意是没有意义的。这是极为超脱的领悟方式，是非常高级的思想。关于生死的问题暂且不论，从物理学的角度来看，这种思想正与物理学所研究的那些规律，或者物体由原子构成、具有同一性、具有均质性等等这样的问题相关联。……他（按指庄子）实在也可称得上是一位相当优秀的科学家。他对动物的观察非常出色，试图从中总结出某种规律。[2]

"大冶铸金"寓言出自《大宗师》篇：

> 今大冶铸金，金踊跃曰："我且必为镆铘！"大冶必以为不祥之金。今一犯人之形，而曰"人耳人耳"，夫造化者必以为不祥之人。今一以天地为大炉，以造化为大冶，恶乎往而不可哉！

《庄子》以"金"来比喻万物，以"大冶"来比喻万物的铸造者，以工

---

① 湯川秀樹：「知魚楽」，小川環樹編集：『湯川秀樹著作集』6，岩波書店，1989 年，71 頁。

② 湯川秀樹：「創造性について——同定と混沌」，牧二郎編集：『湯川秀樹著作集』4，岩波書店，1989 年，213—214 頁。

匠用金属铸造器物来比喻"造化"创造万物。就是说,他把包括人在内的万物之生成转化看作是一个由"造化"进行冶炼铸造的过程。"造化"也就是"道""天"或"自然",万物的生成转化是一个自然天成而非刻意求的过程。因此,对人来说,应当顺应"造化"创生万物的自然趋势,接受"造化"赋予的任何变化,采取"恶乎往而不可"的态度,也就是安命顺化的态度。"安命顺化"是《庄子》的重要思想,《大宗师》篇云:

> 伟哉造物! 又将奚以汝为? 将奚以汝适? 以汝为鼠肝乎? 以汝为虫臂乎? ……父母于子,东西南北,唯命之从。阴阳于人,不翅于父母,彼近吾死而我不听,我则悍矣,彼何罪焉!(《大宗师》)

> 嗟乎! 夫造物者,又将以予为此拘拘也! ……浸假而化予之左臂以为鸡,予因以求时夜;浸假而化予之右臂以为弹,予因以求鸮炙;浸假而化予之尻以为轮,以神为马,予因以乘之,岂更驾哉! 且夫得者,时也,失者,顺也;安时而处顺,哀乐不能入也。此古之所谓县解也,而不能自解者,物有结之。(《大宗师》)

万物各种形态的转变是自然和必然的,是人无法改变的。《庄子》称这种自然而必然的过程和趋势为"造物"(或"造化")。"造物"并非一个实有的主使者,而是对"自然"而"必然"(亦即"道""天")的形象说法。对人来说,这种"自然"而"必然"就是"命"。既然人不能改变"造化"或"命",顺从它就是理性明智的态度。

汤川秀树认为,《庄子》的"造化"不是人格神,而是"更理性地加以把握的",是"创造者"和"铸造师"。人和物都是被这个"铸造师"铸造出来的。因此,对于人来说,生死变化的终点不得而知,"对这种变化事事介意是没有意义的"。他的这一理解是符合《庄子》思想的。他肯定《庄子》的这种思想,说这是"极为超脱的领悟方式",是"非常高级的思想"。汤川秀树一方面对《庄子》的"造化"思想在生死观上的意义进行了解释,但另一方面,他又主要是从物质世界法则和规律的意义上对《庄子》思想加以解释和吸收的。他关注的是《庄子》上述思想中的物理学意义,即基本粒子的生灭转化("基本粒子的生死")的规律。他指出,《庄子》的思想"正与物理学所研究的那些规律,或者物体由原子构成、具有同一性、具有均质性等等这样的问题相关联"。就是说,他把《庄子》"造化"铸造万物的思想引向物理学关于物体由基本粒子构成而具有同一性或均质性的规律的意义。这就形成一个"大冶铸金"—"造化"生化万物—宇宙的基本粒子构成物质的类比链:"大冶"在"大炉"中铸造出"金","造化"在天地中生化万物,宇宙用基本粒子创造出一切物质。铸金必有铸造的依据即模范或"铸型","造化"生物也必有其所成之"型"(如"镆铘""人"等)。其不同在于,铸金的铸型是有形的,而造物的"型"是无形的。在汤川秀树看来,同理,用基本粒子构成一切物质,也必有一个"看不见的铸型",即存在于自然界内部的"能无限地生产相同物质的无形结构",万物皆由此并据此产生,然后进入生生灭灭的无穷转化之中。这个"看不见的铸型"或"无形结构"可以解释万物生灭的法则,可以解释基本粒子(如电子)何以具有完全相同的性质(如质量、电量),即可以解释万物的同一性和均质性,它就是物理学的规律。汤川秀树领悟到,《庄子》"大冶铸金"的寓意,正是他想通过"看不见的铸型"来表达的哲理,即基本粒子层面的物理学规律。从《庄子》文本来看,虽主要是从人生哲学角度讨论人对"造化"的态度,但其"造化"的概念,即"自然"和"必然"概念,实际上含有法则和规律的意义,并具有可诠释性。因而汤川秀树能够从这一角度进行诠释,并与《庄子》产生深度的共鸣。他肯定《庄子》思想具有科学性,甚至许庄子为"相当优秀的科学家",说庄子"对动物的观察非常出色,试图从中总结出某种规律",并为"这种天才人物没有后继者。由于后来再没有出现过他那样的天才,因而其哲学没有直接起到促进思想学术的作用"而深感遗憾。这种认识就更把《庄子》思想与现代理论物理学贯通起来,而从现代科学思想的视角挖掘《庄子》的思想内蕴。

六、道家思想与创造力理论

作为一位在科学领域有重大发现的科学家和思想家,汤川秀树深知创造性思维在科学发现乃至一切人类活动中的重要性,因此非常重视并长期致力于人类创造性思维和创造力问题的研究,留下了不少著作和相关论述,形成他关于创造力的理论。他说:"年近五十以来,我一直在考虑一个问题:不但是我自己,包括年轻的研究人员,怎样才能充分发挥创造力? 而且我也一直试图从更加客观的观点来探讨这个创造力的问题。"他认为,所谓创造力,"就是指发现人们迄今还不知道的东西,或者就是指发明新的东西"。[①]人要具备和发挥这种创造力,首先必须"置身于开放的世界中"。

（一）道家思想的"经过"性与"开放的世界观"

汤川秀树认为,大多数人都自觉到自己身处开放的世界中。所谓"开放的",是指人们对世界有所知,同时也有所不知,因而人们会不断地对世界进行探索。由于世界对人来说总是存在未知的部分,人总是要对其进行探索,在此意义上,世界是"有余地的",是开放的。汤川秀树称之为"开放的世界观"。[②]他将世界分为外在和内在两个层面,外在世界就是客观世界,包括"外在的自然界,或外在的人际关系、社会性事物"[③]等;内在世界则是指人自身或自我的世界。人类对物质世界的认识既十分有限,对于人们自以为最了解的"自我",也存在大量未知领域。汤川秀树举例说,人虽然对觉醒状态的自我是自觉的,但对睡眠状态的自我却毫无所知。"人在作梦的时候处于半自觉的状态。自古有梦中变为蝴蝶的故事。在两千数百年前,已经发现了永恒的真理。梦中变为蝴蝶的故事,抓住

---

① 湯川秀樹:「創造性の理論と体験」,牧二郎編集:『湯川秀樹著作集』4,岩波書店,1989 年,171—172 頁。

② 湯川秀樹:「同定ということ」,牧二郎編集:『湯川秀樹著作集』4,岩波書店,1989 年,146 頁。

③ 湯川秀樹:「同定ということ」,牧二郎編集:『湯川秀樹著作集』4,岩波書店,1989 年,154 頁。

了事情的要害。"①这是用《庄子》"庄周梦蝶"的寓言来说明潜意识的未知世界。在此意义上,世界在内外两个层次上是对人开放的,即"二重意义上的开放"。如果考虑到这两层世界是联系着的,那么对这种联系也有未知的部分,也就是说,这一作为内外世界联系的世界也是开放的,也是人要去探索的。因此,又可以说,世界对人的开放性是三重意义上的。这种身处三重开放的世界的状况,是人类创造性活动的条件和动因,"正因为人生存于三重开放的世界之中,才产生了创造性的活动"。②

　　从这种"开放的世界观"出发,汤川秀树认为,人类学术总会面临未知的领域,即学术的发展是一个没有终点的过程:"在学术的世界中,现有的知识只是'经过',它包含着向前发展的可能性。未来它是否无论何时都永远不变,是无从知道的。这种不能确定今天的知识在未来是否永远不变的观点,就是我的开放的世界观。"③他用了一个独特的词语即"经过",来描述学术发展没有终点的特性。"经过"(或"经停")即由此通过(或暂时停留),既然是"经过",就不是到达终点,而与"到达"相对立。"所谓到达,有必须到达的目标、理想、终点等的意思。与此相反,所谓经过,则是通过某处,或在那里暂停,带有中途站点而非终点的意味。"④说某一思想体系具有"到达"性,是说它如同一个终点,既然是终点,就不会再前进和变化。说一个思想体系具有"经过"性,是说它是过程而没有终点,没有终点也就意味着不断向前进展。而在汤川秀树看来,这种"经过"性恰恰是老庄哲学的特质:

① 湯川秀樹:「同定ということ」,牧二郎編集:『湯川秀樹著作集』4,岩波書店,1989年,149頁。
② 湯川秀樹:「同定ということ」,牧二郎編集:『湯川秀樹著作集』4,岩波書店,1989年,157頁。
③ 湯川秀樹:「私の生きがい論——創造性と自己制御」,牧二郎編集:『湯川秀樹著作集』4,岩波書店,1989年,320頁。
④ 湯川秀樹:「私の生きがい論——創造性と自己制御」,牧二郎編集:『湯川秀樹著作集』4,岩波書店,1989年,318—319頁。

　　老庄是思想而不是宗教或伦理。它与宗教和伦理的区别,我认为可以用"经过"(或"经停")与"到达"这两个词语的区别来表达。①

　　他指出,儒教、佛教以及道教都属于"到达"一类的教义(伦理或宗教),它们都尊奉某个教主,这个教主的说教是至高无上、不能超越的,也就是教义的"到达"点或终点。而老庄则与此相反:

　　老庄显然不是终点,它无疑是非常独创、有趣的思想,正因如此,它没有终结是必然的。对于老子,也没有将其当作教祖崇拜的义理要求,对其优点加以赞扬,对缺点则加以贬损,把他看作是自己的长辈或朋友即可,能够自由地说"他讲的有意思""然而有些极端"这样的话。②

　　在汤川秀树看来,老庄思想不是封闭的教义或意识形态,而是富于创造性和哲理的、可以平等对话和自由探讨的学术领域,一切探讨都只是"经过"而不是"到达"。这一特性正与以自然科学为典范的近代学术的精神相吻合。例如在物理学领域,牛顿创立的力学体系,起初被认为是物理学的"终点",牛顿几乎被奉为教主了,但后来被普朗克和爱因斯坦等人建立的量子力学和相对论所超越,证明牛顿力学只是"经停",而不是"到达"。量子力学和相对论也不是终点,我们不知道终点在何处。③汤川秀树所谓"经过性",也可以表述为"过程性",指一种学术和思想体系将自身和一切知识观念看作只是一个过程而不是终点。不遵奉最终的结论或不变的教义,而对知识和观念采取反省的态度,看到其相对性而不使其绝对化。

---

① 湯川秀樹:「私の生きがい論——創造性と自己制御」,牧二郎編集:『湯川秀樹著作集』4,岩波書店,1989 年,318—319 頁。
② 湯川秀樹:「私の生きがい論——創造性と自己制御」,牧二郎編集:『湯川秀樹著作集』4,岩波書店,1989 年,320—321 頁。
③ 湯川秀樹:「私の生きがい論——創造性と自己制御」,牧二郎編集:『湯川秀樹著作集』4,岩波書店,1989 年,319—320 頁。

汤川秀树用"经过"性来描述道家思想的特征,应该说抓住了道家精神的一个重要方面。道家思想总体上是一个柔软、灵活的系统,它核心的观念都没有可用语言固定下来的意义,而总是导向对固定意义的消解和相对化。其最高概念"道",就是"恍惚""无名""不称""不可闻""不可见""不可言""不当名"的,①因而不可能以固定的意义来把握,这就使其具有开放的意义空间,而能以相对化的方式预防观念的固执和偏颇。如《老子》曰:"天下皆知美之为美,斯恶已;皆知善之为善,斯不善已。故有无相生,难易相成,长短相较,高下相倾,音声相和,前后相随。是以圣人处无为之事,行不言之教,万物作焉而不辞,生而不有,为而不恃,功成而弗居。夫唯弗居,是以不去。"(二章)《庄子》"齐物"的实质就是通过对事物及思想言论的相对化,破除偏执的"成心"和由此导致的"是非"观念。《庄子》否定思想观念有唯一的标准,否定"同是",认为无所谓"正处""正味""正色"。②这体现在价值观念上,就是"以道观之,物无贵贱","万物一齐,孰短孰长"(《秋水》)。道家具有价值义涵的观念如"自然""无为""逍遥"等所蕴含的对观念、行动固执化的消解和否定就更为鲜明。道家思想先天具备对观念僵硬化的解毒机制,它常"正言若反",以反

① 《老子》曰:"道之为物,唯恍唯惚。忽兮恍兮,其中有象;恍兮忽兮,其中有物。窈兮冥兮,其中有精;其精甚真,其中有信。"(二十一章)又曰:"道常无名。"(三十二章)《庄子》曰:"夫大道不称,大辩不言,大仁不仁,大廉不嗛,大勇不忮。道昭而不道,言辩而不及,仁常而不成,廉清而不信,勇忮而不成。五者园而几向方矣。故知止其所不知,至矣。孰知不言之辩、不道之道?若有能知,此之谓天府。注焉而不满,酌焉而不竭,而不知其所由来,此之谓葆光。"(《齐物论》)又曰:"道不可闻,闻而非也;道不可见,见而非也;道不可言,言而非也。知形形之不形乎?道不当名。"(《知北游》)
② 《齐物论》篇:"啮缺问乎王倪曰:'子知物之所同是乎?'曰:'吾恶乎知之!''子知子之所不知邪?'曰:'吾恶乎知之!''然则物无知邪?'曰:'吾恶乎知之!虽然,尝试言之。庸讵知吾所谓知之非不知邪?庸讵知吾所谓不知之非知邪?且吾尝试问乎女:民湿寝则腰疾偏死,鳅然乎哉?木处则惴慄恂惧,猨猴然乎哉?三者孰知正处?民食刍豢,麋鹿食荐,蝍蛆甘带,鸱鸦嗜鼠,四者孰知正味?猨猵狙以为雌,麋与鹿交,鳅与鱼游。毛嫱丽姬,人之所美也,鱼见之深入,鸟见之高飞,麋鹿见之决骤。四者孰知天下之正色哉?自我观之,仁义之端,是非之涂,樊然淆乱,吾恶能知其辩!'啮缺曰:'子不知利害,则至人固不知利害乎?'王倪曰:'至人神矣!大泽焚而不能热,河汉冱而不能寒,疾雷破山而不能伤,[飘]风振海而不能惊。若然者,乘云气,骑日月,而游乎四海之外。死生无变于己,而况利害之端乎!'"

求正，采取所谓"负的方法"进行思考和表达，因而不易造成观念的固着化。如"不道之道""不知之知""不言之辨"等言说方式，就具有这样的意味。道家思想的这种"经过"性或"过程"性，使其能够向人类呈现一个开放的世界，从而以开放的姿态进行创造。

（二）道家"柔弱""齐同"思想与宽容精神

汤川秀树认为，创造性活动的实现，还须具备研究者主体方面的条件，如"固定观念的破除""潜在能力的挖掘"、不断试错、模仿、逻辑思维、坚韧、形而上学观念、生命力的发挥等等。[①]而其中对现有思维方式和固定观念的破除，对研究采取开放、宽容的态度等思想，与老庄哲学是一致的。

汤川秀树从"开放的世界观"出发，在科学研究上倡导开放、宽容，反对封闭、固执。他说："探究未知世界时，我们对眼前出现的现象不了解。对于用以往的思想方法不能理解的东西，我们必须抱有充分接受的态度。宽容的精神或 openmindedness 对科学家来说十分重要。"[②]他认为，这种宽容精神和没有偏见的开放心灵与老庄思想是相通的。他注意到《老子》中崇尚柔弱的思想：

> 《老子》中以幼儿的柔软性为好的、有价值的东西。认为应当永远保持这种东西。[③]

"贵柔"是《老子》思想的重要特征。《老子》崇尚"柔弱"，把"柔弱"看作是道的特性：

> 弱者道之用。（四十章）

---

① 湯川秀樹：「創造性の理論と体験」，牧二郎編集：『湯川秀樹著作集』4，岩波書店，1989年，171—194頁。
② 湯川秀樹：「私の人生観の変遷」，豊田利幸編集：『湯川秀樹著作集』5，岩波書店，1989年，69頁。
③ 湯川秀樹：「歳をかさねること」，小川環樹編集：『湯川秀樹著作集』6，岩波書店，1989年，348頁。

认为"柔弱"比"坚强"更具有生命力、有更高的价值：

> 坚强者死之徒，柔弱者生之徒。……强大处下，柔弱处上。
> （七十六章）
> 柔弱胜刚强。（三十六章）

在《老子》那里，"柔弱"的象征就是"婴儿"或"赤子"，把婴儿状态看作是"至和"的道境：

> 含德之厚，比于赤子。……骨弱筋柔而握固。未知牝牡之合而全作，精之至也。终日号而不嗄，和之至也。（五十五章）

因此，《老子》主张"复归于婴儿"（二十八章）。

汤川秀树所谓"幼儿的柔软性"，正是《老子》作为"柔弱"象征的"婴儿"状态。他从中解读出了适应而不排斥、灵活而不固执、宽容而不偏狭的思想。这与《老子》"大""和""容"的基本精神也是吻合的。

关于《庄子》，汤川秀树则是从价值判断相对性的角度出发，诠释了其"宽容性"和"柔软性"。他说：

> 不能用一个价值系统进行判断，即使做出了判断，在用别的价值体系进行判断时又会发生变化。……"把一个观点贯彻到底"是青年时期的特点。……过了青年时期，进入壮年和老年时期后，会发生什么变化呢？也许不能说会从绝对主义变为相对主义。例如，庄子主张万物齐同，这也许不能说是相对主义。庄子思想并非单纯的相对主义，它还是一种宽容性思想，也与包容性、柔软性等相关联。[①]

---

① 湯川秀樹：「蔵をかさねること」，小川環樹編集：『湯川秀樹著作集』6，岩波書店，1989年，350頁。

汤川秀树认为,《庄子》思想具有"宽容性""包容性"和"柔软性"。这是因为,它不是只"用一个价值系统进行判断","把一个观点贯彻到底",而是能够从不同价值系统进行判断,灵活地采取多种观点来审视事物,这就具有了"包罗一切并加以体系化的能力",[①]也就是"宽容性""包容性"和"柔软性"。的确,反对用一己之是非标准裁断一切,主张从道的立场上超越是非之争,是庄子哲学的一个基本思想。《庄子》认为,对一己之见的固执源于有"成心",有了"成心"就会产生是非之心,进而"是其所非而非其所是"。但是非之争无穷无尽,孰是孰非最终不可能确定。因此,应当采取"以明"的态度,摆脱对是非的偏执,任由是与非"两行"。这就包含着一种对不同观点、不同事物的宽容态度,是一种"十日并出,万物皆照"(《齐物论》)、"兼怀万物,其孰承翼"(《秋水》)的广大、宽容之德。《庄子》这种宽容的态度建立在其"万物齐同"的哲学之上。《庄子》认为,道通万物于一,因而从道的立场上看,"万物一齐,孰短孰长?"(《秋水》)万物各有其价值:"物固有所然,物固有所可。无物不然,无物不可。"(《齐物论》)因此,"以道观之,物无贵贱"(《秋水》)。也就是说,事物皆有价值,而其价值又各有差异。按照这种"道"的价值观,就不能用唯一固定的标准对事物进行价值评判,而应从多个方面来审视事物,肯定其价值,这种灵活多维的价值观必然表现出宽容、包容的态度。汤川秀树还指出,《庄子》的这种哲学并非相对主义,这也是符合《庄子》思想实际的。《庄子》虽强调事物、言论的相对性,但在这种相对思想深处,始终贯穿着一个观念或精神,这就是"道"。在某种意义上,"道"是绝对的。因此,《庄子》哲学可以说具有相对性,但不能说就是相对主义。

(三)《庄子》寓言与类比思维

创造性思维是实现创造性发现的关键。那么创造性思维的具体

---

① 湯川秀樹:「歳をかさねること」,小川環樹編集:『湯川秀樹著作集』6,岩波書店,1989年,347頁。

方法是什么？汤川秀树指出，创造性思维的具体方式是类比推理。①所谓类比，就是为了理解一个较难理解的事物，将它与更容易理解的事物进行比较，"把它比喻成另一个更容易理解的事物"。运用类比推理可以使本来难以理解的事物变得明白："我们不很理解的事物与我们理解的事物多少有点相像。一旦我们思考出它们到底如何相像，我们不理解的事物就在一瞬间突然变得豁然开朗起来了。"②他说，"类比推理无疑是人类智能之一，没有哪一种关于创造性的理论能够不以类比推理为出发点。只有在这里，我们才能发现创造的本质。"③按照汤川秀树的看法，可以说，创造性思维实质上就是类比推理。而"在类比推理之中，最简单的形式是比喻，即寓言。"④古代的天才思想，往往是采取比喻的方式来说明复杂难解的事物。汤川秀树对创造性的类比（比喻）作了界定，即如果在说明者本人也不理解此事物的情况下，通过某一比喻使别人理解了这个事物，那么这一比喻性的说明就是创造性的。但如果说明者本人已经理解了此事物，那么他用比喻加以说明而让别人明白的过程，则不是创造性的。说明者虽然不理解此事物，但能觉察到，此事物与某个能够理解的事物有某种相似性，于是将二者相对比。通过这种对比，使得不理解的事物变得能够理解了。汤川秀树曾提出"等同确定"的概念，指"确定为相同"⑤的认识能力，即辨识并判定两个事物为同类的能力。"等同确定"的实质就是类比推理。按照汤川秀树的界定，在自己不理解某事物的情况下，通过某一比喻使别人理解了这个事物，这个比喻（类比)就是创造性类比。而在不理解某一事物的情况下进行类比,即辨识并判定两个事物为同类("等同确定"),当然不能采用逻辑的方法,而要运用直觉和想象的方法。汤川秀树指出,用比喻或寓言的方式使不理解变为理解的过程,不是狭义的理性思维的过程,不是实证的过程。它既不是演绎逻辑,也不是归纳逻辑过程,而是直觉和想象。把不理解变为理解的就是直觉和想象。

相对于科学思维中的抽象化、逻辑化,汤川秀树更加强调直觉和想象的运用,将其看作是物理学创新和变革的必要因素。他说:"在20世纪初期,物理学是能够返老还童的。如果我们更加注意用直觉或大胆的想象,来作为不可避免的抽象化趋势的一种补充,基础物理学的又一次返老还童就是可以期望的"。[1]

在论证这种比喻或寓言的创造性时,汤川秀树再次提到《庄子》。他说:

> 古代人通过寓言来向别人说明对自己来说也颇难理解的事物,这是很常见的。古人的寓言常常是在表达作者自己的思路。阅读《庄子》,会看到许多有趣的寓言,庄子自己也是通过构思创作这些寓言而理解了世界。这是不折不扣的创造性活动。[2]

汤川秀树把《庄子》的寓言看作是"不折不扣的创造性活动"。他指出,《庄子》是通过寓言创作来理解世界,也就是说,《庄子》的哲学思考具有创造性。

"寓言"是《庄子》的重要言说方式之一。[3]《庄子》的寓言,内容虽

---

① 汤川秀树著,周林东译,戈革校:《创造力与直觉——一个物理学家对于东西方的考察》,河北科学技术出版社,2010 年,第 119 页。

② 汤川秀樹:「同定ということ」,牧二郎编集:『湯川秀樹著作集』4,岩波書店,1989 年,159 頁。

③ 《庄子》提出三种言说方式,即寓言、重言和卮言。《寓言》篇云:"寓言十九,重言十七,卮言日出,和以天倪。寓言十九,藉外论之。……重言十七,所以已言也,是为耆艾。……卮言日出,和以天倪,因以曼衍,所以穷年。"《天下》篇云:"以卮言为曼衍,以重言为真,以寓言为广。"

有不同,很多具有如汤川秀树所说的类比的性质。《庄子》说,"寓言"就是"藉外论之"(《寓言》),意即借彼以论此,与比喻、类比有关,①亦类于《诗经》"比"的表现手法。汤川秀树上述意义上的类比,《庄子》中确实不少。例如上面提及的"大冶铸金"寓言,就是用金属铸造来类比万物的生成转化(用汤川秀树的术语说,就是对两者进行"等同确定")。"大冶铸金"的类比不是在理解万物生成转化的过程后用比喻进行说明,而是在直接表述未经理性理解的事物,也就是说,这一类比属于汤川秀树所说的创造性推理。其他较典型的类比如下表所示:

类比项		《庄子》原文
吹万不同, 自己自取 (天籁)	万物自然	子綦曰:"夫大块噫气,其名为风。是唯无作,作则万窍怒呺。……"子游曰:"地籁则众窍是已,人籁则比竹是已。敢问天籁。"子綦曰:"夫吹万不同,而使其自己也,咸其自取,怒者其谁邪!"(《齐物论》)
弱丧不知归	悦生恶死	予恶乎知说生之非惑邪!予恶乎知恶死之非弱丧而不知归者邪!(《齐物论》)
解牛游刃 有余	养生缘督 以为经	吾生也有涯,而知也无涯。以有涯随无涯,殆已;已而为知者,殆而已矣。为善无近名,为恶无近刑。缘督以为经,可以保身,可以全生,可以养亲,可以尽年。(《养生主》) 庖丁为文惠君解牛,……庖丁释刀对曰:"方今之时,臣以神遇而不以目视,官知止而神欲行。依乎天理,批大郤,导大窾,因其固然。……彼节者有间,而刀刃者无厚,以无厚入有间,恢恢乎其于游刃必有余地矣,是以十九年而刀刃若新发于硎。……文惠君曰:"善哉!吾闻庖丁之言,得养生焉。"(《养生主》)

① 《寓言》篇:"寓言十九,藉外论之。亲父不为其子媒。亲父誉之,不若非其父者也;非吾罪也,人之罪也。与己同则应,不与己同则反,同于己为是之,异于己为非之。"郭注:"言出于己,俗多不受,固借外耳。肩吾连叔之类,皆所借者也。"这主要是从借他人之言以取信于人的意义上说的。但与比喻、类比有关。

类比项		《庄子》原文
以有翼飞； 以无翼飞	以有知知； 以无知知	绝迹易，无行地难。……闻以有翼飞者矣，未闻以无翼飞者也；闻以有知知者矣，未闻以无知知者也。瞻彼阕者，虚室生白，吉祥止止。夫且不止，是之谓坐驰。（《人间世》）
鱼相忘乎 江湖	人相忘乎 道术	泉涸，鱼相与处于陆，相呴以湿，相濡以沫，不如相忘于江湖。与其誉尧而非桀，不如两忘而化其道。（《大宗师》） 鱼相造乎水，人相造乎道。相造乎水者，穿池而养给；相造乎道者，无事而生定。故曰：鱼相忘乎江湖，人相忘乎道术。（《大宗师》）
镜	圣人用心， 不将不迎	无为名尸，无为谋府，无为事任，无为知主。体尽无穷，而游无朕，尽其所受于天，而无见得，亦虚而已。至人之用心若镜，不将不迎，应而不藏，故能胜物而不伤。（《应帝王》）
虚舟不怒	虚己无害	方舟而济于河，有虚船来触舟，虽有褊心之人不怒；有一人在其上，则呼张歙之；一呼而不闻，再呼而不闻，于是三呼邪，则必以恶声随之。向也不怒而今也怒，向也虚而今也实。人能虚己以游世，其孰能害之！（《山木》）
兽虫不疾易 薮易水	人喜怒哀乐 不入于胸次	草食之兽不疾易薮，水生之虫不疾易水，行小变而不失其大常也，喜怒哀乐不入于胸次。（《田子方》）
足因其所不 履而行远	人因其所 不知而知天	足之于地也践（浅），虽践（浅），①恃其所不蹍而后善博也；人之于知也少，虽少，恃其所不知而后知天之所谓也。（《徐无鬼》）
容足之外	无用之用	惠子谓庄子曰："子言无用。"庄子曰："知无用而始可与言用矣。夫地非不广且大也，人之所用容足耳。然则厕足而垫之，致黄泉，人尚有用乎？"惠子曰："无用。"庄子曰："然则无用之为用也亦明矣。"（《外物》）

　　寓言及其类比的基本思维方式是直觉和想象。注重直觉和想象正是道家尤其是《庄子》思维方式的基本特征。汤川秀树推崇直觉思维的思想，应当也受到了道家哲学的影响。汤川秀树熟读《庄子》，对

---

① 王叔岷："郭氏《集解》引俞樾云：'两践字并当作浅，或字之误，或古通用也。（略）'……践、浅古通用，非字之误也。"见氏撰《庄子校诠》（下），中华书局，2007年，第987页。

其中的寓言印象深刻并有颇为深入的领会。他关于类比推理（比喻或寓言）是创造思维的观点可能受到了《庄子》思想的启发。

七、道家思想与汤川秀树的精神世界

道家思想不仅对汤川秀树的科学思维、科学研究和发现产生了重要影响，而且在他的心灵成长中也扮演了重要角色，在他的精神世界中留下了印记。

（一）道家的"虚静"与汤川秀树的"内心的平静"

汤川秀树性格内向、腼腆、敏感而又善于独立思考，他不喜与人交往。他在自传中说自己"显然是极端内向的人，即具有强烈的退回自我内心世界的倾向"，[①]"具有一种很容易心烦意乱的个性"。[②]中学时代是汤川秀树的转变期，他从此开始独立地寻找自己的精神寄托，他回忆自己的中学生活时说：

> 我在中学时期变得愈来愈沉默了。我并不缺少朋友，甚至也参加各种体育运动。总之，一个少年的精神世界在我的内心揭开了。回想起来，我当时总是褊狭地试图保护自己。因而我经常出入的地方是图书馆。……一颗敏感的心是很容易被刺伤的。为了力图确保内心的平静，我觉得必须尽量地少和别人接触。好像我力图确保自己的自由，因而在深渺的海洋上航行时需要尽可能少的同伴。我将朝什么方向航行，我不知道。我是一艘没有舵的小船。[③]

生性内向、敏感的少年汤川秀树是孤独、迷茫的，甚至是"厌世

---

① 汤川秀树：「短い自叙伝——或る物理学者の宿命」，加藤周一编集：『湯川秀樹著作集』7，岩波書店，1989年，11頁。
② 汤川秀树著，周林东译，戈革校：《旅人——一个物理学家的回忆》，河北科学技术出版社，2010年，第81页。
③ 汤川秀树著，周林东译，戈革校：《旅人——一个物理学家的回忆》，河北科学技术出版社，2010年，第81—82页。

的"。他退守于自己的世界,书籍成为他精神的养料,读书和思考成为他沉湎于自我世界的主要方式:"我有一种强烈的读书欲望,同时这也是躲进我个人世界的一种方式",①于是他"大量地阅读了各种各样的书籍"。②以前读过的书不能使他满意,他对父亲要求他读的儒家典籍《大学》《论语》《孟子》《孝经》等产生了反感。在他看来,"儒家哲学是一种不合乎人情的哲学。这是一种在我有批判力以前就早已强加在我头上的东西,而这一事实恰恰使我对这种东西产生了怀疑"。③后来,他发现了《老子》和《庄子》,并立刻为其所吸引,成为他一生最感兴趣和最喜爱的中国古代典籍,老庄的思想也从此逐渐浸润到汤川秀树精神世界的深处。

老庄哲学对汤川秀树精神世界的影响,首先是迎合了少年汤川秀树的厌世感,从而起到了精神慰藉的作用。怀着厌世心的汤川秀树在老庄哲学中找到了"知己",这在某种程度上缓解了厌世感所带来的痛苦。加之老庄思想本身所蕴藏的精神自得自适的境界,会引导汤川秀树的心灵趋向于安适宁静和自由,而力图摆脱儒家式的"不合乎情理的""强加于人","力图确保内心的平静"和"力图确保自己的自由",恰恰是汤川秀树所追求的。汤川秀树一生都在寻求"内心的平静",这构成了他精神历程的主调。而老庄哲学虚静的观念恰与他这种对心灵永恒宁静的追寻合拍。他回忆说:"中学时代倾心于老子和庄子,与幼年时代喜爱庭院式盆景,似乎也不无关系。追求封闭的、永恒寂静的世界的心境,此后也就一直潜藏在我的内心深处。"④在他看来,这种对永恒宁静的寻求,表面上看似乎与不断探索、发现和开拓的科学精神毫不相干,但实际上两者却存在某种内在联系。他说:

---

① 汤川秀树著,周林东译,戈革校:《旅人——一个物理学家的回忆》,河北科学技术出版社,2010 年,第 90 页。
② 汤川秀树:「短い自叙伝——或る物理学者の宿命」,加藤周一编集:『汤川秀树著作集』7,岩波书店,1989 年,12 页。
③ 汤川秀树著,周林东译,戈革校:《旅人——一个物理学家的回忆》,河北科学技术出版社,2010 年,第 98 页。
④ 汤川秀树:「エピクロス」,小川環樹编集:『汤川秀树著作集』6,岩波书店,1989 年,166 页。

科学家现在身处于无限的、永远开放的、变动不居的世界，但并不意味着这就是科学家所追求的理想世界。为什么他们要努力去发现物质世界更普遍的规律和更基本的构成要素？他们的内心深处，潜藏着寻求永恒寂静的世界的欲求，自己未必都能觉察到。我不知道其他科学家的看法如何，我心中确实存在着这种欲求。在我看来，这种欲求与探索开放的未知世界的欲求，从内外两方面持续地推动着我从事研究。①

由此可以看出，老庄"致虚守静"的思想与汤川秀树追求内心永恒宁静的精神气质相融合，并构成其科学探索的一个重要动力。这种潜意识的欲求成为他终生从事物理学研究的一个深层动因，他"对理论物理学抓住不放，本身就是出于追求超越了现象世界的错综变换和人类社会的对立矛盾的和谐简单的潜意识。"②阅读老庄在使他得到精神满足的同时，也加深了他的厌世感和内向性格："读这些书加深了我少年时期的厌世观。它们不仅支持我对自己过去所受教育持异议的愿望，而且也包含有真正投合我心意的东西。我越来越内向了，虽然什么也没有发生过，没有发生过一件特别令我悲观的事件。"③对科学的研究和信仰不仅不能消除汤川秀树的厌世思想，反而强化了它：

我从少年时代起就一直抱有的厌世观，没有因为对科学的信赖而完全消除。相反，甚至在科学的自然观中还发现了支持厌世思想的新因素。如果要问，超越科学的绝对之物能否扭转我的想法，我也不能明确回答。我想，"有"皆是带有相对性的对

---

① 湯川秀樹：「エピクロス」，小川環樹編集：『湯川秀樹著作集』6，岩波書店，1989年，166—167頁。

② 湯川秀樹：「徹底ということ」，小川環樹編集：『湯川秀樹著作集』6，岩波書店，1989年，19頁。

③ 汤川秀树著，周林东译，戈革校：《旅人——一个物理学家的回忆》，河北科学技术出版社，2010年，第99页。

立关系的东西,只有"无"或说"似无实有"才是绝对的,这样,最终还是归于厌世的开悟的境界,至少我是如此。[1]

在汤川秀树看来,超越"相对"的"绝对",不是"有"而是"无"(或"似无实有"),因此,厌世观最终是不能消除的,或者说,对宇宙本体("绝对""无")的领悟必然是带有厌世性质的。这里关于"相对"与"绝对""有"与"无"(或"似无实有")的看法,与老庄哲学是一致的。

老庄确实以"有"的世界为"相对",而设想一种具有"绝对"性的"无"的世界。关于万物本根的"道",《老子》描述为"无名之朴"(三十七章)、"无状之状,无物之象"(十四章),认为"天下万物生于有,有生于无"(四十章)。《庄子》则描述为"无为无形"(《大宗师》)、"无有无名"(《天地》)、"无古无今,无始无终"(《知北游》)等,认为"有伦生于无形"(《知北游》),[2]"有"的世界是相对的:"天下皆知美之为美,斯恶已。皆知善之为善,斯不善已。故有无相生,难易相成,长短相较,高下相倾,音声相和,前后相随。"(二章)《庄子》提出"齐物"的观念,揭示了经验世界的相对性。经验世界("有"的世界)既然是"相对"的,那么"绝对"就只能在超经验的("道""无"的世界)中寻求。为了达到"绝对"的境界,须"处无为之事,行不言之教"(二章),"游心于物之初"(《田子方》),进入"无"的世界。为此,就要进行"致虚守静""心斋""坐忘"的修养工夫。"无"的境界是"恬惔寂寞虚无无为,此天地之平而道德之质也"(《刻意》)。汤川秀树所谓"内心的平静",正与

---

① 湯川秀樹:「徹底ということ」,小川環樹編集:『湯川秀樹著作集』6,岩波書店,1989年,20—21頁。

② 《大宗师》篇:"夫道,有情有信,无为无形;可传而不可受,可得而不可见;自本自根,未有天地,自古以固存;神鬼神帝,生天生地;在太极之先而不为高,在六极之下而不为深,先天地生而不为久,长于上古而不为老。"《天地》篇:"泰初有无,无有无名,一之所起,有一而未形。物得以生,谓之德。"《知北游》篇:"冉求问于仲尼曰:'未有天地可知邪?'仲尼曰:'可。古犹今也。'……仲尼曰:'无古无今,无始无终。'……'不以生生死,不以死死生。死生有待邪? 皆有所一体。有先天地生者物邪? 物物者非物。物出不得先物也,犹其有物也。犹其有物也,无已。'"又《知北游》篇:"夫昭昭生于冥冥,有伦生于无形,精神生于道,形本生于精,而万物以形相生。"

这种"虚静"的境界相通。

（二）道家的"无为"与汤川秀树的"无偿的善行"

汤川秀树的厌世与一般所谓厌恶人世、否定人生的态度有所不同，它是一种"不愿与世间有太多瓜葛，只要能学习自己喜欢的事情就可以了"的心情。①也就是说，这是一种摆脱世间烦累、通过孤独探索来实现自我价值的人生态度。汤川秀树终其一生致力于物理学研究，坚韧不拔地追寻真理，正是这种人生态度的体现。而在精神上支撑他的，是从老庄哲学获取的一种责任意识。他说：

> 在我开始投身于物理学以后，当研究工作进行得不顺利时，我仍然会感觉到一股绝望的厌世情绪。后来，知道有几个欧洲物理学家自杀，觉得自己能够理解这种行为。然而我本人从未想过自杀。在我内心深处有着一种对人类、社会、家庭（社会的组成单位）、朋友和年轻研究者们的责任感。这种责任感似乎独立于我对人类的空虚和社会内部矛盾的厌恶而存在。这不是一个"取与之间"的问题，而是一种有与而无取的责任感。一种无偿的善行可能是和老子及庄子的"无"有关的。②

汤川秀树所厌恶的，是"人类的空虚和社会内部矛盾"，而他之所以没有彻底放弃（"从未想过自杀"），是因为内心深处还抱有责任感，且这种责任感超越了（"独立于"）厌恶感。这种责任感其所以能超越厌恶感，原因在于它是"有与无取"的责任感，是"无偿的善行"，这一思想与老庄的"无"有关。两者具体有什么关系，汤川秀树没有详细说明。但我们可以根据老庄和汤川秀树的文本对其中的关联作一解释。《老子》云：

---

① 汤川秀树：「短い自叙伝——或る物理学者の宿命」，加藤周一编集：『湯川秀樹著作集』7，岩波書店，1989 年，12 頁。

② 汤川秀树著，周林东译，戈革校：《旅人——一个物理学家的回忆》，河北科学技术出版社，2010 年，第 99—100 页。

　　圣人不积，既以为人，己愈有；既以与人，己愈多。天之道，
利而不害；圣人之道，为而不争。（八十一章）
　　生而不有，为而不恃，长而不宰，是谓玄德（五十一章）

《庄子》亦曰：

　　古之真人……其神经乎大山而无介，入乎渊泉而不濡，处卑
细而不惫，充满天地，既以与人，己愈有。（《田子方》）
　　建德之国。其民愚而朴，少私而寡欲；知作而不知藏，与而不
求其报；不知义之所适，不知礼之所将；猖狂妄行，乃蹈乎大方；其
生可乐，其死可葬。吾愿君去国捐俗，与道相辅而行。（《山木》）

　　老庄所言"既以为人，己愈有""与而不求其报"，正是汤川秀树所
说"与而不取""无偿的善行"的思想。在《老子》那里，"与而不取"又
表述为"利而不害""为而不争""生而不有，为而不恃，长而不宰"等，
是"天之道""圣人之道""玄德"。《庄子》则从真人精神超然完备、广
大无穷的角度阐发了"与而不取"。《老子》所谓"天之道""圣人之道"
和"玄德"，有一个基本特征，就是"无为"。《老子》说：

　　是以圣人处无为之事，行不言之教；万物作焉而不辞，生而
不有，为而不恃，功成而弗居。夫唯弗居，是以不去。（二章）

创生而不占有、作为而不恃能、长养而不主宰，就是"无为"的典型体
现。《庄子》说：

　　富贵显严名利六者，勃志也。容动色理气意六者，谬心也。
恶欲喜怒哀乐六者，累德也。去就取与知能六者，塞道也。此四
六者不荡胸中则正，正则静，静则明，明则虚，虚则无为而无不为
也。（《庚桑楚》）

这就是说,"取与"等欲念造成人心之患累,超越了这种对立性、相对性的心念,就能达到"无为而无不为"的境界。另外,所谓"知作而不知藏,与而不求其报;不知义之所适,不知礼之所将"①等,实质上也是"无为"。

汤川秀树所说的"无",正可理解为老庄的"无为"。更进一步说,汤川秀树的"无"也可与老庄超越性的、本体意义上的"无"("虚""道")联系起来。汤川秀树说他的责任感"不是一个'取与之间'的问题",这可以理解为是超越"取与"对立关系的"与",是超越"取与"相对性的绝对的"与",此正与老庄致虚守静、心斋坐忘、虚己游世的思想相合。

(三)"从老庄到人道主义"

汤川秀树自称"醉心于老庄""信奉老庄"②,但他对老庄思想既非照搬式地接受,亦非止步不前,而是从其思想的现代意义的角度加以诠释、评价,进而加以转化。人道主义是汤川秀树诠释和转化老庄思想的一个独特视角。在晚年的演讲中,汤川秀树有"从老庄到人道主义"③的提法。他引述《老子》"天地不仁,以万物为刍狗"一语,并由此引出人道主义的逻辑。他说,"天地不仁,以万物为刍狗"是《老子》中他最喜欢的一句话,因为太过冷漠疏远,没有人愿意这样表达。但它表达的却是真理,任何人都不得不接受。他解释说:

> 所谓"天地不仁"的"不仁",意思是并非特别的怜悯和同情。我们在此天地中生存,天地之中存在着包括人在内的万物,但天地不可能特意地抱着一种怜悯和同情关照人类,使其事事如意。不只是人类,对于万物也是如此。天地不会只顾猫方便,也不会

---

① 《山木》篇:"南越有邑焉,名为建德之国。其民愚而朴,少私而寡欲;知作而不知藏,与而不求其报;不知义之所适,不知礼之所将;猖狂妄行,乃蹈乎大方;其生可乐,其死可葬。吾愿君去国捐俗,与道相辅而行。"
② 汤川秀树著,周林东译,戈革校:《旅人——一个物理学家的回忆》,河北科学技术出版社,2010 年,第 100 页。
③ 湯川秀樹:「私の生きがい論──創造性と自己制御」,牧二郎編集:『湯川秀樹著作集』4,岩波書店,1989 年,322 頁。

只顾老鼠方便。天地是无意志的，它就是这样。所谓"以万物为刍狗"中的……"刍狗"就是稻草作成的玩偶，祭祀的时候作出来，祭祀完后因为没用就会被丢弃。①

文中所引《老子》原文是：

天地不仁，以万物为刍狗；圣人不仁，以百姓为刍狗。（五章）

按照汤川秀树的理解，"天地不仁"是指天地没有意志，对万物无所偏爱，当然也不特别眷顾于人类。这一解释是成立的。此如陈鼓应所说："天地不仁，天地无所偏爱。即意指天地只是个物理的、自然的存在，并不具有人类般的情感；万物在天地间仅依循着自然的法则运行着，并不像有神论所想象的，以为天地自然法则对某物有所爱顾（或对某物有所嫌弃）其实这只是人类情感的投射作用！"②"不仁"意为无心于仁爱，无所偏爱。无所偏爱又包含任其自然之义。王弼注曰："天地任自然，无为无造，万物自相治理，故不仁也。仁者必造立施化，有恩有为。……无为于万物而万物各适其所用，则莫不赡矣。"③即阐发此义。但汤川秀树并未由此申说顺任万物自然的思想，而是视角独特地引出了所谓人道主义思想，他说：

说这种话的老子自己是不是人道主义者不得而知，但即便如此，从这里可以得出我所谓的人道主义。就是说，在这个世界上，无论如何都不能否认，一切都按照人的意愿进行是不可能的。……这个世界并非对人有恶意，但也并非有意让人事事如意。……因此，我的理论是，"正因为如此"，人类才应该互相扶助地生存下去，

---

① 湯川秀樹：「私の生きがい論──創造性と自己制御」，牧二郎編集：『湯川秀樹著作集』4，岩波書店，1989 年，322—323 頁。

② 陈鼓应：《老子今注今译》（参照简帛本最新修订版），商务印书馆，2003 年，第 93 页。

③ 王弼注，楼宇烈校释：《老子道德经注校释》，中华书局，2008 年，第 13 页。

至少不要相互妨碍。善意待人当然更好，舍己为人当然更好，即使做不到这些，也不要相互妨碍。我们只能这样思考问题。①

这里所说的人道主义，是主张人与人之间相互的尊重、善意和帮助。按上述汤川秀树对《老子》"天地不仁"思想的理解，天地对人无所偏爱，它并非人格化的、有意志、有情感的神，人不能从自然得到特别的眷顾。因此，人类别无所依，只能靠自己生存下去。既然如此，人就要相互尊重和帮助，至少不能相互妨害。汤川秀树认为这是一个"极为普通""理所当然"②的道理。这种人道主义成为汤川秀树社会观的基本立场，他积极参与促进和维护世界和平的活动，也与这种人道主义思想一致。

汤川秀树认为，他的人道主义以《老子》"天地不仁"的思想为基础，但得出的结论却"一变而与老庄非常不同"，③也就是说，老庄哲学并非一种人道主义。但从汤川秀树认为老庄思想与"无偿的善行"有关④来看，他也意识到，老庄思想实际上是有其特殊的人道特性的，这可见于《老子》的"慈"和反战止杀等思想。"天地不仁"的思想在出发点上主要是自然主义的，就其采取一种超越的立场而非以人类自身为标准而言，这种自然主义不是人道主义。但《老子》中也有生养、保护、辅助而又不占有、自夸、宰制的思想，如曰："道生之，德畜之，长之育之，亭之毒之，养之覆之。生而不有，为而不恃，长而不宰。"（五十一章）又曰："辅万物之自然。"（六十四章）因此，又不能不说老子哲学带有某种人道的意味，这些思想也与其"慈"的思想相一致。

---

① 湯川秀樹：「私の生きがい論——創造性と自己制御」，牧二郎編集：『湯川秀樹著作集』4，岩波書店，1989年，324頁。

② 湯川秀樹：「私の生きがい論——創造性と自己制御」，牧二郎編集：『湯川秀樹著作集』4，岩波書店，1989年，324頁。

③ 湯川秀樹：「私の生きがい論——創造性と自己制御」，牧二郎編集：『湯川秀樹著作集』4，岩波書店，1989年，324頁。

④ 湯川秀樹著，周林东译，戈革校：《旅人——一个物理学家的回忆》，河北科学技术出版社，2010年，第99—100页。

结　语

　　以上以中江兆民、冈仓天心、夏目漱石、西田几多郎、铃木大拙和汤川秀树等人为中心,揭示了日本近代知识人对道家思想的研究、评价和受取,进而探讨了道家与日本知识人思想和精神世界的关系,从而展示出一幅道家思想在日本近代文化语境中流演、作用、转化和交融的思想史图景。通过考察可以看到,日本近代知识人与道家思想结下因缘者不在少数。一些当时声名卓著的知识人与道家思想的关涉是相当深入的,乃至道家思想已经成为他们思想或人格的一部分而不可分割。中江兆民的哲学和人格气象中潜藏着道家的风骨;冈仓天心的思想和人格中蕴含着道家道教的气质;夏目漱石的思想和信念中融入了道家的精神;西田几多郎的哲学中摄取了道家的因素;铃木大拙的禅学思想中融会了道家的观念;汤川秀树的科学思想中浸透着道家的灵感。由于这些知识人所处的思想文化地位十分重要且影响深广,因此道家思想与这些知识人的心交神游必然具有思想史和文化史的意义。道家思想与日本近代知识人的交涉,既体现于其所从事的思想文化活动中,又表现在知识人个体的精神生活中。从道家思想文化功能的角度来看,前者体现了道家思想在日本近代文化中的作用,后者则显示出其对知识人个体的意义。

一、道家思想在日本近代思想文化中的流演和作用
——以知识人与道家思想的交涉为视角

　　日本自古以来输入和接受中国传统文化,具有悠久的汉学传统。

近代以降,日本进入社会转型和文化更新的剧变时期,西学隆盛,中国传统文化在日本文化中的地位显著下降,传统汉学式微。但中国古代文化在日本文化中仍然延绵不绝,汉学在日本学术中仍占据一席之地,继续以不同方式发挥作用。当时很多知识人对中国古代思想和文化用功研习,学养颇深。他们对中国古代思想进行了取舍、改造和再诠释。作为中国传统文化的重要部分,道家在近代日本的境遇亦是如此。道家思想在日本近代新的语境下得到诠释、阐发和转化,从而在日本文化的近代化进程中发挥了独特的作用。

　　道家在日本近代思想文化中的流演和作用主要体现在它与日本近代知识人心交神游的过程中。知识人的研究、诠释、阐发是道家思想存续流演的主要方式;知识人对道家思想的吸收、融会和转化则是道家思想发挥其思想文化功能的主要方式。从思想史的角度看,道家与知识人的交涉互动既是东亚(汉字文化圈)思想史的一部分,也是道家思想史的一部分。从文化传播学的角度看,道家与知识人的交涉互动是一个道家文本的传播过程,这个过程可包含文本意义的演化和文本功能的表达两方面。前者是一个"不断学理化的过程",后者则是一个"文本功能的内化过程",也就是一个"不断生活化(生命化)的提升过程"。①知识人对道家思想的研究、诠释、阐发是文本意义的演化的过程,是道家之学(道学)的发展;对道家思想的吸收、融会和转化则是文本功能的表达和实现,是道家思想转化为精神力量或生命理念而对人及其生活发生作用。

　　在道家思想的研究、阐释方面,日本近代知识界经历了重大的变革和发展,学术范式由传统汉学变为近代中国学。道家研究方面出现了以狩野直喜、小柳司气太、津田左右吉、武内义雄等为代表的学者。还有许多学者文人虽不从事专门的道家研究,但对道家思想有所讨论和阐释。著名者如正冈子规、森鸥外、夏目漱石、高山樗牛、冈

---

① 曹智频:《论道家思想的传播与文化走向——对李锦全先生道家研究的梳理》,《广东社会科学》2009 年第 2 期,第 52—55 页。

田岭云、前田利镰、长谷川如是闲等。这些学者文人推动了日本近代道家之学的发展。一些著名知识人在对道家思想的吸收、融会和转化方面有卓越的贡献，中江兆民、冈仓天心、夏目漱石、西田几多郎、铃木大拙和汤川秀树等即是其代表。他们在近代背景下对道家思想进行消化，并吸收到日本近代思想文化之中。从学科分野和文化领域来看，上述六位知识人及其思想文化活动，涉及哲学、宗教、科学、文学、艺术、政治和伦理等，因此，道家思想与这些知识人的关系也跨越多个层面，道家思想对日本近代思想文化的作用也呈多点并现的格局。主要可从以下诸方面来理解：

一是对哲学的作用。中江兆民和西田几多郎都是自觉的哲学理论建构者。中江兆民哲学的主旨是唯物论、无神论和宇宙无限论。西田几多郎哲学则是以"纯粹经验"（"统一的意识状态"）为基础的意识哲学。中江兆民的唯物论虽是近代理论，但也吸收和改造了《庄子》的不少范畴、观念和思维方式。将《庄子》的"薪尽火传"说引向薪为本体火为作用的意义，即薪是火的本体，火不过是薪的活动和作用，没有薪就没有火。并据此论证身体是灵魂的本体，灵魂不过是身体的活动和作用，灵魂并非永存，而是随着身体的死灭而消亡。他接受《庄子》一气聚散、物化流行、变化无穷的思想，并将其与近代元素说相结合，转化建构为一种物质变化无穷且永不消灭的物质观和宇宙观。他接受道家"道"不能用闻见、言名等知性方式把握，而只能通过非知性非语言或超知性超语言的方法（"不知之知""大辩不言""得意忘言"）来体悟的知识论，提出"识虑""言论"不能穷究"至理"，而以"无言"为关于世界的最高认识的思想。他依据《庄子》"以道观之"的思想提出"观于远近"的方法，将大小、长短、得失、生死等都看作是相对的，生命的价值不在于其时间的长短，而在于自身的内涵；又依据《庄子》"死生存亡一体"的思想，把生与死看作是相互依存和包含的关系，由此形成他"虚无海上一虚舟"的独特的生死哲学。西田几多郎的哲学论述中直接使用道家文句的情况并不多，但从其哲学的特性来看，西田哲学更接近道家哲学。其关于"纯粹经验"的很多意义设定和描述都有取于老庄之"道"的"混沌通一"特征。而且在一些关键性的阐释上,他还是直接使用了老庄的语句。西田几多郎用《庄子》"道进乎技"的思想来阐发其"知的直观"概念;其关于"善"是"自我的发展完成""发挥人的天性自然"的思想中,蕴含着《庄子》本性自然至上论和"安其性命之情"的观念。

夏目漱石的文学和铃木大拙的禅学都有其哲学的依据,而道家的"自然"观念在其哲学中占有极为重要的地位。夏目漱石文学的两大主题,即文明批判和精神解脱,都是以道家"自然"观念为基本精神,"自然"观念既是他进行文明批判的依据,也是追求心灵解脱的理想和方式。夏目漱石承续了道家的"自然"思想,并进行了文学化的发挥和丰富。如天性和命运意义上的"自然",平等无私意义上的"自然",自然世界的诗意的"自然"以及主体性、境界性的"无我"意义上的"自然"等,都是道家"自然"观念已经蕴含的意义,夏目漱石吸收并以文学的形式对其加以表达和发挥,形成一种跨文化的文学形态的道家"自然"思想。"无我"意义上的"自然"以《庄子》物化逍遥和超越生死的思想为主要内涵,并与老庄超越感性知性的直观(道观)思维密切联系。夏目漱石主要是以文学方式诠释道家的"自然",铃木大拙则更自觉更系统地对道家"自然"概念的意义进行哲学的阐发,他依循道家"自然"思想的脉络加以扩展,并试图在近代语境下进行新的建构。铃木大拙的道家"自然"论构成日本近代道家"自然"概念诠释的一个重要方面。他明确规定了"自然"概念的自己如此、自然而然和心之本然本真状态的意义,这是对道家"自然"观念的自觉继承和发展。这种道家式的"自然"通过铃木大拙的诠释和融会,以主体性"自然"的形式被吸收到他的禅悟理论中,并主要体现为"去我""无心""妙""自由"等重要思想,成为日本近代思想的一个重要组成部分。夏目漱石和铃木大拙的共同点是接受了道家的"自然"观念并突出和深化了其主体性"自然"的方面,这使得道家"自然"观念通过文学和禅学两种途径融入日本近代思想文化。

二是对文艺理论的作用。冈仓天心和夏目漱石在文艺理论方面皆有所阐论,而他们的论述多依据道家思想。冈仓天心在阐述艺术的最高境界、艺术的本质特征、理想的艺术家及艺术欣赏等问题时,都有取于道家思想。冈仓天心根据道家气论来理解"气韵生动"的美术观,把《庄子》遵循气化流行、顺应造化的哲学作为美术评论的根据;他通过《庄子》"无用之用"的思想来理解艺术的本质特征;他借助《庄子》"道进乎技"的思想,把理想的艺术家规定为能表现"道"的"完全的人",而不是局限于某一技艺的匠人;他依据老庄不固执己意、任物自然而得其本真的思想来理解艺术欣赏活动,认为艺术欣赏的终极意义是艺术作品使欣赏者心灵开放而进入自然敞开的状态,超越自身局限而得到升华。夏目漱石对文艺活动最高理想、文学创作的态度和艺术的本质等问题有所阐发。他用《庄子》的"逍遥"来诠解作为文艺活动最高理想的"还原感化"境界;他依据《庄子》的"游刃有余"来诠解"低徊趣味"的创作态度;他用《庄子》"道进乎技"的思想来诠释艺术的"自我表现"本质,用老庄超越智巧和技能而达于道境的思想来阐释不依赖智巧而完全出于自然的理想艺术。透过冈仓天心和夏目漱石关于文艺理论的探讨,可以窥见道家思想在日本近代文艺理论中的作用。

三是对自然科学的作用。汤川秀树把《庄子》"知鱼乐"的直觉看作认识基本粒子的方法;他肯定老庄以"浑沌"("有""无"未分)来描述宇宙本原的观点,并将其运用到对基本粒子本质的解释中;与《庄子》"化"的思想相一致,他把基本粒子的本质即"基本实在"描述为既不断生灭转化又具有恒常性的过程;他受到《庄子》"万物—天地"或"物—道"思想的重要启发,而建立"基元域"概念;他将《庄子》"大冶铸金"的寓意引向"看不见的铸型"即基本粒子层面的物理学规律。老庄道家思想在汤川秀树的物理学探索中发挥了创造性思维的作用。而汤川秀树也自觉认识到老庄道家思想所具有的创造性思维特征。他认为,老庄思想具有"经过"性,这种特性使其能向人类呈现一个开放的世界,即具有开放的世界观,因而具有消除偏见的开放心灵和宽容精神。老庄道家崇尚直觉思维方式,汤川秀树也把这种直觉思维看作创造性思维的一种重要形式。他尤其重视《庄子》的类比思维(《庄子》的寓言及其类比推理也是直觉思维),将其视为创造性思维的一个重要特征。汤川秀树通过吸收和转化将老庄思想引入到近现代理论物理学乃至整个自然科学的思想空间之中,激发出其所蕴藏的自然科学思想和智慧,使这一中国古老思想在跨文化的近现代自然科学领域中获得新的生命和存在形式。

四是对社会文化批判的作用。日本近代知识人运用道家思想展开社会文化批判的不在少数。田冈岭云、长谷川如是闲等人的批判主要是针对社会制度,是社会批判。冈仓天心、铃木大拙、夏目漱石的批判则侧重文化和文明,是文化批判和文明批判。冈仓天心遵循老庄文化和文明批判的逻辑,接受《庄子》对追逐外物、为技术所奴役而丧己失性的反思和对精神自由的向往的思想,站在守护和涵养人的本真之性的立场上,批评贪欲、智巧、技术等对人的异化。夏目漱石以老庄"自然"观念反思日本近代的"文明开化",认为这种"外发"的现代化是不"自然"的,"自然"的现代化应当是"内发"的;他以老庄反智巧思想透视现代人的精神焦虑,指出现代化进程伴随着人类知性的滥用和异化,而只有"无我"的心灵转换能治疗这种病症;他以老庄淡泊名利的精神批判名利智巧至上的价值观念,认为现实社会中追名逐利的现象与过度的知识智巧密切相关,这是对人的天性的背离。主张追求忘怀名利智巧,超越是非、善恶、生死的解脱之境。显然,这些思想都贯彻了老庄哲学的理路和观念。铃木大拙依据道家物我为一、主客无别及"自然"的思想,批判近代"征服"的价值观,看到了万物的"自然"性,揭示了"征服"价值观"物—我""主—客"二元思维的本质。他遵循老庄道家由护养人的真性出发对技术和制度等外在束缚进行反省的思路,批判近代机械文明导致技术和制度上的单面化和人的异化(个性丧失和伪善),并按照老庄以道观直觉超越一般知识的思路,进一步剖析了机械化的认识论基础即"概念化"或"知性化"。铃木大拙的文明批判亦如老庄道家那样,从技术和制度层面深入到认识层面、精神层面。从技术、制度、知识、道德等各层面进行文明反思,是老庄哲学的基本品格和突出特征。冈仓天心、夏目漱石和铃木大拙等知识人从近代日本社会文化的现实出发所进行的文明批判,承继和深契于老庄的批判精神,使老庄思想跨越时空而在域外发出智慧的光芒。

二、道家思想对日本近代知识人个体的精神意义

日本近代知识人与道家交涉者颇多,他们中有出于学术目的而把道家作为单纯的研究对象的,更有出于精神上的倾慕而与道家进行心灵交往者。在后一种情况下,道家就不同程度地成为知识人心灵安顿和精神超越的哲理依据和观念资源。上面重点考察的六位知识人都不同程度地以这种方式接受了道家思想。

中江兆民之与道家结缘,其汉学师承(中江兆民之师冈松瓮谷及冈松瓮谷之师帆足万里皆为庄学名家)或是一个因素,但更重要的因素,还是他的人格和思想与老庄“情投意合”。他以“秋水”“逍遥老人”“南海仙渔”等为号,这些名号皆有极鲜明的庄学象征意义。他还以“南海先生”自比,并用《庄子》“邀游太虚”(《知北游》)、“登藐姑射之山,游无何有之乡”(《逍遥游》)之语描述“南海先生”,可见其对《庄子》精神境界的向往。《庄子》超脱逍遥的思想和境界使中江兆民产生内心的共鸣,而使他人格中超脱世俗、持守本真、“放浪纵横、天真烂漫”的特征得以彰显,而成为“明治的畸人”。生死观是人生观的深层体现,也是人的精神寄托和归宿的重要体现。对死的态度决定了对生的理解,从而决定了人的精神世界的格调和基本的生活方式。中江兆民在面临突如其来的死亡时所采取的态度完全是庄子式的,即以生命长短的相对性来消解对生命长短的价值判断的差别,而把生命的意义放置在生命本质的实现上。这种生死观体现于中江兆民的一生中,就是天真烂漫、超脱逍遥、通达不拘的人生态度。《庄子》的哲思和精神激发和滋润了中江兆民的心灵,使它有所寄托,得以安立。作为一个坚定的唯物主义和无神论者,中江兆民不可能以宗教为心灵归宿,也没有选择在日本颇有影响的儒家思想为一生的追求,

而是对《庄子》情有独钟,心向往之。说《庄子》已经发挥了中江兆民精神安立之所的作用恐不为过。总之,我们无法绕开《庄子》及《老子》谈论中江兆民,两者是不能分离的。

冈仓天心从青少年时代就显露出道家道教式的脱俗情怀,中年以后转变成对道家道教的醉心和信奉。事实上,他的最终追求是"成为一名道者"。他曾身着道士服装,仿效道士生活,晚年在五浦隐居,自称"五浦钓徒",还自号为"浑沌童子""混沌子""遂初居士""春风道人""鹤鼙道人"等,这些称呼类似于道士的道号。道家道教是他精神世界中的主调,可以用"仙风道骨"来形容冈仓天心的人格气象,用精神道教徒来定义冈仓天心的一生。冈仓天心的学术活动主要涉及美术论和艺术论,但其思想视域实际上已扩展和上升到整个精神文化层面。而他对精神文化问题的探讨又与自己的精神追求和归宿密切相关。他怀抱在各种精神文化中寻找自己心灵的安顿之所的强烈愿望,这也使他的思想带有宗教的意味。他是既"具有广博的知识和超俗的识见",又具有浓厚宗教感的知识人。他的宗教感最终落实在道家道教上。其原因也许是复杂的,但他的个人气质、他所从事的美术和艺术专业、他的东方文化观以及道家道教的特质和魅力应当是主要原因。他在道家道教中既获得了"仰天自有初,观物竟无吾"的哲思和境界,又找到了信仰的依归,并自证了东方文化相对于西方文化的地位和价值。

夏目漱石主要是经由汉文学开始接触和了解道家道教,并与道家道教思想保持终生的精神交游关系。他一生探寻灵魂的安顿和心灵的解脱,也就是追求道家式的"无我"境界。夏目漱石青年时代即为道家思想所吸引,晚年以后,他"非耶非佛又非儒,穷巷卖文聊自娱",不从耶、佛、儒中寻求拯救和归宿,而是萌发强烈的求"道"意识,转向对悟道境界的追求。他所求的"道"是道家的"自然"之"道"。他提出饱含道家精神的"则天去私"说,这是"无我"境界在他晚年的体现。汉诗中频频出现的"白云""闲云""仙乡""仙""紫府""蓬莱""昆仑""松鹤""丹""壶中""养真"等词,象征着夏目漱石"无我"之"道"的道家道教内涵。"则天去私"既是他最后的精神依归,也彰显为他淡泊名利、守拙持顽、高迈脱俗的人格特征。道家道教对于夏目漱石的精神生命和文学生命具有非同寻常的意义。

西田几多郎以治西方哲学著名,其哲学体系也以西方哲学为构架。但其哲学的灵魂中却洋溢着东方(主要是道、禅)哲学的精神。从西田几多郎的精神成长历程看,这无足为怪。他早年就喜爱道家,"窗前好读道家册,月明清风拂俗尘"。乃至把道家思想作为自己精神的寄托。从道家思想中获得的启发和产生的共鸣,扎根于他心灵的深处并伴随他一生。这些道家的思想和观念因子必然融入他的哲学创作中,寓于他的思想体系中。作为他心灵依归的集中体现的西田哲学的核心范畴,从"纯粹经验"到"无＝场所的逻辑"(他以"无"来把握道家哲学乃至中国精神文化),都内蕴着道家的思维和观念。这正如他自己所说,是"以道为体,以学问为四肢"。道家思想对西田几多郎的影响是内在而深刻的。

铃木大拙是佛教禅宗的信仰者,禅宗教义无疑是他所皈依者,禅学是他所信奉者。道家思想对他的精神世界的影响是通过与禅学的融合实现的。与日本近代许多知识人一样,铃木大拙也是早年开始熟悉并倾慕于道家思想,此后终生与道家因缘不断。他是在对禅学与道家的相融互通有充分自觉的情况下接受和运用道家思想的。他认为,禅学是老庄思想与印度佛教交融的产物,是佛教"为中国人实用性、现实性的方面所消化和同化"的结果。因此,老庄思想"与禅有着必然的联系"。尽管禅学不等于老庄之学,但他所理解的禅学具有显著的道家特性则是无疑的。他所皈依的禅悟之境的一个重要特征就是道家式的主体性"自然"。禅悟的"去我""无心""妙""自由"等义涵,无一不是通过道家思想得到阐释。因此,道家思想不但是他论证自己学术观点的论据,而且成为他精神信仰的内在因素。可以说,铃木大拙信奉佛教禅宗,同时也信仰着道家的理念。

汤川秀树的一生,不仅走过了一个不断探索科学真理的历程,而且经历了一个克服内心的迷惑、苦闷而不断成长的心路历程。道家思想不仅为他的科学发现提供了思想资源和智慧启迪，而且在他的心灵成长中也扮演了重要角色。汤川秀树终生都在追寻"内心的平静"，这构成了他精神世界的主调。而老庄哲学"虚静"的观念恰与他这种对心灵永恒宁静的渴求合拍，因此他"醉心于老庄""信奉老庄"，用老庄的"虚静"观念慰藉和滋养自己的灵魂，并将其根植于内心。他从老庄"为而不恃，功成弗居"的"无为"思想中获得一种摆脱世间烦累、通过孤身求索实现自我价值的人生态度和"与而不取"的责任意识，这成为他坚韧不拔地从事科学活动的精神支撑。他还试图将老庄思想引向人道主义。从理论创新的实现到个人境界的提升，汤川秀树都与道家结下了不解之缘。

三、关于道家思想现代性和世界性的思考

道家思想在日本流传久远，积淀深厚。作为文化创造和传承者的知识人始终是容受道家思想的先锋和主力。道家思想在日本前近代思想文化中已经发挥了重要的作用。通过对道家思想与日本近代知识人关系的考察可知，近代以后，随着日本文化的剧烈变革，道家思想对日本文化产生作用的范围、领域和方式虽有所改变，但其展现思想文化功能的场域和方式基本没有变化，即主要是在哲学、宗教、文艺、自然科学和社会文化批判等领域发生作用。①

如果将上述道家在日本文化中的作用与其在本土文化中的作用作一对照，可以看到两者是基本一致的。道家是中国传统思想文化的主要组成部分，在中国思想文化中占有极其重要的地位。从历史上看，道家在本土文化中的作用和贡献是多层面的，既涉及思想世界

---

① 笔者曾将道家思想在日本前近代思想文化中的作用归纳为七个方面，即为思辨哲学和自然哲学的建构提供资源、为宗教教义提供理论根据、为社会文化批判提供基本理路和观念资源、为正统政治思想提供补充和变革因素、为知识阶层心灵安顿和精神超越提供哲理和观念资源、丰富和深化文艺理论、推动智慧学的发展等。若将对智慧学的作用归入哲学领域的作用的话，就是六个方面的作用。近代以后，这六个方面的作用中，为宗教教义提供理论根据、为正统政治思想提供补充和变革因素等两方面的作用表现不明显或弱化，其他四个方面则仍然存在，只是呈现出新的特征。参见拙著《道家思想在日本的传播和影响》，人民出版社，2013年，第279—294页。

和精神生活,也涉及现实世界和社会生活。但其产生重大作用和深远影响的还是思想和精神的层面,且主要是哲学、宗教、文艺、自然科学和社会文化批判等领域。牟钟鉴将道家在中国文化史上的地位和贡献概括为"构成中华精神的一个重要侧面"、"推动中国理论思维的发展"、"促进中国美学和文艺的繁荣"、"形成批判官方权威的异端思想传统"、"成为历代一批隐逸之士的精神慰藉"、"演变为君人南面之术"、"接引佛教哲学进入中国思想学术领域"等几个方面。[1]其中"推动中国理论思维的发展"和"接引佛教哲学进入中国思想学术领域"大致相应于在哲学和自然科学领域的作用;"促进中国美学和文艺的繁荣"相应于在文学艺术领域的作用;"形成批判官方权威的异端思想传统"基本相应于在社会文化批判领域的作用;"成为历代一批隐逸之士的精神慰藉"相应于对知识人的精神意义;而"构成中华精神的一个重要侧面"则是融合各方面作用的结果。崔大华等学者主要通过探讨道家对中国古代思想体系(儒释道)、文学艺术、自然科学、社会生活(包括政治实践、知识人精神生活和民间世俗生活)的影响,来揭示道家在中国传统文化中的地位。[2]其中道家对中国古代思想体系(儒释道)的影响,实际上主要体现在哲学(如先秦诸子、魏晋玄学、宋明理学等)和宗教(道教、佛教)上,而道家对知识人的精神生活的影响基本相应于对知识人的精神意义。因此,崔大华等所指出的道家发挥文化功能的主要领域也包括哲学、宗教、文艺、自然科学等。至于牟氏说道家演变为君人南面之术和崔氏说道家在中国政治实践中的影响,历史上是存在的。但是,应当注意到,道家的影响一来可能更多的是体现在理论而非实践层面,二来道家思想在实际政治中多发生转变,被作为治术和权术使用,而其原本的政治理念并未得到贯彻。换言之,真正的道家思想在实际政治中的影响并不是主导性的。道家思想对大众的人生观也有一定影响,但很大程度上是间接

---

[1]　牟钟鉴:《道家和道教论稿》,宗教文化出版社,2014年,第84—89页。
[2]　见崔大华等:《道家与中国文化精神》,河南人民出版社,2003年。

的,即道家思想经过世俗化并与其他观念结合而产生的影响。此外,上述观点没有提及道家对宗教的作用,但牟钟鉴所述对中国理论思维发展、接引佛教哲学和成为中国文化精神的重要组成部分等方面,也涉及到对宗教的影响。道家曾发挥了论证宗教教义教理的作用,最显著的体现莫过于对道教理论建设的决定性作用。总之,道家思想在本土文化中的功能虽普遍体现于多个方面,但集中体现在哲学、宗教、文艺、自然科学和社会文化批判等领域。

道家在日本文化中扮演了与在本土文化中基本相同的角色,说明两个问题,一是道家的特质决定了它发挥功能的方式;二是道家的文化功能在跨文化的条件下也可以实现。如果进一步对道家文化功能得到充分彰显的领域作一分析,会发现这些领域都是更具思辨性、形上性、直觉性的特点,道家更能在具有这些特点的领域发挥作用,哲学、宗教、社会文化批判、美学和文艺理论、自然科学等莫不如此。[①]从现代学科分类的角度来看,道家作为一个学派和思想体系无疑是跨越多学科的。但如果要对它加以学科定性的话,究竟与哪个学科更近似,即其学科特质为何? 答案恐怕非哲学莫属。道家作为一个综合的思想文化系统,其核心是哲学(形上学)。从理论的属性看,道家最重要、最具标志性的范畴、思想和观念,如"道""德""一""气""自然""无为""逍遥""齐物""物化""天人""有无""玄""虚"等等,无不首先是哲学的,其次才扩展出其他学科的意义。从思想文化史看,道家开创和奠基了中国传统哲学体系,推动了其理论的建构和发展,并一直在中国传统哲学系统中占有极其重要的地位。围绕道家在中国哲学史上的地位问题,有学者还提出了"道家主干说"、"道

---

① 崔大华等学者指出:"儒家文化在受社会上重视的一些领域中,诸如政治伦理、社会伦理、道德、教育等方面确实是具有主导地位的,所谓'半部《论语》治天下'之说,便可见一斑。但是,在哲学、美学和文学艺术创作等领域中,道家思想的影响远远大于儒家。也就是说,儒家文化在与现实社会联系密切的学术领域中具有领先的主导地位,而道家文化则在那些具有强烈思辨色彩和需要丰富想象力和创造力的学术领域中发挥着重要影响。"见崔大华等:《道家与中国文化精神》,河南人民出版社,2003 年,第268 页。

家根基说"等。①这些学说虽仍存争议,但无疑是理解道家在中国哲学史上地位的一个具有积极意义的重要观点。这些都说明,道家的学科特质就是哲学,而由此特质扩展出的相关特性,如美学和文艺学、自然观、批判思想等方面,也在中国思想文化中发挥了显著的作用。②道家思想的这一思辨、形上特质也有利于它实现跨时空、跨文化的功能。

　　道家思想在本土和域外的历史作用,为我们认识它的特质和功能提供了依据,也为我们思考其超越传统的现代性和超越本土的世界性提供了重要启示。道家思想产生于中国古代社会,却能够跨越两千多年在东域扶桑为知识人所青睐,在他们的文化创作和精神成长中扮演重要角色,说明它古老悠久却慧命犹存,兴于中土而流传域外。它可以历久弥新,可以广结惠缘。日本近代知识人虽然接受了欧风美雨的洗礼,但是并没有完全抛弃中日传统文化,而是有所选择地加以吸取。他们中不少人肯定和重视中国传统文化的价值并善加活用,对道家也不例外。日本近代知识人所理解的道家思想都是通

① 陈鼓应指出,中国哲学史是以道家为主干,道、儒、墨、法诸家互补发展的历史。中国哲学史上的多数重要概念、范畴都出于道家,如:道、德、理、气、心、性等;而且中国哲学发展的每一重大阶段及每一重大学派无不深受道家的影响,特别是在理论架构方面。先秦至魏晋,道家哲学在哲学上居于主导地位,宋明理学(或道学)"从理论系统的建构到哲学思想的内核都未脱老庄的窠臼"。见陈鼓应:《论道家在中国哲学史上的主干地位——兼论道、儒、墨、法多元互补》,《哲学研究》1990 年第 1 期,第 100—107 页;陈鼓应:《道家在先秦哲学史上的主干地位》,《道家文化研究》第 10 辑,第 7—64 页。孙以楷指出:"不妨以大树比喻中国古代哲学,其主干是儒道互补……而树根则是道家哲学。道家哲学为中国古代哲学提供了本原本体论基础,提供了辩证的思维方式,提供了道德、太极、阴阳、有无、理、气、心、性等一系列基本范畴。儒、墨、法、名、阴阳各家,都在这一本原本体论基础上,运用辩证的思维方式,以道、气等基本范畴为构件,结合本学派学说的特定内涵,各自建构了自己的哲学体系。"见孙以楷主编:《道家与中国哲学》(先秦卷),人民出版社,2004 年,第 25 页。

② 徐复观指出:"当庄子从观念上去描述他之所谓道,而我们也只从观念上去加以把握时,这道便是思辨的、形而上的性格;但当庄子把它当作人生的体验而加以陈述,我们应对于这种人生体验而得到了悟时,这便是彻头彻尾的艺术精神。"见氏著《中国艺术精神》,广西师范大学出版社,2007 年,第 37 页。这一论述就是对道家哲学与文艺思想关系的说明。从道家思想自身的逻辑来看,它由哲学所扩展出的不仅是美学和文艺学、自然观、批判思想等,还有政治学、伦理学、教育学等,这些方面虽未在中国传统文化中产生重大影响,但具有很高的学术和思想价值。

过日本近代语境表达出来的,对道家思想的吸收和援用都是在近代
情境下实现的,在此意义上,他们所诠解和援用的道家思想都具有近
代性。仅就自觉地从近代立场理解、吸收和援用道家思想而言,大致
可分为两种情况,一是以道家思想回应时代问题。这就如同以道家
之"刀"解日本近代之"牛",使道家思想面对近代日本社会文化并与
之互动,从而产生一种与近代性相关联的道家思想。例如,依据老庄
思想批判近代文明(冈仓天心、夏目漱石、铃木大拙),批判近代"征
服"观念和过度机械化对人的异化(铃木大拙),反思近代化进程中的
过度知性化和对名利的过度追求(夏目漱石),治疗异化所引起的人
的过度自我意识和神经衰弱,追求本真的境界(夏目漱石、铃木大
拙)等。二是以西方思想诠释道家思想。日本近代知识人多从近代
(西方)文化的视角来审视道家,以西方思想为参照来诠释道家思想,
或用道家思想支援西方观念,或将道家思想与西方思想相融会。如
就《老子》来说,近代日本对《老子》的引用和论述,大多与西学相关
联,或用西方的理论和方法分析《老子》,或因西方的社会主义、乌托
邦主义、人道主义、自然主义等思潮的刺激,而重新发现了《老子》的
价值。①对《庄子》的诠释也是如此,涉及西方经验主义哲学、无意识
学说、平等观念、自由观念、理论物理学等。例如,以近代西方 nature
概念为参照诠释道家的"自然"观念(铃木大拙);以近代西学的"无意
识""自由"等为参照诠释道家主体性的"自然"境界(铃木大拙);以近
代西方平等观念诠释道家的"齐物"思想,同时用道家思想支援近代
平等观念(中江兆民);以近现代自然科学诠释老庄思想,又以老庄思
想启发科学思维(汤川秀树)。实际上,这种以近代西学为参照来审
视和诠释道家思想的学术活动在道家的故乡中国也出现了。严复是
近代将中学与西学进行融会贯通的典范,他引进进化论和天赋人权
的观念,同时试图在道家文化的土壤上嫁接新的民主思想的种子,在

---

① 参见曹峰:「近代日本における老子像」,『人文科学』(16)2011-03,大東文化大学人文
科学研究所,89 頁。

道家思想中挖掘自由主义的传统资源；王国维深研西方叔本华和尼采哲学，又在《人间词话》中以道家庄学忘我之境阐发诗词创作的境界说；受过系统西方现代哲学训练的金岳霖，赋予《老子》形上之道以全新的内涵。方东美、宗白华、汤用彤、蒙文通、冯友兰、熊十力等一批近代著名学者都对道家思想的近代诠释作出了贡献，推动了道家思想和时代精神的结合。①以近代西方思想为参照诠释和转化道家思想，同时也是用道家思想来解释、会通、反省近代西方思想，这是一个对话和互动的过程。伴随着这一对话和互动过程的，是道家思想的近代转化，古老的道家思想由此生发出新的意义。

　　道家思想与中日近代知识人息息相通，并在中日近代思想文化中大放异彩，展示了古老的道家思想为近现代文化所拥抱，融入近现代思想文化而成为其有力的支撑，显示出它跨越时空、历久弥新的思想生命力。道家研究者应当充分意识并估量这种生命力，通过深入系统的诠释和转化，使道家思想能化为现代文明的有机因子和精神力量，从而走向世界、走向未来。

①　参见陈鼓应主编：《道家文化研究》第二十辑，生活·读书·新知三联书店，2003年。

参 考 文 献

一、原始资料类

1. 王弼注,楼宇烈校释:《老子道德经注校释》,中华书局,2008年。
2. 王卡点校:《老子道德经河上公章句》,中华书局,1993年。
3. 朱谦之:《老子校释》,中华书局,1984年。
4. 高亨:《老子注译》,清华大学出版社,2010年。
5. 陈鼓应:《老子今注今译》(参照简帛本最新修订版),商务印书馆,2003年。
6. 刘笑敢:《老子古今》(五种对勘与析评引论)(上下卷),中国社会科学出版社,2006年。
7. 高明:《帛书老子校注》,中华书局,1996年。
8. 李零:《人往低处走:〈老子〉天下第一》,生活·读书·新知三联书店,2008年。
9. 方勇:《庄子纂要》(增订版)(全九册),学苑出版社,2018年。
10. 林希逸著,周启成校注:《庄子鬳斋口义校注》,中华书局,1997年。
11. 褚伯秀撰,张京华点校:《庄子义海纂微》,华东师范大学出版社,2014年。
12. 郭庆藩撰,王孝鱼点校:《庄子集释》(上中下),中华书局,2014年。
13. 王先谦、刘武撰,沈啸寰点校:《庄子集解·庄子集解内篇补正》,中华书局,1987年。
14. 钟泰:《庄子发微》,上海古籍出版社,2002年。

368

15. 王叔岷:《庄子校诠》(上下),中华书局,2007年。

16. 陈鼓应:《庄子今注今译》(上中下),中华书局,1983年。

17. 方勇、陆永品:《庄子诠评》(增订新版)(上下),四川出版集团巴蜀书社,2007年。

18. 陈鼓应:《黄帝四经今注今译——马王堆汉墓出土帛书》(参照简帛本最新修订版),商务印书馆,2007年。

19. 黎翔凤撰,梁运华整理:《管子校注》(上中下),中华书局,2004年。

20. 陈鼓应:《管子四篇诠释——稷下道家代表作解析》,商务印书馆,2006年。

21. 汪继培辑,黄曙辉点校:《尸子》,华东师范大学出版社,2009年。

22. 陈奇猷校注:《吕氏春秋》,上海古籍出版社,2002年。

23. 何宁撰:《淮南子集释》(上中下),中华书局,1998年。

24. 王先谦撰,沈啸寰、王星贤点校:《荀子集解》(上下),中华书局,1988年。

25. 黄晖撰:《论衡校释》(全四册),中华书局,1990年。

26. 张君房编,李永晟点校:《云笈七签》(全五册),中华书局,2003年。

27. 慧能著,郭朋校释:《坛经校释》,中华书局,1983年。

28. 普济著,苏渊雷点校:《五灯会元》(上中下),中华书局,1984年。

29. 司马迁撰,裴骃集解,司马贞索隐,张守节正义:《史记》(第六册),中华书局,1959年。

30. 司马迁撰,裴骃集解,司马贞索隐,张守节正义:《史记》(第十册),中华书局,1959年。

31. 班固撰,颜师古注:《汉书》(第六册),中华书局,1962年。

32. 松本三之介、松沢弘阳、沟口雄三、松永昌三、井田進也编集:『中江兆民全集』(第11—17卷,别卷),岩波书店,1984—1986年。

33. 松永昌三编集:近代日本思想大系3『中江兆民集』,筑摩书房,1974年。

34. 中江兆民著,吴藻溪译:《一年有半·续一年有半》,商务印书馆,2007年。

35. 中江兆民著,滕颖译:《三醉人经论问答》,商务印书馆,1990 年。

36. 安田靫彦、平櫛田中監修:『岡倉天心全集』(全 8 卷,別卷 1),平凡社,1979—1981 年。

37. 梅原猛编集:近代日本思想大系 7『岡倉天心集』,筑摩書房,1976 年。

38. 冈仑天心著,蔡春华译:《中国的美术及其他》,中华书局,2009 年。

39. 冈仑天心著,谷意译:《茶之书》,山东出版集团山东画报出版社,2010 年。

40. 岩波書店漱石全集編集部:『漱石全集』(第 16—24 卷,別卷),岩波書店,1995—1997 年。

41. 夏目漱石:『文学論』,大倉書店,1907 年。

42. 夏目漱石著,刘振瀛译:《我是猫》,上海译文出版社,2011 年。

43. 夏目漱石著,陈德文译:《哥儿》,上海译文出版社,2014 年。

44. 夏目漱石著,陈德文译:《草枕》,上海译文出版社,2014 年。

45. 夏目漱石著,茂吕美耶译:《虞美人草》,北京联合出版公司,2013 年。

46. 夏目漱石著,吴树文译:《三四郎》,上海译文出版社,2010 年。

47. 夏目漱石著,吴树文译:《后来的事》,上海译文出版社,2010 年。

48. 夏目漱石著,吴树文译:《门》,上海译文出版社,2010 年。

49. 夏目漱石著,赵德远译:《春分之后》,上海译文出版社,2013 年。

50. 夏目漱石著,张正立译:《使者》,上海译文出版社,2013 年。

51. 夏目漱石著,竺家荣译:《心》,陕西师范大学出版总社有限公司,2013 年。

52. 夏目漱石著,魏雨译:《路边草》,北京联合出版公司,2013 年。

53. 夏目漱石著,于雷译:《明暗》,上海译文出版社,1987 年。

54. 夏目漱石著,吴树文译:《玻璃门内:夏目漱石小品四种》,上海文艺出版社,2012 年。

55. 夏目漱石著,文洁若译:《杂忆录》,红旗出版社,2013 年。

56. 夏目漱石撰,殷旭民点校:《夏目漱石汉诗文集》,华东师范大学出版社,2009 年。

57. 竹田篤司、クラウス・リーゼンフーバー、小坂国継、藤田正勝編
    集:『西田幾多郎全集』(第 1—20 卷,第 22—24 卷),岩波書店,
    2002—2009 年。

58. 竹内良知編集:近代日本思想大系 11『西田幾多郎集』,筑摩書
    房,1974 年。

59. 西田几多郎著,何倩译:《善的研究》,商务印书馆,2007 年。

60. 久松真一、山口益、古田紹欽編集:『鈴木大拙全集』(増補新版)
    (全 40 卷),岩波書店,1967—2003 年。

61. 古田紹欽編集:近代日本思想大系 12『鈴木大拙集』,築摩書房,
    1974 年。

62. 铃木大拙著,谢思炜译:《禅学入门》,生活・读书・新知三联书
    店,1988 年。

63. 铃木大拙著,刘大悲、孟祥森译:《禅与生活》,黄山书社,2010 年。

64. 铃木大拙著,耿仁秋、杨晓禹译:《禅风禅骨》,中国青年出版社,
    1989 年。

65. 铃木大拙、佛洛姆等著,孟祥森译:《禅与心理分析》,海南出版社,
    2012 年。

66. 牧二郎編集:『湯川秀樹著作集』4,岩波書店,1989 年。

67. 豊田利幸編集:『湯川秀樹著作集』5,岩波書店,1989 年。

68. 小川環樹編集:『湯川秀樹著作集』6,岩波書店,1989 年。

69. 加藤周一編集:『湯川秀樹著作集』7,岩波書店,1989 年。

70. 渡辺慧編集:『湯川秀樹著作集』別卷,岩波書店,1990 年。

71. 汤川秀树著,周林东译,戈革校:《创造力与直觉——一个物理学
    家对于东西方的考察》,河北科学技术出版社,2000 年。

72. 汤川秀树著,周林东译,戈革校:《旅人——一个物理学家的回
    忆》,河北科学技术出版社,2000 年。

73. 汤川秀树著,那日苏译:《人类的创造》,河北科学技术出版社,
    2002 年。

74. 汤川秀树著,乌云其其格译:《现代科学与人类》,上海辞书出版社,2010年。

75. 汤川秀树著,于康译:《眼睛看不见的东西》,译林出版社,2009年。

二、研究著作类

1. 黄钊主编:《道家思想史纲》,湖南师范大学出版社,1991年。

2. 王明:《道家和道教思想研究》,中国社会科学出版社,1984年。

3. 孙以楷主编:《道家与中国哲学》(全六卷),人民出版社,2004年。

4. 池田知久著,王启发、曹峰译:《道家思想的新研究——以〈庄子〉为中心》(上下),中州古籍出版社,2009年。

5. 王中江:《道家学说的观念史研究》,中华书局,2015年。

6. 郑开:《道家形而上学研究》,宗教文化出版社,2003年。

7. 詹石窗、谢青果:《中国道家之精神》,复旦大学出版社,2009年。

8. 公木、邵汉明:《道家哲学》,长春出版社,2007年。

9. 谢扬举:《道家哲学之研究》,陕西人民出版社,2003年。

10. 陈鼓应主编:《道家文化研究》第二十辑,生活·读书·新知三联书店,2003年。

11. 陈鼓应:《老庄新论》(修订版),商务印书馆,2008年。

12. 王世舜、韩慕君编著:《老庄词典》,山东教育出版社,1993年。

13. 赖锡三:《当代新道家——多音复调与视域融合》,台湾大学出版中心,2011年。

14. 福永光司:『莊子』,中央公論社,1992年。

15. 蜂屋邦夫:『老荘を読む』,講談社,1987年。

16. 蜂屋邦夫:『荘子＝超俗の境へ』,講談社,2002年。

17. 刘笑敢:《庄子哲学及其演变》(修订版),中国人民大学出版社,2010年。

18. 崔大华:《庄学研究——中国哲学一个观念渊源的历史考察》,人民出版社,1992年。

19. 神田秀夫:『荘子の蘇生——今なぜ荘子か』,明治書院,1988 年。

20. 邓联合:《老庄与现代技术批判》,中央编译出版社,2009 年。

21. 牟钟鉴、胡浮琛、王葆玹主编:《道教通论——兼论道家学说》,齐鲁书社,1991 年。

22. 牟钟鉴:《道家和道教论稿》,宗教文化出版社,2014 年。

23. 胡浮琛:《道学通论》,社会科学文献出版社,2009 年。

24. 胡孚琛主编:《中华道教大辞典》,中国社会科学出版社,1995 年。

25. 森三樹三郎:『「無」の思想』,講談社,1969 年。

26. 五木寛之、福永光司:『混沌からの出発——道教に学ぶ人間学』,致知出版社,1998 年。

27. 许抗生:《道家思想与现代文明》,中华书局,2015 年。

28. 崔大华:《道家与中国文化精神》,河南人民出版社,2003 年。

29. 徐复观:《中国艺术精神》,广西师范大学出版社,2007 年。

30. 张立文、张绪通、刘大椿主编:《玄境——道学与中国文化》,人民出版社,1996 年。

31. 高起学:《道家哲学与古代文学理论》,中国社会科学出版社,2009 年。

32. 张成权:《道家、道教与中国文学》,安徽大学出版社,2010 年。

33. 董光璧:《当代新道家》,华夏出版社,1991 年。

34. 许抗生:《当代新道家》,社会科学文献出版社,2013 年。

35. 林红:《近现代的道家观:对近现代道家思想研究的探析》,山东大学出版社,2012 年。

36. 郭沫若:《十批判书》,《中国古代社会研究》(外二种)(下),河北教育出版社,2000 年。

37. 郑良树:《诸子著作年代考》,北京图书馆出版社,2001 年。

38. 李约瑟著,陈立夫等译:《中国古代科学思想史》,江西人民出版社,2006 年。

39. 福永光司:『道教と日本文化』,人文書院,1982 年。

40. 福永光司:『道教と日本思想』,徳間書店,1986 年。

41. 福永光司:『タオイズムの風』,人文書院,1997 年。

42. 福永光司:『中国の哲学・宗教・芸術』,人文書院,1988 年。

43. 大星光史:『日本文学と老荘神仙思想の研究』,桜楓社,1990 年。

44. 大星光史:『日本の仙人たち・老荘神仙思想の世界』,東京書籍,1991 年。

45. 徐水生:《中国古代哲学与日本近代文化》,文津出版社(台湾),1993 年。

46. 徐水生著,阿川修三、佐藤一樹訳:『近代日本の知識人と中国哲学』,東方書店,2008 年。

47. 徐水生:《中国哲学与日本文化》,中华书局,2012 年。

48. 刘韶军:《日本现代老子研究》,福建人民出版社,2006 年。

49. 连清吉:《日本江户后期以来的庄子研究》,台湾学生书局,1998 年。

50. 张谷:《道家思想在日本的传播和影响》,人民出版社,2013 年。

51. 张谷:《中国佛教哲学在日本的传播和影响——以禅宗为中心》,人民出版社,2017 年。

52. 三浦叶:『明治漢文学史』,汲古書院,1998 年。

53. 三浦叶:『明治の漢学』,汲古書院,1998 年。

54. 严绍璗:《日本中国学史》,江西人民出版社,1991 年。

55. 徐小跃:《禅与老庄》,凤凰出版传媒集团江苏人民出版社,2010 年。

56. 杜继文、魏道儒:《中国禅宗通史》,凤凰出版传媒集团江苏人民出版社,2008 年。

57. 方立天:《中国佛教哲学要义》(上下),中国人民大学出版社,2012 年。

58. 李泽厚:《中国古代思想史论》,人民出版社,1986 年。

59. 葛兆光:《中国思想史》(导论、第一、二卷),复旦大学出版社,2001 年。

60. 冯友兰著,涂又光译:《中国哲学简史》,北京大学出版社,1985 年。

61. 张岱年:《中国古典哲学概念范畴要论》,中国社会科学出版社,1987年。

62. 久山康:『近代日本の文学と宗教』,創文社,1966年。

63. 近代日本思想史研究会著,马采译:《近代日本思想史》(第一卷),商务印书馆,1983年。

64. 近代日本思想史研究会著,李民、贾纯、华夏、伊文成、孙文康译:《近代日本思想史》(第二卷),商务印书馆,1991年。

65. 近代日本思想史研究会著,那庚辰译:《近代日本思想史》(第三卷),商务印书馆,1992年。

66. 永田广志著,版本图书馆编译室译:《日本哲学思想史》,商务印书馆,1978年。

67. 朱谦之:《日本哲学史》,人民出版社,2002年。

68. 王守华、卞崇道主编:《日本哲学史教程》,山东大学出版社,1989年。

69. 王守华、卞崇道主编:《东方著名哲学家评传》(日本卷),山东人民出版社,2000年。

70. 吴光辉:《传统与超越:日本知识分子的精神轨迹》,中央编译出版社,2003年。

71. 杨曾文:《日本佛教史》,人民出版社,2008年。

72. 小西甚一:『日本文学史』,講談社,1994年。

73. 叶渭渠、唐月梅:《日本文学史》(近代卷),季羡林主编:《东方文化集成》(日本文化编),经济日报出版社,2000年。

74. 坂本太郎著,汪向荣、武寅、韩铁英译:《日本史概说》,商务印书馆,1992年。

75. 楼宇烈、张西平主编:《中外哲学交流史》,湖南教育出版社,1998年。

76. 唐永亮:《中江兆民》,云南教育出版社,2012年。

77. 木下長宏:『岡倉天心——物二観ズレバ竟二吾無シ』,ミネルヴァ書房,2005年。

78. 東郷登志子:『岡倉天心「茶の本」の思想と文体——The Book of Teaの象徴技法』,慧文社,2006年。

79. 若松英輔:『岡倉天心「茶の本」を読む』,岩波書店,2013年。

80. 川原澄子:『「茶の本」を味わう』,文芸社,2006年。

81. 富田義雄:『夏目漱石物語——則天去私の人』,彩流社,1984年。

82. 岡崎義恵:『漱石と則天去私』,宝文館出版,1980年。

83. 加藤敏夫:『漱石の「則天去私」の沿革及び哲学』,さいたま〔マイブック〕サービス,1992年。

84. 江藤淳:『夏目漱石』,日本図書センター,1993年。

85. 杉山和雄:『漱石の文学——解脱の人生観』,雄渾社,1970年。

86. 杉山和雄:『夏目漱石の研究——国民精神の交流としての比較文学』,南雲堂桜風社,1963年。

87. 坂本浩:『夏目漱石——作品の深層世界』,明治書院,1979年。

88. 熊坂敦子:『夏目漱石の世界』,翰林書房,1995年。

89. 相原和邦:『漱石文学の研究——表現を軸として』,明治書院,1988年。

90. 伊狩章:『鴎外・漱石と近代の文苑』,翰林書房,2001年。

91. 三好行雄、平岡敏夫、平川祐弘、江藤淳編:『講座夏目漱石第五巻「漱石の知的空間」』,有斐閣,1982年。

92. 今西順吉:『漱石文学の思想第一部:自己形成の苦悩』,筑摩書房,1988年。

93. 今西順吉:『漱石文学の思想第二部:自己本位の文学』,筑摩書房,1992年。

94. 今西順吉:『「心」の秘密——漱石の挫折と再生』,トランスビュー,2010年。

95. 加藤二郎:『漱石と漢詩——近代への視線』,翰林書房,2004年。

96. 徐前:『漱石と子規の漢詩——対比の視点から』,明治書院,2005年。

97. 秋山豊:『漱石という生き方』,トランスビュー,2006年。

98. 小田切靖明、榊原貴教:『夏目漱石の研究と書誌』,ナダ出版セン ター,2002 年。

99. 张小玲:《夏目漱石与近代日本的文化身份建构》,北京大学出版 社,2009 年。

100. 中村雄二郎著,卞崇道、刘文柱译:《西田几多郎》,生活・读书・ 新知三联书店,1993 年。

101. 藤田正胜著,吴光辉译:《西田几多郎的现代思想》,河北人民出 版社,2011 年。

102. 韩书堂:《纯粹经验:西田几多郎哲学与文艺美学思想研究》,齐 鲁书社,2009 年。

103. 朴金波:《西田"融创哲学"研究》,吉林大学出版社,2009 年。

104. 牟田泰三:『語り継ぎたい湯川秀樹のことば——未来を過去の ごとくに』,丸善株式会社,2008 年。

105. 李慧敏:《汤川秀树传》,吉林出版集团时代文艺出版社, 2013 年。

106. 林怀秋、王刚、夏文秀编著:《汤川秀树》,辽海出版社,1998 年。

三、研究论文类

1. 庄万寿:《道家流变史论》,《师大学报》(台湾),第 36 期,1991 年。

2. 萧萐父:《道家风骨略论》,陈鼓应主编:《道家文化研究》第二辑, 上海古籍出版社,1992 年。

3. 徐水生:《道家思想与日本哲学的近代化——以西周、中江兆民、 西田几多郎为例》,《鹅湖》(中国台湾),2007 年第 1 期。

4. 徐水生:《老子思想对日本近现代名家的影响》,陈鼓应主编:《老 子的学说与精神:历史与当代》,中国社会科学出版社,2016 年。

5. 町田三郎:「明治以降における道家思想研究史」,『哲学年報』 (47),九州大学文学部,1988-02。

6. 曹峰:「近代日本における老子像」,『人文科学』(16),大東文化大 学人文科学研究所,2011-03。

7. 清田文武:《森鸥外的〈混沌〉与庄子》,《日本学论坛》,2000 年第 3 期。

8. 徐水生:《中国古代哲学对日本近代文化的影响》,《中国社会科学》,1994 年第 4 期。

9. 徐水生:《中江兆民与中国古代哲学》,《武汉大学学报》(哲学社会科学版),1998 年第 4 期。

10. 吴晓华:《〈庄子〉对中江兆民哲学思想的影响——以〈一年有半、续一年有半〉为视角》,《兰州学刊》,2009 年第 10 期。

11. 李生奎:《论中国文化对中江兆民的影响——一读〈一年有半续一年有半〉》(上),《榆林高专学报》,1998 年第 4 期。

12. 李生奎:《论中国文化对中江兆民的影响——一读〈一年有半续一年有半〉》(续),《榆林高等专科学校学报》,1999 年第 1 期。

13. 刘世仁、李停停:《中国文化对中江兆民的影响》,《湖北经济学院学报》(人文社会科学版),2009 年第 4 期。

14. 唐永亮:《试论汉学对中江兆民政治思想的影响》,《中国社会科学院研究生院学报》,2008 年第 4 期

15. 叶成林:《中江兆民与其中国文化观》,《日本学刊》,2000 年第 2 期。

16. 毕小辉:《中江兆民》,王守华、卞崇道主编:《东方著名哲学家评传》(日本卷),山东人民出版社,2000 年。

17. 福永光司:「岡倉天心と道教」,『道教と日本文化』,人文書院,1982 年。

18. 坂出祥伸:「岡倉天心と道教(覚書)」,宮沢正順博士古稀記念論文集刊行会編:宮沢正順博士古稀記念『東洋——比較文化論集』,青史出版社,2004 年。

19. 竹内好:「岡倉天心——アジア観に立つ文明批判」,梅原猛編集:近代日本思想大系 7『岡倉天心集』,筑摩書房,1976 年。

20. 邵金峰:《"气韵生动"的生态审美精神》,《哈尔滨学院学报》,2012 年第 6 期。

21. 松ケ岡文庫：「特集 鈴木大拙と中国」,『松ケ岡文庫研究年報』(22)，2008。

22. 木下順二：「わが岡倉天心」,安田靫彦、平櫛田中監修：『岡倉天心全集』第一巻,平凡社,1980 年。

23. 笠井哲：「岡倉天心『茶の本』における世界観──東西思想の融合」,福島工業高等専門学校『研究紀要』47，2006。

24. 笠井哲：「岡倉天心『茶の本』における芸術観について」,福島工業高等専門学校『研究紀要』48，2007。

25. 大岡信：「憂愁の滋味──岡倉天心の思想の特質」,安田靫彦、平櫛田中監修：『岡倉天心全集』第七巻,平凡社,1981 年。

26. 池内恵：「岡倉天心『茶の本』と東洋のかたち」,『文芸春秋』82(7)，2004-05。

27. 蜂屋邦夫：《夏目漱石与道家思想》,陈鼓应主编：《道家文化研究》第十五辑,生活・读书・新知三联书店,1999 年。

28. 邹洁：《"则天去私"与老庄哲学》,《牡丹江大学学报》,2015 年第 7 期。

29. 沈迪中：《"则天去私"与中国传统文化》,《现代日本经济》,1987 年第 2 期。

30. 谷学谦：《夏目漱石と荘子》,《日本学论坛》,2002 年 2 月。

31. 张三妮：《理智与情感的背离：夏目漱石与老庄》,《焦作大学学报》,2017 年第 2 期。

32. 刘岳兵：《夏目漱石晚年汉诗中的求"道"意识》,《日本研究》,2006 年第 3 期。

33. 姚巧梅：「漱石文学に見る老荘思想」,『龍谷大学大学院研究紀要』(人文科学)15，1994-01。

34. 清水孝純：「漱石と老子──『老子の哲学』をめぐって」,『文学論輯』(33),九州大学教養学部文学研究会,1987-12。

35. 清水孝純：「漱石と老子──『愚見数則』から『坊ちゃん』へ」,『文学論輯』(34),九州大学教養学部文学研究会,1988-12。

36. 西槇偉：「『夢十夜　第六夜』と『荘子』：漱石における東洋と西洋の揺らぎ」，『熊本大学文学部論叢』94（文学篇），2007 年。

37. 松本倫枝：「漱石と『荘子』——則天去私への一考察」，『実践女子大学文学部紀要』号 13，1970-12。

38. 伊狩章：「則天去私と老荘思想」，『鴎外・漱石と近代の文苑』，翰林書房，2001 年。

39. 大星光史：「夏目漱石——東洋思想と則天去私」，『福山医科薬科大学一般教育研究紀要』，第 18 号，1997 年。

40. 大星光史：「東洋的静寂と老荘思想への志向（「森鴎外と夏目漱石の俳句」（2））：夏目漱石」，『福山医科薬科大学一般教育研究紀要』21，1998-12。

41. 祝振媛：「自然の歌——『虞美人草』から老荘思想を見る」，中央大学大学院研究年報編集委員会：『大学院研究年報』，第 28 号，1999 年。

42. 窪川真紀子：「夏目漱石『老子の哲学』に見られる理性と感情との乖離——『絶対の境地』の萌芽」，『早稲田大学大学院文学研究科紀要』．第 3 分冊 49，2003。

43. 江藤淳：「老荘思想と漱石」，『朝日小事典・夏目漱石』，朝日新聞社，1978 年。

44. 大庭みな子、江藤淳：「漱石・老子・現代」，『季刊芸術』12（1），季刊芸術出版，1978-01。

45. 江藤淳：「漱石と中国思想——『心』『道草』と荀子、老子」，『新潮』75（4），新潮社，1978-04。

46. 加茂章：「漱石と老荘・禅」，『国文学：解釈と教材の研究』32（6），学燈社，1987-05。

47. 重松泰雄：「漱石と老荘・禅覚え書」，三好行雄、平岡敏夫、平川祐弘、江藤淳編：『講座夏目漱石第五巻「漱石の知的空間」』，有斐閣，1982 年。

48. 李哲権：「隠喩から流れ出るエクリチュール——老子の水の隠

喩と漱石の書く行為」,『日本研究』41，国際日本文化研究セン
ター，2010-03。

49. 渡部清：「漱石の『則天去私』：哲学的考察によるひとつの理解と
して」,『ソフィア：西洋文化ならびに東西文化交流の研究』
51(3)，2003-03。

50. 渡部清：「明治人の哲学的信仰としての『則天去私』問題——夏
目漱石の哲学的主張をめぐる考察」,『哲学科紀要』(29)，上智大
学哲学科，2003。

51. 徐前：「漱石と子規の漢詩における老荘思想からの受容への一
考察——用語・詩趣・詩境を中心に」,内藤幹治編：『今、なぜ中
国研究か——古典と現代』,東方書店，2000 年。

52. 鳥羽田重直：「夏目漱石と陶淵明」,『和洋國文研究』37，和洋女子
大学，2002-03。

53. 高継芬：「漱石作品が漢文学から受けた影響」,『九州看護福祉大
学紀要』Vol.14，No.1，3—13(平成 25 年度)。

54. 小高敏郎：「夏目漱石と中国文学」,『國文學：解釈と教材の研究』
7(7)，学燈社，1962-06。

55. 及川碧慈：『夏目漱石文学の土壌：中国文学の受容を中心に』,博
士論文，専修大学，2002 年。

56. 藤田智章：「漱石詩における『白雲』のイメージについて」,二松
学舎大学『大学院紀要』19，2005-03。

57. 佐藤泰正：「漱石における〈自然〉——そのひとつのエスキー
ス」,佐藤泰正編：『文学における自然』,笠間書院，1980 年。

58. 佐藤良太：「夏目漱石における〈天〉——止揚される近代的自
我」,『阪神近代文学研究』(12)，阪神近代文学会，2011-05。

59. 胡興栄：『夏目漱石文学における〈自然〉と〈人間〉：〈則天去私〉へ
の道』,博士論文，久留米大学，2007 年。

60. 胡兴荣：《〈明暗〉时期的汉诗与〈明暗〉及"则天去私"》,《山西大学
学报（哲学社会科学版）》,2010 年第 6 期。

61. 曹志明：《夏目漱石笔下的"自然"》，《外语学刊（黑龙江大学学报）》，1992 年第 4 期。

62. 刘晓曦：《夏目漱石的"自然人生"观——从受中国文化影响谈起》，《安徽文学》，2007 年第 1 期。

63. 石川勝久：「文明論小説としての『草枕』——夏目漱石における西洋と東洋」，『奥羽大学文学部紀要』(14)，2002-12。

64. 久山康：「夏目漱石における近代化と伝統」，『近代日本の文学と宗教』，創文社，1966 年。

65. 伊東貴之：「中国——漱石の漢籍蔵書を見てわかること」，『国文学：解釈と教材の研究』，卷 53，号 769，学燈社，2008-06。

66. 松岡譲：「『明暗』の頃」，『漱石全集』別巻，岩波書店，1996 年。

67. 中村直子：「『明暗』期の漢詩と『明暗』の方法論："最後の漱石"像」，『日本文學』65，東京女子大学，1986-03。

68. 守屋淳：「中国思想と明治・大正の偉人たち(1)夏目漱石」，『青淵』727，2009-10。

69. 姚婕：《西田几多郎的"纯粹经验"与老子哲学》，《日语学习与研究》，2011 年第 3 期。

70. 山縣三千雄：「東洋的空と無の関連における西田幾多郎の哲学と鈴木大拙の禅について」，山縣三千雄：『日本人と思想』，創文社，1974 年。

71. 湯浅泰雄：「東洋的思考と西田哲学」，上田閑照編：『西田哲学：没後 50 年記念論文集』，創文社，1994 年。

72. 大島康正：「西田幾多郎と東洋的思索」，『中央公論』80(3)，中央公論新社，1965-03。

73. 野田又夫：「西田幾多郎における東西の総合」，野田又夫：『哲学の三つの伝統　他十二編』，岩波書店，2013 年。

74. 美濃部仁：「東洋的無と純粋経験——久松真一と西田幾多郎」，日本哲学史フォーラム編：『日本の哲学』第 5 号(特集無/空)，昭和堂，2004 年。

75. 吴玲:《谈西田伦理学中的东西方文化因子》,《东北师范大学报》(哲学社会科学版),2006 年第 5 期。

76. 土方和雄:「『ナカエニスム』の位置——中村雄二郎氏の所説に関連して」,『中江兆民全集』第 13 卷月報,岩波书店,1985 年。

77. 刘文柱:《西田几多郎》,王守华、卞崇道主编:《东方著名哲学家评传》(日本卷),山东人民出版社,2000 年。

78. 加島祥造:「大きなネット——『老子』と大拙さん」,『鈴木大拙全集』第 20 卷月報,岩波书店,2001 年。

79. 浮田雄一:「鈴木大拙における東洋と西洋」,『比較思想研究』16,1989。

80. 下村寅次郎:「我々の思想史における大拙博士の位置」,古田紹欽编集:近代日本思想大系 12『鈴木大拙集』,築摩书房,1974 年。

81. 刘毅:《铃木大拙与新禅学》,《世界历史》,1994 年第 6 期。

82. 孔祥珍:《铃木大拙与西方语境下的禅学研究》,博士学位论文,武汉大学,2010 年。

83. 徐水生:《论老庄哲学对汤川秀树的影响》,《哲学研究》,1992 年第 12 期。

84. 蔡明哲:《关于老庄的"道"与汤川秀树的科学观》,《科学技术与辩证法》,1989 年第 4 期。

85. 蔡明哲:「湯川秀樹の素粒子理論研究と中国の老荘哲学」,素粒子論グループ 素粒子研究编集部:『素粒子論研究』85(2),1992-05。

86. 王海军:《汤川秀树对老庄思想的现代诠释》,《中国道教》,2007 年第 1 期。

87. 周林东:《汤川秀树——东西方文化的伟大产儿》,《自然辩证法通讯》,1988 年第 2 期。

后　记

　　本书是在国家社科基金项目"道家哲学对日本近代思想文化的影响研究"最终成果的基础上修改而成的。其所以做这个题目，一是由于我想继续把道家作为研究重点，二是想保持与以往研究的连续关系，即作延伸性的研究。此前，刚完成了关于"道家思想在日本的传播和影响"课题的研究工作。该课题是徐水生师主持的教育部人文社会科学重点研究基地重大项目"中国古代哲学在日本的传播和影响"的子项目，其主要内容是道家思想在日本古代到近世的传播和影响，近代部分只是略有涉及。因此，在申请立项时，就计划做进一步的延伸性的研究，即专门考察道家思想对日本近代思想文化的影响。这就是本书的缘起。项目于2012年立项，2018年结项，历时六年。比照同类项目的一般情况看，六年的时间可谓长矣。而从我自身研究活动的特点和主观感受来说，这个时间总体上又可说是合乎情理的，是一个逼迫感不强而近乎自然而然的过程。

　　该项目的研究，在收集资料方面投入时间和精力不少。国内方面，先后在陕西师范大学图书馆、武汉大学图书馆、国家图书馆等机构进行搜集，其中在母校武汉大学图书馆收获最大。武汉大学图书馆外文区馆藏了一批日本岩波书店版的文集，如中江兆民、夏目漱石、西田几多郎、铃木大拙、汤川秀树等人的全集或著作集等，这些都是相关研究对象的第一手资料。这些资料汇集起来数量庞大，记得当时复印的资料有两箱之多。感谢武大图书馆，能让我比较便捷地查阅到国内少见的外文书籍！尽管入手了相当一部分重要资料，但现有的资料与研究目标的要求还相差甚远：一是仍有一部分原始资料没有着落，二是相关研究成果的文献严重缺乏。为尽快获得必要的资料，我决定再赴日本。2014年7月，承蒙东京大学文学部中国思想文化学研究室横手裕教授的热情支持和邀请，我得以以东京大学大学院人文社会研究科外国人研究员的身份赴日，时隔二十年重返东大。7月24日下午，我按约定时间在东大赤门综合楼中国思想文化学研究室与横手裕先生见面。横手先生温和而严谨，他仔细地为我介绍了相关情况，并带我参观了资料室，还周到地选派了一位攻读日本近代思想史专业的中国学生与我建立联系，以期为我搜集资料和研究提供帮助。他的慷慨相助和精心安排，无疑是我完成此次研究任务的前提和基础。我们就各自的研究情况作了交流，横手先生还赠给我他的近期成果《东京大学综合图书馆藏嘉兴大藏经目录和研究》（Ⅰ目录篇、Ⅱ研究篇）。与横手先生会面之后，我心里感到很踏实，并为我能有这样有利的研究条件而感到幸运和欣慰。

　　东京大学综合图书馆及文学部分馆，是我利用频率最高的图书文献机构。我先通过线上检索，列出一份待收集资料目录，然后按这个目录去图书馆查阅、复印和借阅一组文献带回来整理。整理好一组，就再去图书馆归还借阅的资料，同时调整目录并开始收集下一组。如此反复，直至收集到目录所列的全部文献。围绕研究课题、带着问题浏览资料，一般来说是有趣的，但也难免有枯燥的时候。浏览、整理资料的过程有时变成近乎机械性的重复作业。为提振精神，我经常用适当的音量放着凯文·柯恩（Kevin Kern）的钢琴曲作为背景音乐。到回国前，他的专辑已经数不清听了多少遍了。文学部分馆在地下一层，这是我经常光顾的地方。当时正值东京最热的时节，去查阅资料时，经常是汗流满面，边擦汗边翻书。综合图书馆地下的过刊阅览室也去过不少次，虽然建筑和设施已年代久远，但管理有序，查找资料还是方便的。如果所查找的文献在东大校内没有收藏，还可以委托图书馆从日本国内其他大学等机构复印邮寄。这项服务是收费的，但费用很低，为研究者提供了便利。我利用这项服务获取了不少著作和论文。就这样,我频繁往返于寓所与东大的两点一线之间。从我在东京荒川区的住所去东大本乡校区,乘地铁共三站,不算远,但须换乘一次。加上从地铁站到目的地的步行时间,单程一般耗时约三十分钟。我常在根津这一站下车,出站后步行十来分钟,即到达东大正门。步行经过的这条路名为言问路,其两侧基本上属于东大校区。如果要从东大赤门进入校区,则可以在根津的下一站即汤岛下车,经过春日路走到本乡三町目即可。步行时要路过一座名为汤岛天神(汤岛天满宫)的神社,我没有进入神社内游览过。后来才知道,这里是供奉日本有名的"学问之神"菅公的地方。菅公即菅原道真(845—903),为平安时代的贵族学者,有诗文传世,是日本历史名人。后被尊为"学问之神",可谓家喻户晓,每年有大批考生到此祈求考试合格。言问路和春日路这两条路,由于走过很多次,路边的街景、店铺、行人等,至今还能依稀浮现于脑海。甚至当时空气的炎热和背包里书籍的沉重等感觉,也还隐约留存于记忆中。如此日复一日,到回国前夕,基本上将计划收集的东大馆藏资料一网打尽了。除东大本乡校区的图书馆外,我还在日本国立国会图书馆(东京本馆)有不少收获。该馆只需登记一些简单信息,申请一张读者卡,就能进入馆内借阅资料。读者卡未设使用期限,在规定时间内进行线上登录即可续期。国会图书馆坐落于国会议事堂北侧,设施先进齐备、环境整洁安静、服务周到耐心,每天入馆的人数不少,阅览用的座位所剩不多。此处我虽然去的次数不多,但通过直接查阅或远程调取获得了一些有价值的资料。经过近三个月的工作,收集整理相关文献共计130余项(件),在日收集资料的目标达成,而且是超额完成了。时隔七年,再回想那段时光,固然是单调、孤独、紧张的,但也是纯粹、充实、自得的,它成为我学术生涯和整个人生中一段美好的记忆。

文献研读和初稿撰写进展缓慢,至书稿完成申请结项时,又用了四年多时间。而收到结项证书时,已进入2020年下半年了。随后着手项目成果的修改和出版,与上海三联书店殷亚平编辑建立联系,并签订了出版合同。我将原项目题目改为现题,全书立论的角度也就有了相应改变。随后按照新题目的角度和思路,用大约五个月时间重新对原稿进行调整、充实和修改,应该说增入和改动的幅度还是比较大的。原稿中实际上是存在不少问题的,但当时难以察觉,过两年再审读,就容易发现问题。因此,修改后的书稿总体上是优化了。本书的某些章节或部分已在学术刊物上发表,发表时也是经过修改的。本书之立论,是在宏观地审视日本近代知识界对道家思想的研究、诠释和吸收的同时,主要以六位知识人为中心,微观地考察知识人与道家的思想交涉和精神因缘,以及道家思想在日本近代思想文化中的流演和作用。这就要求作者既要对道家思想有深刻而切当的理解和把握,又要对日本近代思想文化的总体状况及上述六位知识人的生平、学术、思想和精神世界有准确、全面、深入的掌握,还要把上述两个方面加以联系、结合,从而揭示道家思想与日本近代知识人的心交神游的思想关联,对日本近代思想文化中的道家思想作一考察和诠解。这是一个具有相当难度的论题,其难度随着研究的推进逐步显露出来。我一直尽力兼顾以上诸方面而又不失研述之深度,而从目前本书的完成来看,亦可算是一定程度上达成了目标。但是,书成之后,再反观之,总有内容不够厚实、运思不够开阔、行笔不够畅达之感。这当然首先是因自己才性和学力之不足所致。其次,则亦有研究和写作上的原因。如掌握文献的丰富、准确程度,解释人物思想的全面、深入程度等,这些都直接影响对日本近代知识人与道家思想关系考释和论析的透彻程度。这里可能还会引出更深层的问题,如某人与某种思想的关系究竟能否完全揭示以及如何揭示等。本书对这类问题还未作深入的探讨或无暇触及。在这些方面,本书尚存在不足或不当之处,望学界方家批评、赐教! 另外,关于日文中译的问题,这里需作一交代。由于本书的原始文献大部分是日文原著,只有少部分(如夏目漱石的小说等)使用了中译本。因此,在引用原文时,就直接将日文译为中文加以引用。我没有看到相关的中译本,因而也未曾将我的译文与其他译本进行对照,如果书中的汉译有误,还请相关专家指正!

　　涉足道家思想在日本传播和影响领域,已近廿载,也结成和发表了一些著述,但皆为浅论,未能深究,错漏之处亦在所难免。在此领域研究成果尚少的情况下,如果笔者的著述能有所贡献,为将来的研究者充当铺路之砖石,则幸甚至矣!拙著出版后,我在中日文化交流方面的研究将会告一段落,但这段研究经历无疑是我学术成长历程的关键一环。我最初走上这个研究方向,是从进入武大跟从徐水生师攻读博士开始的。追忆当年,面对一个罕有研究者涉足的未开垦的学术荒野,我完全是个门外汉,但也充满好奇。后来在徐师的指引下一路走来,开拓了一片小小的学术园地,这是耕耘之后的收获。借此机会,由衷地感谢这一领域我的引路人徐水生老师!他平实严谨的风格、谦和包容的态度和坚忍不拔的品质,在潜移默化中给予我力量!此次国家社科基金项目的申请立项和研究工作,也是在他的关心和鼓励下完成的。我要对横手裕教授真诚的帮助再次深表谢忱!横手先生能从纯粹学术的立场出发来理解和判断同行学人的研究活动,而不附加任何非学术条件、不带任何成见地给予支持,这令我非常钦佩!没有他的支持,项目和书稿都不会是今天的面貌。感谢东京大学名誉教授蜂屋邦夫先生!蜂屋先生是二十七年前我在东京大学留学时的指导老师。多年来,在所从事的研究领域和整个学术生涯中,我都从蜂屋先生那里获得教益。感谢东京大学名誉教授池田知久先生!池田先生是我东大留学时期的任课教师,我的学术研究也从他那里得到启发。感谢所有在研究中对我有启发和帮助的师友和学者!也向在收集资料过程中提供服务和协助的中国和日本的工作人员致以谢意!感谢责任编辑殷亚平女士为本书出版付出的辛劳!由衷地感谢我的妻子!本书的完成与她的理解和支持是分不开的。

　　拙著付梓之际,颇感欣慰,愿将成书之原委和作者之心路记于此。

张　谷

2021 年 9 月于西安

图书在版编目(CIP)数据

道家思想与日本近代知识人/张谷著.—上海：
上海三联书店,2022.10
ISBN 978 - 7 - 5426 - 7639 - 9

Ⅰ.①道…　Ⅱ.①张…　Ⅲ.①道教-研究-日本-近
代　Ⅳ.①B95

中国版本图书馆 CIP 数据核字(2021)第 254627 号

道家思想与日本近代知识人

著　　者 / 张　谷

责任编辑 / 殷亚平
装帧设计 / 一本好书
监　　制 / 姚　军
责任校对 / 王凌霄

出版发行 / 上海三联书店
　　　　　(200030)中国上海市漕溪北路 331 号 A 座 6 楼
邮　　箱 / sdxsanlian@sina.com
邮购电话 / 021 - 22895540
印　　刷 / 上海惠敦印务科技有限公司

版　　次 / 2022 年 10 月第 1 版
印　　次 / 2022 年 10 月第 1 次印刷
开　　本 / 640mm×960mm　1/16
字　　数 / 350 千字
印　　张 / 25.75
书　　号 / ISBN 978 - 7 - 5426 - 7639 - 9/B·764
定　　价 / 98.00 元

敬启读者,如发现本书有印装质量问题,请与印刷厂联系 021 - 63779028